W0332361

Zadie Smith
BETRUG

Zadie Smith

BETRUG

Roman

Aus dem Englischen von
Tanja Handels

Kiepenheuer & Witsch

Der Verlag Kiepenheuer & Witsch hat sich zu einer nachhaltigen Buchproduktion verpflichtet. Gemeinsam mit unseren Partnern und Lieferanten setzen wir uns für eine klimaneutrale Buchproduktion ein, die den Erwerb von Klimazertifikaten zur Kompensation des CO_2-Ausstoßes einschließt.
Weitere Informationen finden Sie unter www.klimaneutralerverlag.de

Sprache und Sprachgebrauch in diesem Roman folgen der historischen Epoche, in der er spielt. Die Übersetzung orientiert sich bei kritischen Begriffen, Sprachfärbungen und Vergleichen eng am Original.

FSC
www.fsc.org
MIX
Papier | Fördert gute Waldnutzung
FSC® C083411

1. Auflage 2023

Titel der Originalausgabe: *The Fraud*
© Zadie Smith 2023
All rights reserved
Aus dem Englischen von Tanja Handels
© 2023, Verlag Kiepenheuer & Witsch, Köln
Alle Rechte vorbehalten
Covergestaltung und -motive: © gray 318
Gesetzt aus der Adobe Garamond
Satz: Buch-Werkstatt GmbH, Bad Aibling
Druck und Bindung: CPI books GmbH, Leck
ISBN 978-3-462-00544-8

Für Darryl und Devorah

BAND EINS

Ich sah sie niedergehen, die großartige Stadt London, und wieder neu errichtet werden – sofern das etwas zählt. Ich sah sie wachsen, immer weiter wachsen, bis sie ihre jetzige Größe erreichte. Ihr werdet meinen Erzählungen kaum Glauben schenken, und doch kann ich mich noch entsinnen, wie unser Elendsviertel hier – dies schauderhafte Vagabundeneck – offenes Feld war, mit Hecken ringsumher und Bäumen. Ein wahrhaft reizvolles Fleckchen Erde.

WILLIAM HARRISON AINSWORTH

1

Ein kapitales Loch

Auf der Schwelle stand ein verdreckter Bursche. All der Schmutz ließe sich wohl letztendlich abschrubben – im Gegensatz zu den zahllosen rötlichen Sommersprossen. Kaum älter als vierzehn, konnte er die mageren, schlackernden Marionettenbeine nicht still halten und beförderte Ruß in die Diele. Und doch sah die Frau, die ihm aufgemacht hatte – leicht zu erheitern und stets empfänglich für Schönheit –, sich nicht imstande, ihm darum gram zu sein.

»Kommst du von Tobin?«

»Ja, Missus. Ich komm für die Decke. Eingestürzt, stimmt's?«

»Aber wir hatten doch um zwei Leute gebeten.«

»Alle in London, Missus. Beim Dachdecken. Können Sie sich nicht vorstellen, Madam, was da in London an Dächern gedeckt werden muss …«

Natürlich sah er, dass sie alt war, doch sie gab sich weder wie eine alte Frau, noch klang sie wie eine. Ansehnlich, mit hoher Büste, wies ihr Gesicht nur wenige Falten auf, und ihr Haar war schwarz. Gleich oberhalb ihres Kinns zog sich eine Linie entlang, wie ein umgedrehter Halbmond. So viele Widersprüche konnte der Bursche nicht enträtseln. Er beugte sich über das Blatt, das er in der Hand hielt, las zögernd ab:

»St. James-is Villas Nummer eins, St. James-is Road, Tunbridge Wells. Der Name ist Touch-it, stimmt's?«

Aus den Tiefen des Hauses war ein dröhnendes *Ha!* zu hören. Die Frau verzog keine Miene. Dem Jungen erschien sie milde und hart zugleich, so wie die meisten Schotten.

»Jede Aussprache des Namens meines verstorbenen Mannes ist gleichermaßen abstrus. Ich selbst ziehe die französische Variante vor.«

Hinter ihr in der Diele erschien jetzt ein bärtiger, wohlgepolsterter Mann. In Pantoffeln und Morgenmantel, mit grau meliertem Schnurrbart und einer Zeitung in der Hand, schritt er zielstrebig auf einen hell erleuchteten Wintergarten zu. Zwei King-Charles-Spaniel sprangen wild bellend hinter ihm her. Er warf eine Bemerkung über die Schulter – »Wieder gelangweilt und gefährlich heute früh, was, Cousinchen?« – und war verschwunden.

Mit neu erwachter Tatkraft wandte sich die Frau dem Besucher zu: »Sie sind hier im Hause von Mr. Ainsworth. Ich bin Mrs. Eliza Touchet, seine Haushälterin. Wir haben im zweiten Stock ein kapitales Loch – einen regelrechten Krater. Die Stabilität des gesamten Stockwerks ist gefährdet. Aber wie ich in meinem Schreiben schon dargelegt habe, handelt es sich dabei um eine Aufgabe für mindestens zwei Männer.«

Der Bursche blinzelte dümmlich. Konnte das wirklich von den vielen Büchern gekommen sein?

»Wie es dazu kam, braucht dich nicht zu interessieren. Warst du unlängst Schornsteine ausfegen, Kind?«

Die Bezeichnung »Kind« kränkte den Besucher. Tobin war ein angesehenes Unternehmen: Er selbst hatte immerhin schon Fußbodenleisten in Knightsbridge angebracht. »Es hat geheißen, das ist ein Notfall, keine Zeit zu verlieren. Sonst gibt's immer Dienstboteneingänge.«

Dreist, doch Mrs. Touchet war dennoch erheitert. Sie gedachte der glücklicheren Zeiten im altehrwürdigen Kensal Rise. Dann im kleineren, zauberhaften Brighton. Und nun in dieser Bleibe, bei der kein Fenster fest im Rahmen saß. Sie gedachte des Abstiegs und des Umstands, dass sie ihm nicht entkommen konnte. Da lächelte sie nicht mehr.

»Wenn man ein ehrbares Haus betritt«, erwiderte sie und hob ihre Röcke an, um dem Dreck auszuweichen, den er auf der

Schwelle hinterlassen hatte, »ist es klug, sich für alle Eventualitäten zu rüsten.«

Der Junge zog die Mütze vom Kopf. Es war ein heißer Septembertag, da konnte man kaum klar denken. Eine Schande, an so einem Tag überhaupt einen Finger krumm zu machen! Aber solche Besen wie die waren nun mal das Kreuz, das er zu tragen hatte, und September hieß Arbeit, immer nur Arbeit.

»Kann ich jetzt reinkommen oder nicht?«, brummelte er in seine Mütze.

2

Ein später Ainsworth

Rasch eilte sie ihm über den schwarz-weißen Rautenboden der Diele voraus und nahm auf der Treppe zwei Stufen auf einmal, ohne auch nur ans Geländer zu fassen.

»Wie heißt du?«

»Joseph, Ma'am.«

»Es ist ein wenig eng hier – Vorsicht mit den Bildern.«

Bücher säumten den Treppenabsatz wie eine zweite Wand. Die Bilder zeigten Venedig, einen Ort, an den er nie so recht hatte glauben können, aber man sah ja immer diese verstaubten alten Drucke in den Häusern der Leute, da musste wohl doch etwas dran sein. Die Burschen dort in Italien taten ihm leid. Wie sollte man eine Türschwelle fliesen, vor der die ganze Zeit Wasser schwappte? Wie Leitungen verlegen, wenn kein Keller da war, um die Rohre zu fassen?

Dann standen sie vor dem Bibliotheksdesaster. Die kleinen Hunde – so blöd sie auch aussahen – tippelten bis dicht an den Rand, aber keinen Schritt weiter. Joseph war bemüht, die gleiche Haltung einzunehmen, wie Tobin selbst es immer tat, breitbeinig, mit verschränkten Armen, und nickte beim Anblick des Lochs so trübsinnig vor sich hin, wie man es angesichts einer Dirne oder eine Kloake täte.

»So viele Bücher. Wozu braucht er die denn alle?«

»Mr. Ainsworth ist Schriftsteller.«

»Wie – dann hat er die alle selbst geschrieben?«

»Eine überraschend große Anzahl davon.«

Der Junge machte einen Schritt nach vorn und spähte in den Krater, als stünde er am Rand eines Vulkans. Sie trat neben ihn. Drei Bände tief hatten diese Regale Geschichte gefasst: die Könige und Königinnen, die Kleidung, Nahrung, Schlösser, Seuchen und Kriege längst vergangener Tage. Dann jedoch hatte die Schlacht bei Culloden das Fass zum Überlaufen gebracht. Alles, was Bonnie Prince Charlie behandelte, lag nun unter Bergen von Schutt begraben unten im Salon oder ruhte in den Armen des bibliothekseigenen Perserteppichs, der durch das Loch gesackt war und nun als riesiges, pendelndes Etwas in der Luft hing wie ein umgedrehter Heißluftballon.

»Tja, also wissen Sie, Madam, mit Verlaub« – der Junge hob ein staubiges Buch auf und drehte es mit Kronanwaltsmiene in der Hand –, »allein das Gewicht von der ganzen Literatur, die Sie hier haben, das ist ja fürchterlich belastend für ein Haus, Mrs. Touchet. Fürchterlich belastend.«

»Da hast du vollkommen recht.«

Lachte sie ihn etwa aus? Vielleicht war »Literatur« ja nicht das richtige Wort gewesen. Vielleicht hatte er es auch falsch ausgesprochen. Mutlos ließ er das Buch wieder fallen und zog seinen Zollstock hervor, um das Loch auszumessen.

Als er sich eben wieder aufrichten wollte, kam ein Kleinkind hereingelaufen, glitt auf dem bisschen Parkett aus, das noch übrig war, und brachte dabei eine Farnpflanze zu Fall. Dem Kind auf den Fersen war ein hübsches, vollbusiges Persönchen mit vorgebundener Schürze, das die Kleine gerade noch erwischte, bevor sie einmal durch das ganze Haus fallen konnte. »Clara Rose! Ich sag dir doch – du darfst hier nicht rein. Verzeihung, Eliza.« Das galt der kratzbürstigen Schottin, die darauf entgegnete: »Das macht doch nichts, Sarah, aber womöglich ist es an der Zeit für Claras Mittagsschlaf …« Die kleine Clara wiederum reagierte auf den festen Griff um ihre Mitte mit Geschrei: »Nein, Mama, NEIN!« – was offenbar der Dienstmagd galt. Der Tobin-Bursche ließ jede Hoffnung fahren, diesen merkwürdigen Haushalt zu durchschauen. Er sah zu, wie die Dienstmagd das Kind am Handgelenk packte, zu fest, wie es dort, wo er herkam, die Mütter machten. Und weg waren sie. »Ein später Ainsworth«, kommentierte die Haushälterin und richtete den Farn wieder auf.

3

A New Spirit of the Age

Unten lag die *Morning Post* neben einem unberührten Frühstück. William saß in tiefes Grübeln versunken, den Sessel zum Fenster gedreht. Im Schoß hielt er ein Päckchen, das in braunes Papier gewickelt war. Als er die Tür hörte, fuhr er auf. Ob er wohl nicht wollte, dass sie ihn so betrübt sah?

»Eliza! Meine Damen! Da seid ihr ja. Ich dachte schon, ihr hättet mich verlassen …«

Die Hunde ließen sich hechelnd zu seinen Füßen nieder. Er senkte den Blick nicht zu ihnen und streichelte sie auch nicht.

»Ich fürchte, William, es wird mindestens eine Woche dauern.«

»Hmm?«

»Die Decke. Tobin hat uns nur einen Jungen geschickt.«

»Ach so.« Als sie Anstalten machte, sein Frühstück wegzuräumen, hielt er sie mit ausgestreckter Hand davon ab. »Lass. Sarah soll sich darum kümmern.« Dann stand er auf und glitt auf seinen Pantoffeln davon, stumm wie ein Schatten.

Da war wohl etwas nicht in Ordnung. Ihre erste Eingebung war ein Blick in die Zeitung. Sie las die Titelseite, überflog den Rest. Keine Freunde, die unerwartet verstorben oder erschreckend erfolgreich waren. Keine ungewöhnlichen oder besonders betrüblichen Nachrichten. Weiteren Arbeitern sollte das Wahlrecht gewährt werden. Verbrecher sollten nicht mehr länger in die Strafkolonien nach Australien deportiert werden. Der Anwärter, hatte sich herausgestellt, sprach kein Wort Französisch, obwohl der echte Roger Tichborne die Sprache in seiner Kindheit und Jugend fließend beherrscht hatte. Sie stellte alles auf das Tablett zurück. Nach ihrer Einschätzung ging Sarahs Ansicht inzwischen dahin, das Frühstücksgeschirr als unter ihrer Würde zu betrachten. Doch es war keine neue Dienstmagd eingestellt worden, um sie zu ersetzen, und so oblagen diese Dinge jetzt Mrs. Touchet.

Als sie sich zum Gehen wandte, stieß sie mit dem Fuß an etwas – das Päckchen. Es war ein Buch, gerade so weit ausgepackt, dass der Titel zu lesen war: *A New Spirit of the Age* von R. H. Horne. Sie hatte dieses Buch lange nicht zu Gesicht bekommen. Wenngleich nicht lange genug, um es zu vergessen. Sie hob es auf, sah sich einmal verstohlen im Zimmer um – warum, wusste sie selbst nicht recht. Dann schlug sie es auf, in der Hoffnung, dass sie sich vielleicht täuschte, es sich womöglich um eine Neuauflage handelte. Doch es war genau die gleiche Sammlung literaturkritischer Schriften und darin, fast ganz zum Schluss, genau der gleiche kurze, vernichtende Absatz über ihren armen Cousin.

Vor zwanzig Jahren hatte die Publikation des Buches nur ein einziges Dinner verdüstert und auch den Morgen danach noch ein wenig verdorben. Damals war William noch nicht so leicht aus der Fassung zu bringen. Sie legte die beiden Hälften des aufgerissenen Packpapiers wieder zusammen. Kein Poststempel. Adressiert jedoch war das Ganze in gestochener Handschrift an den Mann, dessen Lebenswerk darin wie folgt zusammengefasst wurde: *»durchgängig fad, bis auf die besonders abstoßenden Stellen«*.

4

Die Dame des Hauses

Ein Elend an diesem Haus in Tunbridge: Man hörte alles, in jedem Zimmer, vom Keller bis zum Dach. Doch vormittags gegen elf ging William stets mit den Hunden spazieren. Kaum hatte sich die Haustür hinter ihnen geschlossen, begab sich Mrs. Touchet auf die Suche nach Sarah. Sie fand sie unten im Salon, wo sie mit dem Kind auf den Knien lag, umringt von aufgeklappten Büchern mit geborstenen Rücken. Drei Stapel waren im Entstehen begriffen, offenbar nach Größe geordnet. Mrs. Touchet erkundigte sich, ob sie behilflich sein könne.

»Nein, wir kommen bestens klar, Eliza, vielen Dank, also ohne Sie, will ich damit sagen … Und Sie müssen sich doch selbstredend auch ums Mittagessen kümmern.« Auch dessen Zubereitung oblag jetzt Mrs. Touchet. »Hui, Clara! Schau dir das mal an! Die sind alle von deinem Daddy! Ainsworth, Ainsworth, Ainsworth, Ainsworth, Ainsworth.« Das zumindest konnte sie lesen, die arme Frau. Sie strahlte vor Stolz über das ganze Gesicht. Eliza verabscheute den Teil von sich, der sich verpflichtet sah, korrigierend einzugreifen:

»Aber das sind Zeitschriften, Sarah, keine Romane. Sie gehören hier herüber, zu *Bentley's Miscellany* und *Fraser's Magazine* … *Ainsworth's Magazine* – es hatte viele verschiedene Mitwirkende. Aber William hat die Zeitschrift ins Leben gerufen und war über etliche Jahre ihr Herausgeber. Also derjenige, der die Beiträge auswählt und redigiert. Zurzeit redigiert er ja auch *Bentley's,* fragt sich nur, wie la…«

»Der Herausgeber! Das ist der Anführer, Clara. Gibt nichts Höheres als den Herausgeber!« Wie sie da so nebeneinander knieten, sahen sie beide aus wie Töchter, Seite an Seite. »Uuuh, und schau ihn dir hier mal an!« Die kleine Clara hatte nach der Juli-Ausgabe des *Fraser's Magazine* von '34 gegriffen, der Nummer 50, und prompt die Seite mit dem ansehnlichen Porträt von William als jungem Dandy aufgeschlagen. »Und was da alles drunter steht! Schau nur!« Mutter und Tochter schauten. Wie nicht anders zu erwarten, blieb das folgenlos. Mrs. Touchet seufzte, trat heran und las den beiden die Lobhudeleien vor. Sarah lauschte aufmerksam und klatschte anschließend zufrieden in die Hände.

»Ha! Davon wird er sich selbstredend auch sehr geehrt gefühlt haben« – dies im Ton größter Herablassung, als hätte sie es selbst verfasst. »Was bist du für ein schlaues Kindchen, Clara Rose, dass du einfach so ein Bild von deinem Daddy findest – und wie gut er damals aussah, und all die netten Sachen, wo da über ihn gesagt werden! Das ist mal ein Glück, was?«

Doch Mrs. Touchet zweifelte nicht daran, dass sich in etlichen der Zeitschriften, die da vor ihnen lagen, Ähnliches finden würde. Niemand konnte William übertriebene Zurückhaltung vorwerfen, wenn es darum ging, sich in den Vordergrund zu spielen.

»Stell dir nur mal vor, da wird so viel über einen und von einem geschrieben, dass unter dem Gewicht von den vielen Wörtern der Boden durchbricht! Hahaha!«

»Sarah, darf ich Sie um etwas bitten?«

»Aber selbstredend« – die kleinen Knubbelfinger behaglich im Schoß gefaltet, wie die Queen höchstpersönlich – »sprechen Sie ganz offen.«

»Nun, heute Morgen ist ein Päckchen eingetroffen …«

»Ja, das stimmt.«

»Sie haben nicht zufällig gesehen, wer es abgegeben hat?«

»Es hat vor der Tür gelegen. Da hab ich's reingeholt und ihm gegeben, wie's selbstredend jeder getan hätte.«

Aus irgendeinem Grund war Sarah auf die Vorstellung verfallen, das Wort »selbstredend« zeuge von vornehmer Ausdrucksweise.

»Sarah, ich möchte Sie bitten, künftig zunächst mir Bescheid zu geben, wenn etwas mit der Post kommt – Briefe, Bücher oder auch Päckchen, die vielleicht abgegeben werden –, bevor Sie es William aushändigen.«

»Und das will er so haben, ja?«

Eliza errötete, mehr aus Zorn als aus Verlegenheit.

Sarah wusste ihren Vorteil zu nutzen: »Weil ich mir nämlich gar nicht vorstellen kann, dass die Haushälterin und die Dame des Hauses irgendwelche Geheimnisse untereinander haben, von denen der Hausherr nie nichts weiß« – vorgebracht mit großem Ernst und nur mit dieser einen kleinen doppelten Verneinung – »das kommt mir nämlich gar nicht richtig vor und auch nicht so, wie's sein soll. Ich weiß nämlich noch ganz genau, als wir das neue Haus eben erst bezogen hatten, da haben Sie gesagt, das große Bild von ihm, wo er noch ganz jung ist – das, haben *Sie* gesagt, soll nicht wieder aufgehängt werden, weil er das nämlich nie nicht mehr sehen wollen würde, wo er doch jetzt so alt ist, haben *Sie* gesagt – und dann kommt er das erste Mal rein und ruft: *›Wo ist mein alter Maclise?‹*, und damit hat er das Bild gemeint, weil das ja nämlich so ein Maclise gemalt hat – und dann war er selbstredend nicht erfreut, weil sich nämlich rausgestellt hat, er mag dieses Bild von sich ganz besonders gern, also werd ich ihn selbstredend selber fragen, wie er das mit der Post sieht, würd ich sagen, mit Verlaub, Mrs. Touchet.«

»Selbstredend.«

Der Weg nach draußen führte Eliza an den lebhaften Augen des alten Porträts von Maclise vorbei. Lebhafte Augen, lebhafter Backenbart, lebhafte Locken – nichts, was im Moment der Fertigstellung nicht zugetroffen hätte. Hübsch wie eine Frau, rotwangig wie ein Wickelkind. Auch das war William einmal gewesen.

5

Gefallen an William

Draußen in der Diele musste sie sich erst einmal auf die Treppe setzen und einige lange, tiefe Atemzüge nehmen. In dieser Verfassung fand ihr Cousin sie vor. Er war erhitzt von der für die Jahreszeit ungewöhnlichen Wärme und in ein Gespräch mit sich selbst über seine Selbstgespräche vertieft.

»Ich habe mir gesagt: ›*Ich werde an die alten Gefilde in Manchester denken; ich werde meine Erinnerung an die Stadt, wie sie einst war, nehmen und sie auf den Jakobitenaufstand übertragen. Auf dem Weg von hier bis zum Bahnhof werde ich mir alles zurechtlegen und mich dann sogleich an den Schreibtisch setzen und anfangen.*‹ Aber nein. Aus irgendeinem Grund, Eliza, bin ich heute …«

Eliza kannte den Grund, wusste jedoch auch, dass darüber zwischen ihnen Schweigen zu herrschen hatte. Sie erhob sich und folgte ihm in sein Schreibzimmer. Er nahm am Schreibtisch Platz, schlug auf den Friesbezug und stöhnte.

»Nun, William, womöglich liegt es ja am Stoff … Du hast schon so viel über die ferne Vergangenheit geschrieben.«

»Du störst dich am Gegenstand?«

Beileibe nicht: Das Jahr 1745 lag Mrs. Touchet sogar sehr am Herzen. Ihre Mutter war leidenschaftliche Jakobitin gewesen – das familieneigene Porridge-Geschirr trug das Siegel der Stuarts –, und ihr Vater war als Knabe nach Edinburgh gebracht worden, um dort Bonnie Prince Charlie in den Holyrood Palace einziehen zu sehen. Dennoch konnte sie nicht heucheln, die verlorene Sache als einen guten Stoff für William zu erachten, für den sich noch das kleinste historische Ereignis als äußerst ergiebig erwies. Beim Blick in die Zukunft hatte sie ein sehr klares Bild von sich selbst vor Augen, wie sie in einem halben Jahr am Tisch sitzen und sich etwa durch eingehende Beschreibungen der unterschiedlichen Behausungen auf den Äußeren Hebriden quälen würde, womöglich auch durch eine erschöpfende Auflistung der diversen Kilts, die von der Royal Company of Archers getragen wurden …

»Ich sehe es dir an. Du verziehst das Gesicht. Du störst dich daran.«

»Nun, womöglich wäre ein etwas aktuelleres oder persönlicheres Thema …«

Ein gepeinigtes Zucken: »*Clitheroe* war kein Erfolg.«

»Aber das war ja auch ein Buch über die Kindheit.«

Ein Seufzen: *»Derzeit sehr en vogue.«* Das war ein Zitat, und Mrs. Touchet bedauerte zutiefst, es jemals gesagt – jemals überhaupt diesen Vorschlag gemacht zu haben. *Mervyn Clitheroe* las sich kein bisschen wie *Jane Eyre*. Die Lektüre hatte sie mit dem seltsamen Eindruck zurückgelassen, dass William nie ein Kind gewesen sein konnte und auch keine Kinder kannte.

»Jetzt denke ich eher an dein Leben als Mann.«

»Eliza, mein Leben als Mann erschöpft sich haargenau hierin.« Er griff nach einem Federhalter, ließ ihn jedoch gleich wieder verzweifelt sinken, ohne die Darbietung zu Ende zu bringen. Auf irgendeine Weise war aus dem ansehnlichen jungen Burschen der Dreißiger mit seinem vom Makassar-Öl glänzenden Haar dieser bärtige, hängebackige, niedergeschlagene alte Mann geworden.

»Und all die anregenden Dinner?«

Seine Mundwinkel zogen sich so traurig abwärts, als wollte er sagen: *Darauf ist mir der Appetit vergangen.*

»Tatsache ist, William, Romane bestehen aus fesselnden Charakteren, und du warst dein Leben lang von fesselnden Charakteren umgeben.«

»Hmmm. Der Ansicht warst du aber damals nicht.«

»Der Ansicht war ich immer! Ich war nur ungehalten, weil ich ständig Port nachfüllen musste.«

»Hmmm.«

»William, falls du damit andeuten möchtest, ich sei einer jener törichten Menschen, denen der gegenwärtige Ruhm mancher Zeitgenossen die Erinnerung trübt, dann lass dir gesagt sein, ich habe mir schon vor langer Zeit mein Urteil über dich und all deine klugen Freunde gebildet, und an diesem Urteil hat sich nichts geändert.«

Doch während sie noch sprach, dachte sie, wenig loyal, an das Buch, *A New Spirit of the Age* – das eben jetzt auf einem Haufen zersplitterter Bodendielen im Garten verbrannte. Es versammelte sie alle, die Geister einer früheren Zeit, denen sie einst die Gläser gefüllt und Brathuhn serviert hatte. Gezählt, beschrieben, umschmeichelt, verrissen, beurteilt. Und Williams Eintrag mit Abstand der kürzeste. Eine Tatsache, die der Herausgeber in seinem Kapitel über ihren Cousin zur Gnade einem Mann gegenüber erklärte, den es *in der Öffentlichkeit gemeinhin zu schonen* gelte, werde er doch im Privaten *hoch geachtet und geschätzt.* Sie hatte Richard Horne noch gut im Gedächtnis: Er gehörte zu den aufgeweckten jungen Männern, die sie seinerzeit regelmäßig in Kensal Rise verköstigt hatte, und in ihrer Erinnerung hatte er, im Einklang mit allen anderen dort am Tisch, großen Gefallen an William gefunden. Aber Gefallen an William zu finden und seine Bücher zu lesen, das waren schon seit jeher zwei Paar Schuhe. Was Eliza wiederum bestätigte, dass ihre Äußerung zutraf – wenn auch in sehr eingeschränktem Maße. Sie hatte sich vor langer Zeit ihr Urteil über William und seine Freunde gebildet, hatte stets gewusst, wer Talent besaß und wer nicht, und sofern ihr Cousin nicht weiter nachbohrte, sah ihr verschwiegener, ironischer und doch so allmächtiger Gott geflissentlich darüber hinweg.

6

Das Mysterium des Schmerzes

Den ganzen Herbst hindurch behielt Mrs. Touchet die Post fest im Blick. Doch William erwähnte das Päckchen nie, und es traf auch nichts Ähnliches mehr ein. Ende November dachte sie längst nicht mehr daran. Sie war mit schwerwiegenderen Fragen beschäftigt. Tunbridge hatte sich als Fehlgriff erwiesen: Der Garten war klein und dunkel, und wenn William am Schreibtisch saß, hörte er den Zug. Im Frühjahr würden sie erneut umziehen. Doch was sich für William darauf beschränkte, den entsprechenden Satz zu äußern, bedeutete für seine Cousine viele Monate des Planens und Organisierens. Nachts plagten Truhen ihre Träume. Es handelte sich um dieselben Truhen wie im Jahr zuvor, nur dass sie jetzt allesamt gefüllt waren, und der Traum bestand darin, dass sie diesen Umstand ein ums andere Mal Kutschfahrern mit ausdrucksloser Miene auseinandersetzen musste. Sie war gereizt gegen jeden, konnte weder mit Sarah noch mit dem Kind oder den Hunden die Fassung wahren, geschweige denn mit der *Zuständigen Abteilung* des örtlichen Standesamts.

Sie missverstehen mein früheres Schreiben. Im vorliegenden Fall besteht der ausdrückliche Wunsch, dass die Trauung, obschon in einer Kirche abgehalten, durch Beurkundung in Kraft tritt, ohne Aufgebot.

Das Formular traf im Februar ein. Der Bräutigam war für Papierkram zu beschäftigt. Nachdem er erst kürzlich die Aufstände von

Manchester als Erzählstoff verworfen hatte – »vorläufig zumindest« –, nahm er nun einen Roman in Angriff, der »teilweise auf Jamaika« spielen sollte, obschon er nie auch nur einen Fuß auf die Insel gesetzt hatte. (»Gewiss, Eliza, aber ich habe schließlich auch die Zeit der Restauration nicht miterlebt, war kein Straßenräuber und bin Guy Fawkes nie begegnet.«) Die Braut wiederum konnte allenfalls ein X zu Papier bringen. Es oblag also Mrs. Touchet, die Personalien zu ergänzen. Bei der Niederschrift der Angaben wurde sie von Schwindel ergriffen:

Sarah Wells, 26 Jahre alt, gebürtig aus Stepney; Magd
William Harrison Ainsworth, 63 Jahre alt, gebürtig aus Manchester; Witwer

Magd! Auch nur in einer Hinsicht. Weiter unten auf dem Formular meuchelte sie in gnadenlosem Eigennutz mit einem Federstrich Sarahs Eltern, weil es ihr zu sehr widerstrebte, »Schuhputzer« respektive »Dirne« als ihre jeweilige Profession anzuführen. Und da nach einem Kind nicht gefragt wurde, gab sie auch keines an. Im Gegensatz zu solchen schmerzlichen Auslassungen war es ihr eine wehmütige Freude, die Namen des liebenswerten, hochanständigen Thomas Ainsworth, Anwalt, gebürtig aus Manchester, seit Langem verstorben, und seiner reizenden, wenngleich geistlosen Frau Ann, ebenfalls seit Langem verstorben, zu notieren. Beinahe drei Jahre lang war sie mit dem Neffen der beiden verheiratet gewesen. Die guten Leute hatten sich großherzig auf ihrer Hochzeit, bei der Taufe ihres Sohnes und bei der Beisetzung ihrer kleinen Familie sehen lassen, nachdem das Scharlachfieber sie im Abstand von fünf Tagen dahingerafft hatte. Mrs. Touchet wusste noch gut, wie Ann, das freundliche Igelgesicht von schwarzem Crêpe umhüllt, bei der Totenwache versucht hatte, sie zu trösten.

»Schmerz ist ein Mysterium. Wer kann schon sagen, warum er uns heimsucht! Wir können ihn nur ertragen.«

»Aber ich weiß ja, warum.«

»Ach, arme Eliza! Sie werden doch nicht glauben, es ließe sich ein Sinn aus dieser Tragödie ziehen! Sie bleibt ein Mysterium, weiter nichts.«

»Nein. Sie ist eine Strafe.«

Aus Elizas Sicht mussten Anns vernebelte, wirre Vorstellungen von der absoluten Wirklichkeit eine unvermeidliche Folge des Umstands sein, dass sie in der falschen Kirche aufgewachsen war, als einziges Kind eines unitarischen Predigers.

7

Eine Seite Speck

An einem bitterkalten Nachmittag im März nahm Eliza in der Kirchenbank neben Williams Töchtern Platz, alle drei mittleren Alters, während die vierte und jüngste auf ihrem Schoß zappelte. Gleich vor ihr saß Gilbert, Williams bedauernswerter Bruder, der eigentümliche Laute von sich gab und mit dem Kopf wackelte. Sollten entweder die Laute oder das Wackeln überhandnehmen, so hatte sie Anweisung, ihn an der Schulter zu fassen und hinauszugeleiten. Den Rest der »Hochzeitsgesellschaft« bildeten Bräutigam und Braut sowie der Pfarrer. Christ Church. Ein bloßes Dutzend Jahre alt, glich sie von vorne einem mittelalterlichen italienischen Kloster und von hinten einem altenglischen Pfarrhaus. Doch durch die Tür und die schmalen protestantischen Fenster fiel die eine, wahre römisch-katholische Sonne herein und verlieh dem Raum, allem zum Trotz, etwas Heiliges. Von diesem Schein ließ sie sich nun davontragen. Fort zu einer froheren Zeremonie, an einem nassen Julitag vor mehr als zehn Jahren. In das kleine Dorf Dunmow. Zu just dem Augenblick, als der Regen – der alles zu verderben drohte – sich mit einem Mal verzog, die Sonne durchkam und zwei Paare, gekleidet für eine Hochzeit auf dem Lande, in buttriges Licht tauchte. Das eine Paar, jung und schön, kam aus dem Dorf; das andere, älter und ehrwürdig, aus Deutschland – es waren alte Freunde von William. Alle vier wurden sie auf Korbstühlen emporgehoben, und das ganze Dorf – Frauen mit Blumen im Haar, Männer im Ausgehanzug – geleitete sie die Landstraßen entlang, bis sie das Rathaus von Dunmow erreichten, das seinerseits mit Mohn und Siebenstern herausgeputzt war. Dort thronte dann William auf einem Podium und hielt eine endlose Rede, ganz wie ein Pfarrer, obwohl sich seine Rede in Elizas Erinnerung ebenso gnädig wie radikal einkürzen ließ:

»Wir haben uns heute hier versammelt, um eine uralte Tradition des Dorfes wiederzubeleben, namentlich den Wettstreit um die ›*Dunmow Flitch*‹« – die Menge jubelte, Blumensträuße wurden geschwenkt –, »ein festlicher Brauch, der, obschon so alt, dass wir ihn bereits bei Chaucer finden, in den letzten hundert Jahren nicht mehr begangen wurde, denn wie so viele Traditionen unserer verarmten Insel ist auch er der erbarmungslosen Maschinerie namens ›Fortschritt‹ zum Opfer gefallen« – halbherzige Buhrufe –, »weshalb es mich umso mehr erfreut, an ihn erinnern und ihn bewahren zu dürfen, ganz augenfällig in meinem Roman *The Flitch of Bacon, or The Custom of Dunmow,* dessen Popularität ich, so meine kühne Vermutung, wohl auch die heutige Einladung verdanken dürfte!« Verwirrung unter den Dorfbewohnern, eifriges Nicken seitens des Bürgermeisters …

Eine Seite Speck sollte demjenigen Paar als Preis gebühren, das »vor einem Gericht aus Gleichgesinnten« beweisen konnte, ein Jahr lang glücklich verheiratet gewesen zu sein, ohne in den vergangenen zwölf Monaten auch nur ein böses Wort gewechselt zu haben. Das Gericht bestand aus Mrs. Touchet, dem Bürgermeister und William. Es war eine höchst vergnügliche Angelegenheit, und zum Schluss hatte William – nicht dazu gemacht, auch nur einen Menschen zu enttäuschen – beiden glücklichen Paaren eine Speckseite zugesprochen. Es waren auch etliche Zeitungsreporter aus London zugegen, und so war William wohl der Glücklichste überhaupt. Anschließend strömten alle in den Sonnenschein hinaus und formierten sich zum Festumzug. Jemand hatte ein Lied aus dem Roman vertont:

You shall swear by Custom of Confession,
That you ne'er made nuptial transgression;

Nor since you were married man and wife
By household brawls or contentious strife,
Or otherwise at bed or at board
Offended each other in deed or word:
Or since the parish clerk said Amen
Wished yourselves unmarried again:
Or in a Twelvemonth and a Day
Repented not in thought any way.

In seinen Liedern zeigte William sich von seiner besten Seite. Der Umzug endete an einem mit Gänseblümchen getupften Feld, wo beide Paare – dem Brauch gemäß – auf Steinen niederknieten und ihre Speckseiten in Empfang nahmen. Darauf folgten Lustbarkeiten. Zu viele Lustbarkeiten: Im Zug zurück nach London stellte Eliza sich schlafend, um die Nachwirkungen übermäßigen Cider-Genusses zu verbergen. Seither setzte sich der lächerliche Brauch Jahr um Jahr fort, so hatte sie es wenigstens gehört; sie waren nie mehr hingefahren. Nur eine Macht konnte der Ainsworth'schen Begeisterung überhaupt das Wasser reichen, und das war das Tempo, mit dem sie verflog. Dennoch, wie viel glücklicher als heute war er an jenem Tag gewesen!

William und Sarah schritten durch die Stille zum Altar. »Mutters Kleid«, zischte Fanny – die älteste und strengste der Töchter – der bodenständigen Emily und der stets gekränkten Anne-Blanche ins Ohr, die daraufhin lautlos zu weinen begann. Nachdem die Mutter der Mädchen gestorben – und Mrs. Touchet dauerhaft ins Haus der Ainsworths gezogen – war, hatte es zu ihren ersten Pflichten gezählt, die Kleider der verstorbenen Mrs. Ainsworth sorgfältig in Seidenpapier zu verpacken und sie zu verwahren, auf dass die Töchter sie einmal tragen konnten. Wenn eine Frau so jung stirbt – mit nur dreiunddreißig Jahren –, sind ihre Kleider noch bestens erhalten. Sie benötigen nur geringfügige Änderungen, um auch dreißig Jahre später der Mode zu entsprechen. Doch niemand sonst trug sie wie

Frances. Die erste Mrs. Ainsworth war zierlich und blond gewesen. Elegant. In diesem Kleid. In all ihren Kleidern. Und erst beim Gedanken an diese einmalige, lang verstorbene, geliebte Frau – der nie eine Speckseite als Preis gebührt hätte – fand sich Eliza in der Lage, die Tränen hervorzubringen, die einem solchen Anlass gebührten.

8

Die Schwestern Ainsworth

Zurück im Haus brachte die Braut Clara für deren Mittagsschlaf zu Bett. Erneut drängte sich das Bild einer Totenwache auf. So grimmig war die Stille im Salon, durchbrochen nur von Gilberts Wackeln und Wimmern. Eliza kämpfte den aufsteigenden Ärger nieder. Sie hatte diese Mädchen praktisch großgezogen: Sie war ihnen zugetan. Doch warum konnten sie nicht einfach heiraten? Mehr wurde schließlich nicht von ihnen erwartet. Einzig Anne-Blanche, der Jüngsten, war es gelungen, und das auch erst kürzlich, im ehrwürdigen Alter von siebenunddreißig Jahren; ihr Mann besaß nicht einmal echtes Vermögen. Fanny und Emily wohnten mit Gilbert in Reigate und betreuten ihn. Und doch waren sie einst allesamt Schönheiten gewesen, die viel Bewunderung hervorriefen. Irgendwo war wohl etwas aus dem Lot geraten.

Anne-Blanche weinte. Emily machte Tee. Fanny brachte es fertig, eine Anzahl sehr gezielter Fragen zu stellen, die nicht einmal den Versuch machten, ihre monetären Beweggründe zu verbergen. Wie es denn letztlich mit dem Haus ihrer Großeltern in Manchester ausgegangen sei? Verkauft – mit Verlusten. Außerdem hatte William sich vor einem bloßen halben Jahr gezwungen gesehen, Beech Hill, den Landsitz, zu verkaufen. *Bentley's Miscellany* hatte er erst kürzlich an Bentley zurückverkauft. Im Grunde, das mussten sie sich eingestehen, konnten sie sich London nicht mehr leisten.

»Aber wie ich sehe, wurde ein neuer Feuilletonroman begonnen?«, warf Emily tapfer ein. *»On the South Seas?«*

Der fragliche Roman, sein sechsundzwanzigster, trug den Titel *The South-Sea Bubble: A Tale of the Year 1720*. Er wurde kapitelweise in einem Wochenblatt namens *Bow Bells* veröffentlicht, im Jahre 1868 jedoch von niemandem mehr gelesen, nicht einmal von Eliza, der das vollständige Manuskript zur Verfügung stand.

»Agaaaarjjjjuuuu«, jammerte Gilbert kopfwackelnd. »GUGGA-AWUU!«

»Sch-sch-sch … Ist ja gut.« William legte dem alten Mann liebevoll die Hand an die Wange. »Niemand ist ärgerlich, lieber Bruder. Wir beratschlagen nur, was für alle das Beste ist.«

Für Mrs. Touchet war es keineswegs das Beste, Fanny und Emily aufzufordern, gemeinsam mit ihnen nach West Sussex zu ziehen, doch sie ahnte inzwischen, dass dies unausweichlich in Kürze bevorstand. Wie um es vorwegzunehmen, eilte nun Sarah herein, in einem alten Hauskleid, auf der Nase ein wenig Ruß, der gewaltige Busen frei von den Zwängen des Brautkleids ihrer Vorgängerin.

»He, ihr ratet nie, was der Kohlenjunge mir grad erzählt hat! Geht die verflixte Mutter von diesem Tichborne doch einfach hin und stirbt! Es steht schon in allen Zeitungen. Da erklär mir doch bitte mal einer: Wer soll dem Fettsack denn jetzt noch glauben?«

9

»Ich bin Schriftsteller«

Als Mrs. Touchet erstmals herbeigerufen wurde, um die Ainsworth-Töchter zu retten, waren sie noch zu klein, um es zu bemerken. Fanny war drei, Emily erst ein Jahr alt und Anne-Blanche noch ein Wickelkind. Ihre junge Mutter, nie allzu robust – und mit drei Kindern in ebenso vielen Jahren heillos überfordert –, schrieb Eliza um Hilfe an. Der junge Ehemann weilte in Italien. Und warum weilte er in Italien?

So genau kann ich Ihnen das nicht sagen; ich bin literarisch nicht sehr bewandert und begreife seine Erklärungen nicht, die im Allgemeinen höchst literarisch sind. Es gab die Hoffnung, er werde seinem Vater ins Rechtswesen nachfolgen – immerhin ist er ja gelernter Anwalt. Mein eigener Vater hat den Versuch unternommen, ihn als Buchhändler und Verleger aufzubauen, aber wie Sie selbst wissen, hat William keinen Kopf fürs Geschäftliche. Vergangenen Monat hat er, nach Verlusten für alle Beteiligten, die Unternehmung nun aufgegeben. Ich hatte ihn so verstanden, dass er den Anwaltsberuf wiederaufnehmen wolle. Doch nun ist er, zu unser aller Überraschung, nach Italien gereist. Er sagt, er sei beinahe fünfundzwanzig, müsse Schönheit sehen und schreiben.
Ich füge seinen letzten Brief aus Venedig bei, der zahlreiche Beschreibungen der dortigen Landschaft enthält. Und hoffe, ich gehe nicht fehl in der Erwartung, dass Sie, die Sie in Ihrem Leben selbst so tiefer Mühsal ausgesetzt waren, mich auch in meiner begleiten und leiten können.

Stets die Ihre in tiefer Zuneigung,
Anne Frances
Elm Lodge, Kilburn
am 12. März 1830

In der überfüllten Postkutsche, die sie in Chesterfield bestieg, hatte Eliza versucht, sich über die Lage klar zu werden. Was William anging, überraschte sie nur, dass er noch Überraschen hervorrief. Sie konnte nicht behaupten, ihn gut zu kennen, doch die ersten Worte, die er je zu ihr gesagt hatte, lauteten: *Ich bin Schriftsteller und beabsichtige nicht, jemals etwas anderes zu sein.* Ein Satz, der ihr seither nicht mehr aus dem Sinn gegangen war: William war damals fünfzehn Jahre alt gewesen. Sie selbst einundzwanzig und seit Kurzem mit seinem Cousin James Touchet aus Derbyshire verheiratet. Beim Dinner im Hause der Manchester-Ainsworths war sie froh gewesen, die weitere Familie als vergnügte, umgängliche und wenig theatralische Leute zu erleben, ohne die Neigung zum Hitzigen und Schwermütigen, die sie damals bereits bei ihrem Mann beobachtete. Theater fand dennoch statt: Nach dem Dessert wurde den Jungverheirateten ein selbst geschriebener Programmzettel ausgehändigt *(Ghiotto: Tödliche Rache – ein neues dramatisches Schauspiel von William Harrison Ainsworth),* und sie wurden ins Souterrain geleitet, um dem Einakter beizuwohnen, der von den Brüdern Ainsworth selbst aufgeführt wurde. Schmerzlich die Erinnerung daran, dass Gilbert damals der Feschere von beiden war und auch der bessere Schauspieler. Doch wer konnte aus solchen Dialogen schon viel machen? *Rast fort, ihr Elemente! Grollt, ihr Donner! Zuckt auf, merkwürd'ge Flammen, flücht'ge Gäste!* Schon in der Jugend hatte William die literarische Bedeutung der Witterungsverhältnisse aufs Gravierendste überschätzt. Sein Stück war schauderhaft – und lang. Hinterher kam er angesprungen und überhäufte sie mit Aufmerksamkeit, als würde er ihr eheliches Unglück irgendwie erahnen. Er hatte lange Wimpern, ein reizendes Gesicht wie ein junges Reh. Und schäkerte wie ein gestandener Mann. Sie gewann den Eindruck eines ungewöhnlich vorwitzigen, getriebenen Knaben, dessen Ambition seine Fähigkeiten bei Weitem überstieg.

Und doch! Wenige Wochen später traf in Chesterfield ein Exemplar von *Arliss's Pocket Magazine* ein, auf dessen Seiten sich *Ghiotto* fand. Sogar ein Pseudonym hatte er sich zugelegt: T. Hall. Weitere Ausgaben folgten, stets versehen mit freimütigen, selbstgefälligen Schreiben:

> *Verehrte Mrs. Touchet,*
> *diesen Monat ist es mir eine große Freude, Ihnen ein literarisches Pastiche unseres »Mr. Hall« zu übersenden, in dem er vorgibt, auf das lang vergessene Werk des Dramatikers »William Aynesworthe« aus dem 17. Jahrhundert gestoßen zu sein – und ihn entsprechend ausgiebig zitiert, haha –, und ich wage zu hoffen, dass dieser tollkühne Fälschungsakt das Publikum ebenso begeistern wie hinters Licht führen wird, vor allem aber Ihnen so viel Vergnügen bereitet wie seinem bescheidenen Verfasser die Niederschrift.*
> *Ergebenst, Ihr*
> *W. Harrison Ainsworth*

Nicht lange danach folgte das erste Buch, unter Verwendung eines neuen Pseudonyms: *Gedichte von Cheviot Ticheburne*. Es war Charles Lamb gewidmet, mit dem der ehrgeizige junge Mann damals bereits Umgang pflegte. Mrs. Touchet konnte sich nicht für die Gedichte erwärmen: Sie waren ganz durchdrungen von romantischer Sehnsucht nach »lang verlor'nen Kindertagen auf freiem Feld« und jener »Zeit unbeschwerten Schulhofspiels, zu bald vergangen«, obwohl sie wusste, dass der Dichter selbst erst vor einem Monat die Schule abgeschlossen hatte und nun in der Kanzlei seines Vaters lernte. Die Juristerei hemmte den Wortschwall für kurze Zeit. Der einzige Brief, den sie von William in jenem Herbst erhielt, brachte die traurige Kunde, sein Bruder sei kopfüber vom Pferd gestürzt, ein Unfall, von dem damals noch alle glaubten, Gilbert werde »bald davon genesen«.

10

»Mein Lebensmai ist nur ein Sorgenfrost«

Mit achtzehn schickte er den ersten Band mit Erzählungen. Er konnte es unmöglich ahnen, doch die *December Tales* erreichten Eliza just an einem Tag tiefster Verzweiflung und Not – einem Tag, den sie bereits zu ihrem letzten erkoren hatte. Zum Geleit hatte William die berühmten Verse Sir Chidiock Tichbornes zitiert, jenes glücklosen Meuchelmörders der jungfräulichen Königin, jenes bedauernswerten, fehlgeleiteten Märtyrers des wahren Glaubens … Wie jede gute Klosterschülerin hatte auch Eliza diese Zeilen im Laufe der Jahre oft und oft gelesen. Doch nie zuvor hatte sie so sehr daran gezweifelt, sie zu überleben:

Mein Lebensmai ist nur ein Sorgenfrost,
Mein Fest der Freude nur ein Trog voll Weh,
Statt Weizen trägt mein Feld mir nichts als Spreu,
Mein Gut ist eitel Hoffen auf Ertrag;
Der Tag verstrichen, ohne Sonnenblick:
Und noch am Leben, ist mein Leben aus.

Sie überlebte. Ergriff mit bebenden Händen den Strick, den sie aufgrund seiner Länge und Stärke erwogen hatte, und fädelte ihn wieder in die Schlaufen am Morgenrock ihres Mannes. Wenn sich der alte Tichborne hängen, strecken und vierteilen, seine Eingeweide durch die Straßen des elisabethanischen London schleifen lassen und doch seine unsterbliche Seele bewahren konnte, dann konnte sich Mrs. Touchet auch die ihre bewahren, trotz allen Leids.

Es dauerte lange, bis sie das Buch schließlich las. Doch sie zog Erzählungen Gedichten bei Weitem vor, und als sie sich schließlich hineinvertiefte, las sie es an einem Stück. Viel hatte sich nicht verändert. Nach wie vor loderten Blitze als gleißender Teppich am Himmel, wurden ohne ersichtlichen Grund die groteskesten Morde begangen, Gräber wurden geöffnet, Geister wandelten umher, kein Mensch sagte oder tat auch nur etwas Vernünftiges, alle Frauen hatten offenbar den Verstand verloren, Kleidung und Mobiliar wurden minutiös beschrieben, und das Blut gefror entweder in den Adern oder floss in Strömen. Und doch! Ihrerseits ganz zerstört und verzweifelt auf der Suche nach einer Welt jenseits der eigenen, versank sie in diesen Seiten. Und ertappte sich erstmals seit vielen Monaten bei einem Lächeln angesichts der Beschreibung einer gewissen Eliza, einer schwarzhaarigen, mysteriösen Frau, die der Ich-Erzähler von »Mary Stukely«, ein notorischer Bigamist, einfach heiraten muss, obwohl er längst mit der »schönen Mary« vermählt ist:

> Sie überragte die meisten, besaß ein gebieterisches Auftreten und das ausdrucksvollste Antlitz, das ich wohl jemals erblicken durfte. Sie mochte nicht das sein, was viele als schön erachten, doch ich weiß von keinem Menschen, der ihre Kraft besaß, bereits auf den ersten Blick zu fesseln. Auch ließ sich eine schlummernde Spur dunklerer Begierden erahnen …

Sie war damals vierundzwanzig. Drei Jahre lang war sie verheiratet gewesen. Im ersten Jahr hatte sie erfahren, dass sie nicht zur Ehefrau taugte. Im zweiten, dass sie durchaus zur Mutter taugte – dass sie Mutter war. Und im dritten gelangte sie zu der Einsicht, dass eine Mutter, wofür sie sich auch immer halten mochte, kaum mehr über ihr Kind gebieten konnte als eine Sklavin über ihr Leben. Es stand nicht in ihrer Macht, herauszufinden, wohin sich James Touchet mit ihrem geliebten Toby davongemacht hatte, sie konnte keine Rechte geltend machen und hegte folglich auch keine

Hoffnung auf eine Rückgabe des Kindes. Und selbst wenn sie ein gesetzliches Recht besessen hätte, wusste sie doch, dass sie kein moralisches besaß. Ihr Mann mochte ein Säufer sein, doch hatte nicht sie ihn dazu getrieben? Er mochte sie mitten in der Nacht verlassen haben, mit dem Kind geflohen sein, doch war der Grund nicht, dass er wusste, was sie in Wahrheit war? Woher er es wissen sollte, blieb ihr schleierhaft. Doch so manches Wissen liegt jenseits aller Sprache.

11

Einhundert Pfund im Jahr

Mann und Kind waren fort. Wohin sollte sie sich wenden? Wer würde sich für sie einsetzen? Ihr Vater war tot; einen Bruder hatte sie nicht. Da fiel ihr der junge, literarisch bewanderte Cousin ihres Mannes ein, der gerade den Beruf des Anwalts erlernte. Sie schrieb ihm einen beschämenden Brief. Am nächsten Tag stand er vor ihrer Tür, gewissermaßen postwendend; er sah noch jünger aus, als sie ihn in Erinnerung hatte, und war herausgeputzt wie der Count d'Orsay. Lachhafte Löckchen rund um das Gesicht, ein Schwalbenschwanz von makellosem Blau mit Messingknöpfen, glänzende Stiefel, in denen man sich spiegeln konnte, und eine gelbe Krawatte mit aufwendigem Knoten. Doch er war ihre einzige Hoffnung und zeigte sich taktvoll und liebenswürdig. Er fragte nicht nach Einzelheiten, erkundigte sich nur nach den Namen der Leute, die James in London kannte. Nach einer Woche hatte er eine Spur und kurz darauf eine Anschrift in Regent's Park. Er schrieb Eliza und erbat sich von ihr die Erlaubnis, »den unsinnigen Liebeszank zu kitten«. Er versprach, seinen Cousin wieder zur Besinnung zu bringen. Mrs. Touchet erwartete keine Versöhnung, wünschte sie nicht einmal: Sie wollte nur ihr Kind. Nie hatte sie erlebt, dass ein Mann ein Kleinkind versorgte. Sie konnte nicht glauben, dass dies möglich wäre. Und so richteten sich all ihre Gebete auf Jenny, die Amme, die mit den beiden verschwunden war. Doch selbst diese Gebete erwiesen sich als Gift. Denn Jenny war es, die ihnen das Fieber brachte.

Die Nachricht von beider Tod überbrachte William ihr selbst, nicht schriftlich, sondern persönlich, und so war er da, als sie auf die Steinplatten der Diele sank. Er fing sie auf. Brachte sie zu Bett. Verständigte den Arzt. Instruierte die Magd, wie sie zu versorgen sei. Er kümmerte sich um alles, mit einem Takt, der sie bei einem so jungen Menschen tief beeindruckte. Und als das Testament eröffnet wurde und es an der Zeit war, an ihre Zukunft zu denken, beschwor er sie, alles »den fähigen Rechtsgelehrten in der Kanzlei meines Vaters« zu überlassen. Doch wie sich herausstellte, ging die sachkundige Meinung dieser Herren dahin, das Testament des Mr. James Touchet als so hastig verfasst und »schmählich und schlecht geschrieben« zu erachten, dass es unmöglich vor einer ehrbaren Frau verlesen werden konnte. Es sei »im Fieberwahn niedergeschrieben worden, der bekanntermaßen das Denken vernebelt«, und »eines jeden aufrechten Christenmenschen unwürdig«. Es ließ Eliza gänzlich mittellos zurück. Jenseits dieses augenfälligen Umstands nannte William ihr keine Einzelheiten, und sie drang nicht weiter in ihn, weder damals noch jemals danach. Ihr war es genug zu wissen, dass ihr jugendlicher Cousin – wenngleich er die hässlichen Anschuldigungen, die das Testament ihrer Vermutung nach enthalten musste, gewiss gelesen hatte – sie offenbar dennoch nicht verabscheute. Im Gegenteil, er erklärte, sich »mit aller Hingabe« ihrem Schutz widmen und ihr eine jährliche Zuwendung sichern zu wollen. »Seien Sie gewiss: Wir werden dieser Seite der Familie einen kleinen Teil ihres jamaikanischen Vermögens abschwatzen. Alle Welt weiß, dass Samuel Touchet mittellos verstarb, doch die Touchets selbst waren nie so verarmt, wie sie vorgaben, auch Ihr James nicht … Es wurde doch einiges beiseitegebracht, bevor unser verrufener Vorfahr sich am Bettpfosten aufgeknüpft hat!« Das immerhin glückte ihm. Einhundert Pfund im Jahr. Wenn sie bescheiden lebte, reichte das.

Nun war sie einunddreißig. Der Schmerz war nicht verschwunden, er hatte sich vielmehr niedergelassen: Er bildete das Fundament des Hauses, das sie war. Doch falls sie sich von den anderen unterschied, die hier mit ihr eingezwängt in der überfüllten Kutsche auf der Fahrt nach London saßen, sah man es ihr wohl nicht an. Sie war sich sicher, dass sie ganz wie jede andere Dame ihrer Klasse wirkte. Sittsam und bescheiden, mit Pompadour, Tornister und Reisetasche, denn anders als beim Landadel und den armen Leuten konnte es bei ihresgleichen jederzeit zu einschneidenden Veränderungen der Lebensumstände kommen, da war man tunlichst vorbereitet. Und darin lag das zweite Mysterium von Anne Frances' Brief: Was war Eliza Touchets jetzige Rolle im Leben? Sie war die Hinterbliebene, so viel wusste sie. Die, die gelitten hatte. Aber hatten nicht alle gelitten? Vielleicht war sie diejenige, die vergleichsweise früh vom Leiden heimgesucht und so mit besonderen Einsichten ausgestattet worden war. Sie war die bedauernswerte junge Witwe, »tiefer Mühsal« ausgesetzt. Sie war die Mutter, deren Kind am Scharlachfieber gestorben war, weit weg von zu Hause, in einer fremden Stadt, in den Armen einer irischen Amme. Sie war eine, der das Schlimmste widerfahren war. Aber was bedeutete das für andere? Dass sie helfen konnte? Wie kamen sie bloß darauf?

12

Zu Gast in Elm Lodge, Frühjahr 1830

Es zeugte zweifellos von schlechtem Charakter, dass sie das ländliche Leben nicht zu schätzen wusste. Sie ertrug es, doch es gefiel ihr nicht. Sie hatte Edinburgh im Blut. Großstadt im Blut. Ihre Mitreisenden mochten noch so sehr über den Dreck und den Gestank schimpfen, über das unglaubliche Chaos aus Kutschen und Fuhrwerken, doch Eliza genoss die Blicke, die sie auf eine Hochzeitsgesellschaft in Mayfair erhaschte, auf eine Frau auf der Charing Cross Road, die einer anderen eins mit dem Besen überzog, und auf eine Gruppe äthiopischer Musikanten kurz vor Westminster. Viel zu rasch zog das fesselnde Gedränge der Oxford Street an ihr vorbei. Als sie den Tyburn Tree umrundeten, betete sie im Stillen für die Seelen der Märtyrer und wappnete sich dann für die lange ländliche Ödnis der Edgware Road. Felder, so weit das Auge reichte.

Am Red Lion wurden die Pferde gewechselt. Eliza beschloss, die letzte halbe Meile zu Fuß zurückzulegen und Buße zu tun. Siehe das Lamm, das durch die Glockenblumen tollet, ermahnte sie sich, und doch erfüllte selbiges Lamm sie in aller Aufrichtigkeit mit Langeweile. Stattdessen prägte sie sich die Reihenfolge der Gasthäuser ein – Cock Tavern, Old Bell, Black Lion – und ihre relative Entfernung zum Kurpark Kilburn Wells, wo die junge Mutter sich einer Trinkkur unterziehen konnte, während Mrs. Touchet sich einen anständigen Krabbentopf genehmigte. *Drei Wochen werde ich bleiben – längstens einen Monat. Das werde ich von Anfang an klarmachen. Ich habe meinen eigenen Lebensweg und – Gott sei Dank – mein eigenes jährliches Einkommen und brauche nichts und niemanden. Das werde ich sehr klarmachen.* Kein Mensch begegnete Mrs. Touchet auf dieser Straße, nur ein zahnloser Bauer, der eine Herde Schweine mit einem Stock vor sich hertrieb, doch ihr Eindruck war, selbst er könne sehen, dass diese hochgewachsene, resolute Frau, die ohne jede Hilfe drei Taschen trug, nichts und niemanden brauchte.

Sie hatte nicht damit gerechnet, welche Freude es sein würde, selbst gebraucht zu werden.

»Eliza! Sie sind ja viel größer, als ich es mir vorgestellt habe!«

Anne Frances Ainsworth stand in der Tür von Elm Lodge, einem schlichten, quadratischen Haus, das von Kletterrosen überwuchert und von Ulmen umstanden war. Das blonde Haar fiel ihr offen auf die Schultern. Eliza fand, dass ihre Züge noch zarter waren als auf ihrem Bildnis. In ihrer Miene lag reine Arglosigkeit – als käme ihr niemals in den Sinn, etwas anderes zu sagen als genau das, was sie dachte –, und um sie her wimmelten Kinder, umklammerten ihre Beine, hingen an ihrem Arm. Die zupackende Eliza stellte dort, wo sie war, unter dem Apfelbaum, ihre Taschen ab, ging zu ihr und nahm ihr das Wickelkind ab. Tobys Gewicht. Tobys Geruch.

»Sie müssen ›Annie‹ zu mir sagen – so nennt mich William, so nennen mich alle.«

Doch Eliza spürte längst, dass sie selbst – im Denken dieser Anne Frances – anders, separiert von »allen« bleiben wollte. Sie würde sie Frances nennen.

»Wie gut von Ihnen, dass Sie gekommen sind. Wie herzensgut. Gestern habe ich erfahren, dass unsere Ethel uns verlassen will: Sie wird einen jungen Mann aus Willesden heiraten, vom Mapesbury-Hof! Keine gute Partie, aber was will man tun? Dann bleibt uns nur noch Eleanor, und sie hat in der Küche alle Hände voll zu tun. Ach, es ist so gut von Ihnen, dass Sie gekommen sind!«

Herzensgute Menschen, das hatte Eliza längst schon bemerkt, zeichneten sich vor allem dadurch aus, dass sie diese Eigenschaft allerorts und in allen anderen wahrzunehmen glaubten, obgleich sie in Wirklichkeit verschwindend selten vorkam.

13

Trinkkur in Kilburn Wells

Sie war am 23. April 1830 in Elm Lodge eingetroffen. Seither beging sie diesen Tag in ihrem Herzen. Es gingen keine Worte damit einher. Auch kein bewusstes Ritual. Hätte man sie gefragt, was sie mit dem Datum verband, sie hätte wahrheitsgemäß geantwortet, es handle sich um den St. George's Day, und jegliche persönliche Bedeutung verneint. Doch tief im Innern, jenseits der Worte, beging sie ihn. Ein ganzer Strauß von Empfindungen. Die Kletterrose. Frances in der Haustür. Die erste, unverkennbare Ahnung ihrer Herzensgüte. Das Gefühl, früh am Morgen die grasbewachsene Willesden Lane entlangzugehen, wilde Blumen zwischen den Hecken zu pflücken, im Versuch, sie zu würdigen. Das Glück zu wissen, dass sie bald wieder umkehren würde, zurück in ein Haus, wo ausgekochte Lumpen und geschossene Kaninchen an Schnüren hingen, wo es trocknende Wäsche gab und rundliche Kinderfüßchen, kleine, vom Essen verklebte Hände, den Duft nach Speck, in Tücher gewickelte Früchtekuchen, den sumpfigen Geruch von Erbsensuppe und schlichte Bach-Akkorde, die ungelenk, aber gutwillig auf dem Klavier gespielt wurden. Die ganze warme, heilige menschliche Geschäftigkeit, die sie schon beinahe vergessen hatte.

In der bewussten Bilanz, die sie über diese Zeit zog, wusste sie, dass drei Wochen so schnell verflogen wie die Lebensspanne einer Eintagsfliege. Alle waren froh, dass sie da war. Sie erwies sich als hochgradig kompetent, sowohl mit den Kindern als auch bei der Haushaltsführung. Sie war »ein Geschenk des Himmels«. Und angesichts des plötzlichen Abschieds des Dienstmädchens sowie der

Tatsache, dass die beiden älteren Kinder, Fanny und Emily, einander ständig aus dem Schlaf rissen – während Köchin Eleanor es leid war, in der Küche auf dem Boden zu schlafen, und Begehrlichkeiten hinsichtlich des früheren Dienstmädchenzimmers äußerte; angesichts all dessen schien es ganz einleuchtend, dass Fanny und Emily getrennt wurden, Eliza ihr Zimmer aufgab und fortan das Bett mit Mrs. Ainsworth teilte.

An dem Tag, den sie als letztmögliches Abreisedatum vorgesehen hatte, fand sie sich stattdessen, Arm in Arm mit Mrs. Ainsworth, auf dem Weg nach Kilburn Wells.

»Es ist sicher albern, aber mir erscheint der Sonnenuntergang von Kilburn schöner als anderswo.«

»Das ist in der Tat albern.«

»Aber du musst doch zugeben, dass dieser Himmel wunderschön ist? Doch, das musst du! Rosa und orange – wie Frühlingsblüten!«

»Zugegeben, doch ebenso muss ich einräumen, dass wir etwas ganz Ähnliches in Stamford Hill sehen könnten.«

»Ach, Lizzie, eine schärfere Zunge als deine …«

»… hast du nie zuvor irgendwo angetroffen? Ich versichere dir, es gibt schärfere.«

»Aber doch nicht bei Frauen.«

»Offenbar warst du noch nie in Edinburgh.«

Solchen Unsinn redeten sie. Und jedes Wort leuchtete. Die Kinder waren mit Köchin Eleanor im Haus zurückgeblieben. Sie hatten auf ihrem Weg die Straße entlang nichts zu tragen außer sich selbst. Welche Leichtigkeit! Sogar noch, als sie den Park erreichten und sich unter die vielen lauten Menschen auf der Suche nach Zerstreuung mischten, sogar da hielt sich der Glorienschein, der sie umgab. Sie waren ein ungewohnter Anblick in dieser Umgebung. Zwei Frauen allein an einem Tisch, frei von Kindern, Eltern oder lautstarken Ehemännern, die sich über die Zustände in Amerika ausließen oder die Whigs niedermachten. Sonst hatte Eliza nur wenig für solch organisierte Lustbarkeiten übrig und auch nicht für die Menschen, die sie aufsuchten, doch an diesem Abend verübelte sie es ihnen nicht, dass sie mit offenem Mund ihre Krabben kauten, Zigarren rauchten oder vernehmlich ihren mit zweifelhaftem Wasser aufgebrühten »Gesundheitstee« schlürften. Womöglich sagte ihre Miene jedoch das Gegenteil.

»Oje … Eleanor hatte recht. Sie sagte noch: ›Das wird Eliza nicht gefallen – sie wird's nicht mögen dort, mit den ganzen Menschen und dem ganzen Lärm, und sie wird es nicht gutheißen.‹ Eleanor ist wirklich lustig – ständig ist sie in Sorge, du wärst zu klug für uns … Und es ist ja wohl auch nur eine alberne Mode … Wir können auch wieder nach Hause gehen, wenn du magst? Aber weißt du, ich habe Eleanor gesagt: ›Früher stand genau hier einmal eine Abtei, für Lizzie wird es also eigentlich wie Weihwasser sein.‹«

»Jedes Wasser ist geweihtes Wasser.«

Es schien, als würden selbst solche kleinen Unstimmigkeiten ihnen mit voller Absicht in den Weg gestellt, um das Wirken der Gnade umso eindrücklicher zu illustrieren.

14

Gnade

Eliza Touchet glaubte fest daran, dass unmöglich eine Rechtfertigung oder ein Grund existieren könne, durch den sich die Farbe Rot, die Bäume, die Schönheit, das menschliche Auge, Karotten, Hunde oder sonst etwas auf Erden erklärte. Wie alle Menschen ertappte auch sie sich immer wieder dabei, dass sie dennoch nach Gründen suchte. Doch welche Rechtfertigung ließ sich für Liebe finden? Das ist nur, weil sie so herzensgut ist. Dennoch blieb die unleugbare Tatsache bestehen: Was immer Frances sonst noch sein mochte, sie war auch Baptistin. (Seelische Reife spielte für Mrs. Touchet keine Rolle. Zu gut wusste sie, wie unreif Seelen sein können, allen voran ihre eigene.) Andererseits war es just die baptistische Kirche mit all ihren Fehlern gewesen, die Frances zum Abolitionismus geführt hatte. Und Frances wiederum war es gelungen, ein schemenhaft formloses Misstrauen hinsichtlich der Versklavung von Menschen, das Mrs. Touchet empfand, in brennende Abscheu zu verwandeln – ein Gefühl, das in seiner Kraft ebenso wenig zu leugnen, wenngleich nicht ganz so leicht von den anderen Gefühlen zu trennen war, die gegenwärtig in ihr brannten.

Am I not a Brother and a Man?

Hatte Mrs. Touchet bisher über diesen Slogan sinniert, war er ihr immer ein wenig geschmacklos vorgekommen. Wenn sie einem Bettler, einem Straßenmädchen oder Schlimmerem ein Almosen gab, hatte sie es nie für nötig befunden, irgendeine sentimentale familiäre Verbindung zwischen sich und der Person zu ersinnen, der ihre Barmherzigkeit galt. Die erste »Versammlung«, zu der sie Frances begleitet hatte, war ihr unfreiwillig komisch erschienen – so übertrieben ernst. Doch in wenigen kurzen Monaten gelang es Anne Frances, in Mrs. Touchets Herz und Sinn eine Revolution anzuzetteln. Gemeinsam lauschten sie den erschütternden Augenzeugenberichten jamaikanischer Geistlicher und ließen sich Fesseln und Peitschen zeigen – Mrs. Touchet hielt eine eiserne Halsfessel in Händen. Sie unterzeichnete alte Bittschriften, setzte neue auf, nähte, buk und verfasste Schreiben, um Geld für Gastredner aus Amerika einzutreiben. Im Juni lauschte sie in der Exeter Hall einem geraubten Sohn Dahomeys, schwarz wie ein Pikass, der sich am Rednerpult ebenso eloquent ausnahm wie Robert Peel. Und wenn Eliza jetzt die Psalmen las und sich Josef in seiner Knechtschaft vorstellte, war dies kein abstrakter Gedanke mehr. Er war ein leidender Sohn Dahomeys, mit schwärenden, eiternden Wunden am Rücken.

Was sollte das alles sein, wenn nicht Gnade? Eine Gnade, die ihr immer wieder zuteilwurde, sich durch die Zeit erstreckte, als wären Elm Lodge und alle, die darin wohnten, durch ein ungestopftes Loch in der Tasche dieser Welt gefallen. Dies kleine Leben häuslicher Zufriedenheit. Ein Haushalt aus Frauen und kleinen Mädchen, die bestens miteinander auskamen. Sittliche Besserung, wohltätige Arbeit, stilles Gebet. Gnade. Und Williams Briefe voll seliger Verzögerungen: *Ich habe beschlossen, in die Schweiz weiterzureisen.* Zwei Monate später dann: *Ich kehre nach Italien zurück.* Gnade. Eins wurde gewährt und ließ ein weiteres zu, auch wenn die Logik dahinter verborgen blieb, zu sehr Mysterium, um darin einzudringen. Ein Finger etwa. Zwei eindringliche Finger. Zwei Finger, die in eine Blume dringen. In vollständiger, kerzenloser Dunkelheit. Als wären die Finger und die Blume nicht zweierlei, sondern eins und folglich gar nicht fähig, sich aneinander zu versündigen. Zwei Finger schieben sich in eine Blüte, ganz ähnlich jenen wilden, die zwischen den Hecken wuchsen – ganz ähnlich angeordnet, mit den gleichen, ineinander gebetteten Blättern –, und doch wundersam warm und feucht, pochend, aus Fleisch gemacht. Wie eine Zunge. Wie die Knospe eines Mundes. Eine zweite Knospe, wohl ebenfalls gemacht für eine Zunge, nur weiter unten.

15

Neun Monate

Erst als kurz nach Weihnachten William zurückkehrte, wusste sie, dass die vergangenen neun Monate ein Traum gewesen waren. Sie erwachte in einer anderen Wirklichkeit. Der schützende Glorienschein wurde zum dunklen Strahlenkranz. Eleanor kehrte an ihren Platz auf dem Küchenboden zurück. Mrs. Touchet in die Stille ihrer selbst. Tagsüber vollführten Frances und sie einen eigentümlichen Ausweichtanz, um den nur sie beide wussten. Kam eine ins Zimmer, verließ es die andere. Die Kinder, laut und allgegenwärtig, verschleierten diesen Tanz. Frances sprach sie als »Mrs. Touchet« an, und sie sagte »Annie« zu Frances – so, wie es alle taten. Streiften sie einander doch einmal zufällig im Vorbeigehen – trafen sich ihre Finger beim Weiterreichen einer Teetasse oder eines Tellers –, brachen im Raum ihres Kopfes Ainsworth'sche Ungewitter des Verlangens los. William seinerseits war noch beschwingter als sonst. Erfüllt von seinen Reisen, von Italien, von schaurigen Burgen, gespenstischen Kardinälen, Reliquienschreinen mit dem Daumengelenk Johannes des Täufers und zahllosen weiteren Torheiten, die er als Bestandteile ihres Glaubens missdeutete und von denen er folglich annahm, sie müssten sie interessieren. Während er vergnügt von seinen Abenteuern berichtete, stieg in Eliza etwas empor, das stärker war als Neid: Bitternis. Wie viele Grenzen er mehrfach übertreten hatte, unbegleitet, unbelastet, aus einer Laune heraus, wann immer er lustig war! Das Blutwunder des San Gennaro interessierte sie kein bisschen. Sie interessierte nur seine Bewegungsfreiheit. Seine Freiheit.

16

Eine absonderliche Wendung

Dass Williams Interesse ihr selbst galt, begriff Eliza erst in der Nacht, als er in ihr Zimmer kam und sie küsste. Es war ein langer, wunderlicher Kuss: Man könnte behaupten, dass er bereits große Teile der kommenden Jahre in sich barg. Ehe sie sich versah, hatte er sie bereits an die Wand gedrängt, sein Mund drückte sich energisch auf ihren – und doch, als sie seine Zunge spürte, nahm sie darin eine seltsame, aber unverkennbare Nachgiebigkeit wahr, die sich unmöglich in Worte fassen ließ. Und ungebeten ging ihr das Bild des lachhaften fünfzehnjährigen Knaben durch den Sinn, der ganz langsam über die kleine Bühne im Souterrain »hastete«, damit Gilbert ihn umso leichter mit seinem Holzschwert »durchbohren« konnte. Er war nicht, was er zu sein schien. Doch wer war das schon? Sie packte seinen Kiefer. Sofort knickten ihm die Knie ein. Nun überragte sie ihn. Sie vernahm ein ungläubiges, genussvolles Stöhnen. Sie packte noch ein wenig fester zu – erneutes Stöhnen. Und auf diese Weise drängte sie ihn bis hinunter zum Boden, während sie seinen Kopf mit ihrer Hand weiterhin exakt an Ort und Stelle hielt. Jetzt bedeckte ihr Mund den seinen – alles hatte sich ins Gegenteil gewendet. Seine Arme fielen schlaff herab, sie riss ihm versehentlich mit den Zähnen die Lippe auf. Ein zufälliger Beobachter hätte sie wohl für eine Vampirin gehalten, die sich gütlich tat.

Sie war geladen, über Ostern zu bleiben. Als junge Witwe ohne nennenswerte Verwandtschaft war sie inzwischen geübt darin, sich Einladungen in die lebhaften Haushalte anderer zu sichern, vor allem zu solchen jährlich wiederkehrenden Anlässen, die nur dazu gemacht schienen, die Einsamen zu quälen. Abgesehen von den Ainsworths besaß sie noch eine geistlose Nichte in Manchester und eine übellaunige Tante in Aberdeen. Nun packte sie in aller Eile ihre Sachen und verkündete am Frühstückstisch, ihre Pläne hätten sich geändert.

»Aber Eliza – morgen ist Ostersonntag! Sie können doch unmöglich heute noch nach Aberdeen abreisen? William, sag ihr, dass das undenkbar ist! Und die Kinder werden Sie auch vermissen!«

William schwieg. Eliza legte Messer und Gabel beiseite und griff nach dem leeren Briefumschlag, der, wie sie vorgab, einen Brief ihrer Tante Maude enthielt.

»Ich bin im Handumdrehen zurück. Aber ich fürchte, ich muss die arme Maude besuchen, so mühselig das auch sein wird. Und bin Ihnen beiden wie immer so dankbar für Ihre Gastfreundschaft.«

Natürlich würde Eliza nicht nach Aberdeen fahren und Tante Maude besuchen – das wäre tatsächlich absurd gewesen –, doch sie konnte auch nicht bleiben. Sie musste allein sein, nachdenken. In der Kutsche zurück nach Chesterfield zog sie Williams *December Tales* aus dem Tornister und las die erste Erzählung erneut:

> Eliza war eine Frau, die gewiss über außergewöhnliche Talente verfügte; womöglich auch über heftige und sonderbare Begierden. Darüber weiß ich jedoch wenig. In der kurzen Zeit, die unsere Verbindung währte, war ihr Verhalten stets untadelig. Ihr Fehler (gut möglich, dass ich damit einen zu nachsichtigen Ausdruck verwende) war ein starker Geist, der weder durch Besonnenheit noch durch die Macht früh gesetzter Grenzen eingehegt wurde. Der Strom, der, einmal in vorgeschriebene Bahnen gelenkt, sanft und ruhig weitergeflossen wäre und auf seinem Weg reiche Ernte begünstigt hätte, ergießt sich, wird er der eigenen, ungehemmten Gewalt überlassen, als reißende Flutwelle der Zerstörung; so war es auch

> bei ihr, und so wird es stets ausgehen, wenn eine zu lebhafte Vorstellungskraft und ein zu selbstgewisses Talent die Eigentümerin dazu drängen, jene Grenzen zu überschreiten, die die Gesellschaft ihren Angehörigen setzt.

Wie war es bloß möglich, dass alles, was er jemals geschrieben hatte, Unfug war – mit Ausnahme dessen, was er über sie schrieb?

17

Zu Gast in Chesterfield

In den folgenden Jahren machte William, wann immer er nach Manchester reiste, einen heimlichen Abstecher zu Mrs. Touchet in Chesterfield. Sein Vorwand für Manchester – der immer wenigstens in Teilen stimmte – waren Besuche bei seinem alten Schulfreund James Crossley, seines Zeichens Besitzer der »prächtigsten Bibliothek Englands«. Aus Elizas Sicht trug dieser Crossley ebenso viel Verantwortung für Williams Schreibzwang wie die Brennereien für die Trunksüchtigen und die Leckermäuler für den Fortbestand der Sklaverei. Crossley war es, der William mit Material für seine Forschungen versorgte: Defoes Berichte aus dem alten London, die Originalmanuskripte der Hexenprozesse von Lancaster, die Grundrisse des Tower of London, die Galgenblüten aus dem *Newgate Calendar*. Er trieb all die alten Briefe auf, die alten Bücher über Kostümmoden und Ritterrüstungen, und er schlug auch die Stoffe vor, erging sich so lange in Hinweisen und Einflüsterungen, bis William sich ihrer annahm. In sehr viel späteren Jahren erwog Mrs. Touchet sogar ganz ernsthaft die Möglichkeit, ihr Cousin sei ein Betrüger und James Crossley der wahre Urheber all dieser tausend und abertausend Wörter. Die Wirklichkeit war jedoch weit weniger aufregend. Crossley war ein großer, schwerer Mann, der an der Gicht litt, eine grandiose Büchersammlung besaß und nur einen einzigen Freund: William. Er war ein Mensch, der immer wieder versprach, einmal nach London zu kommen, es dann jedoch niemals tat. Und er wollte seine kostbaren Bände auch nicht der Postkutsche anvertrauen. So sah sich William gezwungen, Crossley selbst aufzusuchen. Und auf dem Weg – obwohl es im Grunde gar nicht auf dem Weg lag – machte er halt in Chesterfield.

Morgens übertrug er nackt im Bett seine Notizen ins Reine, am Nachmittag saß er ihr gegenüber und schrieb. Sie sah mit eigenen Augen, wie viel Vergnügen ihm das Schreiben bereitete. Lächelnd tunkte er die Feder ins Tintenfass, sagte sich die besonders blutigen Stellen laut vor und sang seine Cockney-Balladen, während er sie ersann. Nicht selten schrieb er an einem Nachmittag zwanzig Seiten. Und wirkte stets hochzufrieden mit jeder einzelnen Zeile.

18

Gaunersprache in Chesterfield

An den Abenden sollte er eigentlich Mrs. Touchet gehören, ließ jedoch auch bei Tisch nicht davon ab, in gewaltigen Redeströmen seinen ersten »echten Roman« zu umreißen. Sein Plan lautete, alles, was er von Mrs. Radcliffe und Sir Walter Scott über den Schauerroman gelernt hatte, auf ein altes englisches Herrenhaus zu übertragen. (Als Vorbild hatte Crossley ihm Cuckfield Park nahegelegt, ein düsteres elisabethanisches Bauwerk in Sussex.) Für William ging dieser neue Schauplatz mit einer ganz neuen Ästhetik einher. Keine fremdländischen Grafen und Prinzen mehr. Keine teuflischen Mönche oder intriganten italienischen Dogen. Stattdessen: Lords und Ladys, Wegelagerer, Totengräber, Sträflinge aus Newgate und alle nur denkbaren schlichten englischen Zeitgenossen vom Land. Der Straßenräuber Dick Turpin werde einen Auftritt haben! Und fahrendes Volk! Heißen solle das Buch *Rookwood* – nach dem imaginierten Haus, um das sich alles drehte –, und es solle von Schicksal und Mord erzählen und über eine bestürzend große Zahl von Figuren gebieten, aus den höheren wie den niederen gesellschaftlichen Schichten. Einmal blieb er die ganze Nacht wach und schrieb eine Szene, in der »Dick Turpin von London nach York reitet« – wie genau das mit der Familienhistorie zusammenhing, die er ihr zuvor geschildert hatte, durchschaute sie allerdings nicht. Fragen nach dem Sinn zu stellen lohnte sich nicht. Er war ganz vernarrt in sein Vorhaben, besonders in die »derben Lieder«, die von den Figuren aus der kriminellen, Cockney sprechenden Unterwelt gesungen werden sollten und deren Texte er in einer »Gaunersprache« verfasste, die er irgendwo aufgeschnappt hatte. Wo?

»Wie meinst du das, wo?«

»Nun, Gaunersprache ist ja nicht überall gleich, nicht wahr? Ein Cockney-Jargon etwa wird sich sicherlich vom schottischen Jargon unterscheiden. Und die Gaunersprache in Manchester ist gewiss wieder eine andere.«

»Eliza Touchet, was bist du bloß für eine Krämerseele. Ist das denn wichtig?«

»Müssen Figuren nicht glaubhaft sprechen? Damit wir an sie glauben können?«

»Das tun sie ja auch. Ich darf dir jedoch versichern, ich halte mich nicht an derart verkommenen Orten auf, dass ich dort Jargon oder Gaunersprache irgendeiner Art zu hören bekäme.«

Das fragte sie sich. Manchmal, bei Nacht, fragte sie es sich. Manchmal blickte sie auf ihn hinab, wenn er an ihren Brüsten nuckelte und dabei vor sich hin brabbelte wie ein zufriedener Säugling, und dachte bei sich, dass seine Vorlieben auf diesem Gebiet doch ein wenig ausgefallen waren, und auch, dass sie kaum aus dem Nichts entstanden sein konnten. Was mochte er in all den italienischen Städten nach Einbruch der Dunkelheit getrieben haben, wem begegnet sein? Neun Monate waren eine lange Zeit.

»Nun, aber wie gestaltest du sie dann?«

»Oho. Dazu lässt sich vieles sagen.« Er klopfte auf das Buch, das vor ihm auf dem Tisch lag. »Die Memoiren des James Hardy Vaux. Da findet sich Gaunersprache auf jeder Seite. Ein abscheulicher Charakter. Erschreckend. Ein unverbesserlicher Schwindler, ein Taschendieb – drei Mal war der Mann in der Strafkolonie! Später kehrte er jedoch nach England zurück, bereute und trat zum römisch-katholischen Glauben über – was unsere Mrs. Touchet zweifellos mit großer Freude vernimmt.«

»In aufrichtigem Glauben, will ich hoffen?«

»Ach, bleib mir weg mit deiner Aufrichtigkeit! Was weiß denn ich. Aber es ist ja bekannt, wie das mit sprechenden Namen so ist …«

»James?«

»Vaux! Gerade du solltest den Namen doch kennen. Eine alte, abtrünnige Familie aus elisabethanischer Zeit, die sich der anglikanischen Kirche nicht beugen wollte … So wie dein seliger, ausgeweideter Tichborne. Es hat sogar einst ein Vaux in Cuckfield gelebt, wenn mich nicht alles täuscht. Er hat eine Boyer-Tochter geehelicht.«

»Gib mir ein Beispiel.«

»Wofür?«

»Gib mir ein Beispiel für einen Satz aus der Gaunersprache.«

»Aber liebend gern! *Nix my doll, pals – fake away!*«

Mrs. Touchet lachte schallend auf.

»Ist das nicht großartig? Bloßes Kauderwelsch für anständige, aufrechte Menschen wie uns, aber für die verbrecherischen Elemente ist es eine Art Geheimsprache. Die sich ganz exakt übersetzen lässt. Dieser Satz bedeutet: *Sorgt euch nicht, Freunde, stehlt einfach weiter!*«

»Wie reizend. Und das hast du alles aus einem Buch.«

»Sehr richtig. Vaux stellt ganz zum Schluss freundlicherweise ein Argot-Wörterbuch zur Verfügung – eine wahre Fundgrube. Man sucht nach einer Redewendung oder nach einem Wort, schlägt die Übersetzung nach und setzt es dann selbst zu einem Satz zusammen. Lass dir gesagt sein, mit dieser Handreichung kann jeder im Handumdrehen die Gaunersprache der dreckigsten Spelunken von Whitechapel erlernen.«

Eliza war überzeugt, dass es so einfach gewiss nicht sein konnte. Doch sie blieb still. Er war so übermütig wie der Knabe, den sie vor vielen Jahren im Souterrain erlebt hatte, und darin lag ein gewisser Reiz, obgleich sie ihm im Bett zwar manchmal den eingerollten Lumpen in den Mund schob, weil sie spürte, dass ihm das gefiel, manchmal jedoch auch schlicht und einfach aus dem ganz praktischen Grund, ihn daran zu hindern, noch weiter von der Handlung seines Romans zu erzählen.

BAND ZWEI

Nur selten geschieht es im wahren Leben, dass die tragischen und dramatischen Saiten von Tat und Empfindung mit so viel Kraft und Resonanz geschlagen werden, wie sie im Fall Tichborne erklungen sind. Tatsächlich lässt sich diese sonderbare Episode als eine Art sittlicher Tornado betrachten, der sich urplötzlich in der Mitte der Gesellschaft erhob und die Menschen von den Füßen fegte. Mit seinem rasenden, widerstreitenden Wirbeln fachte er jede Form menschlicher Leidenschaft an: Voreingenommenheit, Gerechtigkeitsempfinden, Zorn, Bitterkeit, heldenhafte Selbstlosigkeit, niederste Begierden, Ehrgeiz, Hingabe, Feigheit und Mut – mit einem Wort: die Stärken und Schwächen eines jeden Menschen –, und so raste und wirbelte das ganze Spektrum menschlicher Beweggründe und Gefühle rund um diese eine massige, schwermütige, monströse und mysteriöse Gestalt.

ARABELLA KENEALY

1

Ein neuerlicher Umzug

Seit Langem schon war es Williams Gewohnheit, den Bediensteten aus der Zeitung vorzulesen. Dieser Zeitvertreib hatte die eigentümliche Verbindung zwischen ihm und der jetzigen Mrs. Ainsworth überhaupt erst entstehen lassen und blieb, soweit Mrs. Touchet das überblicken konnte, auch weiterhin ihre einzige gemeinsame Unternehmung. Für Romane hatte Sarah nichts übrig. Gedichte brachten sie zum Kichern. Doch die neuesten Nachrichten liebte sie.

Bisher hatte sich Sarah Wells stets mit Staubwischen oder Bohnern beschäftigt gehalten, während William vorlas. Da sie nun aber die jetzige Mrs. Ainsworth war, nahm sie im Sessel vor dem Kamin Platz, William gegenüber, während Mrs. Touchet, Fanny und Emily alles einwickelten, falteten und zusammenpackten, was das Haus enthielt. Bei der Zeitung war Sarah nicht wählerisch: Ob *Times, Sun* oder *Morning Post,* das war ihr gleichgültig. Hinsichtlich der Themen hatte sie jedoch klare Präferenzen: Nachrichten aus dem Parlament waren langweilig, Nachrichten aus Amerika so unwirklich, als kämen sie direkt aus Brobdingnag. Berichte über die Aufstände in der Karibik riefen Anfälle enthemmter Hysterie hervor (»Und was ist, wenn diese Wilden sich in den Kopf setzen, hierherzukommen? Unsere englischen Mädchen schänden und *uns* im Schlaf kurz und klein hacken? Was ist dann, hm?«). Von der irischen Frage verstand sie nichts, obgleich sie über einen enormen Vorrat an »papistenfeindlichen« Vorurteilen verfügte, dem sie regelmäßig Luft machte, und so mied William dieses Thema, um

Mrs. Touchet zu schonen. Ohnehin waren die Nachrichten, die Sarah am meisten schätzte, nicht politischer, sondern gesellschaftlicher Natur. Alles, was sich um Frauenschänder, Mörder, Kindsmörderinnen, Betrüger, Bigamisten, Dirnen, Schwerenöter und Kinderschänder drehte. Und wenn sich derartige Figuren in der Oberschicht aufspüren ließen, in den Korridoren der Macht, der Justiz oder sogar der Kirche, dann war das nur umso besser. Doch keine andere Geschichte fesselte sie so wie die Saga rund um den Tichborne-Anwärter. Die hatte wirklich alles zu bieten: feine Pinkel, Katholiken, Geld, Unzucht, Verwechslungen, eine Erbschaft, hochrangige Richter, Snobs, ferne Länder, »den Kampf ehrlich arbeitender Leute« – der Gegenpol zur »selbst verschuldeten Armut« – und »die Macht von Mutterliebe«. Zudem trieb die Geschichte sämtliche Ainsworths zur Weißglut, was ihr einen zusätzlichen Reiz verlieh.

2

Tichborne-Debatten

»Ich sage doch, es sind nur ein paar Zeilen. Hier steht: ›*Unter den Passagieren, die vergangene Woche mit dem Dampfschiff der West India Mail von Southampton aus in See stachen, befand sich auch Sir Roger Doughty Tichborne, der Anwärter, welcher Anspruch auf den Titel und die Ländereien der Familie Tichborne erhebt. Sein Reiseziel ist Rio de Janeiro.*‹«

»Und was noch?«

»Nichts! Mehr steht da nicht. Und ich muss wirklich sagen, ich habe die Thematik allmählich über. Mir kommt es vor, als hätte ich über diesen kreuzelenden betrügerischen Tichborne schon mehr Zeitungsspalten vorgelesen als …«

»Nein, nein, das kann nicht sein – sieh noch mal nach. Warum fährt er denn jetzt so weit weg? Wo er dem Sieg immer näher kommt? Da muss noch mehr stehen. Blätter mal um, Willie!«

»Das ist alles, Sarah. Mehr steht da nicht.«

»Ein Segen«, brummte Fanny vor sich hin. Doch Emily, selbst nicht gänzlich gegen das Tichborne-Fieber gefeit, unterbrach sich dabei, Ziergegenstände in Seidenpapier einzuschlagen, trat näher und schaute ihrem Vater über die Schulter. »Gewiss sucht er nach Augenzeugen, die sich an ihn erinnern. Ihr wisst doch, Roger war zwei Jahre in Südamerika – bis dann sein Schiff gesunken ist.«

Die jetzige Mrs. Ainsworth stampfte mit dem Füßchen auf.

»Und eines werd ich euch jetzt mal sagen: Diese Leute, wo da ständig behaupten, die *Bella* wär mit Mann und Maus untergegangen – denen wird das Lachen noch ganz gehörig vergehen! Das war nämlich gar nicht so! Unser Roger hat's überlebt! Und dann hat er sich nach Australien durchgeschlagen, so wie er's immer erzählt hat, und ist in Wagga Wagga unerkannt Metzger geworden, so wie er's immer erzählt hat. Ich glaube Sir Roger, das sag ich euch. Ich glaube ihm durch und durch. Der findet schon noch Zeugen. Und dann bringt er die her und zeigt's diesen hochnäsigen Tichbornes mit ihren voreingenommenen Anwälten so richtig.«

»Aber ja, und dafür muss er auch gar nichts weiter tun«, warf Fanny trocken ein, »als dem Lord Chief Justice zu erklären, weshalb er jetzt zweihundert Pfund schwerer ist – und Cockney spricht.«

»Man mag ja gut und gerne sämtliche Kameraden aus dem Internat Stonyhurst vergessen«, sinnierte William und klappte sowohl die Zeitung als auch seine Augen zu, »und dazu noch sämtliche Soldaten aus seinem früheren Regiment. Man mag auch den Namen des eigenen Onkels vergessen. Aber ich kann mir im Leben nicht vorstellen, wie jemand vergessen kann, dass er einmal fließend Französisch sprach …«

»Aber dich fragt ja auch keiner, stimmt's, Willie? Ich hab das immer schon gesagt, und ich sag's gerne noch mal: Eine Mutter kennt ihr eigenes Kind. *Eine Mutter kennt ihr eigenes Kind.* Nichts für ungut …« – ein Wedeln mit der Hand hin zu ihren Stieftöchtern und Mrs. Touchet –, »… aber es gibt die, wo die Kraft von Mutterliebe kennen, und die, wo das eben nicht tun. Und damit ist die Sache doch glasklar. Sag du mir doch, William, sag mir, wie's sein kann, dass eine Mutter – wohlgemerkt, eine *Mutter* – so jemand ins Gesicht schaut und sagt: *Da steht Sir Roger, mein einziger noch lebender Sohn,* und dann glaubt ihr keiner? Vorurteile sind das, sonst gar nichts! Waschechte Vorurteile. Und jetzt ist sie totgestorben, und kein Mensch kann den armen Roger mehr beschützen vor diesen … diesen … *Aasgeiern!*«

Ein Schnauben seitens Fanny. »Und kein Mensch zahlt ihm mehr eintausend Pfund im Jahr!«

»Ach, da mach dir mal keine Sorgen. Da helfen wir ihm schon. Keine Sorge. Seine Unterstützer lassen ihn nicht im Stich. Er hat nämlich Vorträge im ganzen Land gehalten, müsst ihr wissen, und jedes Mal, wenn er wo gesprochen hat, kamen jede Menge Menschen, lauter Leute, die wie er verstoßen worden sind, lauter Leute, die wie er vergessen worden sind – und die haben alle einen Penny oder was sie sonst erübrigen konnten in den Tichborne-Fonds einbezahlt. Wir haben nämlich Mitleid mit dem armen Sir Roger und umgekehrt. Er steht für uns ein und wir für ihn. Sobald ich kann, hör ich mir selber so einen Vortrag von ihm an – und dann werf ich ihm auch eine Half-Crown in den Topf, wenn ich die habe! Nein, nein, nein, wir lassen keinen von uns unter die Raubtiere fallen.«

William schlug auf die Sessellehne: »Einen von euch!«

»Also, William, mein Liebling, die Sache ist ja die, du hast ein sehr ruhiges Leben geführt, mein Lieber, darum kannst du auch nicht ermessen, was es für einen ehrlich arbeitenden Mann heißt, sich mit der Oberschicht anzulegen und mit dem Lord Chief Justice höchstpersönlich und seinen ganzen hohen Tieren mit ihren Geheimbünden – die scheren sich doch keinen Deut um die kleinen Leute! Sind ja alle viel zu beschäftigt, sich mit den Hebräern rumzuschlagen und den Pap…, also mit wem auch immer. Du kannst ja gar nicht wissen, wie das für einen ehrlichen Arbeiter ist, sich das zu holen, was ihm hier im Land zusteht. Aber ich will dir eines sagen: Gute Chancen vor Gericht rechne ich Sir Roger nicht aus! Selbst hab ich's ja weit gebracht« – ein rascher, zufriedener Blick durch den halb leer geräumten Salon –, »aber ich vergess trotzdem nie, wo ich herkomme, nein, nein, nein. Für die Reichen hier im Land gelten die einen Regeln, und für unsereins gelten ganz andere!«

Fanny trat an den Kamin, um das Feuer zu schüren, wie sie es häufig tat, wenn sie boshaft gestimmt war. So konnte sie allen, denen ihre Kränkungen galten, den Rücken zuwenden.

»Aber Sarah, du wirst doch sicher selbst sehen, wie fehlerhaft deine Argumente sind? Denn wäre dieser Mann der echte Sir Roger, nun, dann gehört er doch der Oberschicht an und müsste, nach deiner Logik, eine gerechte Behandlung vor Gericht erfahren …«

Fanny machte eine Kunstpause. »Es sei denn, er wäre in Wahrheit Arthur Orton, ein ganz gewöhnlicher Metzger …«

William drückte beide Augen fest zu, um sich für die unweigerliche Explosion seitens seiner Gattin zu wappnen.

»ABER ER IST JA EBEN NICHT ARTHUR ORTON, KLAR? DAS HAT ER DOCH ALLES LÄNGST DARGELEGT. DIE, WO SAGEN, ER IST ORTON, DIE LÜGEN ALLE. ER HAT DIESEN ARTHUR ORTON NUR GETROFFEN, SO WAR DAS NÄMLICH – DAMALS IN WAGGA WAGGA!«

»O ja, ich vergaß. In Wagga Wagga, wo er unter dem Namen Thomas Castro gelebt hat. Statt als ›Sir Roger‹. Aus bis dato ungeklärten Gründen.«

»ER WOLLTE UNERKANNT BLEIBEN!«

Fanny fuhr herum, den Schürhaken in der Hand, um ihren Triumph zu besiegeln.

»Und warum hat er sich denn überhaupt als Castro ausgegeben? Warum ist er nach dem Schiffbruch nicht gleich in den Schoß seiner überaus vermögenden Familie zurückgekehrt?«

»Er hat da im Wasser einen schrecklichen Schock erlitten! Das hat ihm ganz einfach den Geist verwirrt!«

»Oder aber: Er ist ein Betrüger. Und in Wahrheit doch ein Metzger aus Wapping namens Arthur Orton. Der sich als Castro ausgegeben hat und per Schiff so weit wie möglich von England wegreiste, weil er … Ach, wer weiß schon, warum. Vermutlich, um seinen Schulden zu entkommen. Ockhams Rasiermesser, Sarah. Steht man vor einem Rätsel, ist die schlichteste Lösung meist auch die richtige.«

3

Weitere Tichborne-Debatten

Die jetzige Mrs. Ainsworth presste fest die Lippen zusammen, griff nach ihrem Stickrahmen und stach blindwütig mit der Nadel auf den Stoff ein.

»Fanny Ainsworth, du weißt ja nicht, was in aller Welt du da redest.«

»Dann einigen wir uns doch darauf, uneins zu sein«, sagte William begütigend und schlug seine Zeitung wieder auf.

»Ich muss sagen, ich finde ja schon, dass er Sir Roger recht ähnlich sieht …«, mischte sich die besonnene Emily ein. »Zumindest um die Augen. Obgleich er natürlich um einiges dicker ist. Einzig … die Sache mit Wapping ist schon sehr eigenartig …«

Gegen Wapping kam William nicht an. Er erhob sich und warf die Zeitung ins Feuer.

»Ausgesprochen eigenartig sogar«, nahm Fanny den Faden auf. »Denn warum sollte ein Adliger, der eben erst per Schiff aus Wagga Wagga gekommen und nun auf der Weiterreise nach Paris ist – um dort just seine Mutter zu treffen, die er seit einem guten Dutzend Jahren nicht gesehen hat –, warum also sollte dieser Mann sich entschließen, klammheimlich ausgerechnet in *Wapping* haltzumachen und dort eine Ansammlung niedrigster Halunken aufzusuchen, die *allesamt auf den Namen Orton* hören?«

William entwand seiner Tochter den Schürhaken.

»Musst du denn so unleidlich sein, Fanny? Das hatten wir doch alles schon. Es ist völlig klar: Ein gewisser Thomas Castro hegte den Wunsch, die Familie seines alten Freundes Arthur Orton aufzusuchen, des Cockney sprechenden Metzgers aus Wapping, der ihm in Wagga Wagga über den Weg gelaufen war …«

»Besten Dank, Willie, ich … also ich meine … Thomas Castro gibt es natürlich keinen, SIR ROGER wollte die Ortons aufsuchen. Ach, ihr wollt mich doch alle nur verwirren, weil ihr so verflixt schlau seid, aber auch ihr kommt nicht über die schlichte Tatsache weg, dass EINE MUTTER IHREN EIGENEN SOHN KENNT.«

»Und was ist mit der ›schlichten Tatsache‹, dass kein anderer Tichborne das bestätigt?«

»Fanny, ich sagte doch schon, es genügt. Einigen wir uns darauf, un…«

»Und als die arme Lady Tichborne dann tot war, hat dein Anwärter darauf beharrt – be*harrt* –, bei ihrer Beisetzung als Hauptbinterbliebener aufzutreten! Damit ist er zu weit gegangen, Sarah. Räuberische Verblendung ist das eine – aber Todsünde etwas ganz anderes. Noch beim heiligsten aller Rituale auf seiner lächerlichen Lüge zu beharren! Gott steh ihm bei!«

»Gott steh uns allen bei«, warf Mrs. Touchet ein, doch niemand beachtete sie.

»Und ist es nicht eigenartig«, raunte Emily, »also ich meine … ist es nicht wirklich eigenartig, dass die Leute – diejenigen, will ich sagen, die ihn bei seinen Kundgebungen haben reden hören –, dass die also bekunden, er drücke sich ungemein schäbig aus, spreche im Grunde Gaunersprache … habe einen unverkennbaren Cockney-Einschlag … und wirke so gar nicht gebildet, kaum mehr als dieser Schwarze, Mr. Bogle, den er ständig bei sich hat, und …«

Sarah lachte: »Na, aber genau daran merken wir doch, dass er's ist. Ich will dich eines fragen: Wenn du ein Metzger wärst, von niedriger Geburt, und dich als Lord ausgeben willst, würdest du dann nicht ganz vornehm reden, dich so anziehen, wie du sollst, genau auf dein Benehmen achten und dich nur mit Hochwohlgeborenen umgeben? Klar würdest du. Nur gibt sich unser Sir Roger mit so was gar nicht ab. Der ist einfach er selber. *Er* weiß schließlich, wer er ist. Und wir wissen's von ihm.«

William seufzte tief auf und ließ sich wieder in seinen Sessel sinken.

»Ach, Gattin mein … Wenn du dir vorstellst, ein Mann von Sir Rogers Bildung, aus einer so erlauchten Familie wie der der Tichbornes, die ihre Linie bis zu den Normannen zurückverfolgen können … Wenn du dir vorstellst, ein solcher Mann könne jemals auch nur im Entferntesten für einen einfachen Metzger gehalten werden … Familie schlägt stets durch, Liebes. Der Stammbaum schlägt durch. Ich erkenne einen Gentleman auf Anhieb, und Gleiches gilt für jeden anderen Gentleman. Die Unterschiede sind himmelweit.«

Mrs. Touchet, die sich üblicherweise aus den Tichborne-Debatten heraushielt, fühlte sich durch diese letzte Bemerkung veranlasst, die Waagschale boshaft in die andere Richtung zu drücken: »Aber habe ich nicht gelesen, der Hausarzt der Tichbornes hätte ihn auch erkannt? Wie auch, wenn mich nicht alles täuscht, ein Cousin zweiten Grades?«

»Ja, genau! Und wo du doch so schlau bist, Miss Fanny, erklär mir mal – woher weiß Sir Roger die ganzen Sachen, die überhaupt nur Sir Roger wissen kann? Tichborne Park, sein altes Angelzeug und diese Cousine, Katherine, für die er in verbotener Leidenschaft entbrannt war, und überhaupt das alles? Hm?«

»Ich könnte mir vorstellen, dass der alte schwarze Diener der Tichbornes ihm diese Informationen gegen Geld zuspielt.«

Die ganze Geschichte mit dem Hausdiener Bogle war aus Sarahs Sicht höchst unglücklich, und sie zog ihn nie in die eine oder andere Richtung als Beweis heran. Jetzt verschränkte sie die Arme fest vor der Brust.

»Ich weiß nur eins: Eine Mutter kennt ihren eigenen Sohn. Und was für eine Mutter! Hat nie aufgegeben. Jahrelang hat sie für die ganzen Inserate bezahlt! In aller Welt. Wisst ihr, was so was kostet? Und eine Belohnung hat sie auch ausgesetzt – eine richtig hohe.

Und warum? Weil sie ihn so lieb hatte. Da war ihr kein Preis zu hoch. Sie hat gewusst, dass ihr Sohn bei dem Schiffbruch nicht umgekommen ist! In den Knochen hat sie das gehabt! Und dann werden ihre Gebete endlich erhört. Da kommt Sir Roger daher, gar nicht tot, sondern quicklebendig, und liest ihr Inserat in der Zeitung, genau wie wir alle auch – aber er ist ja weit weg in Wagga Wagga, in Australien, bitte schön. Am anderen Ende der Welt. Aber er sagt sich: Das ist mal echte Mutterliebe. War ein Fehler von mir, unerkannt zu bleiben, ich muss unverzüglich zurückkehren. Und er bricht nach Paris auf. Aber Seereisen bekommen ihm einfach nicht, darum ist er bei der Ankunft krank und bleibt erst mal auf seinem Zimmer. Mutter schickt ihm eine Nachricht nach der anderen. Komm zu mir, komm zu mir! Aber wie soll er, wo's ihm so schlecht geht? Also kommt sie selbstredend zu ihm, wie's jede Mutter machen würde. Da liegt er, im Dunkeln, ein Tuch auf dem Gesicht. Sie geht zu ihm und reißt es weg – und erkennt ihn auf der Stelle. *Seine Ohren sind genau wie die seines Onkels.* Das hat sie selbst gesagt! Sie verbringen viele Monate zusammen, bis sie stirbt! Monate! Mehr muss ich gar nicht wissen, William. Kein Mensch bringt mich von meiner Meinung ab – die steht fest. Alles andere ist nur Verschwörung, Lüge und Voreingenommensein, sonst gar nichts. Wenn die arme Lady Tichborne sagt, der Mann ist ihr Sohn, wer sind dann wir, dass wir ihr widersprechen?«

»Die arme Lady Tichborne hatte doch längst den Verstand verloren«, sagte William leise. Von Gilbert wusste er, wie weit ein Verstand seine angestammten Grenzen verlassen kann, und von dieser Haltung ließ er sich nicht mehr abbringen.

4

Hurstpierpoint, West Sussex

Schließlich war alles in Truhen verstaut oder in Stoffbahnen und Teppiche gewickelt und nach Little Rockley transportiert worden, in ein rotes Backsteinhaus in Hurstpierpoint am Fuße der South Downs. Mrs. Touchet sah sich gezwungen, ihre Vorstellungen vom Landleben zu revidieren. Ihr hatten vor allem die peniblen kleinen Siedlungen von Middlesex widerstrebt. Ordentliche Hecken, die all die kunterbunt verstreuten Kleinbauernhöfe umzäunten – der Eindruck, dass Gottes reiche Gaben in endlos viele kleine Parzellen zerschnitten wurden. Jetzt war sie weit weg vom Norden Londons. Und befreit vom trostlosen Tunbridge. Hier erstreckten sich die sanften Downs ungehindert und waren stets zu sehen. Noch die belanglosesten Tätigkeiten – der Kauf von Würsten! – erstrahlten in aller Pracht, denn dort, hinter der Schulter des Metzgers, waren die South Downs. Und so war es schließlich doch noch geschehen: Sie trauerte dem alten Leben in Kensal Lodge nicht mehr nach. Den großen Diners, den Gesellschaften. Hurstpierpoint gefiel ihr. Der beschauliche Tea Room, der Bäcker, der Fischhändler. Es gefiel ihr, das Zimmer unterm Dach zu haben, fernab aller alten und neuen Ainsworths. Es gefiel ihr, wie überschaubar das Dorf war, dass sie keine Droschke benötigte, kein Dinner geben und auch keines besuchen musste. Nur der Gottesdienst bereitete ihr Mühe. In London hatte sie stets mit Freuden die Kanalbrücke überquert, um zur Kirche St. Mary of the Angels zu gelangen, wo die Gemeinde fast ausschließlich aus irischen Arbeitern bestand, die meisten von ihnen noch mit Dreck unter den Fingernägeln, denn die

Paddington Station baute sich schließlich nicht von alleine. Doch hier in Hurstpierpoint herrschten die Anglikaner. William war äußerst angetan von der gotischen Kirche am Ende der Hauptstraße, entworfen von Charles Barry höchstselbst. Doch was sollte Eliza tun? Diskrete Nachforschungen vor Ort förderten auf halber Strecke nach Cuckfield eine kleine Gemeinschaft belgischer Nonnen zutage, Augustinerinnen. Eine eigene Kirche besaßen sie nicht, nur ein baufälliges Stadthaus, St. George's Retreat. Des Montags speisten die Schwestern des heiligen Georg die Armen. Des Mittwochs schwiegen sie. Des Freitags schneiderten sie Kleidung und bestellten ihren Garten. Manchmal, wenn Mrs. Touchet die zwölf sonderbaren Frauen mit ihrem schweren belgischen Akzent singen hörte, staunte sie über diese Ansammlung schlechter Zähne, breiter Knöchel, unvorteilhafter Nasen und dichter Beinbehaarung, die sich durch dicke Wollstrümpfe bohrte. Der innigste Glaubenssatz der Gemeinschaft – dass Liebe sich weder erwerben, gewinnen noch verdienen lässt, sondern nur großherzig verschenkt werden kann – schien nach Mrs. Touchets Dafürhalten hier auf rein äußerlicher Ebene seinen größten Anfechtungen ausgesetzt.

5

Ein weiteres Päckchen

Das Auspacken erschien endlos, bis es schließlich doch ein Ende hatte. William fand sich in seinem neuen Schreibzimmer zurecht, und auch Eliza fand zur Ruhe, in Geist wie Verstand. Doch dann, wenige Tage vor Weihnachten, traf ein weiteres Päckchen ein. Die gleiche Verpackung, die gleiche Tinte auf braunem Packpapier, die gleiche Handschrift. Diesmal aufgegeben – mit Londoner Poststempel. Und diesmal gelang es ihr, es abzufangen, bevor es Williams Schreibtisch erreichen konnte.

Darin befand sich Thackerays *Essay on the Genius of George Cruikshank*. Mrs. Touchet hatte die Schrift als umständlichen Zeitschriftenartikel in Erinnerung, der seinem Gegenstand übermäßig schmeichelte. Nun war augenscheinlich ein Buch daraus geworden, aufs Scheußlichste illustriert mit Cruikshanks grobschlächtigen und dummen Karikaturen, darunter auch einige aus Williams Romanen. Für einen Augenblick war sie empört. Thackeray! Dieser Moralapostel mit seiner Schweinsnase! Störte hier ihren Frieden! Welchen Grund konnte er dafür bloß haben? Dann fiel es ihr wieder ein, und sie bekreuzigte sich und hob die Augen gen Himmel: Thackeray war seit sechs Jahren tot und seine Schweinsnase für Gott den Herrn ohne jeden Belang. Doch wer dann? Wer sollte so etwas verschicken? Und warum? Sie trug das Buch in die Küche und warf es dort ins Feuer. Ihrer Gewohnheit gemäß erinnerte sie sich noch an den freundschaftsaufkündigenden Satz darin, obgleich sie nicht daran zweifelte, dass William – um dessen Freundschaft es sich handelte – ihn längst schon vergessen hatte. Das Zerwürfnis der beiden Williams lag Jahre zurück und war nie bereinigt worden. Am Ende hatte Thackeray, dieser Wurm, sich schlichtweg von Kensal Lodge ferngehalten. Ein sonderbarer Mann. Eine merkwürdige Mischung aus bitterem Humor, Neid und Feigheit. Wohingegen sich ihr William, obgleich von der Kränkung tödlich getroffen, jederzeit wieder mit seinem alten Freund versöhnt hätte, wäre ihm die Gelegenheit dazu vergönnt gewesen. Ihr Cousin war nie sonderlich nachtragend gewesen, es fiel ihm schwer, einen Groll dauerhaft aufrechtzuerhalten. In Wahrheit graute ihm vor Konflikten: Er war nur gut darin, sich kränken zu lassen. Eliza hatte sich selbst die Aufgabe zugewiesen, sich der Kränkungen zu entsinnen. In diesem Fall: *So will es uns scheinen, dass in Wahrheit die Illustrationen des Mr. Cruikshank die Erzählung bilden und Mr. Ainsworth gewissermaßen nur die Worte dazu gefunden hat.*

6

Cuckfield Park

Das ganze Weihnachtsfest über plagte sie das Mysterium um den Absender. William bemühte sich derweil, seinen »jamaikanischen Roman« zu Ende zu bringen. Er war schon längst kein Herausgeber mehr, und niemand kam mehr zum Dinner: In der Theorie erstreckten sich die Tage lang und leer vor ihm. Doch seine Stimmung war anfällig und musste beständig gestärkt werden. Bei einem Sonnenuntergangsspaziergang zu den Nonnen ging Eliza durch den Sinn, wie nah Hurstpierpoint dem von ihm früher so heiß geliebten Anwesen Cuckfield Park war, der ursprünglichen Inspiration zu *Rookwood.* Als sie später zurück nach Hause kam – durchgefroren, mit roter Nase und ganz erfüllt vom Strahlen des Heiligen Geistes –, regte sie einen Ausflug an. Ein Bursche wurde angeheuert, ein Pferdewagen gemietet, und sie fuhren alle gemeinsam los. Fanny und Emily mit ihren besten Pelzmuffs angetan, Clara mit Löckchen im Haar und einer neuen Haube, Sarah in Kanariengelb, und William hatte seinen Backenbart gestutzt und sich in seinen Lieblingsanzug gezwängt. Die Fensterscheiben waren bereift vom Januarfrost und William warm vor Nostalgie:

»Wie oft ich beim Verfassen dort gewesen bin … Ich habe die Familie damals gut kennengelernt – die Sergisons, sie haben mich in meinen Forschungen sehr unterstützt –, und natürlich kannte auch der gute alte Crossley das Haus wie seine Westentasche, bis zurück zu den Boyers, die es in elisabethanischer Zeit erbaut haben … Ach, es war eine wahre Fundgrube. Ihr werdet mein ganzes *Rookwood* in Cuckfield wiederfinden – bis hin zu der berüchtigten Linde!«

Die älteren Ainsworth-Töchter nickten, womöglich ein wenig zu eifrig, als er diese Linde erwähnte. Clara und Sarah – beide mit der bequemen Rechtfertigung, nicht lesen zu können – streckten weiter den Kopf aus dem Fenster, um mit der Zunge Schneeflocken einzufangen.

William zog die Stirn in Falten: »Die sollte sich aber wirklich eingeprägt haben. Ein herausragendes Element des Romans, wenn nicht gar sein zentrales Motiv … Der Lindenfluch?«

»Ein grauenvoller Fluch!«, schaltete sich Eliza ein. »Wenn je ein Ast von der Linde fällt, wird auf Rookwood ein Mitglied der Familie den Tod finden … Ach! Ein wahrhaft schauriger Einfall! Und die echte Familie auf Cuckfield hat auch daran geglaubt, nicht wahr?«

»Mit gutem Grund!«

»Wildromantisch! Und von eurem Vater so wunderbar in Verse gefasst.«

Weiteres Nicken – viel zu viel.

»Ich kann euch versichern, Kinder, sie sangen mein Lindenliedchen damals auf allen Straßen. Jedem Bänkelsänger von London konnte man für einen Penny das Notenblatt abkaufen. Einmal bin ich von Kensal Rise bis nach Charing Cross gewandert, und den ganzen Weg über wurde es überall gesungen! Und das Kapitel über Dick Turpin – der »Ritt nach York« – hat ein wahrhaftes Eigenleben entwickelt. Ich glaube, ich kann ohne Übertreibung behaupten« – ein ungewisser Blick zu Eliza, die sogleich beschwichtigte – »dass es in London zeitweise mindestens ein halbes Dutzend Aufführungen dieses Titels gab. An den besten Adressen Mayfairs konnte man bei Tisch Gaunersprache hören. *Nix my doll, pals, fake away*«, hob William zum allgemeinen Entsetzen zu singen an. »Bulwer-Lytton schrieb mir, ich wurde Lady Blessington und dem Count d'Orsay und ihrem Zirkel vorgestellt … Um es mit Byron zu sagen: ›Abends ging ich unbekannt zu Bett, am nächsten Morgen wachte ich auf – und fand mich berühmt!‹ Mehr als einmal war sogar vom ›englischen Victor Hugo‹ die Rede, wenn mich nicht alles täuscht?«

»Ganz recht«, bekräftigte Eliza lächelnd. Auch die Ainsworth-Töchter wurden wieder gelöster, lächelten und stellten das krampfhafte Nicken ein. Die Erzählung vom ersten großen Erfolg ihres Vaters war immerhin eine, die sie bis ins Kleinste kannten.

7

»Von einer literarischen Laufbahn rate ich ab«

Der Park war neu angelegt worden, und die Zufahrt hatte sich verändert. Vielleicht entsann William sich auch nur nicht richtig. Zweimal umrundeten sie sie, bis sie auf die Pförtnerloge stießen, die nicht mehr das elisabethanische, von Efeu überwucherte Tor seiner Erinnerung war, sondern ein kleines, türmchenbewehrtes Bauwerk, das erst unlängst hinzugekommen sein musste. Auch die Linde fehlte. Sarah stieg aus, um die Gesellschaft anzumelden. Wenig später kehrte sie mit rotem Kopf zurück.

»Hat diese Landpomeranze, wo noch nicht mal richtig Englisch kann, doch im Ernst die Frechheit, zu mir zu sagen: ›Geben Sie mir Ihre Karte.‹ Nix mit *Madam*. Nix mit *bitte schön*. Böser hätt die auch nicht dreinschauen können, wenn ich ein Bettelkind gewesen wär, das da vor ihrer Tür steht. Dreckiges Weibsstück. Behauptet, man kennt hier auf Cuckfield niemand dieses Namens! Aber den Namen Ainsworth kennt doch jeder!«

Sechsunddreißig Jahre. In sechsunddreißig Jahren konnten drei Generationen ein Haus durchlaufen. Und zwei Dutzend Bücher in Vergessenheit geraten. Als William die Tür des Wagens wieder schloss, wollte Eliza dieses vernünftige Argument anführen, begriff dann jedoch selbst, wie vergebens das war.

Die Pferde trabten über den breiten Kiesweg zurück. William blickte wehmütig aus dem Fenster: »Von einer literarischen Laufbahn rate ich ab.« Das Herrenhaus verschwand hinter ihnen. Und sämtliche Damen in der Kutsche fragten sich, zu wem genau er da sprach. »Es ist eine höchst gefahrvolle Tätigkeit …« Ein trauriges

Glucksen. »Obgleich die Damenwelt solchen Unfug ohnehin nur selten in Angriff nimmt.«

Während sie noch über diese erstaunliche Wahrheit sinnierten, vergaßen die Damen, den Kutscher anzuweisen. Am Dorfanger nahmen sie eine falsche Abzweigung und schlingerten in Richtung Hayward's Heath. Und just in diesem Weiler – zur allgemeinen Verblüffung der versammelten Familie Ainsworth – holperten sie plötzlich auf ein Public House zu, das auf seinem schaukelnden Schild den Namen The Pickwick nebst dem unverkennbaren Abbild von Mr. Dickens' munterer Romanfigur trug. Alle Frauen im Wagen hatten es vor William entdeckt, und nun versuchten sie einmütig – wenngleich ohne jede Gelegenheit, darüber zu beratschlagen –, seine Aufmerksamkeit zum anderen Kutschenfenster zu lenken, indem sie wild durcheinanderredend auf die Schönheit der Downs, zwei Elstern auf einem Pfosten, eine Kirche von mutmaßlichem architektonischem Wert und – im Falle von Sarah – ein Shetlandpony verwiesen, das einen gewaltigen, dampfenden Haufen absonderte. Doch nichts davon fruchtete, und für den Rest der Fahrt war es in der Kutsche still wie im Grab.

8

Jamaika, im Roman

»Sapperlot!«, entfuhr es ihm im Geiste. »Mich dünkt, dies kleine Luder will ihn abweisen.«

Eliza hatte längst begriffen, dass ihr Cousin für jeden redigierenden Eingriff unempfänglich war.

»Ihre Mutmaßungen, Colonel, entsprechen ganz dem Anstand und finden mein volles Einverständnis«, entgegnete Ihre Ladyschaft. »Ich staune, dass Sie ihnen keine Taten folgen lassen.«

Inzwischen las sie seine Manuskripte nur noch anstandshalber, überschlug mehrere Seiten – ganze Kapitel.

»Amen!«, entfuhr es Oswald voller Leidenschaft.

Es galt, die Grundzüge der Geschichte so weit zu erfassen, dass sie jeder Befragung standhalten konnte.

Die Blitze verliehen ihrem bleichen Antlitz eine aschfahle Färbung, die an den Tod gemahnte. Rasch floss der Lebenssaft aus einer tiefen Wunde an ihrer Flanke, und er mühte sich vergeblich, den blutroten Strom zu stillen.

9

Hilary St. Ives, 1869

So zügig sie ihn auch zu durchmessen versuchte, der neue Roman, *Hilary St. Ives,* raubte ihr jeglichen Mut. Das Alter hatte all seine Schwächen verdichtet und verstärkt. Auf jeder Seite entfuhr jemandem etwas, wurde entgegnet und ausgerufen. Die zahllosen Stränge der hochkomplexen Handlung verdankten ihre Auflösung entweder dem »Schicksal«, der Erfüllung eines Fluchs oder einem Unwetter. Der jugendliche Hilary benötigte mehr als dreihundert Seiten, um sich darüber klar zu werden, dass die Bedienstete, die sich so auffallend um seine Zukunft sorgte, in Wahrheit seine Mutter war und der Bursche, der ihm so ungeheuer ähnelte, dass er glattweg sein Vater sein könnte, tatsächlich sein Vater. Über große Abschnitte hinweg fiel es zudem schwer, den Roman von den Anpreisungen eines Maklers zu unterscheiden.

> Seit seiner Errichtung waren am Hause keine größeren Veränderungen mehr vorgenommen worden, und selbst das alte Mobiliar, Sessel, Betten, antike Spiegel und Wandbehänge, war so sorgsam erhalten geblieben, dass es nicht nur ein Prachtexemplar der Tudor-Bauweise darstellte, sondern auch ein sehr präzises Bild der Ausstattung eines großen Anwesens jener Epoche zeichnete. Die Halle, auf die wir bereits verwiesen haben und die von jeglicher zeitgemäßen Ergänzung unbehelligt blieb, gemahnte mit der Empore für musikalische Darbietungen, dem langen, schweren Eichentisch, dem gewaltigen Kamin nebst Feuerböcken an die Tage fürstlicher

> Gastfreundschaft. Ein prächtiger Bankettsaal mit großen ziselierten Eichenholzparavents, stuckverzierten Decken und alten Familienporträts an den Wänden – Rittern und Damen. Durch jene Porträts, die geschnitzten Kaminsimse, die mit Wandteppichen behängten Wände und das antiquierte Mobiliar werden Sie in Boxgrove viel Ansprechendes vorfinden, das versichere ich Ihnen.

Viele Passagen wiederholten sich. Von der »reich mit Schnitzereien verzierten Wandtäfelung« in Boxgrove las sie mindestens ein halbes Dutzend Mal. Adlige wurden – seitens des Autors – mit unterwürfigsten Schmeicheleien übergossen, während Gärtner und Dienstmägde kaum als fühlende Wesen behandelt wurden. Das Ganze endete mit einer Doppelhochzeit, »begleitet von freudigstem Glockenklang«. Als wäre die Ehe – trotz aller schmerzlichen Erfahrungen des Gegenteils, die William selbst gemacht hatte – weiterhin das größte Glück, das für ihn vorstellbar war.

Das Merkwürdigste war jedoch, dass er es als seinen »Jamaika-Roman« bezeichnete. Sofern sie der Lektüre überhaupt mit freudiger Erwartung entgegengeblickt hatte, dann einzig aus diesem Grund, denn Jamaika war für Mrs. Touchet von besonderem Interesse. Doch die Insel hatte ihren Auftritt erst auf den letzten Seiten, unter der Last einer verworrenen Handlung begraben wie eine Spule Garn auf dem Grund eines Nähkästchens. Denn Jamaika entpuppte sich als heimlicher Geburtsort von Hilarys heimlicher Mutter:

> Noch einmal vernahm sie das pausenlose Kreischen und Krächzen der Papageien, in das sich das Kreischen und Krakeelen der Schwarzen mischte. Noch einmal schweifte ihr Auge über die von blendend weißen Behausungen durchsetzten Ebenen, die weiten, von Kakaobaumhainen und Kakteendickichten gesäumten Savannen, die Plantagen, auf denen Zuckerrohr und Kaffee wuchsen. Noch einmal blickte sie auf

jene Buchten von unvergleichlicher Schönheit, durch die sie so oft gesegelt war, und jene blauen Berge, die sie so oft hatte erklimmen wollen. Die ganze Insel breitete sich vor ihr aus, mitsamt ihrer Gluthitze, ihrem gleißenden Sonnenschein, ihrer tropischen Schönheit und all ihren Freuden. Ihr war, als wäre sie noch einmal jung – als wäre sie wieder ein unschuldiges Kind. Ihr trauriges Herz pochte vor freudiger Empfindung, und sie ließ das leise Lachen ihrer Amme Bonita ertönen. Ja, auch ihre liebe, getreue Bonita war wieder am Leben, lächelte auf sie herab wie einst und brachte ihr Früchte und andere Köstlichkeiten.

Eliza erkannte das Postkartenidyll sofort. James Hakewills Buch *A Picturesque Tour of the Island of Jamaica*. Vor Jahren hatte Crossley ihnen einmal eine schöne Erstausgabe davon geschickt, und sie hatte mit Frances im alten Salon von Elms Lodge gesessen, die Seiten mit den Aquarellen durchblättert und darüber gestaunt, wie sich ein Beinhaus als wahres Paradies darstellen ließ. Mitunter war ebendieses Buch auch bei ihren Abolitionismusversammlungen als Beispiel gelungener Propaganda gezeigt und für seine Darstellungen zierlicher, dunkelhäutiger Frauen, die ganz in Weiß, mit weißen Turbanen auf dem Kopf frohgemut durch idyllisch-pastorale Landschaften wandelten, mit einigem Spott übergossen worden. Nur die gute Frances – mit ihrer zuversichtlichen, vergebenden Seele – war auf den Gedanken gekommen, man könne es doch auch als Vision dessen betrachten, was einmal sein werde, wenn sie mit ihren Kampagnen Erfolg hätten. Beim Gedanken daran spürte Eliza wieder das Pochen des alten Schmerzes. Dann besann sie sich: Dem Himmel sei Dank, dass eine Seele wie die ihre nicht mehr erleben musste, wie dieses Paradies verloren ging – wie es nicht einmal erreicht werden konnte! Denn trotz aller Bemühungen der Ladies' Society for the Relief of Negro Slaves – trotz der ganzen Abolitionismusbewegung – hatte auch die Spanne von dreißig Jahren Hakewills reizende Aquarelle nicht Wirklichkeit werden lassen.

Die jüngsten Nachrichten von jener umnachteten Insel waren bestenfalls entmutigend. Unruhen, eine blutige Revolte, nationaler Notstand, Gouverneur Eyre in Ungnade: angeklagt, weitreichende Brutalität ausgeübt und Massenhinrichtungen durchgeführt zu haben. Nichts von alledem streifte auch nur die Seiten von Williams Roman. Dort hielten sich die Träume von 1820 wie knarzende Theaterkulissen. Doch der ganze Roman knarzte ja. Alles darin war schon einmal verwendet oder dem Leben entlehnt worden. Die Gemälde an den Wänden von Boxgrove stammten von Maclise. Die Mahlzeiten, die aufgetischt wurden, hatte Mrs. Touchet eigenhändig zubereitet. Und in »Mrs. Radcliffe« – mit ihren »üppigen schwarzen Locken«, den entschiedenen Meinungen, der amazonenhaften Statur und dem geschickten Umgang mit der Pferdepeitsche – erkannte sie die lüsterne Reverenz an ihr jüngeres Ich. Selbst die Amme, die Mulattin Bonita, war nur ein schwacher Abklatsch, ihr Name halb erinnert und halb entliehen von jenem strahlenden Tag in Brighton vor sieben Jahren, als der ganze Ainsworth-Clan Arm in Arm auf den Balkonen des Hauses stand und dem Hochzeitszug der Schutzbefohlenen der Queen beiwohnte, »Bonetta«, der Dahomey-Prinzessin …

Aus solch abgewetzten Stoffen und gestohlenen Wahrheiten werden Romane gemacht. Mehr und mehr ermüdete sie dieser ganze Vorgang, widerte sie beinahe an. Jetzt seufzte sie, schob den Stapel loser Seiten zurecht, band die Kordel wieder darum und ging nach unten, wobei sie auf jeder dritten Stufe kurz haltmachte, um ihre Knie zu schonen. Sie hörte ihn bereits am Schreibtisch ächzen. Kaum stand sie in der Diele, trat er zu ihr. Und trug wieder diese neue, besorgte Miene zur Schau, die sie so verstörte. Doch er hatte ja auch Anlass zur Sorge. Auf eine Veröffentlichung in den angesehenen Zeitschriften konnte er nicht mehr setzen, und es war bereits lange her, dass Kaliber wie Chapman & Hall nach einem seiner Manuskripte gefragt hatten. Er fehlte ihr, jener glückliche, erfolgreiche William. Jahrelang war der einzige Laut, den sie je aus seinem Schreibzimmer gehört hatte, das Seufzen eines rundum zufriedenen Mannes gewesen. Hatte sie ihn wahrhaftig einmal deswegen bedauert? Wozu der Selbsterkenntnis so großen Wert beimessen? *Victoria veritatis caritas*. Doch war der Sieg der Wahrheit wirklich Liebe? Mitunter hatte Mrs. Touchet den Bischof Augustinus von Hippo im Verdacht, deutlich zu dick aufzutragen. Schließlich gab es auch leichte, eigennützige Wahrheiten. Und schwierige, barmherzige Lügen.

»Nun? Um Gottes willen, Eliza, spann mich nicht so auf die Folter …«

»Ein Triumph!«, entfuhr es Mrs. Touchet.

10

St. Lawrence's Fair

Am ersten Samstag im Juli hielt der St. Lawrence's Fair Einzug in Hurstpierpoint, so wie er es in jedem Juli seit dem Mittelalter tat. Zahllose Kuriositäten zogen über das Kopfsteinpflaster der Hauptstraße. Geschmückte Pferdchen. Eine Dudelsackkapelle. Drei Männer auf Hochrädern. Der Trinity-Chor, der seidene Banner schwenkte und »Greensleeves« intonierte. Ein Grüppchen Schuljungen, kostümiert als Ritter in voller Rüstung.

Mrs. Touchet – die sich weit aus ihrem Dachfenster lehnte – war erfreut, ganz zum Schluss auch die Sisters of St. George zu erblicken, die auf ihre bescheidene, plattfüßige Weise in stiller Formation dahermarschierten. Sie ging nach unten, um ihren Hut zu holen und die aufgescheuchten Ainsworths zusammenzutreiben. Aus ihrer Sicht war das Aufgescheuchte eine der grundlegenden Eigenschaften der ganzen Sippe. Taschentücher, Geldbörsen, Tücher, Schirme, falls es regnen, Fächer, falls es zu heiß werden sollte, Taschenuhren und Hüte wurden aufgespürt und ihren jeweiligen Eigentümern in die Hand gedrückt. Dann mischten sich die Bewohner von Little Rockley unter die Menge, die zur Dorfwiese strömte. Dort war alles ganz verwandelt. Die Dörfler erschienen im Sonntagsstaat. Selbst das Gras hatte sich mit zahllosen Büscheln frühlingshaften Klees und einem fröhlich gelben Archipel aus Löwenzahn geschmückt. In der Mitte hielten zwei Mannschaften junger Männer einen Wettstreit im Tauziehen ab – um den Preis eines Fasses Bier. Man konnte das Gewicht des Gemeindevorstehers erraten oder die Länge des Kirchturms. Und

Mrs. Touchet sah zum ersten Mal in ihrem Leben ein Karussell, das mit Dampf betrieben und nicht von fahrendem Volk oder einem Lasttier gezogen wurde.

11

»Das sind unsere Reichtümer«

Die Schlange der Fahrbegierigen vor dem Karussell war lang, doch schließlich war die Reihe auch an Clara, auf diesem Wunder der Technik ihre Runde zu drehen. Der arme Gilbert – am Abend zuvor aus Reigate herbeigeholt – durfte neben dem bunt bemalten Pferd stehen, auf dem seine Nichte ritt, und die gestreifte Stange halten, die sich in dessen Rücken bohrte. Sein lädierter Kopf, der weder Lektüre noch Musik oder Gesprächen eine Heimstatt bot, war dennoch frohgemut bereit, Maschinen zu beherbergen, und er betrachtete den Kolben, der sich bald schon reibungslos auf und ab bewegte, mit unverstellter Freude. So fuhren sie, immer rundherum. Die jetzige Mrs. Ainsworth war bald schon gelangweilt und verzog sich zur Wurfbude. Die übrigen Ainsworths harrten mit ihrem Zuckerzeug am Rand aus. Es ließ sich kaum sagen, wer verzückter war, Clara oder William. Wann immer das Kind, lachend und winkend, wieder in Sicht kreiselte, übertraf sich der Vater neuerlich mit Huhu-Rufen und Zurückwinken – und machte sich damit vor aller Augen zum Narren. Eliza musterte seine erwachsenen Töchter. Sah, wie sie sich abmühten, sich ihr starres Lächeln zu erhalten. Williams besondere Freude an seinem jüngsten Kind war aufs Schmerzlichste offensichtlich. Sein Arbeitszimmer hatte er, ein beispielloser Vorgang, gleich ihrem Kinderzimmer gegenüber gewählt, ließ beide Türen stets angelehnt und sich selbst beim kleinsten vorgeschobenen Anlass bereitwilligst unterbrechen. Wann immer er Clara auf seinen Schoß hob – oder seine Papiere beiseiteschob, damit sie auf dem Schreibtisch sitzen konnte –, wurde er von Fanny und Emily getadelt, dass er sie bloß »verwöhne«. Als sie selbst Kinder gewesen waren, kam die Arbeit an erster Stelle. Sie hatten sich schon glücklich schätzen können, wenn ihr Vater um sechs Uhr das Arbeitszimmer verließ und eine goldene halbe Stunde mit ihnen verbrachte. Danach setzte der allabendliche Besucherstrom diverser literarischer Herren ein, und die Mädchen wurden nach oben, zu Bett geschickt. Mit sieben Jahren waren sie dann alle noch weiter fortgeschickt worden, nach Manchester, in Mrs. Hardings Anstalt für junge Damen. Erst als sie um einiges älter und hübscher geworden waren – und durchaus die Aufmerksamkeit von Williams Freunden erregten –, hatte ihr Vater sich ihnen wahrhaft gewidmet.

Im Grunde müssten alle Väter alt sein, sinnierte Eliza, denn junge Männer waren ja selbst noch kaum mehr als Kinder. Und doch hätte sie niemals fertiggebracht, was Sarah getan hatte. Sie fand alte Männer abstoßend. Ein Grund – unter vielen –, weshalb sie nie wieder geheiratet hatte. Alte Männer gemahnten an den Tod. Sie rochen nach Tod, bargen den Tod in ihren runzligen Hälsen und ihren pergamentenen Händen, und wie sehr es Mrs. Touchet vor diesem unentrinnbaren Zustand graute, das war ihr bestgehütetes, schändlichstes Geheimnis. Nein. Nur junge Menschen, die das Tau umklammert hielten, denen die Haarsträhnen an der verschwitzten Stirn klebten, die wild entschlossen waren, dieses Fass Bier entweder zu erringen oder beim Versuch zu sterben, vermochten es, ihre Aufmerksamkeit zu fesseln.

»Ich bestehe auf dem Pranger! Der Pranger muss sein!«

Fanny und Emily – vor nicht allzu langer Zeit noch kultivierte literarische Gastgeberinnen in London – waren nicht der Ansicht, dass der Pranger unbedingt sein müsse, zumindest nicht für sie. Doch William war nicht aufzuhalten. Er sank auf die Knie, mitten zwischen den Löwenzahn, schob Kopf und Hände durch die Löcher und wandte klaglos einen Viertelpenny auf, damit Clara ihn, zusammen mit einer Anzahl lärmender, fremder Kinder, von einer Kreidelinie aus mit Tomaten bewerfen konnte. Verdrossen gesellten sich die Schwestern zu Sarah an die Wurfbude. Mrs. Touchet blieb, wo sie war, und musterte ihren behäbigen, bärtigen Cousin, verlassen von aller jugendlichen Schönheit, wie er sich in eine Haltung bückte, die ihr nicht gänzlich unvertraut war, nun aber nur noch abgeschmackt wirkte. Eine Reitgerte zog ihr durch den Sinn. Ein erhobener Arm. Wunde Striemen auf roter, gereizter Haut. Sie fragte sich, ob ihn wohl auch solche Erinnerungen plagten, und falls ja, wie er damit verfuhr. Wo er sie verstaute. Sie selbst hatte die endlose Gnade Christi, um sich Erleichterung zu verschaffen. Aber was hatte er?

»Der ursprüngliche Erlass erging, wie ich meine, noch von Edward II. … Und seit Menschengedenken ist es nun schon der St. Lawrence's Fair …« William dozierte, wie er es am liebsten tat. Doch anders als bei vielen anderen Männern, die Eliza kannte, entsprang diese Gewohnheit bei ihm keinem Herrschaftsdrang, sondern einer aufrichtig übersprudelnden Begeisterung. Beim Sprechen wischte er sich mit einer Hand Tomatensaft aus dem Gesicht und hielt mit der anderen Claras kleine Hand umfasst. Zu Elizas Überraschung suchte das Kind nun nach ihrer Hand und ergriff sie, als wäre es in Wahrheit ihrer beider Kind, unmittelbar aus der Erinnerung geboren. In dieser hübschen Formation machten sie sich auf, um sich an der Wurfbude zu den anderen zu gesellen.

»Wer weiß mir denn etwas von der tragischen Geschichte des heiligen Laurentius zu berichten?«

Clara zog ein langes Gesicht: Tragisch war vor allem dieser Wechsel von zermatschten Tomaten zur Sonntagsschule.

»Er wurde – ähm … wurde er nicht – *gekocht?*«

»Oh, sehr gut! Sehr gut – ganz wortgetreu. Nun, war das tatsächlich so? Mrs. Touchet ist sicherlich mit den Heiligen vertraut – möchten Sie ein wenig ausführen, wie es sich mit dem ›Gekochtwerden‹ verhält?«

»Mir scheint, du würdest die Geschichte gern selbst erzählen, William, also solltest du es auch tun.«

»Nein, nein, nein – ich beuge mich der älteren Kirche.«

Eliza lächelte milde zu dem Kind hinab.

»Na, dann wollen wir doch mal sehen … *Gekocht,* das klingt ein wenig, als wäre er hinterher an zwei Kartoffeln und einigen Erbsen serviert worden … Sagen wir lieber, er wurde gemartert – bei lebendigem Leibe verbrannt. Es war damals eine Zeit der Märtyrer. Es wurden viele Versuche unternommen, den Fels, auf dem die Kirche erbaut ist, zu zertrümmern. Und der heilige Laurentius verwaltete die Kirchenschätze …«

»Wie der Küster!«

»Nun, nicht ganz wie der Küster. Vielleicht könnten wir sagen, er war der Hüter der Reichtümer der Kirche. Damals richteten die römischen Machthaber viele Bischöfe hin – sogar den Papst haben sie zum Märtyrer gemacht! Und sie räumten Laurentius drei Tage ein, alle Reichtümer der Kirche zusammenzutragen und den Machthabern auszuhändigen. Aber das hat er nicht getan. Weißt du noch, was er stattdessen gemacht hat?«

»Er wurde verbrannt!«

»Ja, aber vorher … Ach, William, ich bin wirklich eine lausige Gouvernante …«

»Im Gegenteil: Du schlägst dich ganz hervorragend.«

»Nun, anstatt sie den Römern auszuhändigen, hat er sie an die Armen verteilt.«

Clara schnaubte verächtlich: »Die Armen! Die sind doch stinkfaul!«

Da sprach die Mutter aus dem Kind. Sogar die kleinen Ärmchen warf es in die Luft, wie die Mutter, wenn sie verärgert war. Mrs. Touchet ließ sich nicht beirren:

»Und als die drei Tage um waren, brachte er die Armen, die Lahmen und die Kranken, die Verfemten und die Ausgestoßenen und … nun, er führte sie den Römern vor und sagte: ›Das sind unsere Reichtümer. Diese Menschen hier.‹« Mrs. Touchet spürte, wie ihr lachhafte Tränen in die Augen traten. »Und für diese Dreistigkeit wurde er bestraft. Sie legten ihn auf einen Bratrost – wie wir ihn auch in der Küche haben – und verbrannten ihn bei lebendigem Leibe.«

Clara verzog das Gesicht. »Ich möchte ja nicht verbrannt werden.«

»Nein. Ich auch nicht. Und auch sonst niemand. Und dennoch, anstatt zu schreien, wie du oder ich es wohl getan hätten, verweigerte der heilige Laurentius den grauenvollen Römern die Genugtuung. Er sagte – weißt du noch, was er sagte?«

William konnte sich nicht mehr beherrschen. »›*Auf dieser Seite bin ich bereits gar – dreht mich um!*‹ Aber hat er das wirklich gesagt? Vor allem eines spricht für mich ganz offensichtlich dagegen. Wenn alle Bischöfe und selbst Papst Sixtus höchstpersönlich enthauptet wurden – so wie die Geschichtsschreibung es uns berichtet –, warum wurde dann just Laurentius zur Marter auserkoren? Der korrekte Text lautet doch sicherlich *passus est* – ›er hat gelitten‹. Wir können daraus nur schließen, dass irgendein minderbemittelter Schreiber es falsch niedergeschrieben und das p vergessen oder ausgelassen hat, was uns, wie jeder Knabe, der sein Latein beherrscht, sofort begreifen wird, den Satz *assus est* beschert – ›er wurde geröstet‹.«

Eliza, die ihr Latein nicht beherrschte – es war nie jemand auf den Gedanken gekommen, es ihr beizubringen –, zog ihre Hand aus Claras zurück und schob sie wieder in ihre Tasche.

»Es ist trotzdem eine schöne Geschichte«, sagte sie.

»Und auf solchen menschlichen Schwächen wurden Kirchen erbaut! Das dürfen wir Hurstpierpoint aber nicht verraten!«

Clara blickte hingebungsvoll mit den blauen Puppenaugen ihrer Mutter zu ihrem Vater auf.

»Das mache ich ganz bestimmt nie, Papa.« Und dann, um den Schwur noch etwas feierlicher zu gestalten: »Amen.«

Unterdessen waren sie bei der Wurfbude angekommen und Eliza am Ende ihrer Kräfte. Zu sehen, wie der arme Gilbert und diese schwachsinnige Frau mit Holzbällen nach Kokosnüssen warfen und sie doch jedes Mal verfehlten, erschien ihr plötzlich wie ein bitteres Gleichnis auf die Sinnlosigkeit allen Daseins. Auf ihr eigenes Dasein. Auf die enge Welt, in der sie lebte. Die abgeschmackte Gesellschaft, mit der sie sich umgab. Das andere Leben, das sie hätte führen können, wenn nur alles, alles anders verlaufen wäre. Die mit Stoff bespannte Hinterwand der Wurfbude zeigte eine ungelenk gemalte tropische Szenerie: Strände, Berge, Savannen, eine gleißende Sonne. Und zwischen den Palmen ragten fünf ulkige schwarze Köpfe empor, mit breiten roten Mündern und vorstehenden Augen, und verlachten Eliza mit all ihren Hoffnungen.

12

Jamaika, in der Wirklichkeit

In den geselligen Tagen von Kensal Lodge – umgeben von Gesprächen und Wein – war es Mrs. Touchet oft vorgekommen, als bleibe kaum Zeit, selbst etwas zu sich zu nehmen, bevor es Mitternacht schlug und ihre Pflichten von Neuem begannen. Trunkene Dichter mussten ihren Überziehern zugeführt und in die wartenden Droschken bugsiert werden. Leichtsinnigen Romanautoren, die partout querfeldein reiten wollten, musste aufs Pferd geholfen, Karikaturisten, die sich vor Trunkenheit kaum noch auf den Beinen halten konnten, mussten in eines der Gästezimmer verfrachtet werden. Hier, in Hurstpierpoint, lag sie stets schon um zehn im Bett. Und doch zogen sich die Abende endlos in die Länge. Manchmal fand sie einen Vorwand, nach oben zu entkommen – einen Brief, den es zu schreiben galt, Kopfschmerzen. Meist aber fasste William, wenn sie das Dessertgeschirr abräumte, ihr Handgelenk und sah auf seine alte, flehentliche Weise zu ihr auf. Und ihr Mitgefühl gewann erneut die Oberhand. Wie konnte sie – wie konnte auch nur eine von ihnen – ihn mit dieser Frau allein lassen?

»Lesen, lesen, immerzu lesen! Ihr verderbt euch noch alle die Augen. Was lesen Sie denn da, Eliza?«

»Ach, nichts Besonderes … nur einen Roman von …«

»Den neuen von Willie?«

»Nein, den habe ich ja bereits …«

»Wir hoffen selbstredend darauf, dass mit dem neuen wieder etwas Geld ins Haus kommt. Wir hoffen, wenn möglich, auf einen großen Umsatz, auch wenn's in letzter Zeit so viele Enttäuschungen gab, ich war nämlich noch nie auf dem Kontinent und würd das so gerne mal sehen. Mein alter Herr hat immer erzählt, es gibt da ein ganz bestimmtes Wort, das man sagen kann, und dann ist jede Dirne von Frankreich sofort bereit …«

»Noch ein Stück Früchtekuchen?«, beeilte sich Fanny, die fest überzeugt war, mit schwerem Kuchen lasse sich die Wirkung von Sherry dämpfen.

»Ach, warum nicht? Wenn ich's nicht besser wüsste, ich würd ja meinen, ihr wollt mich mästen! Aber das hab ich ja in letzter Zeit selber ganz gut hingekriegt, muss man sagen, HAHAHAHA!«

»Du hast eine beneidenswerte Figur«, sagte Emily aufrichtig.

»Und ich musste darum schon viel Neid über mich ergehen lassen, das kannst du mir glauben. Aber wir können ja nichts dafür, wie wir geboren sind, im Guten wie im Schlechten. Wobei, ich hatte eine Cousine, die war flach wie 'n Brett, so wie ihr, und dann hat sie angefangen, jeden Tag Schafsfüße zu essen, und die Veränderung war wirklich eine Schau. Wenn man so was mit Schafsfüßen für 'nen Penny hinkriegt, dann stellt euch nur mal vor, was eine ganze Rinderflanke bewirken kann! Das würde euch zweien bestimmt helfen in der Hinsicht, und genau aus dem Grund sag ich Mrs. Touchet ja auch immer, bloß bei den Haushaltsausgaben nicht sparen. Nach meiner Erfahrung schätzt jeder Gentleman ein bisschen Fleisch auf den Knochen, und ich sag ja immer, es fällt schon auf, dass die, wo nie heiraten, meist zum Dürren und Knochigen neigen.«

Die Uhr schlug acht. William schüttelte seine Zeitung.

»Nun. Zumindest ist die scheußliche Geschichte um Gouverneur Eyre jetzt ausgestanden!«

Im Zweifel für die Nachrichten. Doch er hatte auf gut Glück etwas von der Titelseite gewählt, ohne dabei an Mrs. Touchet zu denken, und falls er sich einen friedlichen Abend erhofft hatte, war dies das grundfalsche Thema.

»Ausgestanden? In welcher Hinsicht?« Elizas Ton war unheilvoll scharf, und sie schlug ihr Buch zu, ohne zuvor das Bändchen zwischen die Seiten zu legen.

»Nun … Ich meinte damit, dass er doch noch allen Fehlverhaltens im Fall des Reverend Gordon freigesprochen wurde, und … ach, hier heißt es, Disraeli sei zuversichtlich, dass das Parlament seine Gerichtskosten übernehmen werde.«

»Wie viele Mörder können sonst auf eine so erstklassige Behandlung hoffen?«

»Ach, ich bitte Sie, Mrs. Touchet«, schalt Fanny. »Vom Kriegsrecht Gebrauch zu machen kann man nun wirklich nicht als Mord bezeichnen.«

Elizas dunkle Brauen krochen aufeinander zu. Sie setzte ihre stachelige, schutzschildhafte, typisch schottische Miene auf, der die Ainsworths hinter ihrem Rücken schon vor langer Zeit den entsprechenden Spitznamen verpasst hatten: »die Tartsche«.

»Aber genau das, Fanny, ist doch der springende Punkt«, sprach nun die Tartsche und erhob sich aus ihrer Fensternische zu ganzer, beachtlicher Größe. »Das ist es doch, was all die Untersuchungen feststellen sollten. Und wenn eines im Laufe der vergangenen drei Jahre aufs Deutlichste klar wurde, dann doch, dass sich der Reverend Gordon rund dreißig Meilen außerhalb des Gebiets aufhielt, das durch das Kriegsrecht abgedeckt war. Und Gouverneur Eyre, der das genau wusste, hat den armen Mann ergreifen, an Bord eines Schiffes verfrachten und vorsätzlich nach Morant Bay bringen lassen – wo dann das Kriegsrecht Anwendung finden konnte.«

»Für uns in unseren Lehnstühlen ist es natürlich leicht …«, setzte Fanny an, doch die Tartsche ließ sich nicht beirren.

»… und selbst nach den niedrigen Maßstäben des Kriegsrechts ist der Fall Gordon ein Makel auf dem Antlitz der britischen Justiz! In wenigen Stunden abgeurteilt, jeden Rechtsbeistand verweigert – und dann im Dachstuhl eines jamaikanischen Gerichts gehenkt? Wenn das kein Mord ist, dann weiß ich es auch nicht.«

13

Jamaika-Debatten

Beredte Blicke – *bloß nicht die Tartsche aufstacheln* – flogen rasch durch den Raum, doch es gelang ihnen nicht, Williams Aufmerksamkeit zu erheischen. Er stopfte gerade seine Pfeife und sprach scheinbar direkt zum Tabak, während er ihn feststampfte.

»Cousinchen … ehrlich, du übertreibst. Ich habe einiges darüber gelesen, und es hat den Anschein, als sei dieser Reverend Gordon ein Aufwiegler – ein Mulatte. Er hat die Leute angeheizt, wie es diese Baptisten, wir wissen es inzwischen, gewohnheitsmäßig tun … Und er hat auch mit diesem … ach, mit diesem anderen schwarzen Laienprediger und den ganzen weiteren Verschwörern konspiriert. Bei den ursprünglichen Unruhen haben achtzehn Weiße ihr Leben gelassen. Konnte das ohne Antwort bleiben? Ich finde, dieser Wieheißternochgleich hat es im *Punch* sehr schön auf den Punkt gebracht: ›*Wir können doch keinen Mann dafür ermorden, dass er eine Kolonie rettet.*‹ Recht drollig, aber doch mit einem ernsten Kern.«

William seufzte – als hätte er pflichtbewusst eine schwere Bürde auf sich genommen – und unternahm den Versuch, der Diskussion ein friedfertiges Ende zu setzen, indem er seine Pfeife zum Mund führte und sie anzündete.

»Kein Gesetz, William, ob nun Kriegsrecht herrscht oder ein anderes Recht, legitimiert je ein blutiges Gemetzel. Wenn das die Rettung einer Kolonie war, dann möchte ich mir nicht ausmalen, was der Gouverneur unter Zerstörung versteht. Dreihundertfünfzig Jamaikaner, auf einem öffentlichen Platz gehenkt! Niedergebrannte

Dörfer, ermordete Familien, geschändete Frauen, die mit durchschnittener Kehle in ihren Betten …«

»Kein Mensch bestreitet, dass da ein gewisses Missverhältnis …«

»… als Erwiderung auf einen ungerechtfertigten …«

»… gewalttätigen Aufstand …«

»… ein Aufstand, der erst später gewalttätig wurde. Was, wenn ihr mich fragt, auch nicht wundert, wenn man sich plötzlich der örtlichen Miliz gegenübersieht. Tatsache bleibt jedoch: Die Menschen haben sich zusammengeschlossen, um gegen ungerechte Vertreibung zu protestieren. In Schottland, so will ich doch hoffen, erinnern wir uns gut, was es heißt, wenn einem das eigene Land genommen wird und man es nicht mehr bestellen darf! Was es heißt, inmitten von Überfluss Hunger zu leiden. Wir könnten dazu auch die Iren befragen. Oder die Armen von Lancaster, Liverpool und London. Oder haben wir etwa auf Chartisten-Versammlungen mit einem Massaker reagiert? Haben diese Menschen wahrhaftig kein Recht, Land zu bestellen, das längst umfriedet und verlassen wurde? Auf dem sie unlängst noch versklavt wurden? *Das* war der Grund, aus dem Mr. Gordon und Mr. Bogle …«

»Bogle!«, rief Sarah, den Mund voller Kuchen. »Erzählt mir jetzt nicht, dieser Halunke Bogle hat auch da seine Finger drin! Der führt Sir Roger in die Irre, ich hab's immer schon gesagt, und jetzt haben wir's, er spielt verrückt. Sir Roger hat einfach ein viel zu weiches Herz, das ist das ganze Elend … Ich hab's ja immer schon gesagt: Man kann diesen Menschen einfach nicht trauen, den Afrikanern so wenig wie den Indern. Die schneiden einem die Kehle durch, bloß weil man sie mal schief ansieht.«

»Wir sprechen hier von einem ganz anderen Bogle, Gattin mein. Deiner ist, wenn mich nicht alles täuscht, ein gewisser Mr. *Andrew* Bogle. Wir sprechen von Paul. Einem Aufständischen namens Bogle. Der mitsamt seinen Mitverschwörern hingerichtet wurde. Auf Jamaika.«

»Du musst doch begreifen, William«, beharrte die Tartsche, »große Parzellen Land dort liegen brach!« Alle Ainsworths musterten derweil den Teppich, als fände die Szene in Exeter House statt, sie säßen im Publikum und die Tartsche blickte finster vom abolitionistischen Rednerpult auf sie herab. »Und die abwesenden Eigentümer sitzen unterdessen am anderen Ende der Welt mit den Füßen auf dem Tisch in der Bond Street beim Bier!«

William ließ seine Pfeife sinken, zunehmend verzweifelt, weil ihm keine Gelegenheit gelassen wurde, sie zu rauchen.

»Aber wem gehört denn das Land? Und was hat das Bier in der Bond Street damit zu schaffen … Nein, wirklich, Eliza, es tut mir leid … ich weiß nicht recht, worauf du hinauswillst …«

»Ach, der ist sicher scharf auf den Besitz! Dieser Bogle will die ganzen Tichborne-Ländereien für sich. Der ist kein Freund von Sir Roger, das lasst euch mal gesagt sein.«

Von oben ertönte klagendes Geschrei. Alle Anwesenden bekundeten größte Bereitschaft, nach dem Kind zu sehen, doch Mrs. Ainsworths Mutterstolz stand, allem im Übermaß genossenen Sherry zum Trotz, felsenfest. Schwankend erhob sie sich und wischte die Kuchenkrümel weg, die sich in großer Zahl in ihrem Dekolleté gesammelt hatten.

»Selbstredend gehe ich. Die Liebe einer Mutter lässt sich durch nichts ersetzen.«

14

Einig, uneins zu sein

Sobald Mrs. Ainsworth sicher auf der Treppe war, wandte sich William in seinem Sessel um und direkt der Tartsche zu. Doch kaum lag ihr durchdringender Blick auf ihm, huschte der seine auch schon davon, zum Boden, zur Wand, zur Uhr, zu seinen Töchtern.

»Weißt du … was ich eigentlich sagen will … Das Unglück ist doch, Eliza, dass Freiheit gewährt wurde. Wie es ja auch ganz richtig ist – ich habe dieses Ansinnen seit jeher prinzipiell unterstützt. Und das, obwohl es durchaus sehr zulasten der Armen von Lancashire geht – wovon wir uns, wie du dich sicher erinnerst, bei unserem letzten Besuch selbst überzeugen konnten –, ganz zu schweigen von den Armen von Liverpool und London und überhaupt all den armen Tröpfen, die die Baumwolle verweben, den Zucker und den Kaffee verpacken und deren Wohl dir, das muss ich dann doch sagen, offenbar weit weniger am Herzen liegt … Um aber zur Sache zu kommen: Es wurde Freiheit gewährt. Und dennoch ist Chaos entstanden. Was einen dann doch sehr ins Grübeln bringt …«

Mrs. Touchet nahm erschöpft wieder Platz. Im Laufe der Jahre war sie zu dem Schluss gekommen, dass es nichts fruchtete, sich über eklatante Unkenntnis zu echauffieren, so wie sie ja auch keinem ungetauften Säugling vorwerfen konnte, er wisse nichts von Jesus Christus. *Wüsste er bloß, was* ich *weiß, dann würde er auch empfinden wie ich,* so lautete der Wahlspruch, den sie sich häufig vorsagte, um nicht gänzlich den Verstand zu verlieren.

»Und diese elenden Petitionen konnte ich nun wirklich nicht

ertragen. Nie zu wissen, wer bereit ist, sich mit wem zu Tisch zu setzen oder nicht … Carlyle und sein Zirkel, die den Gouverneur verteidigen, und auf der anderen Seite dieses sogenannte ›Jamaica Committee‹. Wer soll sich da noch auskennen. Alles Jacke wie Hose. Unterschrieb man die eine Petition, verlor man die eine Hälfte seiner Freunde; unterschrieb man die andere, war die andere Hälfte weg. Da muss ich doch sagen: Wo immer die Wahrheit in diesem Fall liegen mag, es ist doch weder schön noch anständig, wegen etwas Aufruhr in mehreren Tausend Meilen Entfernung die Londoner Gesellschaft derart zu entzweien.«

»Hört, hört!«, bekräftigte die schlichte Emily, die wie ihr Vater unerschütterlich alles Schöne dem Schrecklichen vorzog. »Zudem steht unser alter Freund Charles aufseiten des Gouverneurs, wie auch Carlyle – und was immer Sie von Carlyle auch halten mögen, Eliza …« Das schob sie rasch ein, denn alle Anwesenden hatten im Laufe der Jahre bereits in größter Ausführlichkeit zu hören bekommen, was Eliza von Thomas Carlyle hielt. »… Sie müssen doch einräumen, dass unser alter Freund Charles – zumindest, wie wir ihn aus früheren Zeiten in Kensal Lodge kennen – stets auch ein Freund der Armen und Schwachen war. Bekanntermaßen.«

»Man könnte sogar sagen, diese Freundschaft zu betonen hat ihn reich gemacht.«

Das war nun so gar nicht schön und entsetzte Emily zutiefst.

»Ach, aber, Eliza, das ist nun wirklich ungerecht! Ein liebenswerterer Mensch lässt sich doch gar nicht finden. Erinnere dich nur, Fanny, wie schön das war, als er uns damals im Internat besucht hat! Gebäck und Bücher hat er uns mitgebracht und war so nett und liebenswürdig. Und was für eine Überraschung! Dass ein großer Mann wie Mr. Dickens sich die Zeit nimmt, sich zu drei mutterlosen kleinen Mädchen in der Fremde so großherzig zu zeigen.«

Eliza hielt den Blick auf die South Downs gerichtet, die Augen zusammengekniffen: »Dann bist du wohl leicht zu überraschen, Emily. Ich habe ihn damals begleitet, wie du dich bestimmt noch entsinnst, und er ist vor allem aus dem Grund nach Manchester gereist, weil er auf der Suche nach neuen Figuren war – dort fand er seine albernen Gebrüder Cheeryble.«

»Nun, Kinder, das ist allerdings wahr«, sagte William nachdenklich. »Er wollte dort im Norden ein paar Geschäftsleute auftreiben, die den Whigs anhängen, und ich sagte ihm: ›Wenn du zwei Originale brauchst, Charles, dann statte den Grant-Brüdern einen Besuch ab.‹ Ich war mir sicher, er würde Verwendung für sie finden.«

Eliza lachte, laut, aber freudlos.

»Das kann man wohl sagen. Eine hübsche Beschäftigung, zwei Menschen zu nehmen und Karikaturen aus ihnen zu machen, wie sie kaum des Tintenfasses eines Cruikshank würdig sind!«

Der Nachdruck dieser Äußerung trieb den Tabakrauch in Williams Kehle in die falsche Richtung und rief einen kurzen Hustenanfall hervor.

»Nun hat sich unsere Mrs. Touchet also von der Abolitionistin zur Literaturrezensentin gemausert …«

Doch dabei gestattete er sich ein scheues Lächeln, so wie er es auch bei den seltenen Gelegenheiten tat, bei denen ihr »alter Freund« vom Feuilleton Prügel bezog.

»Nun, ich finde nach wie vor, Sie sind ungerecht«, beklagte sich Emily. »Niemand kann von sich behaupten, den Menschen mehr zugetan zu sein als Charles.«

»Den erfundenen Menschen. Über die er walten kann. Mich hat es nicht im Mindesten überrascht, seinen Namen auf dieser Petition zu sehen. Schon als junger Mann fürchtete er das Chaos. Aber das wahre Leben wird nun einmal stets zum Chaos neigen.«

William ließ einen spöttischen Laut vernehmen, wirkte aber beklommen, weil er nie recht wusste, was er mit Mrs. Touchets sporadischen Ausflügen ins Philosophische anfangen sollte.

»Welcher Mensch im Vollbesitz seiner geistigen Kräfte schätzt denn das Chaos?«

»›*Besser, der Mensch irrt in Freiheit, als dass er in Ketten recht behält.*‹ Mr. Thomas Huxley.«

»Na! Ich muss schon sagen, die Geschichte um Gouverneur Eyre schmiedet seltsame Allianzen! Mrs. Touchet macht gemeinsame Sache mit einem berüchtigten Agnostiker, und unser alter Freund Charles schlägt sich auf die Seite eines mutmaßlichen Mörders …«

»Ach, was spielt es denn für eine Rolle, was dieser Mann von irgendetwas denkt? Er schreibt Romane!«

Sie war ganz unwillkürlich in den gleichen Ton verfallen, in dem man vielleicht sagen würde: *Er ist ein Kind.*

»Wisst ihr …«, sagte William nach einer schmerzhaften Gesprächspause. »Ich bin mit einem Mal doch recht müde. Ich glaube, ich werde mich nach oben zurückziehen.«

Mrs. Touchet zerfloss in Reue.

»Oh, bitte geh nicht, nicht meinetwegen. Du wolltest doch deine Zeitung lesen, und ich war so unverschämt, dich daran zu hindern. Bitte fahr fort.«

»Nein, nein. Ich schreibe Romane. Da sind die Nachrichten wohl zu hoch für mich.«

»Ach, William, das habe ich doch nicht … Bitte, lies weiter.«

»Es gibt nichts mehr zu lesen.« Doch eine Kleinigkeit war noch übrig, und das Lesen vor einem gebannten Publikum war ein Vergnügen, dem William nur schwer widerstehen konnte. Und so griff er, nach einiger Ermunterung, doch wieder zur Zeitung.

»Offenbar war es keine ganz einfache Entscheidung. Der vorsitzende Richter, heißt es hier, habe den Gouverneur ›in scharfen Worten‹ verurteilt, doch die Geschworenen hätten die Klage dennoch ›abgeschmettert‹. Da seht ihr es. Wie echte Engländer haben sie sich darauf geeinigt, uneins zu sein. So wie wir beide heute Abend, Eliza.«

15

Ein Nachtrag zu Tichborne

Claras Weinen verklang. Die Uhr schlug neun. Sarah trat wieder in den Raum.

»Redet ihr gerade über den vorsitzenden Richter? Diesen Bovill?«

William blickte seiner Frau mit verwirrt gerunzelter Stirn entgegen: »Der Richter heißt Cockburn.«

»Und wer ist dann Bovill?«

»William Bovill? Der führt den Vorsitz am Court of Common Pleas für Zivilsachen. Ein ganz anderer Zuständigkeitsbereich.«

»Na, der soll jedenfalls im Fall Tichborne entscheiden!«

»Tatsächlich! Der arme Mann. Wer wird auch vorsitzender Richter?«

»Und ich bin so nett und sag euch noch was: Euer Gouverneur da wird vor Gericht viel gerechter behandelt, als es dem armen Sir Roger je passieren wird. Das ist doch schon gezinkt, bevor's nur angefangen hat! Lasst euch das mal gesagt sein.«

Es blieb ihnen gar nichts weiter übrig, als es sich in aller Ausführlichkeit und Lautstärke sagen zu lassen. Sarah lehnte jetzt am Türstock wie ein alter Seebär und extemporierte über die »zwielichtigen Freimaurer«, die »im Old Bailey das Zepter schwingen«, und die »knurrigen Katholiken«, die sich bestechen ließen, sowohl von den Zepter schwingenden Freimaurern als auch von den »hebräischen Pfandleihern«, die für jeden armen Schlucker, der im Kittchen landete, eine Guinee bekamen. Sie wetterte darüber, wie viele entscheidende Tichborne-Zeugen derzeit in Brasilien und New

South Wales »mundtot gemacht« würden, bis Fanny eine Lücke witterte und dazwischenfuhr.

»Aber du hast doch sicherlich gehört, dass Mr. Orton sich früher als geplant aus der Neuen Welt wieder eingeschifft hat? Sodass sein Rechtsbeistand nun einigermaßen in der Patsche sitzt?«

»Dass *Sir Roger* erkrankt ist – ja, das weiß ich.«

»Ich frage mich, ob ihm vielleicht die Vorstellung, des Lügens überführt zu werden, auf den Magen geschlagen ist ...«

»Von wegen, Fanny Ainsworth, ihm ist nur einfach die Sonne in Brasilien nicht bekommen. Jetzt geht es ihm schon wieder viel besser.«

»So viel besser – alle Zeitungen in Hampshire sind voll davon. Das dürfte dir gefallen, Vater: Mr. Orton und sein schwarzer Begleiter – Mr. Bogle! – sind in Alresford abgestiegen, unweit von Tichborne Park, wo sie nun der Verhandlung entgegensehen. Derweil verbringt der Anwärter seine Tage beim Gelage im Swan Hotel. Der Jamaikaner verhält sich offenbar hochanständig – sitzt stumm wie ein Pfarrer dabei und bezaubert alle mit seinen tadellosen Manieren –, während unser Mr. Orton sich betrinkt, sich den Bauch vollschlägt, die letzten Überreste des Tichborne-Fonds verprasst und sich auf Schlägereien mit den Anwohnern einlässt – bis ihn sein Mr. Bogle wieder heimwärts führt! Ist das nicht urkomisch?«

William amüsierte sich königlich darüber und lachte herzlich.

»Dieser Sir Roger gefällt mir wirklich sehr! Viel besser als das Original: wahrhaft standesgemäß. Wer sollte da noch an ihm zweifeln?«

»Ja, ja, lach du nur, Mr. Ainsworth. Das ist mit Sicherheit urkomisch. Aber ich hab selbst als Kind genügend Lords erlebt, durch den Umgang, den meine Mutter so gepflegt hat, wenn ihr wisst, was ich meine ...«

»... ja, besten Dank, Mrs. Ainsworth, wir sind im Bilde ...«

»... die Art von Umgang, wie man sie an gewissen Ecken von gewissen Straßen in Soho trifft, wenn ihr wisst, was ich meine ...«

»… DAS WISSEN WIR SEHR GENAU, MRS. AINSWORTH, WENN ICH ALSO BITTEN DARF …«

»… und was gefällt so einem Lord? Ich will's euch sagen: prügeln, rammeln, saufen und gegen einen Ball aus Schweinsleder treten. Und was gefällt meinem alten Herrn und meinen ganzen Onkeln, Brüdern und Cousins? Auch nix anderes. Nur die ganz oben und die ganz unten wissen wirklich gut zu leben! Die dazwischen, die fallen aus der Reihe, wenn ihr mich fragt. Immerzu *lesen*. Das sind die Merkwürdigen, so sieht's nämlich aus!«

William hatte bereits bei »rammeln« das Zimmer verlassen, doch Eliza war im Stillen von dieser Analyse beeindruckter als von allem anderen, was die jetzige Mrs. Ainsworth seit ihrer ersten Begegnung gesagt oder getan hatte, einschließlich Bodenwischen und Wäschewaschen.

16

Chapman sieht einen Geist

Auf einem flotten Gang mit William und den Hunden – querfeldein über die Downs, dorthin, wo die Kutsche nach Reigate abfuhr – erspähte Eliza einen Gentleman, der ihnen auf dem Weg entgegenkam. Meilenweit war kein anderer Mensch zu sehen, es war ein stürmischer Tag: Schals, Rockschöße, Kleider und Äste flatterten wie verrückt. Mol und Pol jagten den wirbelnden Blättern nach, und William setzte schwerfällig hinter ihnen her, schnaufend und schimpfend. Im Vorbeieilen bemerkte er den Mann gar nicht und schien ihn auch nicht zu erkennen. Eliza ging langsamer; ihre Kleidung erlaubte ihr nicht die gleiche Bewegungsfreiheit. Sie erkannte den Mann auf der Stelle.

»Mr. Chapman! Ich bin Mrs. Touchet. Es ist viele Jahre her. Sie sind doch Edward Chapman, nicht wahr? Von Chapman & Hall?«

Doch er hatte sich abgewandt und blickte offenen Mundes William nach, der gerade mit den Hunden hinter der Kuppe des nächsten Hügels verschwand.

»Wir sind uns so oft in Kensal Lodge begegnet …«

Chapman drehte sich wieder um, sichtlich verblüfft.

»Mrs. Touchet! Aus Kensal Lodge – aber sicher. Was waren das für frohe Tage. So voller Leben! Horne, Cruikshank, Maclise, Kenealy und all die anderen an einem Tisch … Aber dass man sich hier wiedersieht! Sind Sie … auf Erholungsreise?«

Mrs. Touchet setzte ihm taktvoll ihre veränderten Lebensumstände auseinander. Sie sah ihm an, dass er hoffte, gewisse Wörter und Formulierungen von ihr zu hören: *mit meinem Mann* oder auch *mit meinen Kindern* oder *meiner Enkelin, dem Himmel sei Dank*. Doch sie konnte ihn nur enttäuschen.

»Nun, es ist eine wunderschöne Gegend. Ich würde mir ja selbst wünschen, hier zu leben! Aber London lässt einen nicht recht fort. Wobei ich seit vergangenem Jahr in Pension bin. Meinen Posten im Verlag hat mein Cousin Frederick übernommen. Immerhin kommt er noch nicht ganz ohne mich aus, das rede ich mir zumindest ein.«

»Ganz bestimmt nicht. Gehen die Geschäfte denn gut, Mr. Chapman?«

»Oh, rege wie immer, was wir größtenteils unserem alten Freund Dickens verdanken. Auch ein regelmäßiger Gast in Kensal Lodge! Und wir dürfen auch Thackeray nicht vergessen – wobei man der Ehrlichkeit halber sagen muss, dass er immer schon leicht zu vergessen war … Aber ich … ich … muss Sie doch fragen: War das Harrison Ainsworth, der hier eben vorbeilief? Mit dem Backenbart?«

»Ja, mein Cousin! Er ist der Verwandte, bei dem ich wohne. Bei dem ich immer noch wohne. Es tut mir leid, dass er nicht angehalten hat. Er ist leider recht zerstreut. Immer ganz in Gedanken versunken. Wie das bei Schriftstellern oft so ist, was Sie selbstverständlich viel besser wissen als manch anderer, Mr. Chapman, Sie hatten immerhin mit zahllosen zu tun!«

Mrs. Touchet war sich bewusst, dass sie schwafelte. Das tat sie nur, wenn sie sich unwohl fühlte, und nichts verschaffte ihr größeres Unwohlsein als der Verdacht, womöglich von einem Mann zum Gegenstand des Bedauerns gemacht zu werden. Sie wand sich den Schal noch ein weiteres Mal um den Hals und klappte den Mund zu, fest entschlossen, nichts mehr zu sagen.

»Meine Güte! Harrison Ainsworth.«

Doch Mrs. Touchet war sonnenklar, was Mr. Chapman eigentlich sagen wollte: *Ich dachte, er wäre tot.*

17

Zu Gast bei Gilbert

Die Fahrt nach Reigate war lang und eintönig. Mrs. Touchet erwog mehrfach, mit der Sprache herauszurücken und von der Begegnung auf den Downs zu erzählen. Die Vorstellung erfüllte sie mit tiefer Erschöpfung. Allein der Name Chapman würde bei William eine Reihe schwermütiger Überlegungen in Gang setzen. Sie war erleichtert, als sie Gilberts behagliches Häuschen erreichten – ein Heim, von Worten erbaut, zu einer Zeit, als Williams Worte noch etwas bauen konnten – und sie ihren Platz am Herd einnehmen konnte und an nichts anderes mehr denken musste, als Gilberts Hand in ihrer zu halten und mit sanftem Kreiseln seine Handfläche zu streicheln, während William ihnen Defoe vorlas. Auf der Kommode warteten Kuchen und Pastetchen, die eine gewisse Mrs. McWilliam, die Frau des benachbarten Bauern, bereitgestellt hatte, und die roten Steinplatten glänzten, frisch mit Milch gewischt von McWilliams Tochter, die täglich vorbeikam, um sauber zu machen und ein Feuer im Rost anzuzünden.

Obwohl Gilbert weder verständlich sprechen noch lesen konnte, hatte er doch offenbar Freude daran, Geschichten zu hören. Und *Robinson Crusoe* schätzte er besonders. Dann juchzte er und zog an seinem Bart, vor allem wenn die Kannibalen kamen. Solch starke Reaktionen ließen Elizas Gefühlen nur wenig Raum. Doch den heute gelesenen Kapiteln fehlte es an Abenteuerlichem, und Gilbert schwieg. In der Stille wurde Eliza urplötzlich von einem heftigen und überwältigenden Gefühl der Einsamkeit heimgesucht. Es war ein ernstes Gefühl, das alles infrage stellen wollte und ihr aufs

Grausamste zusetzte, ihr den Eindruck vermitteln wollte, sie habe nie etwas anderes gekannt als Einsamkeit. Vielleicht ja ein Auswuchs dessen, was alte Frauen »den Wechsel« nannten. Eine spezifisch weibliche Form des Wahns, der nicht zu trauen war, der sich aber doch unmöglich ausweichen ließ und die, nach Mrs. Touchets Dafürhalten, das letzte Hindernis beim Hürdenlauf im Leben einer Dame darstellte:

Die Demütigungen der Mädchenzeit.

Das Scheiden der Schönen von den Unscheinbaren und Hässlichen.

Die Ängste der Jungfernschaft.

Die Beschwernisse des Heiratens und Kindergebärens – oder ihr Ausbleiben.

Der Verlust ebenjener Schönheit, um die das ganze System ursprünglich zu kreisen schien.

Die Zeit des Wechsels.

Was für ein seltsames Leben Frauen doch führten!

Sie zwang sich, an ihre Jugend zurückzudenken. Nein, es stimmte nicht: Sie war gar nicht einsam gewesen, im Gegenteil. In jüngeren Jahren war sie zwischen Williams Talent zur Freude und Frances' moralischer Klarsicht aufs Unerträglichste gespannt – fast bis zum Zerreißen. Tatsächlich hatte sie vor langer Zeit schon einmal genau hier, in diesem Zimmer, bei Gilbert gesessen und sich gedacht, was für ein Glück er doch hatte, Tiere und Maschinen zu lieben und keine Menschen, denn Menschen waren so fürchterlich diffizil. Menschen laugten einen aus. Doch auch das erschien ihr nun als Wahn. Wie hatte sie sich jemals einbilden können zu wissen, was für einen Menschen wie Gilbert das Beste sei – oder für sonst jemanden? Einsamkeit! Wie eine Krankheit sprang sie von der Buchseite direkt auf das Zimmer über und gehörte allem Anschein nach weder zu Gilbert noch zu William und auch nicht zu Crusoe, sondern allein zu ihr.

Hier dachte ich an nichts als an meine Flucht und an eine Möglichkeit, sie zu bewerkstelligen. Aber ich fand keinen Ausweg, der auch nur die geringste Aussicht auf Gelingen zeigte, keinerlei Gelegenheit bot sich mir, die auch nur einen Gedanken daran gelohnt hätte. Mit niemandem konnte ich eine gemeinsame Flucht beraten, unter den Sklaven fand ich keine Freunde, keinen Engländer, Iren oder Schotten; ich war auf mich allein angewiesen.

18

Ein Talent zur Freude, 1832

Sie waren aus Elms Lodge geflüchtet, hatten sich über die Hintertreppe davongemacht und saßen längst im Sattel und hatten bereits den halben Weg nach Willesden zurückgelegt, ehe jemand bemerkte, dass sie fort waren. Es waren die letzten Tage im August: Der Sommer musste jetzt ergriffen werden, sonst wäre er für immer verloren. Sie galoppierten durch Brondesbury, setzten unbekümmert über jedes Gatter hinweg, und von den Bäumen regnete es gelb, sobald sie ihre Äste nur berührten. Schließlich ließ Eliza William auf der Mapesbury Road hinter sich. Sie wandte sich um, wollte ihm ihre Schadenfreude zeigen. Stattdessen bot sich ihr der unwiderstehliche Anblick eines jungen Prinzen, der über einen goldenen Teppich dahinstürmte wie auf der Flucht vor königlichen Pflichten.

Und wovor floh er? Vor drei noch nicht fünfjährigen Kindern. Eliza wollte ihnen ebenso sehr entkommen, und das überraschte sie. Sie hatte Toby keineswegs vergessen – sie würde ihn niemals vergessen –, doch was für ein hell erleuchtetes Fenster es auch gewesen sein mochte, das ihr, solange sein Leben währte, gestattet hatte, die Welt als einen Ort voller Kinder zu sehen, als einen Ort, der vor allem für Kinder gemacht war – es hatte sich geschlossen. Die Kinder anderer Leute gehörten nun ins Reich des Weiblichen: ermüdende Gefilde. Ihr Herz hüpfte nicht mehr und brach auch nicht, wenn sie ein Kind weinen hörte. Sie überlegte nur noch, warum es weinte und wer es zur Ruhe bringen könnte. Und ganz besonders ermüdend war es, mit Kindern in einem vergrämten, freudlosen

Haus festzusitzen, dessen Bewohner sich allesamt mit Geldsorgen plagen mussten, verursacht von Frances' Vater, Mr. Ebers, der in den Bankrott geraten war.

»Aber was bedeutet das alles denn nun für dich? Hat er überhaupt eine Mitgift für sie gezahlt?«

William ließ ein Stöhnen hören.

»Nicht genug damit, Cousinchen, dass ich nie die dreihundert im Jahr erhalten habe, die uns bei der Hochzeit zugesagt wurden, jetzt steht der alte Narr auch noch mit siebzigtausend bei seinen Schuldnern in der Kreide – zu denen selbstverständlich auch ich gehöre. Unser kleiner Verlagsbetrieb ist hinüber. Und leider ist mein Vermögen mit dem von Mr. Ebers eng verbunden, sodass wir nun beide abstürzen werden. Wer hätte das vorhersagen können? Aber, Mrs. Touchet, für heute Nachmittag sind wir entkommen! Kein Wort mehr von nichtsnutzigen Schwiegervätern!«

Mrs. Touchet hätte es vorhersagen können. Wenn ein Mensch noch weniger Geschäftssinn besaß als Frances' Vater, dann Frances' Ehemann. Der »kleine Verlagsbetrieb« hatte ihr von Anfang an Sorgen bereitet. In den zwei Jahren seines Bestehens hatten sie eine verfehlte Streitschrift über die Armut – aus Williams Feder –, eine Satire auf Walter Scott sowie die schlecht geschriebenen Memoiren über Mr. Ebers' Jahrzehnt als Leiter des King's Theatre am Haymarket zustande gebracht. Auch das Theater war bereits eine schuldenbeladene Torheit gewesen, die das neue Verlagsvorhaben wieder wettmachen sollte. Nun türmten sich Schulden auf Schulden.

»Du machst ein noch viel längeres Gesicht als sonst. Warum? Es ist mein Missgeschick, Eliza, nicht deines.«

»Aber William, wir sind alle Teil deines Hausstands, ich eingeschlossen, und so sind deine Schulden unglücklicherweise doch …«

»Cousinchen: Sieh dich um. Dies ist Arkadien, in Gestalt von Willesden Green! Überlass dich der Freude! Nur dieses eine Mal!«

William sprang vom Pferd und zog an ihren Röcken. Sie ließ sich aus dem Sattel gleiten und landete wenig elegant im hohen Gras. Hinter ihnen stand eine perfekt geformte Eiche. Vorne, hinter dem nächsten Hügel, ragte der hübsche Kirchturm von St. Mary in Willesden auf. Und über ihnen, aus der nächstgelegenen Hecke, ergossen sich blühende Verbenen. An jedem Büschel lilafarbener Blüten flatterte ein eigener Schmetterling. Ihr Cousin schob beide Hände unter ihre Röcke, tastete nach dem Mieder.

»Wem gehört dieses Feld, William?«

»Wen kümmert's? Du glaubst doch nicht an Privatbesitz.«

»An das Gesetz, das ihn schützt, aber schon. Und ich möchte weder mit Schrot in den Lenden noch als Rehbraten enden.«

»Du Reimeschmiedin, du!«

Er küsste voller Leidenschaft ihren Hals. Das hatte stets bemerkenswerte Auswirkungen auf ihre Knie. Sie legte sich umgehend nieder.

»Wir sind verschuldet. Stimmt. Arkadien ist verloren. Aber ich habe einen Plan, Cousinchen. Ich werde *Rookwood* fertig schreiben. Die Schulden werden abbezahlt. Und Arkadien wiedergewonnen!«

Sie änderte die Anordnung und setzte sich rittlings auf ihn. Mr. Ebers schuldete seinem Schwiegersohn zwölftausend Pfund. Versunken zwischen den Papierbergen rund um den Bankrott, hatte William seit Februar kein Wort mehr an seinem Roman geschrieben. Zumal das Schreiben von Romanen – selbst wenn sie gut waren – für Mrs. Touchets Dafürhalten keine allzu vernünftige Reaktion auf monetäre Krisen darstellte.

»Es wird mehr bedürfen als abbezahlter Schulden, um Arkadien wiederzugewinnen, William.«

»Wie wäre es mit der Hoffnung eines brillanten jungen Mannes, tausend Subskriptionen im Monat zu verkaufen?«

Sie drückte seine Handgelenke fest zu Boden: »Noch unwahrscheinlicher. Ich möchte dir das Kamel und das Nadelöhr in Erinnerung bringen.«

»Verstehe. Du möchtest wohl, dass ich es der heiligen Zita gleichtue und meine Erzeugnisse gratis verteile?«

»Die Armen brauchen keine Bücher, William. Sie brauchen Brot. Dreh dich um.«

Das Gesicht im Dreck – ein Lord, der von seiner Dienstmagd in vertauschten Rollen unterwiesen wird –, machte sich William daran, eine lange, höchst weltliche Anekdote von seiner letzten italienischen Reise zu erzählen. Sooft er konnte, reiste er nach Europa, um dort »Inspiration« zu finden, und wann immer das geschah, verließ er sich darauf, dass Mrs. Touchet nach London kommen und Frances bei der wenig inspirierenden Aufgabe helfen würde, seine Kinder zu hüten. Diesmal hatte er die ummauerte Stadt Lucca aufgesucht. Dort, in der Basilica di San Frediano, hatte er die heilige Zita höchstselbst erblickt, »diese diebische Elster von einer Dienstmagd«, in Blau und Gold gekleidet in dem gläsernen Sarg, in dem sie seit fünfhundertsechzig Jahren ruhte. Ihr Haar war mit frischen Blumen geschmückt – in Anspielung auf das Wunder mit den Brotlaiben und den Blumen –, und sie wirkte, nach Williams Urteil, recht klein für eine Heilige, im Grunde kaum größer als Frances. Mrs. Touchet malte sich aus, wie es sein würde, einen solchen Ort aufzusuchen und dort etwas Derartiges zu sehen. Wie sie darüber urteilen würde. Sie hob einen langen Ast vom Boden auf und prüfte seine Tauglichkeit zweimal an ihrem Cousin. Seinen Redefluss hemmte das nicht:

»Selbstverständlich hat der *padre* behauptet, es habe nie jemand Hand an sie gelegt, aber ich würde doch sagen, sie wirkte weniger rein als vielmehr gepökelt. Die Haut war ledrig – und fast so dunkel wie die einer Schwarzen. Ein klares Kennzeichen der Kunst des Balsamierers. Versteht sich, dass der alte Nekromant das nicht gelten lassen wollte. Du hättest ihn hören sollen, Eliza: ›*Ha presa ai ricchi per dare ai poveri! Come Robin Hood!*‹ Mit Tränen in den Augen. Sentimentalisch bis zum Äußersten. Wahrhaftig, mitunter glaube ich, du hängst diesem abergläubischen Kult nur weiter an, weil du seine Hauptstadt noch nie besucht hast. Tätest du es, dein Verstand ginge auf die Barrikaden, das verspreche ich dir!«

Ein dritter Streich brachte ihn zum Schweigen – bis auf einen glucksenden Laut des Vergnügens. Glaubte sie tatsächlich an Wunder? In ihrem Kopf gab es einen abgeteilten Ort, an dem die Dinge zugleich wahr und unwahr sein konnten. An ebendiesem Ort war es auch möglich, zwei Menschen zu lieben. Zwei Leben zu leben. Zu entkommen und doch zu Hause zu sein.

Hinterher brachten sie lange Zeit damit zu, in den Himmel hinaufzuschauen. Der Anblick war ein Genuss. Die Vögel waren ein Genuss. Die Schmetterlinge, die Verbenenblüten, die Goldränder der Wolken, wie direkt einem Tizian entnommen. Sogar das Licht. Sie wusste nicht recht, was für eine Miene sie angesichts all dessen machen sollte, doch als sie den Kopf wandte, sah sie William hemmungslos strahlen. Was für ein Talent zur Freude er doch besaß! Groll, Zorn, Verbitterung, Scham – das alles war seinem Wesen so fremd, wie es dem ihren angeboren war.

»Du musst doch zugestehen, dies ist Arkadien, und wir haben uns dort eingeschlichen. Doch, das musst du.«

»Gar nichts werde ich zugestehen.«

Ein Freund für die Liebe. Was gab es Besseres? Ein Gespräch, das bei jener Souterrain-Aufführung begonnen hatte, das immer noch nicht enden wollte und fast immer von Licht und Lachen erfüllt war. Was wäre ihr Leben ohne dies? Sie ordneten ihre Kleidung, stiegen wieder auf ihre Pferde und kehrten nach Hause zurück. Als sie um die Ecke nach Kilburn bogen, verschwand die Sonne mit einem Schlag und wurde von einer grauen Unwetterwolke verdeckt. Ein Regenschauer, wie er nur den Schuldigen gebührt, durchnässte sie rasch bis auf die Haut. Und jede Hoffnung auf eine heimliche Rückkehr machte der Anblick von Frances zunichte, die im Vorgarten grimmig versuchte, das Auflesen von Äpfeln zum Spiel zu machen. Ihre durchnässten Kinder ließen sich nicht täuschen und ahnten, dass auf diese Aufgabe nur eine weitere folgen würde: das Schälen. Als das patschnasse Paar eintraf, empfing Frances sie mit einer Schürze voll Äpfel und verletzter Miene. William glitt vom Pferd und setzte über die Gartenmauer. »Ist es nun schon so weit gekommen? Sind wir so arm, dass es zum Frühstück, Abendessen und zur Nachspeise Äpfel gibt?«

Er umarmte seine Frau, bis auch sie ganz durchnässt war und lachen musste. Noch ein Gefühl, das ihm unbekannt war: Schuld. Mrs. Touchet hingegen mühte sich mit der Frage, wie sie sich verhalten sollte. Wen hinterging sie eigentlich? Sie konnte weder ihm noch ihr ins Gesicht sehen, das war zu riskant. So half sie den Kindern beim Äpfelauflesen.

19

Ein Ausflug unter Damen, 1830

Es war Mrs. Touchets erster Besuch in Leicester. Leicester war zwar nicht Italien – wo Mr. Ainsworth neuerlich weilte –, aber doch ein unbekannter Ort, und sie hatte Mrs. Ainsworth an ihrer Seite. Sie saßen Knie an Knie und benötigten keinen Vorwand, einander nahe zu sein. Dennoch waren die Straßen holprig und die Kutsche überfüllt. Einzig Frances' Begeisterung hatte sie überzeugen können.

Sie waren unterwegs zu einer gewissen Mrs. Heyrick, der Mrs. Touchet noch nie begegnet war. Zur Vorbereitung hatte sie das Büchlein der Dame aufgeschlagen und sich hinein vertieft. Es war das erste Mal, dass sie Frances zu einer ihrer »Versammlungen« begleitete: Da war man besser auf alles gefasst. Nach dem Pferdewechsel in Newport Pagnell hatte sie die Lektüre beendet und musste sich ganz gegen ihren Willen beeindruckt bekennen, sowohl von der Schrift mit dem Titel *Immediate, Not Gradual, Abolition* als auch davon, wie Frances ihr die Verfasserin schilderte.

»Eine Frau ganz nach deinem Herzen. Sie hat stets nur Gerechtigkeit im Sinn! Für Tiere, für Sträflinge, für die Verzweifelten und natürlich für die bedauernswerten Sklaven. Ihr Mann ist seit Langem tot, Kinder hat sie keine: Sie steckt all ihre Kraft in ihre Anliegen. Sogar ein Mädchenpensionat hat sie in ihrem Haus gegründet – es muss ein sehr großes Haus sein, sie ist hoch angesehen ... Und, ach ja, sie hat es sich zur Aufgabe gemacht, zusammen mit ihrer Freundin Susannah Watts, die du auch kennenlernen wirst – die beiden klopfen in ganz Leicester an jede Tür und versuchen, die Damen des Hauses zu überreden, Zucker aus ihrem Haushalt zu verbannen, und wenn sie in Leicester fertig sind, wollen sie Birmingham in Angriff nehmen! Ein Boykott, verstehst du?«

»Wie einfallsreich.«

»Nicht wahr!«

»Es ist doch erfreulich, auf einen Menschen zu stoßen, der selbst praktiziert, was er predigt.« Mrs. Touchet hatte bemerkt, dass ihre Unterhaltung den alten Herrn gegenüber sichtlich verärgerte. Um ihn noch etwas mehr zu verärgern, blickte sie jetzt auf das Büchlein in ihrem Schoß, blätterte zu einer Seite, die sie mit einem Eselsohr markiert hatte, und las vor: *»Die Sache der Befreiung verlangt nach etwas, das entschlossener, wirksamer ist als Worte.«*

»Oh, dabei ist sie ungeheuer entschlossen! Dafür bewundere ich sie im Grunde am meisten … Die Gerechtigkeit beschäftigt Mrs. Heyrick schon von Kindesbeinen an. Es heißt, als kleines Mädchen habe sie einmal mit ihren Eltern ein herrenloses Kätzchen aufnehmen wollen, und was glaubst du wohl, Eliza, sie hat das hässlichste Kätzchen aus dem Wurf gewählt, denn sie liebt die Verschmähten – und einmal hat sie sogar einen ganzen Zirkel ungeschlachter Männer aufgehalten, Stierhetzer waren das, indem sie sich mit ihrem Stier davongemacht und ihn in einer Scheune versteckt hat! Sie ist ungeheuer mutig. Sie besucht auch regelmäßig Gefängnisse und hält Vorträge vor den Sträflingen. Sie erinnert mich an dich.«

»Tatsächlich?«

Eliza freute sich an dem Vergleich – ihr Gesicht wurde ganz warm und rot –, doch ein kurzes Nachsinnen darüber ließ eine härtere Wahrheit zutage treten. Sie mochte keine hässlichen Tiere, fürchtete sich vor Sträflingen und würde es niemals wagen, sich in die Freizeitvergnügungen einfacher Landarbeiter einzumischen. Sie konnte sich nichts Schlimmeres vorstellen, als eine Schule zu leiten.

»Ich glaube, du meinst nur, dass wir beide recht tatkräftige Witwen sind.«

»Ihr gebt euch auch beide nicht mit Halbheiten ab, das steht fest.«

»Weil du aber lau bist und weder kalt noch warm, werde ich dich ausspeien aus meinem Munde.«

»O ja, aber weißt du, Eliza, ich muss dir noch etwas gestehen – Mrs. Heyrick ist Quäkerin …«

Es war ein lauer Tag in Leicester, mit Nieselregen und einer launischen Sonne, die immer wieder viel versprach und doch nichts davon hielt. Sie hatten ihr Ziel früher erreicht als erwartet; es blieb also Zeit für ein wenig touristische Betätigung. Als sie auf der Bow Bridge standen und ins Wasser hinabblickten, blieben ihre verschränkten Hände gut unter einem strategisch platzierten Tuch verborgen. Es bedurfte keiner Worte. Für Mrs. Touchets Empfinden schienen sie im selben Takt zu atmen, beider Brustkorb hob und senkte sich gleichzeitig, das Blut floss gleich schnell durch ihre Adern, als wären sie beide ein Organismus. Auf diese Weise vom Glück überwältigt, wagte sie die Vermutung, dass sie in der Stille womöglich das Gleiche dachten?

»Ach, das kann ich mir nicht vorstellen! Es sei denn, du dachtest gerade auch an Richard den Dritten?«

Mrs. Touchet schwieg. Sie hatte nicht an Richard den Dritten gedacht.

»Schon in der Schule wollte mir nie einleuchten, warum er noch nach Bosworth in die Schlacht gezogen ist, nachdem er mit den Sporen angestoßen war! Die alte Hexe hat ihn doch deutlich gewarnt, dass es beim nächsten Mal, wenn er die Bow Bridge überquert, sein Kopf sein würde – und so war es auch! Wäre er der Warnung gefolgt, er wäre gar nicht erst nach Bosworth gegangen und dort gefallen und hätte sich auch nicht auf diese Weise den Kopf am Brückenpfeiler aufgeschlagen. Warum hat er bloß nicht auf sie gehört?«

Liebst du mich denn nicht?, dachte Mrs. Touchet.

»Kein Mann hört auf eine alte Hexe«, sagte sie.

20

Bow Bridge House

Bow Bridge House, wo Mrs. Heyrick wohnte, entpuppte sich als exzentrischer weißer Prachtbau mit Zinnen und Türmchen und gotischen Fenstern. Eine sonderbare Behausung für eine Liebhaberin der Gerechtigkeit.

»So ist das also gemeint, wenn es heißt, im eigenen Heim sei die Engländerin Königin …«

»Ach, Eliza, mach keine Scherze. Es ist doch im Grunde sehr hübsch – und ausgesprochen originell.«

Auf der Schwelle warteten zwei alte Frauen, Elizabeth und Susannah, noch nicht im Hexenalter, aber doch auf geradem Weg dorthin. Mrs. Touchet machte sich auf umständliche Konversation gefasst. Stattdessen stieß sie auf einen raschen Austausch von Höflichkeiten und unerschütterliche Zielstrebigkeit. Ohne viel Federlesens wurden die Neuankömmlinge durch zwei Flügeltüren in den Salon geführt, wo bereits etwa fünfzig schicklich gekleidete Frauen die Stuhlreihen besetzten, die Hände im Schoß gefaltet, als stünde ein Konzert bevor. Begleitet von leichtem Applaus, schritt Mrs. Heyrick den Mittelgang entlang, während Mrs. Touchet und Frances von Miss Watts zu ihren Plätzen geleitet wurden.

»Sind Sie ausschließlich Frauen?«, erkundigte sich Mrs. Touchet.

»Mrs. Heyrick ist der Auffassung, dass Frauen sich besonders gut als Fürsprecherinnen der Unterdrückten eignen. Das gehört auch zu den Äußerungen, die wir unseren Damen ans Herz legen, wenn sie von Haus zu Haus gehen und gegen die Verderbnisse des Zuckers ins Feld ziehen.«

Frances machte sich eine kleine Notiz in dem Büchlein, das sie soeben hervorgezogen hatte. »Wie einfallsreich! Das werde ich mir merken!«

Mrs. Touchet war belustigt: »Wir sollten es landesweit allen geplagten Haushälterinnen ins Stammbuch schreiben: *Erstens: Keinen Zucker mehr kaufen. Zweitens: Orangen nicht vergessen. Drittens: Fürsprache für die Unterdrückten …«*

Schweigen.

»Sollte das ein Scherz sein, Mrs. Touchet? Ich kann die Komik darin leider nicht recht erkennen.«

»Nein, ich wollte nur …«

»Wenn die Damen mich jetzt entschuldigen wollen, ich muss meinen Platz einnehmen. Wir wollen allmählich beginnen.«

Mrs. Touchet wartete, bis die übermäßig ernste Miss Watts außer Hörweite war, dann wandte sie sich Frances zu, wie sie es sonst bei William getan hätte, in Erwartung heiterer Anteilnahme und selbst schon im Begriff, zu lachen und die Augen zu verdrehen. Doch das liebliche Antlitz war versteinert und kein bisschen erheitert: »Du darfst dich nicht immer so lustig machen, Eliza. Es ist nicht alles komisch. Und manche Menschen missverstehen dich.«

Damit wandte Frances ihre Aufmerksamkeit dem Vortrag zu. Beschämt tat Mrs. Touchet es ihr gleich.

»Der Fortbestand der Sklaverei in unseren westindischen Kolonien ist keine abstrakte Frage«, hob Mrs. Heyrick am anderen Ende des Raumes lauthals an. Sie hatte eine tiefe, dröhnende Stimme. Interessant war auch, dass ihre Freundin, Miss Susannah, ganz offenbar am Internat unterrichtete, das im Ostflügel des Hauses untergebracht war – und somit vermutlich ebenfalls hier lebte. Um was für ein Arrangement es sich da handeln mochte? Waren die beiden womöglich so etwas wie die sagenumwobenen Ladys von Llangollen?

»Dies ist keine Frage, die zwischen der Regierung und den Plantagenbesitzern geklärt werden kann; es ist vielmehr eine Frage, die uns alle einschließt. Wir alle tragen Schuld daran, weil wir die Sklaverei unterstützen und verstetigen. Die westindischen Plantagenbesitzer und die Menschen hier im Land verhalten sich aus moralischer Sicht ebenso zueinander wie der Dieb und der Empfänger des Diebesguts …«

Sämtliche Frauen im Raum nickten gleichzeitig, ein ulkiger Anblick. Mrs. Touchet drückte die reizende Hand ihrer Begleiterin und versuchte erneut, eine heitere Komplizenschaft mit ihr herzustellen. Doch Mrs. Ainsworth blickte entschlossen geradeaus und machte sich mit der freien Hand Notizen, obgleich Mrs. Heyrick, soweit Mrs. Touchet das beurteilen konnte, wortwörtlich den Inhalt ihres berühmten Pamphlets herunterbetete. So reizend Mrs. Ainsworth auch war, plötzlich erkannte Mrs. Touchet doch, dass ihr der andere Ainsworth fehlte. Und wieder wurde sie sich des entscheidenden Unterschieds zwischen diesem auf fatale Weise ungleichen Paar bewusst: Mrs. Ainsworth besaß nicht den leisesten Sinn für Humor.

21

Ein Ausflug unter Damen, 1870

Wieder kam der Frühling. Und mit ihm das entsetzliche Gefühl des Eingesperrtseins. Wechsel verlangte nach Wechsel, und es konnte doch nicht sein, dass der Frost verging, die Narzissen erblühten und die neu geborenen Fuchswelpen in den Hecken schrien – nichts von alledem ließ sich ertragen, wenn Mrs. Touchet nichts weiter tun durfte, als in ihrer Fensternische zu sitzen, wie sie es bereits den ganzen Winter getan hatte. *Ein jegliches hat seine Zeit*. Ein schlichter Satz. In ihrer Seele thronte er weit über den Zehn Geboten, noch über dem Evangelium selbst. (Was sie selbstverständlich keinem Priester je gestehen würde. Einzig Frances hatte davon gewusst.) Und im Frühjahr fand sich Mrs. Touchet stets überaus anfällig für abwegige Vorhaben.

»Gattin mein, was kümmert es mich, ob dein ›Sir Roger‹ nun vor dem Parlament, auf den Hochebenen Kathmandus oder auf den weißen Felsen von Dover sprechen wird. Du wirst *keinesfalls* ohne Begleitung zu solch einem Anlass reisen, und da niemand hier im Hause auch nur die leiseste …«

»Ich fahre mit.«

Alle unterbrachen ihr jeweiliges Tun, um Mrs. Touchet entgeistert anzustarren. Einzig Clara – die die wechselseitige Abneigung zwischen ihrer Mutter und der Tartsche aufmerksam verfolgte – war zu verblüfft, um an sich zu halten: »Sie und Mama? … *Zusammen?*«

Derart ungeschützt, borgte sich Mrs. Touchet den Tonfall betagter Damen aus ihrer Edinburgher Kindheit, raffinierter Calvinistinnen, denen es jederzeit gelang, alles Zweifelhafte und Abwegige in etwas Vorbestimmtes, Unausweichliches umzumünzen. »Ich wollte ohnehin nach Horsham. In Küche und Haushalt fehlt so einiges, und in Horsham ist alles bedeutend preiswerter als in Brighton. Ich kann Bestellungen aufgeben und Emilys Sonntagsschuhe neu besohlen lassen.«

»Na, seht ihr! Zwei verflixte Fliegen mit einer Klappe!«

»Womöglich könntet ihr mit selbiger Klappe auch gleich Mr. Orton eins überbraten«, warf Fanny ein, doch die jetzige Mrs. Ainsworth hatte schon wieder anderes im Kopf und schluckte den Köder nicht.

»Dann also ein Ausflug unter Damen«, sagte William stirnrunzelnd. Die Mysterien der Mrs. Touchet blieben ihm letzten Endes unergründlich.

»Ein Ausflug unter Damen«, echote seine Gattin mit leisem Zweifel. Sie durchquerte das Zimmer, um schwesterlich neben die Tartsche zu treten, sah, dort angekommen, jedoch davon ab, nach ihrer Hand zu greifen. »Was werden wir zwei eine Schau abgeben! Warten Sie's nur ab, Lizzie, ich bekehr Sie doch noch zu Tichborne!«

22

Horsham

Es schmerzte Mrs. Touchet, einen Einspänner nehmen zu müssen und nicht den Omnibus nach Horsham, doch vor der Aussicht, die jetzige Mrs. Ainsworth auf harmlose Mitpassagiere loszulassen, graute ihr so sehr, dass sie beschlossen hatte, die zusätzliche Ausgabe zu tätigen. Und angesichts des Übermaßes an lavendelfarbenem Stoff, in den sich die Frau gehüllt hatte, der überflüssigen Rüschen, Volants und Turnüren, der nutzlosen Schleifen und Zierkämme im aufgetürmten Haar und des törichten Hütchens, das ihr beinahe auf der Stirn saß, erschien ihr der aufgewendete Betrag regelrecht günstig. Eliza selbst kleidete sich seit den Vierzigerjahren unverändert. Zu schmaler Taille und anliegenden Ärmeln trug sie weiterhin eine Rosshaar-Krinoline, eine Haube und ein Tuch um die Schultern, das Haar streng in der Mitte gescheitelt. Nach wie vor sah sie genauso aus, wie es einer der geistreichen Herren in Kensal Lodge einmal formuliert hatte: »wie die schmale Glocke einer gotischen Kirche«. Als sie mitten in Horsham vor dem Carfax ausgestiegen waren und Mrs. Touchet ihre Einkaufsliste konsultierte, zweifelte sie nicht daran, dass Sarah und sie in der Tat eine Schau abgaben. Doch sie ließ sich von den Schaulustigen nicht aus der Ruhe bringen. Es galt, eine Butterschale und Tischtücher zu erstehen, zwei Kerzenhalter löten und Schuhe besohlen zu lassen, und das alles noch vor halb sechs.

Doch in kaufmännischen Belangen – wie auch in allem anderen – erwiesen sich die beiden Frauen als ungleiches Paar. Eliza besaß einen scharfen Blick für minderwertige Handwerkskunst, hegte politische Sympathien (jedoch keine verstiegenen Sentimentalitäten) für die arbeitende Klasse und gab niemals auch nur einen Shilling mehr aus, als sie vorgehabt hatte. Sarah ihrerseits verstand nichts von Wirtschaften im Besonderen und auch nichts von Geld im Allgemeinen. Wie eine Königin stolzierte sie in jede der Werkstätten mit den niedrigen Deckenbalken, erpicht darauf, den Abstand zwischen sich und all den niederen Schreinern, Schmieden und Näherinnen zu demonstrieren. (Eliza, die die Bücher des Hauses Ainsworth führte, wusste, dass dieser Abstand längst nicht so groß war wie von Sarah vermutet.) Und doch war die jetzige Mrs. Ainsworth eine recht launische Wohltäterin. Sie verabscheute Bettler. Hatte eine sehr klare Vorstellung davon, wie viele Pennys für ein Halfpint Gin aufzuwenden waren. Es empörte sie, dass Kinder in Lumpen und mit blutigen Füßen vorgeschickt wurden, um »den Leuten das Herz zu erweichen«. Sie selbst sei viele Male »völlig abgebrannt« gewesen, habe gestohlen und sogar Hunger gelitten, aber »Betteln hab ich mir immer verkniffen« – das sei eine Frage des Stolzes. Eine Ausnahme machte sie bloß für die Beinlosen. Fehlte ein Bein, genügte das schon, ganz ideal war es jedoch, wenn beide fehlten, und Horsham – das ein Regiment auf die Krim entsandt hatte – konnte mit zahlreichen rührenden Exempeln aufwarten. Um diese Männer vergoss Sarah Tränen und beugte sich in einer Pose wehmütiger Würde über ihre Bettelschale, in die sie sodann eine Zweipennymünze fallen ließ.

23

»Sir Roger«

Als alle Besorgungen erledigt waren und die Sonne bereits unterging, verfiel Mrs. Touchet in Träumerei. Es war die einstige Mrs. Ainsworth, mit der sie Arm in Arm dahinschritt, sie waren unterwegs nach Exeter House, es war kein bisschen Zeit vergangen …

Doch kaum näherten sie sich dem King's Head Hotel, holte die Wirklichkeit sie wieder ein. Sie musste feststellen, dass die vielen Menschen, die sich dort bereits versammelten, ihrem Bild kein bisschen entsprachen. In nichts ähnelten sie den adretten, geschlechtslosen, frommen und oft ein wenig ermüdenden Frauen, in deren Gesellschaft Frances und sie vor dreißig Jahren Abolitionistenversammlungen im ganzen Land besucht hatten. Sie ähnelten auch keinem anderen Vortragspublikum, das ihr je untergekommen war. Es waren mindestens so viele Männer wie Frauen. Und mindestens so viele mit schmutzigen wie mit sauberen Händen. Sie sah Bauern und Handlanger, Männer mit rußverschmierten Gesichtern, die Mützen an die Brust gedrückt. Sie sah Frauen, für die ihr keine ehrbare Bezeichnung einfallen wollte. Und doch marschierten auch Büroangestellte und Lehrer unter dem Backsteinbogen hindurch, Abweichler jeglicher Natur, Ladenbesitzer und Vorarbeiter, Zofen, Köchinnen und Gouvernanten.

»Gerechtigkeit für Sir Roger«, rief eine ganz zurechnungsfähig erscheinende junge Frau und drückte Eliza ein Flugblatt in die Hand. In der Versammlungshalle des Hotels hing ein riesenhaftes Transparent von den Deckenbalken herab, sorgfältig bestickt:

»Sehen Sie schon was? Sitzt Biddulph da vorne?«

Die Menge war gewaltig, drängte sich dicht an dicht, und die wenigen verfügbaren Plätze schien niemand einnehmen zu wollen, um nur ja nichts zu verpassen. Nur den sehr Hochgewachsenen war ein Blick auf das Podium am anderen Ende des Raumes vergönnt, auf dem zurzeit vier Stühle standen, zwei davon besetzt, zwei leer.

»Wer ist Biddulph?«

»Der Cousin! Ein entfernter, aber nicht so weit entfernt, dass er sein eigen Fleisch und Blut nicht erkennen würd. So ein Landadliger.«

Sofern Eliza das erkennen konnte, traf diese Beschreibung auf beide Männer zu, die aktuell die Bühne bevölkerten. In Tweed und Schaftstiefeln, rotwangig, die Knie gespreizt, als fehlte nur das Gewehr, das sonst quer über ihnen ruhte. Der eine war schmächtig, mit dichtem Backenbart. Der andere trug Schnurrbart und wirkte vermögender.

»Mr. Anthony Biddulph, der Cousin, müsste da sitzen, und dann noch Onslow, der mit dem Geld. Der ist wohl Sir Rogers größter Fürsprecher. Begleitet ihn überallhin. *Guildford* Onslow, weil seiner Familie nämlich halb Guildford gehört, drum haben sie ihm den Namen gegeben, und als ob das noch nicht reichen tät, ist er auch der Parlamentsabgeordnete für die Stadt, bitte schön. Da frag ich mich doch, wie soll ein einfacher Metzger so eine hochwohlgeborene Bekanntschaft machen?«

Wie üblich sprach sie laut, was einige quälende Unterhaltungen mit umstehenden Fremden zur Folge hatte. Eliza, die sie mit anhören musste, staunte. Alle Anwesenden hegten die denkbar stärksten Gefühle für den Anwärter und gaben zahllose ausgeklügelte Verschwörungstheorien über ihn zum Besten. Den Gegenstand an und für sich schien niemand lachhaft zu finden. Es war beinahe ergreifend zu beobachten, wie gänzlich ungeschmäht die jetzige Mrs. Ainsworth hier blieb, wie willkommen ihre Meinungen und

Äußerungen waren und was für einen Quell des Wissens sie selber bot, denn hinsichtlich entlegener Tichborne-Fakten war sie allen haushoch überlegen. In diesem Saal war sie die Kapazität. Sie wusste, dass der Anwärter zu solchen Anlässen grundsätzlich verspätet eintraf, »weil er eben einen Auftritt will, wo seiner Stellung gebührt«, und dass er erst vergangene Woche, in Budleigh Salterton, am Bahnhof umlagert worden war, »bevor er überhaupt auf irgendeiner Bühne stand«. Sie wusste, dass er im Allgemeinen zwei Veranstaltungen pro Tag absolvierte: eine wie diese, für die Eintritt gezahlt werden musste, und eine »Gratis-Versammlung« vor dem Fenster seiner jeweiligen Unterkunft, für diejenigen, »wo nicht mal mehr den Kitt aus den Fenstern zu fressen haben«. Die Verwicklungen rund um den Besitz durchdrang sie so gut wie jeder Grundstücksmakler. Gegenwärtig sei Tichborne Park an einen Colonel Lushington verpachtet, da Sir Henry Tichborne, der nächste Baronet in der Erbfolge – »Nach unserem Sir Roger!« –, noch im Kindesalter sei. Hier in Horsham werde heute Abend Geld für einen Zivilprozess gesammelt, damit Sir Roger – der in dieser verkehrten Welt als Kläger auftrat – von der Familie Tichborne die Entfernung besagten Pächters sowie die Rückgabe des Besitzes seiner Ahnen einfordern könne. Denn ohne die Unterstützung der einfachen Leute sei Sir Roger im Gerichtssaal, dieser Papistengrube, nahezu verloren.

»Aber sind nicht die Tichbornes selbst … Papisten?«, erkundigte sich zögernd ein junger Mann, dem Anschein nach wohl ein Schullehrer: Er trug zwei mit einer Kordel zusammengebundene Wörterbücher bei sich.

Sarah fuhr herum wie ein Politiker, der zu seinen Wählern spricht: »Da haben Sie den Nagel auf den Kopf getroffen! Wer kennt denn nicht die Macht von so einer Sippe? Wer weiß denn nicht, wie einem ein Geständnis im falschen Moment im Mund umgedreht werden kann? Da sind schon junge Frauen für im Kloster gelandet und so was! Und waren nicht mehr gesehen! Verschlagen, so sind die nämlich. Haben ihre Riesenschlappe nie verwunden, wenn Sie wissen, wie ich's meine. Aber die haben Geduld, diese Katholiken. Die liegen auf der Lauer und warten. Hocken auf ihrem Geld, verstauen es irgendwo, wo wir's nicht sehen können. Und dann kommt Sir Roger und versucht nach Kräften, den Vorhang vor der ganzen Arglist wegzuziehen! Na, selbstredend gefällt denen das nicht! Selbstredend versuchen die, ihn zu ruinieren, so gut sie können! Die Zeitungen sind alle gegen ihn – was sagt uns das? Auf wessen Seite stehen die wohl? Auf der von den einfachen Leuten? Anständigen, normalen Leuten wie Ihnen? Von wegen!«

Diese Entgegnung – die Eliza mehr verblüffte als alles, was sie bis dahin gehört hatte – wurde lauthals bejubelt. Am Rande einer Ohnmacht durch das Gedränge, die feuchtwarme Luft und die bodenlose Dummheit, schob sie sich ein wenig nach links und nahm den nächstbesten Sitzplatz ein. Sie betrachtete das Flugblatt in ihrer Hand.

Einmalige Gelegenheit!
Kaufen auch Sie
Schuldscheine über das
Tichborne-Anwesen
im Wert von £100
von Sir Roger Tichborne!
Jede Schuld wird mit Zinsen getilgt,
sobald er sein rechtmäßiges Erbe antritt!

Unter dem Text waren zwei Daguerreotypien abgebildet. Die eine zeigte einen schlanken jungen Mann mit dunklen Augen und Kragenbinder, der den Überdruss der sehr Vermögenden verströmte. Rührend ahnungslos, dass ihn ein Seemannsgrab erwartete. Die andere zeigte einen Mann mittleren Alters, rund hundertdreißig Kilogramm schwerer, mit dem Gesicht eines Einfaltspinsels und einem Kinnbart. Er besaß so viel Ähnlichkeit mit einem Metzger aus Wapping, wie man sich das ohne Hackebeil in Händen nur erhoffen konnte. Beide Fotografien waren kühn »SIR ROGER« betitelt.

24

Andrew Bogle

Bogle! Da ist Bogle! Das ist er!

Wie eigenartig, dreihundert Menschen im selben Augenblick dasselbe hauchen zu hören, als strömte es aus dem Erdinnern selbst hervor. Eliza stand wieder auf. Ein schwarzer Mann – ein sehr schwarzer Mann – war auf die Bühne getreten. Sein krauses Haar war weiß, adrett, der Haaransatz bereits weit freigelegt, und er trug einen schütteren, doch ebenfalls sehr adretten Bart, spitz wie der eines Pastors. Auch sonst erinnerte er durchaus an einen Pastor, sauber und wohldurchdacht in Schwarz gekleidet – Rock, Weste, Schleife sowie der Zylinder, den er in der Hand hielt – und kontrastiert durch einen hohen, gestärkten weißen Kragen. Seine Schritte wirkten ein wenig steif, als ob ihn Schmerzen plagten. Bei seinem Stuhl angekommen, blieb er stehen und gab Gelegenheit, ihn genauer zu betrachten, wobei sich herausstellte, dass der Rock eine Nummer zu groß und an den Ärmeln knittrig und verschlissen war. gleichermaßen verschlissen wie seine langen, fahlen Finger. Sein Zylinder war an der Krempe ausgefranst. Würdevoll, das war das richtige Wort. Aber es war eine hart errungene Würde: eine Würde, die ständiger Wachsamkeit, ständigen Schutzes bedurfte. Diese Aufgabe wiederum schien dem jungen Burschen zuzufallen, der nun an die Seite des alten Mannes trat und ihm sanft beim Hinsetzen half. Auch er war schwarz, wenngleich ein wenig heller. Sein außergewöhnliches Haar – so üppig, wie das von Bogle spärlich – war zu zwei dreieckigen Keilen frisiert, von denen der eine nach oben, der andere nach unten wies. Sicherlich der Sohn:

Beide hatten die gleichen schmalen, leicht schräg stehenden Augen. Doch wo Bogles Augen die scharfsinnige Ausnahme in seinem weichen, unschlüssigen Gesicht boten, schoss der Blick seines Sohnes wie ein Blitz durch den Saal. Eine Formulierung wie aus einem von Williams Büchern! Doch anders konnte sie es nicht ausdrücken.

Sprich, Bogle! Du kennst ihn! Wir glauben dir, Bogle!

Später konnte Eliza sich nicht mehr darüber klar werden, ob es der Einfluss der Menge gewesen war oder etwas Mysteriöses, regelrecht Hypnotisches an Bogle selbst, was da auf sie einwirkte. Sie hatte sich auf die Zehenspitzen gehoben, verrenkte sich den Hals nach einem unverstellten Blick. Es kam ihr vor, als wäre sie nie zuvor im Leben so neugierig darauf gewesen, einen Menschen sprechen zu hören. Ehe dies jedoch irgendwem vergönnt wurde, verließ der Sohn erneut die Bühne und kehrte rasch mit der Hauptperson zurück: dem Anwärter selbst. Ein Riese! Der Kinnbart war um einiges gekürzt – wohl, um Platz für die zusätzlichen Pfunde zu schaffen, die seit der letzten Ablichtung hinzugekommen waren –, und jeder Knopf schien über dem schieren Umfang des Mannes aufs Äußerste gespannt. Ein Aufstöhnen fuhr durch den Raum. Eliza brauchte einen Augenblick, um zu begreifen, dass es ein Laut reinster Zustimmung, ja sogar Ehrfurcht war. Denn alle bekundeten ihre Freude darüber, dass Sir Roger es sich sichtlich »gut gehen« ließ, dass er, dem Anschein nach, aß und trank und das Leben ganz allgemein bis ins Letzte auskostete, wie es doch ein jeder täte, wenn sich ihm die Möglichkeit dazu bot. Und warum auch nicht? Er, dem derart zugesetzt worden, der so vielen Lügen von so vielen skrupellosen Kritzlern und Moralaposteln zum Opfer gefallen war, die allesamt eifrig ihre Ränke spannen, um diesen lebenslustigen, bierseligen, adligen Mann der einfachen Leute, Sir Roger, zu Fall zu bringen. Dabei wollte er doch nur, was ihm zustand! Was war denn Gerechtigkeit, wenn nicht dies? Wilder Jubel hallte durch den Saal. *Bogle!* und *Tichborne!* wurde gerufen, bald das eine, bald das andere, wie Wechselläuten. Bogle ließ sich nichts anmerken: Er saß einfach auf seinem Platz. Sein Gesicht behielt den immer gleichen undurchdringlichen Ausdruck – eben darin so undurchdringlich, wie echt er war, dass er scheinbar nichts verbarg, nichts maskierte. Es war bestürzend, die absolute Ehrlichkeit. Eliza fühlte sich an jemanden erinnert. An Frances! Wie lachhaft. Und dennoch: Frances. Sie, die niemals eine Maske trug und darum nahezu unmöglich zu begreifen war.

25

Der Anwärter

Mit dem Anwärter lagen die Dinge anders. Auf seine Miene malten sich an diesem Abend, als der junge Mulatte ihn auf die Bühne schob, sämtliche seiner Empfindungen, und hinzu kam ein eigentümlicher Tic, das »Lippenschürzen«, das auch dem wahren Sir Roger zu eigen war und dem die Zeitungen so viel Gewicht gaben. Man sah sofort, dass dieser Mann ein Fähnlein im Winde war. Ein Mann ohne Mitte, der sich je nach Lage der Dinge in jede beliebige Richtung bugsieren ließ. Die wässrigen Augen offenbarten deutlich, dass er der Situation nicht gewachsen war, jedoch auch, dass ihn die vielen Menschen freuten und er vollauf bereit war, ihrem Glauben Glauben zu schenken, wo sie ihn doch mit solcher Vehemenz vertraten … Und wenn man es einmal so betrachtete, glaubte auch er! Wenn man es so betrachtete, war es doch empörend, dass überhaupt jemand an ihm zweifelte! Und dennoch: Was, wenn sie ihm auf die Schliche kämen? Doch wie sollten sie, wo er schließlich genau der war, den sie in ihm sahen? Wie ungerecht und unzumutbar, dass ich hier sprechen muss und grausam abgeurteilt werde – wenn das Urteil jedoch so ausfällt, mit so viel vergnügtem Jubel und Geschrei, *Wir sind für Sie, Sir Roger,* ganz gleich, was ich sage – schon bevor ich überhaupt etwas sage! –, warum dann nicht zu ihnen sprechen, wenn sie es sich anhören, wenn es ihnen gefällt und sie es so sehr wollen? Das alles und noch viel mehr sah Eliza über die Miene des Anwärters ziehen, in Sekundenbruchteilen, wie Wetterwolken. Alle sahen es. Was immer er dachte und empfand, jede mögliche Sichtweise, jeder Zweifel und jede Verteidigung – nichts davon ließ sich übersehen, denn es lag ganz offen da, aufs Skandalöseste lesbar. Und wie die jetzige Mrs. Ainsworth es so gern formulierte: Was ist Ehrlichkeit denn anderes als ein Gesicht, wo sich liest wie ein offenes Buch?

BAND DREI

Lebensweisheit ist sicher die am wenigsten beneidenswerte Form von Weisheit, denn erreichen lässt sie sich einzig durch schmerzliche Erfahrungen.

LADY BLESSINGTON

1

Kensal Lodge, Juli 1834

»Mehr Port!«

»Ja, noch eine Flasche!«

»Ich muss Sie warnen, Gentlemen: Was ich gleich lesen werde, ist ein solches Lobgehudel, so aufs *Entsetzlichste* schmeichelhaft für den Besungenen, dass eine bloße Flasche kaum reichen wird. Um das aufzuwiegen, wird schon eine Gallone Portwein nötig sein.«

»Dann eben eine Gallone!«

»Jawohl, eine Gallone! Zu acht sind wir, stimmt's? Ja, zu acht – da genügt die Gallone. Eine Gallone Port, Mrs. Touchet, sofern sie vorrätig ist!«

Sie waren zu neunt. Doch Mrs. Touchet war der Geist.

»Aber wir wollen doch Mrs. Touchet nicht verstimmen!«

»Wie wahr! Mrs. Touchet darf keinesfalls verstimmt werden!«

»Wir halten fest: Für Mrs. Touchet würde jeder der Anwesenden nicht bloß seine Gabel, sondern sein Leben lassen! Denn der Fall liegt doch so: Wo andere junge Frauen aus dem Raum gehen, sobald der Port gebracht wird, bringt unsere Mrs. Touchet ihn nicht nur selbst herein, sie trinkt ihn auch! Ein seltenes Exemplar der Weiblichkeit! Ein kostbares Exemplar der Weiblichkeit! Oh, möge Mrs. Touchet niemals verstimmt werden!«

»Aber seht euch nur die Miene der jungen Dame an. Der Augenblick für solche Erwägungen ist schon seit mehr als einer Stunde verstrichen. Verflixt, Chapman, wirst du jetzt lesen oder nicht?«

»Und ob! Nun also: Hier in Händen halte ich eine Ausgabe unseres heiß geliebten *Fraser's,* die Nummer fünfzig, und darin finden wir unseren Freund Maclise …«

»Hurra! Erhebe dich, Maclise!«

»Steh auf, Maclise! Du Raffael von Kensal Rise!«

»Du Michelangelo von Willesden Green!«

»Ich bleibe lieber sitzen.«

»… ganz wie du meinst … Hier jedenfalls finden wir unseren lieben Freund Maclise und seinen Eintrag in der *Gallery of Illustrious Literary Characters* über unseren gleichfalls lieben: Ainsworth!«

»Den jugendlichen Verfasser von *Rookwood!* Londoner Koryphäe!«

»Er, welchselbiger Dick Turpins morsche Knochen ausgegraben hat und den Lump in Windeseile nach York reiten ließ – mit durchaus unwahrscheinlicher Geschwindigkeit!«

»Aber, aber, meine Herren … ihr seid zu gütig.«

»Und wo wir schon von unwahrscheinlich reden: Vergangene Woche war ich selbst auf der Great North Road unterwegs und machte im Goose and Gander halt, und was hängt da direkt hinter dem Tresen? Eine deiner vermaledeiten Illustrationen, Cruikshank – herausgerissen und an die Wand geheftet. Und was glaubt ihr, was der Wirt zu mir gesagt hat?«

»Ich wage kaum, es mir auszumalen.«

»›*Sehn Sie? So ist der Räuber Turpin auf seiner treuen Black Bess beim Ritt nach York übern Zaun gesetzt.*‹ Als hätte es sich haargenau so zugetragen!«

»Was soll ich sagen? Ich nehme mein magisches Tintenfass, ich zeichne, und es wird Wirklichkeit. Das ist eben meine besondere Gabe.«

»Hahaha! Auf Cruikshanks magisches Tintenfass!«

»Cruikshank in Ehren – aber hat sich in letzter Zeit mal einer von euch in die Stadt begeben? Allein auf der Shaftesbury Avenue habe ich drei verschiedene Bühnenfassungen dieses ›Ritts nach York‹ gezählt! Beweis genug, dass auch Worte reisen können, und das ganz ohne die Hilfe von Bildern.«

»*Nix my doll, pals, fake away …*«

»Oh, bitte nicht schon wieder dieses verflixte Lied!«

»Beweis genug, dass jeder Dahergelaufene einen Roman nach Belieben in Stücke schneiden, die Gespräche herauslösen und sie zum Theaterstück erklären kann!«

»Oder auch zu einem Lied!«

»Was mir im Übrigen keinen roten Heller einbringt …«

»Mitleid für den jungen Helden!«

»Da muss ich aber doch Ainsworth beipflichten: Ich nenne das Diebstahl. Ich weiß, Gentlemen, ich bin noch jung und fasse eben erst Fuß in eurem edlen Metier …«

»Dank sei Chapman!«

»Im Gegenteil, dank sei Ainsworth, der unseren jungen *Boz* seinem Verleger vorgestellt hat – und seinem Illustrator.«

»… nun, wie es auch immer zustande kam, es scheint, als würde ich demnächst veröffentlicht. Und ich finde das ein reichlich absonderliches Geschäft! Einen Vorteil hat es doch, als Schreiber bei Gericht zu arbeiten: Nach getaner Arbeit kann ich sicher sein, dass ich auch dafür bezahlt werde. Aber sobald ich mich der Literatur zuwende? Da gelten ganz andere Regeln. Der gute Chapman hier bindet mein Buch und verkauft es: gut und schön. Aber was hält ein paar Langfinger aus Soho davon ab, eine Passage daraus abzuschreiben und ihrerseits zu verkaufen? Oder Cruikshanks Bilder herauszuschneiden, sie zu rahmen und sich damit ein hübsches Sümmchen zu verdienen?«

»Nichts, Gott sei's geklagt!«

»Ich sage euch, es ist das einzige Geschäft auf Erden, bei dem sich ein jeglicher der Früchte der Arbeit eines anderen – seines Schweißes und seiner Tränen – bemächtigen kann und ihm keinen müden Penny dafür zahlen muss, während er selbst damit reich wird!«

»Du sagst es! Die reinste Sklaverei! Wir sollten dagegen aufbegehren! Wie sieht es denn nun aus mit dem Port?«

2

Das erste Unersättliche

»Allmählich wird es spät – liest Chapman jetzt noch, was immer es da zu lesen gibt, oder nicht?«

»Ich würde ja gern – aber ich werde beständig unterbrochen. Wo steckt denn deine reizende Gattin, William? Sie muss das auch hören. Sie kommt darin vor!«

»Mrs. Ainsworth ist … indisponiert«, sagte Mrs. Touchet und verzog dabei ganz leicht das Gesicht, um Frauenleiden anzudeuten und jede weitere männliche Nachfrage zu unterbinden.

»Aha. Dann erheben wir mit allem Respekt in ihrer Abwesenheit das Glas auf sie.«

»Dein Glas ist leer, Forster.«

»Was für eine Tragödie! Hm … Mrs. Touchet, dürfte ich eventuell …«

»Und ich werde nun lesen: ›*Ich hatte noch nicht das Vergnügen, die Bekanntschaft von Mrs. Ainsworth zu machen, doch wir bedauern sie aufrichtig – ihrer Lage gebührt unser tiefstes Mitgefühl. Denn sehen Sie selbst, was DER junge Schriftsteller der Saison für ein ansehnlicher Bursche ist; wie er sogar aufs Haar dem klassisch schönsten und brillantesten unter den anerkannten Herzensbrechern gleicht …*‹«

»… damit ist ja wohl d'Orsay gemeint …«

»Selbstverständlich ist damit d'Orsay gemeint. Aber wir wollen doch hoffen, dass sich die Ähnlichkeit aufs Äußerliche beschränkt! Zum Wohle der öffentlichen Moral!«

»Meine Herren, ich kann Ihnen versichern, von mir droht der

öffentlichen Moral keine Gefahr. Dem romantischen Leben des Count d'Orsay wird ja, wie Sie sicherlich gehört haben, eine gewisse Dreiecksform nachgesagt …«

»Geschwätz! Wüstes Geschwätz!«

»Während das meine der schlichten, ehrbaren und christlichen geraden Linie zwischen Mann und Frau folgt …«

»Aber hat nicht Lady Blessington höchstselbst die Erstellung eines neuen Dreiecks im Sinn? Hat sie nicht Ainsworth und d'Orsay als ›*die beiden ansehnlichsten jungen Männer Englands*‹ bezeichnet?«

»Ja, aber wo stehe dann *ich* in dieser Rangfolge?«

»Du sagst es! Ich fühle mich durch mein Fehlen auf dieser Liste persönlich gekränkt!«

»DÜRFTE ICH WOHL FORTFAHREN?«

»Muss das sein?«, fragte Mrs. Touchet, fand jedoch kein Gehör.

»Es endet wie folgt: ›*Sollte er diese ersten Monate seines strahlenden literarischen Erfolgs tatsächlich unbehelligt überstehen, ist er nicht nur ein Glückspilz, sondern auch ein bestens entwickelter Bursche. Möge er – soweit es mit den Schwächen des Menschseins vereinbar ist – den Lobhudlern entrinnen und die drei unersättlichen Dinge des Salomon meiden!*‹ Was sagt man dazu? Was glaubt ihr wohl, wer das geschrieben hat?«

»Maginn. Ich bin selbst aus Cork, schwülstige irische Prosa erkenne ich überall.«

»Und wenn Kenealy meint, es war Maginn, dann war es auch Maginn. Stell dir das bloß vor, Ainsworth. Du, der Gegenstand eines Maginn!«

»Ich bin's zufrieden.«

»Er ist ganz aus dem Häuschen!«

»Darf ich der Tischrunde in Erinnerung rufen – die drei Dinge des Königs Salomon, die unersättlich sind, waren diese: Frauen, Pferde und Geld. Gelobst du, sie alle zu meiden, junger Ainsworth?«

»Na, schauen wir sie uns doch mal an. Ich bin ein lausiger Reiter, ihr alle versauft gerade mein ganzes Geld – ich glaube, ich kann allem widerstehen, bis auf die Lobhudelei. Ich lasse mich für mein Leben gern lobhudeln und lobhudele auch andere.«

Mrs. Touchet überlegte, wo das erste Unersättliche geblieben war.

»Und Maclise! Was für ein Bildnis! Wie für die Uffizien gemacht. Hat man je einen solchen Dandy gesehen?«

»Das ist doch bloß die Kopie. Wir haben hier das Original vor Augen.«

»Das Original trägt mehr Ringe.«

»Und jetzt der Port! Wir brauchen doch Port!«

»Ich muss wirklich darauf bestehen, dass man Mrs. Ainsworth über die Unwiderstehlichkeit ihres Gatten in Kenntnis setzt, und sei es nur …«

»… die Kinder sind auf der Treppe«, sprach Mrs. Touchet und verließ die Tischrunde.

3

Der Blick von der Treppe

Die Sommerhitze hatte sie aus ihren Zimmern getrieben. Dem Alter nach in absteigender Folge hockten sie auf den Stufen und spähten durch das Geländer. Anne-Blanches Zehen erreichten kaum die Stufe unter ihr. Mrs. Touchet stieg bis zu Fanny hinauf und überraschte dann alle drei, indem sie sich neben sie setzte.

»Was sind das für Männer?« Emilys Wangen waren besonders rot und feucht. Sie sprach mit klagender Stimme, noch halb im Traum.

»Maclise kenne ich. Das ist der Maler«, verkündete Fanny. Sie war fast acht. Ihr rechtmäßiger Platz war unten, bei Mrs. Touchet und den klugen Herren. Stattdessen saß sie hier oben fest mit Kleinkindern, Einfaltspinseln und Gebrechlichen.

»Und Charles ist auch da!« Emily sah sich mit jedem Mann auf Du und Du, der Zuckerstückchen mitbrachte, *Eines für Emily und eines für mein Pferd* sagte und das für sein Pferd dann vor aller Augen selbst verzehrte, obwohl er stets das Gegenteil behauptete.

»Wer ist das und wer ist das und wer ist das?« Anne-Blanche verwendete die Hand ihrer Puppe. So ließen sich Mrs. Touchets strenge Regeln umgehen, was das Zeigen mit dem Finger auf Menschen betraf.

»Nun, neben Maclise sitzt Mr. Chapman. Er macht Bücher. Er ist das, was man einen ›Verleger‹ nennt. Und Mr. Horne neben ihm schreibt darüber.«

»Über die Verleger?«

Mrs. Touchet lachte. Sie hatte nie recht gelernt, wie man mit Kindern sprach.

»Über die Bücher. Gerade schreibt er auch selbst ein Buch. *A New Spirit of the Age*. Euer Vater wird darin vorkommen und viele seiner Freunde auch. Mr. Horne ist Kritiker.«

Fanny runzelte die Stirn und meinte, es sei aber nicht sehr höflich, andere zu kritisieren, und Mrs. Touchet, die ihre vorherige Leichtfertigkeit schon wieder bereute, runzelte ebenfalls die Stirn: »Wenn man die Spreu nicht vom Weizen trennt, gibt es irgendwann nur noch Spreu.« Ein Schritt in die Untiefen des Moralisierens, der den Schwestern einen tiefen Seufzer entlockte. Mrs. Touchet fuhr fort: »Neben ihm sitzt Kenealy. Er ist Ire.«

»Ist er auch Schriftsteller?«

»Ich glaube schon – in gewisser Hinsicht.«

»Ist er nett?«, fragte Emily. Sie wusste immer gern, wer nett und wer garstig war.

»Er ist sehr irisch. Er hat ein unstetes Temperament.«

Anne-Blanches Puppe streckte von Neuem die Hand aus: »Und wer ist das? Ist der nett?«

»Das ist Mr. Cruikshank. Er hat, neben vielem anderen, auch den Roman eures Vaters bebildert.«

»Sie mögen ihn nicht.« Fannys Fähigkeit, andere zu durchschauen, war nach Mrs. Touchets Dafürhalten ihrem jugendlichen Alter nicht angemessen. »Warum nicht?«

Es gab Männer, die Eliza für durchaus spitzzüngig befanden und wohl auch für eine Spur zu streng, jedoch zugleich ihre geistreiche, lebhafte Konversation schätzten. Sie wählten stets den Platz neben ihr, wetteiferten manchmal sogar darum. Doch es gab auch Männer, die sie mit Bestürzung beäugten, denn hier sahen sie sich einem von Doktor Johnsons Hunden gegenüber, der auf den Hinterbeinen zu laufen versuchte. Zu letzterer Gruppe zählte Cruikshank. Die Abneigung beruhte auf Gegenseitigkeit. Seine frühen politischen Arbeiten missfielen ihr. William hatte versucht, sie zu überzeugen, er sei »von jeher auf der richtigen Seite« gewesen, es sei nur schlichtweg seine Aufgabe, »alle zu verspotten, die Abolitionisten eingeschlossen«, doch sie hatte sich durch seine Karikaturen ganz persönlich verspottet gefühlt, und das konnte sie ihm nicht vergeben.

»Zum einen«, improvisierte sie jetzt, »trinkt er zu viel, und zum anderen blickt er äußerst verbittert auf die Welt. Ihr solltet für ihn beten.«

Die drei kleinen Mädchen nickten feierlich. Beten war alles, was in ihrer Macht stand, um die Welt ein wenig zu verändern, und diese Verantwortung nahmen sie ernster als mancher Mönch.

»Und schließlich ist da noch ein Mr. Forster. Der ist auch mir noch unbekannt. Er zeichnet sich offenbar vor allem dadurch aus, dass er der Busenfreund deines Charles ist, Emily. Aber wie spät ist es denn? Wie geht es eurer Mutter?« Schweigen. »Immer noch in Tränen?« Stummes Nicken. »Hat sie denn gegessen, was ich ihr hingestellt habe?«

»Nein. Sie hat's dem Hund gegeben«, wisperte Emily.

»Wie lange bleiben Sie noch bei uns?«, wollte Fanny wissen.

»So lange, wie ich gebraucht werde. Bis es eurer Mutter wieder gutgeht.«

»Und wie lange ist das?«, fragte Emily.

»Jetzt aber ab ins Bett«, sagte Mrs. Touchet und nahm Anne-Blanche auf den Arm.

4

Der Sünde Sold

Als alle drei wieder im Bett lagen, begab sie sich ins Gästezimmer. Es war dunkel, spärlich möbliert und selbst bei dieser Hitze noch kühl. Frances ruhte voll bekleidet auf dem Überbett, den Rücken zur Tür gewandt. Mrs. Touchet setzte sich an den Kartentisch in der Zimmerecke. Näher heranzukommen hatte wenig Sinn. Für Frances war die drei Jahre zurückliegende Vertrautheit längst vergessen; es hatte sie nie gegeben.

»Ich wollte nach der Patientin sehen.«

»Ach, Lizzie, du bist so gut zu mir …«

»Die Kinder sagen mir, du hast nichts gegessen.«

»Du wirst mich auslachen, du bist ja immer so vernünftig … Aber die Wahrheit ist … ich habe einfach keinen Appetit – auf gar nichts. Es klingt sicher lachhaft, aber ich spüre, wie ich … verlösche.«

»Das ist in der Tat lachhaft für eine Frau deines Alters. Sehr melodramatisch.«

»Ja. Du warst immer die Ältere und die Vernünftigere.«

»Ersteres ist ein dauerhafter Zustand, das Zweite Ansichtssache.«

Durch den Fußboden drang eine gewaltige Lachsalve herauf. Frances schauderte. Es war ausnehmend schwer, nicht zu ihr zu gehen, doch Eliza gelang es.

»Dann geht es also prächtig?«

»Unten? Es wäre sehr viel besser, wenn du dich zu uns gesellen würdest.«

»Bestimmt nicht.«

Es lag in Frances' Wesen, das Offensichtliche hinzunehmen. Und es war mehr als offensichtlich, dass William jedes Interesse an seiner Frau verloren hatte. Sie war aus seinen Gedanken verschwunden – wie eine Figur aus einem frühen, längst vergessenen Roman –, dabei war sie doch immer noch hier, in seinem Haus! Vor der Zeit gealtert und körperlich geschwächt. Wann immer er sich herabließ, zu ihr hinzuschauen, glaubte Mrs. Touchet, eine tiefe Verblüffung in seinem Blick zu sehen. Wie war es möglich, dass der ansehnlichste junge Schriftsteller der Saison zugleich der Ehemann dieser hinfälligen Frau war – und dreifacher Vater? Er sah nicht, was Eliza sah. Frances' Augen hatten sich nicht verändert: Ihr sanfter Blick war immer noch derselbe. Ihr Mitgefühl für andere immer noch weit wie das Meer. Sie war immer noch schön. Und immer noch jeder Eitelkeit abhold, immer noch unfähig zum Zorn. Eliza – der Zorn so natürlich schien wie das Atmen – glaubte, keine andere Wahl zu haben, als die Verletzung auf sich zu nehmen, obwohl sie aus leidvoller Erfahrung wusste, wie sinnlos es war, William zu zürnen. Es war wie die Wut auf ein Kind. Er war ja auch nie gezielt grausam, bloß verwirrt.

»Weißt du, Lizzie, mitunter habe ich den Eindruck, dass in meinen ganzen neunundzwanzig Jahren *du* der einzige Mensch gewesen bist, mit dem ich jemals wahrhaft reden konnte. Das ist doch sonderbar. Mitunter frage ich mich, weshalb das so ist.«

Eliza krallte sich in die Armlehnen ihres Sessels. *Weil ich deine wahre Liebe bin!* Doch das konnte sie unmöglich aussprechen, und jenseits dieser rein praktischen Schwierigkeit stimmte es auch gar nicht. Die zurückliegenden Jahre hatten es schmerzlich gezeigt. William war es, den Frances liebte, trotz allem, immer noch. William war es, den sie wollte. Und nun war es William, den sie verloren hatte: an das Fieber des ersten Erfolgs, an Bücher und Ambitionen, an neue Freundschaften, an die Welt. William war es, um den sie trauerte, um den sie offenbar ganz aufrichtig trauerte – körperlich. Konnte man an gebrochenem Herzen sterben? Im Roman konnte man es. Dort konnte man auch »zu gut für diese Welt sein«. Mrs. Touchet verabscheute all diese Gemeinplätze, und doch stürmten sie hier, in diesem trostlosen Zimmer, im Gewand von Wahrheiten auf sie ein, um sie willkommen zu heißen. Das Herz der jungen Frau dort drüben war gebrochen. Ärzte gingen ein und aus und gaben ihrem Leiden die unterschiedlichsten Namen, doch wie immer sie es auch nannten, sie konnten es nicht heilen. Sie war zu gut für diese Welt. Unmöglich ließ sich darauf hoffen, sie könne die verstohlenen und verderbten Machenschaften der Eliza Touchet um ihretwillen begreifen oder auch nur bemerken. Für sie war all das unsichtbar geblieben, obgleich so viel davon direkt vor ihren Augen stattfand – mitunter sogar unter ihrem eigenen Dach. Sie war zu gut, um es zu erkennen. Einen Mann dafür zu strafen, ihn dem Laster preiszugeben, weil er von einer Frau geliebt wurde, die man selbst liebte und die er seinerseits nicht oder zumindest nicht ausreichend lieben konnte. Die verschlungenen Wege des Solds der Sünde kamen Mrs. Ainsworth nicht in den Sinn.

»Du bist angegriffen. Und du übertreibst. Verwandte Seelen finden sich allerorten, wenn wir nur aufgeschlossen dafür bleiben«, sagte Mrs. Touchet und erhob sich bereits wieder aus ihrem Sessel. Acht junge Literaten, mehr als angeheitert, riefen lauthals ihren Namen.

5

Entschädigungen

Unten, musste sie feststellen, hatte sich das Tischgespräch der Politik zugewandt.

»Ein schweres Los für die Plantagenbesitzer«, bekundete Horne gerade. »Was immer wir sonst von ihnen halten mögen, sie bestreiten damit schließlich ihr Auskommen, und nun müssen sie erfahren, dass ihnen in genau vier Jahren, Schlag Mitternacht, alles auf einen Streich genommen werden soll. Angesichts dessen erscheint eine gewisse Entschädigung für die Besitzer nur angemessen.«

»Zwanzig Millionen Pfund sind ja wohl etwas mehr als angemessen!«, wandte Maclise ein, worauf Forster entgegnete: »Aber leider doch unvermeidlich«, und sein Busenfreund Charles ihm umgehend beisprang, so wie sie es stets zu handhaben schienen:

»Sicher ist das alles ein abscheulicher Vorgang. Gottlos und unmenschlich, wie es Wilberforce bereits vor zwanzig Jahren aufgezeigt hat. Deshalb wurde der Handel ja auch abgeschafft, Gott sei Dank. Und diese himmelschreienden zwanzig Millionen sind nun hoffentlich zumindest das Letzte, was wir davon noch hören. Ich für meinen Teil habe es gründlich satt, davon zu hören. Es mangelt uns schließlich nicht an heimischen Problemen, auf die wir das Augenmerk richten könnten …«

»Ah, Mrs. Touchet! Wie sieht es denn nun aus mit dem Port …«

»Es ist kein Port mehr da, Mr. Kenealy. Unser Port wurde bis zur Neige geleert.«

»Ich muss gestehen, mich verwirrt allein die Frage«, warf Chapman ein. »Wie Sie bereits sagten, mit dem Handel ist es vorbei.

Unsere Bataillone sind – unter gewaltigen Aufwendungen seitens der Steuerzahler – in See gestochen, fangen die Händler aus Spanien und Frankreich ab und alle, die da sonst noch unterwegs sind, und befreien an allen Ecken und Enden die armen Afrikaner. Falls das der Sache immer noch kein nachdrückliches Ende setzt, wird alles, was noch davon übrig ist, schon sehr bald ohnehin versanden.«

»Nein, Mr. Chapman, das setzt der Sache keineswegs ein Ende. Die Plantagen werden schließlich weiterhin betrieben. Genauso gut könnten Sie behaupten, das Feuer brenne nicht mehr, während auf den glühenden Kohlen ein Mensch verbrennt.«

»Mit Verlaub, Mrs. Touchet, wir sind beim Essen.«

»Mit Verlaub, Mr. Horne, ich würde mir selbst wünschen, es wäre nur eine Metapher. Aber Feuer an menschlichem Fleisch gehört zu den häufigsten Strafen auf unseren Inseln. Vielleicht lesen Sie einmal *The Horrors of Slavery* eines gewissen Mr. Wedderburn. Darin finden Sie ein solches Abbild der Hölle …«

»Mrs. Touchet, ich muss doch sehr darauf bestehen, dass Abbilder der Hölle einem passenderen Ort und Anlass vorbehalten bleiben.«

Es kam selten, allerhöchst selten vor, dass William auf etwas bestand, was Mrs. Touchet betraf, und diese demütigende öffentliche Spitze ließ sie dort erstarren, wo sie stand. Das Schweigen zog sich in die Länge. Schließlich stemmte sich Cruikshank schwankend von seinem Platz empor, um nach der halb leeren Karaffe Rotwein zu greifen, die jemand auf dem Kaminsims abgestellt hatte. Und so wandte er ihr den Rücken zu, als er sagte:

»Mrs. Touchet … Ihr Mann war ein Touchet.«

»Ja.«

»Ein Name aus Manchester.«

»Alteingesessen.«

»Und das Familiengewerbe war früher einmal Baumwolle.«

Mrs. Touchet schwieg.

»Samuel Touchet war mein Großonkel«, sagte William gut gelaunt. »Und Baumwolle damals nun mal ein florierendes Geschäft. Ich muss gestehen, dass mir diese Reisen als Knabe sehr romantisch erschienen sind: von Liverpool bis an die Küsten Guineas, dann weiter in die Neue Welt und schließlich zurück nach Liverpool, beladen mit exotischen Köstlichkeiten! Er hat ein Vermögen mit Regierungskontrakten und dergleichen gemacht – und dann alles wieder verloren. Wenn ich mich recht entsinne, hat er sich wohl bei seiner vierten Reise verspekuliert. Sogar der Vorwurf versuchter Monopolstellung wurde erhoben, eine rechte Schmach … Schließlich hat er sich dann am Bettpfosten erhängt – damals war so ein Bankrott noch ein gewaltiger Skandal –, und meine arme Verwandtschaft hatte einiges zu erleiden, Gläubiger vor der Haustür und derlei … Letztendlich haben die Banken aber wohl doch nicht ganz alles eingetrieben. Samuel Touchet war mit Sicherheit ein alter Satansbraten, aber ich muss doch sagen, Eliza, du hast einigen Anlass, ihm dankbar zu sein.«

Cruikshank wandte sich um und erhob sein Glas. »Auf Samuel Touchet. Und das Geld, das er hinterlassen hat.«

Mrs. Touchet errötete heftig.

»Es ist nicht eben freundlich, Mr. Cruikshank, einer anständigen Frau ihre Einkommensquelle vorzuwerfen, wenn ihr bloß so wenige Möglichkeiten offenstehen, sich überhaupt ein Einkommen zu verschaffen.«

»Touché, Mrs. Touchet.«

Es war das erste Mal, dass sie Mr. Charles Dickens diesen grässlichen Witz reißen hörte. Und es sollte nicht das letzte Mal bleiben. Im Laufe der Jahre begann sie ihn regelrecht zu fürchten, und der plötzliche Bruch zwischen ihm und William hatte den Vorteil, dass sie ihn nicht mehr hören musste. Niemand außer Dickens hatte je darüber gelacht. Nicht ein einziges Mal.

6

Dickens tot!

Obgleich sieben Jahre jünger, siebenmal so reich und im Besitz einer Reputation, die sich, wie es William mitunter schien, über alle sieben Weltmeere erstreckte – alldem zum Trotz war Dickens tot, mit achtundfünfzig. Es war nur schwer zu begreifen. Wusste der Tod denn nichts von Geburtsurkunden, monetären Verhältnissen und Jahresabonnements? William war wie vor den Kopf geschlagen. Reglos saß er in seinem Sessel und starrte auf das Datum im Nachruf: der 9. Juni 1870. Und wo hatte William sich aufgehalten, als Dickens tot umgefallen war? Im Zoo! Versunken in die Betrachtung eines Nilpferds! Fanny und Emily waren »untröstlich« und schluchzten aufs Lächerlichste. Mrs. Touchet kam zu dem Schluss, es müsse wohl daran liegen, dass die *Times* ihnen mitgeteilt hatte, sie hätten »untröstlich« zu sein, so wie sich auch die Länge ihrer Röcke nach Lektüre eines Beitrags in der Zeitschrift *Queen* verändert hatte. Seit annähernd zwanzig Jahren hatten sie den Mann nicht mehr zu Gesicht bekommen. Und warum weinte Clara? »Wegen dem armen Copperfield! Estella war so böse zu ihm!« Kinder sind eben Kinder, lassen sich leicht von den Launen Erwachsener leiten. Doch als der Kohlenjunge kam, hieß es: *Ist das nicht schrecklich mit Mr. Dickens?* – ergänzt durch ein mannhaftes Schniefen –, und keine Stunde später gab der Postbote eine tränenreiche Abhandlung über die *Weihnachtsgeschichte* zum Besten. Gegen elf musste Mrs. Touchet zwanzig Minuten lang auf ihre Würste warten, während der Metzger und die Pfarrersgattin im Wechsel die diversen Torheiten der Micawbers zitierten. Am Nachmittag sprachen die

Sisters of St. George ein Gebet für den Mann. Und jede einzelne weinte.

Auch auf der Hauptstraße, in der Abenddämmerung, war er überall, einem Pesthauch gleich. Wo immer sie entlangkam, alle Welt führte Bill und Nancy im Munde oder auch Gradgrind oder Peggotty und Dutzende weitere, und angesichts so vieler Einflüsterungen wurde auch Mrs. Touchet empfänglicher. Sie gedachte jenes Ladens für abgelegte Kleidungsstücke an der Monmouth Street, den der junge Boz durch bloße Beobachtung so überaus eindringlich zum Leben erweckt hatte, indem er all die verlassenen Kleider, Röcke und Schuhe im Schaufenster mit einem ganzen Ensemble aus Menschen besetzte, ein jeder davon mit nur einem Satz überzeugend heraufbeschworen und berstend vor lauter – Lebendigkeit. Dem Anschein von Lebendigkeit. Mrs. Touchet hing nicht dem Glauben an, dass eine Seele sich gänzlich von Röcken und Schuhen fassen oder auch nur beschreiben ließ. Dennoch war ihr bewusst, dass sie im Zeitalter der Dinge lebte, sowenig sie sich damit auch im Einklang fühlen mochte, und was immer Charles sonst noch gewesen sein mochte, er war doch vor allem ein Dichter der Dinge. Er hatte den kalten Handel mit den Dingen, der erbitterten Ehrfurcht vor ihnen, lebendig und menschlich gemacht. Die allgemeine Trauer konnte sie sich nur so erklären, dass mit seinem Tod ein Zeitalter der Dinge sich selbst betrauerte.

Abgesehen von der Tartsche erwies sich einzig die jetzige Mrs. Ainsworth als immun: Sie beschränkte sich auf eine gewisse Neugier mit Blick auf die praktischen Konsequenzen für William. Denn wie ein Gemischtwarenhändler, der seine Pforten schließt, der Konkurrenz auf der anderen Straßenseite mehr Kundschaft beschert, so hoffte sie, Dickens' unerwartetes Ableben möge »uns ein bisschen mehr Umsatz einbringen!«.

7

Im Zug unterwegs

Zwei Tage später fügte es sich, dass Mrs. Touchet mit dem Zug nach London reisen musste, um einen Anwalt aufzusuchen. Sie hätte es bei Weitem vorgezogen, ohne Begleitung zu fahren – mitunter schien es ihr, als sehnte sie sich auf Erden nach nichts so sehr wie nach Unabhängigkeit –, doch William bestand darauf, sie zu eskortieren. Er hatte sich wieder von seinem Schrecken erholt. Nun wollte er sich an den Rand eines kapitalen Lochs stellen und sich vergewissern, dass nicht er darin begraben lag. Eine verzeihliche Genugtuung, die einzig der Umstand ein wenig trübte, dass sich besagtes Loch in der Westminster Abbey befand, keinen Steinwurf entfernt vom großen englischen Barden.

»Ich kann mir beim besten Willen nicht vorstellen, was Forster und die Familie sich dabei gedacht haben«, empörte sich William, allerdings gedämpft, aus Sorge vor Sympathisanten. In ihrem Abteil saßen sechs Mitreisende; fünf von ihnen waren in Romane vertieft. »Das hätte er doch niemals gewollt. Im Gegenteil, er wäre außer sich gewesen – so viel Getue war nichts für ihn. Reine Eitelkeit ihrerseits. Die *Times* hätte das niemals anregen und der Bischof es nie gestatten dürfen. Prunk und falsche Ehrerbietung hat Charles stets von sich gewiesen.«

»Richtig, ein Mann, der seinen Sohn auf den Namen Alfred d'Orsay Tennyson Dickens tauft, hat gewiss nichts mit irdischem Ruhm im Sinn.«

Eines erheiterte und interessierte Mrs. Touchet doch sehr: als wie schwer es sich immer wieder erweist, sich zu den eigenen Gefühlen zu bekennen. Wir alle neigen dazu, sie anderen zuzuschreiben, vor allem den Toten. Als sie in die Waterloo Station einfuhren, hatte Williams Empörung im Namen seines verstorbenen Freundes einen Höchststand erreicht: Er war knallrot im Gesicht und musste den obersten Kragenknopf lösen. Auch das Gewühle auf den Bahnsteigen trug nicht eben zur Besserung seiner Laune bei. Kein Fußbreit Boden sei zu finden, auf dem sich nicht mindestens drei Personen nebst vier Reisetaschen drängten. Verflucht sei der vermaledeite Krake des Baugeschäfts, der seine Fangarme über das ganze Land erstrecke und allerorts die Wälder zerstöre! Verflucht die elenden kleinen Reihenhäuser am Rande der Stadt, in denen all diese elenden Menschen mutmaßlich hausten … Wo kamen sie bloß alle her? Wo wollten sie bloß alle hin? Just da ragte, wie als letztgültige Antwort auf Williams Frage, rechts von ihnen der Rundbogen der London Necropolis Company empor. So betriebsam London oberhalb der Erde sein mochte, so überfüllt war es darunter. Gräber wurden übereinander ausgehoben, Leichnam reihte sich an Leichnam, darunter auch viele hoch infektiöse, die sich nicht gefahrlos beseitigen ließen. Zahllose Tobys, vom Fieber weggerafft. Eine wahre Epidemie von James Touchets. Auf den Friedhöfen All Souls und Highgate wimmelte es nur so von ihnen. Selbst die Massengräber waren voll. Und so kam es, dass in Surrey ein gewaltiger Vorstadtfriedhof angelegt worden war, um den Überschuss aufzunehmen, und dies war der Sonderbahnsteig, von dem aus man dorthin gebracht wurde, dies der Sonderzug, der die Toten transportierte und jene, die sie betrauerten. Sie hatte bereits von diesen Totenzügen gelesen, doch es war das erste Mal, dass sie einen erblickte. Während ihr Cousin vorausging, blickte Mrs. Touchet wie Lots Weib zurück. Familien, ganz in schwarzen Bombasin gehüllt, stiegen ein und weinten. Und im letzten Waggon standen die Särge gestapelt, bereit für ihre letzte Reise.

8

Die Äthiopier

Kutschen, Einspänner, Kabrioletts und Omnibusse, die allesamt vor Passagieren überquollen, standen kreuz und quer ineinander verkeilt, und wer immer den Mut besaß, sich auf den eigenen zwei Beinen fortzubewegen, schob sich dazwischen hindurch. Ringsum wurde gerufen und gesungen, wurden Reden geschwungen und Leierkästen gedreht, und überall ein kunterbuntes Aufgebot an Schildern und Bildern, gedruckt und auf jeder freien Fläche präsentiert: *Colman's Mustard, Hudson's Soap, Cadbury's Cocoa* … Es fiel Eliza schwer, ihre Freude an all dem menschlichen Treiben zu verbergen. Doch William behielt recht: Die Chancen, eine Droschke anzuhalten, waren gering.

»Dann eben ein Spaziergang.«

Sie überquerten die London Bridge, die in William zärtliche Gedanken an sein entsprechendes Kapitel in *Jack Sheppard* weckte sowie die noch um einiges erfreulichere Erinnerung daran, dass ebendieser Roman sich vor dreißig Jahren einmal besser verkauft hatte als *Oliver Twist.* Mrs. Touchet gab sich redlich Mühe, auf das zu achten, was er erzählte, doch die äußeren Reize überwältigten sie. Ein wildes Durcheinander aus Bettlern und Straßenhändlern, aus Obstjungen und Blumenmädchen; zwei Chinesen, vertieft in einen unverständlichen Wortwechsel; allerlei faszinierende Frauen. Und Kleider! Ungekannt in der Schneiderkunst von West Sussex …

Und alle zehn Schritte ein neues Lied. Hatte man die Melodie des einen gerade erfasst, begann bereits das nächste, als wäre ein Dutzend Zeitungen zu musikalischem Leben erwacht. Wer verfasste diese gewichtigen Reime, diese skandalträchtigen Berichte? Gesungen wurden sie – wenngleich nicht allzu klangvoll – von wohlgenährten Gesellen mit roten Gesichtern und Stutzerkleidung. Manche waren Lieder zu Ehren des armen Dickens, gesungen zu bekannten, schwermütigen Melodien. Hauptsächlich aber handelte es sich um lebhafte Weisen von Mord und Totschlag. Der größten Beliebtheit erfreute sich die über einen Bäcker aus Lambeth, der in der Woche zuvor seiner Mutter die Kehle durchgeschnitten hatte. Manche besangen den Mord, andere den darauffolgenden Tod durch den Strick. Dann, als sie gerade auf der Seite von Middlesex von der Brücke kamen, nahm Eliza die Witterung süßerer Klänge ein Stück vor sich auf, und als sie um die Ecke bogen, erblickte sie ein Grüppchen sogenannter äthiopischer Musikanten, die ihr immer schon die liebsten gewesen waren. Sie hatten sich mit einem Bänkelsänger zusammengetan, der das Notenblatt, von dem er sang, für einen Penny das Stück feilbot. Eliza bemerkte sofort, wie ärmlich sie aussahen und wie seltsam zusammengewürfelt sie wirkten. Drei der Männer – dem Aussehen nach wohl Iren oder Schotten – hatten sich die Gesichter mit dem hierfür üblichen Ruß angesengter Korken beschmiert und verbargen ihr rotes Haar mehr schlecht als recht unter verbeulten Zylindern. Doch offenbar befand sich auch ein Laskar unter ihnen – sein Haar war seidig schwarz –, und die anderen beiden Sänger waren waschechte Afrikaner. Ihren Rockschößen zum Trotz waren sie alle barfuß. Und Mrs. Touchet war so gebannt von dieser ungewöhnlichen Zusammenstellung, dass sie dem Lied gar keine Beachtung schenkte.

»Ist das zu fassen? Unglaublich! Da siehst du, was Ruhm heißt! Sie sollten lieber die Kerle hier vor den Court of Common Pleas bringen. Man weiß, man ist ein Lord, wenn man auf Londons Straßen besungen wird!«

Mrs. Touchet hörte genauer hin:

In olden times the poor could on a common turn a cow,
The commons all are taken in, the rich have claimed them now,

And even poor Sir Roger is denied his rightful claim,
The Lawyers call him Orton – Bogle swears that's not his name!

»Nicht so nah, Eliza ... bei solchem Gelichter weiß man doch nie ...«

Eliza raffte sich zu einem Scherz auf: »Ich habe einen Penny dabei. Vielleicht sollten wir deiner Frau so ein Blatt mitbringen?«

Es machte ihr Freude, dass sie ihren Cousin nach wie vor zum Lachen bringen konnte. Dann erinnerte er sie an den jungen William: so voller Energie, so durchdrungen von guter Laune, so aufgeschlossen und großherzig für die Talente anderer, so bereit, sich praktisch von jedem x-Beliebigen führen, leiten, erheitern und mitreißen zu lassen – selbst von einer Frau. So frei von jedem Drang nach Dominanz. Einen solchen Mann hatte sie nie wieder gefunden. Und so hatte der geisterhafte, längst verschwundene William ihr in mancher Hinsicht mehr geschadet als genützt. Er hatte eine unnütze Erwartung in ihr geweckt: die Hoffnung, regelmäßig auf weitere Exemplare seines Typus zu treffen.

»Wenn du das tust«, entgegnete William lachend, »veranlasse ich höchstpersönlich, dass du dafür gehenkt wirst.«

9

Anwalt Atkinson spricht seine Empfehlung aus

»Wie ich bereits sagte: Ich bin rechtlich nicht dazu verpflichtet, die Hinterbliebenen zu unterrichten, und ich werde die Hinterbliebenen auch nicht unterrichten – es sei denn, sie beharren ausdrücklich darauf, in Kenntnis gesetzt zu werden. Dennoch lautet die Empfehlung meiner Kanzlei«, fuhr der Anwalt Atkinson fort, »dass Sie diese unerwartete Entwicklung *nur dahingehend* betrachten, wie sie sich auf Ihre eigenen materiellen Verhältnisse auswirkt, sie *ausschließlich* als die offenkundige Segnung betrachten, die sie darstellt, und zwar *im festen Wissen und vorbehaltlich des Umstands,* dass jegliche ergänzenden Informationen nichts weiter sind als dies, bloße *Ergänzungen,* die für die neue Begünstigte, Eliza Stuart Touchet – Sie selbst also –, weder Nutzen noch Konsequenzen bergen und daher auch nicht preisgegeben werden müssen, denn sie haben, wie ich schon sagte, keinerlei Bedeutung für die erwähnten materiellen Veränderungen, deren monetäre Implikationen erfreulicherweise sehr klar im letzten Willen des verstorbenen Mr. James Touchet, auf den ich mich gegenwärtig beziehe, festgehalten sind. Sofern wir aus dieser lächerlichen Tichborne-Angelegenheit überhaupt etwas lernen konnten, Mrs. Touchet, dann doch, dass Testamente, die sich als ungenau erweisen, erhebliche Unruhen nach sich ziehen …«

Später – viel später – sollte Eliza zu der Erkenntnis gelangen, dass in diesem dicht gedrängten Absatz Juristenkauderwelsch eine grundlegende Entscheidung verborgen lag. Ein Scheideweg. Hatte sie das damals schon gewusst? Unterwegs waren ihr keinerlei

Zeichen begegnet. Kein Regenbogen, kein brennender Dornbusch. Nichts Ungewöhnliches, weder am Schauplatz noch an der Besetzung. Zwanzig Jahre lang hatte sie Anwalt Atkinson alljährlich aufgesucht, und er selbst war gänzlich unverändert, wenngleich er sich, wie er es selbst ausdrückte, »in aufs Betrüblichste und Umfassendste verminderte Verhältnisse geworfen« sah. Denn die altehrwürdige Doctors' Commons war zerschlagen worden, und sämtliche Prokuratoren und Advokaten hatten sich in neue Räumlichkeiten zerstreut, und Atkinson – seines Zeichens Prokurator – führte seine zivilrechtlichen Geschäfte nun in einer schmalen Zimmerflucht in unmittelbarer Nachbarschaft zur Cordwainer Hall, in der Distaff Lane, im Schatten von St. Paul's Cathedral. Diese Nähe zur Worshipful Company of Cordwainers missfiel ihm; schließlich führte sie nur dazu, dass es in der ganzen Straße nach Leder roch. Und er konnte auch sonst keinen Reiz in der Vorstellung einer altehrwürdigen Schuhmachergilde finden. Aus Atkinsons Sicht kam all dies einem Abstieg gleich: »Doch Sie, Mrs. Touchet, habe ich heute hergebeten, um das Gegenteilige mit Ihnen zu besprechen: einen Aufstieg! Ganz entschieden einen Aufstieg!«

Für einen Mann wie Atkinson konnte ein *Aufstieg* nur eines bedeuten: Geld. Doch noch ehe sie sich zu ihrem eigenen, feiner gestimmten Moralempfinden beglückwünschen konnte, sann sie schon darüber nach, wie viel ihr die eigene Unabhängigkeit in Wahrheit bedeutete. Was war Geld denn anderes als eine ganz materielle Form von Freiheit? Sie wollte zurückschrecken vor diesem korrupten und kleinlichen Mann. Stattdessen beugte sie sich auf ihrem Stuhl vor und lauschte ihm sehr genau. Seine Augen glänzten leer wie die eines Vogels, seine Nase war wie ein Schnabel. So leierte er weiter. Sein Kopf schnellte vor und zurück wie bei einem Specht. Vorwärts und rückwärts zuckte dieser Schnabel, hackte an Elizas faktischer Ahnungslosigkeit über ihre monetäre Lage herum, bis er schließlich das denkbar erstaunlichste goldene Ei freilegte. Ihre jährliche Zuwendung werde sich ändern – sich verdoppeln. Es habe, sosehr es Anwalt Atkinson auch schmerze, ihr dies zu enthüllen, noch eine weitere Partei gegeben, die im Testament des verblichenen James Touchet begünstigt wurde, und diese Tatsache sei, so erläuterte es Atkinson, seiner Witwe aus »Gründen des Feingefühls« all die Jahre hindurch verschwiegen worden. Nun jedoch sei die begünstigte Partei verstorben, und obgleich es noch »Hinterbliebene« gebe, sei Mr. Atkinson doch der fachmännischen Ansicht, dass besagte Hinterbliebene keinen rechtlich haltbaren Anspruch geltend machen könnten und es zudem aufs Äußerste unwahrscheinlich sei, dass sie einen solchen Anspruch überhaupt erheben würden. Aufgrund dieser Umstände falle das jährliche Einkommen der verstorbenen Partei der Witwe zu, mit anderen Worten: der oben Genannten, mit anderen Worten also: Mrs. Touchet.

»Mir?«

»Ihre jährliche Zuwendung wird sich verdoppeln. Sie brauchen nichts weiter dafür zu tun, als Ihren Bankier aufzusuchen. Dort liegt ein Dokument, das nur darauf wartet, von Ihnen unterzeichnet zu werden.«

»Aber Sie haben mir weiterhin nicht mitgeteilt, wen das Testament betraf. Wer ist diese verstorbene begünstigte Partei? Wer sind die Hinterbliebenen, die womöglich Ansprüche erheben könnten?«

Da seufzte Anwalt Atkinson und hob zu seiner Empfehlung an. Hier war er also: der Scheideweg. Die Entscheidung, zu wissen oder das Nichtwissen zu wählen. In solchen Augenblicken, daran glaubte Mrs. Touchet fest, liegt auch unsere Seele mit in der Waagschale. Wäre William nur dabei gewesen! Doch William war vorausgegangen, zur Westminster Abbey, um Dickens die letzte Ehre zu erweisen. Und sie stand allein am Scheideweg.

Immer sind es andere, die uns hemmen. Sie sind die Gewalt, der wir uns stellen müssen. Dies empfand sie stets in ihren trübsten Momenten, jenen, in denen sie Jesus Christus am fernsten war. Die anderen, das sind unsere Stolpersteine und Hürden, unsere Erschwernisse und Behinderungen – sie sind als Prüfung für uns entsandt. Und doch, bleiben wir ungeprüft der herbeigesehnten

Einsamkeit überlassen, ohne dass jemand unsere zahllosen Scheinheiligkeiten bezeugen könnte – wie leicht betrügen wir uns da!

»Ich werde das Geld annehmen und Ihrer Empfehlung folgen, vielen Dank, Mr. Atkinson. Sofern es weiter keine Rolle spielt, wird es wohl das Beste sein, wenn ich nichts weiter von diesen … Anwärtern erfahre. Ich bin mir sicher, dass nichts Gutes dabei herauskommen würde.«

»Ein weiser Entschluss, Mrs. Touchet, wenn Sie mir die Bemerkung gestatten. Ein umsichtiger Entschluss.«

10

Der Spinnrocken

Draußen blickte Mrs. Touchet ratsuchend zum Himmel empor. Stattdessen fand sie sich von der Fassade der Cordwainer Hall gefesselt. Ganz oben, auf dem Giebel, war das Wappen all jener eingemeißelt, die mit Leder arbeiten. Es zeigte ein Bauernmädchen, ein Kind fast noch, das an einem Rocken Schnüre spann. Als sorgte sich dieses uralte Gildehaus um die Lehrjahre von Schuhmacherinnen, den Altenteil von Schuhmacherinnen, den Lohn von Schuhmacherinnen! Mrs. Touchet fühlte sich an das Mädchen erinnert, das in jenem Märchen für den König Stroh zu Gold spann. *Rumpelstilzchen!* Und dann riss sich das geisterhafte Männlein einfach so selbst entzwei. Wenn man den Teufel beim richtigen Namen nannte, brachte man ihn zum Verschwinden. Jedoch nur im Märchen.

11

Was können wir je über andere wissen?

All ihre Gedanken verstörten sie. Sie stiegen in der Lücke auf, in die ein Name gehörte. Und was taumelte ihr noch aus jener Lücke entgegen? Die Freiheit. Allein die Vorstellung, an einem Ort zu leben, den sie sich selbst erwählt hatte! In eigenen Räumlichkeiten, die sie mit eigenem Geld bezahlen konnte. Ihr schwindelte. Sie blieb stehen und blickte auf ihre Schuhe. Alt waren sie und mussten neu besohlt werden. Warum ließ es sich leichter über Schuhe nachdenken als über Freiheit? Wie konnte das, worum sie stets gebetet hatte, sie derart auf dem falschen Fuß erwischen?

In der Hoffnung auf Linderung wandte sie ihre Gedanken den Straßen zu, die sich vor ihr erstreckten. Den Menschen, die dort entlanggingen, so unsagbar viele Menschen, und alle so verschieden. Schon früher war ihr aufgefallen, dass sich in dieser Gegend viele Seeleute aus China und Indien aufhielten, und sie waren alle nach wie vor zugegen, doch sie entdeckte auch etliche neuere Geschäfte, auf deren Schildern sie die uralten Schriftzeichen der Juden sah, sowie eine kleine Abordnung von Türken – oder jedenfalls Männern mit Fes auf dem Kopf –, die die Auslagen eines Schmuckhändlers betrachteten. Es zählte zu den Erstaunlichkeiten dieses neuen, belebteren London – im Gegensatz zu der Stadt, die William und sie einst gekannt hatten –, wie viel mehr Fremde es plötzlich zu geben schien, vielleicht ja, weil ihr Weg sie so nah am Fluss entlangführte. Sie erspähte schwarze Dienstmägde, schwarze Köchinnen und Wirtschafterinnen, vor einem Public House gab ein Schwarzer mit tiefen, schartigen Narben auf beiden Wangen einem Pferd zu trinken, vor der Waterloo Bridge hockten zwei weitere bettelnd und abgerissen auf dem Boden, und in der Tür einer Kürschnerwerkstatt stand ein jugendlicher Verkäufer mit brauner Haut. Mrs. Touchet war alt genug, um sich noch einer Zeit zu entsinnen, als es groß in Mode gewesen war, livrierte Knaben aus der Karibik auf der Schwelle eleganter Häuser zu postieren, ausstaffiert wie arabische Prinzen. Doch die Bediensteten, die sie heute erblickte, schienen schlichter, ihre Kleidung entsprach der Arbeit, die sie verrichteten. Und es waren nicht bloß Bedienstete. Handwerker verschiedenster Art und ein Afrikaner, der mit hochmütiger Miene und einer Arzttasche in der Hand in eine Droschke stieg. Mrs. Touchet stellte ihre Gedanken gern unmittelbar auf den Prüfstand, und während sie nun einen Umweg nahm, um zwei kuriose Frauen nicht aus dem Blick zu verlieren – die eine weiß, die andere schwarz, beide recht flamboyant gekleidet und schnellen Schrittes und Arm in Arm unterwegs –, fragte sie sich, welcher Natur ihr Interesse am Fremden und Unvertrauten eigentlich war. Sie wusste von sich, dass sie häufig gelangweilt war. Zutiefst gelangweilt von dem Leben, das sie umgab: seinen vertrauten Konturen, seinen Wiederholungen und den verschiedenen Menschen darin, die sie so gut, im Grunde zu gut, kannte. Sämtliche Ainsworths etwa waren inzwischen offene Bücher für sie. Nichts, was sie sagten oder taten, konnte sie zu diesem Zeitpunkt noch in irgendeiner Form überraschen. Diese tief empfundene Langeweile stellte sie neben das belebende Gefühl, das sie ergriff, wenn sie sich in Gegenwart befremdlicher Fremder befand, wie dieser beiden geheimnisvollen Frauen. Warum gingen sie nur so rasch und lachten so häufig? Warum wirkten ihre Kleider so farbenfroh und doch zugleich billig und ein wenig anrüchig? Woher kannten sie einander überhaupt und dann auch noch gut genug, um Arm in Arm zu gehen? In was für einer Welt mochten sie leben, aus was für unergründeten und vielleicht auch unergründlichen geistigen Landschaften mochte diese bestehen? Ließe sie sich entschlüsseln? Erraten? Was können wir je über andere wissen? Wie viel vom Geheimnis eines anderen Menschen kann der eigene Scharfsinn ergründen?

12

Etwa Bogle!

Seit jenem seltsamen Nachmittag in Horsham dachte sie häufig an ihn zurück. Es war, als stellte sein ganzes Dasein sie vor just diese eine Frage. Denn er war ein Mann, von dem sie wahrhaft überrascht gewesen war. Ein flüchtiges Überraschtsein – ein Flackern zwischen dem einen Zustand und einem anderen, gleich einer ständig die Form wechselnden Flamme –, und doch hatte sie es seither nicht vergessen können. Es hatte sich in den wenigen Momenten zugetragen, nachdem er sein nüchternes, beredtes und offenbar tief empfundenes Zeugnis zugunsten »Sir Rogers« abgelegt hatte. Sein Sohn war wieder an seiner Seite erschienen, um ihn zu stützen, und während beide langsam über das Podium schritten – da war es geschehen! Eine Veränderung. In seiner Gestik, seinen Bewegungen, seiner Miene. Sie hatte keine allzu treffenden Worte dafür, und doch hatte sie es wahrgenommen. Eine nicht zu deutende Vertrautheit zwischen Bogle und Sohn. Zuletzt hatte sie etwas Ähnliches vor vielen Jahren zwischen zwei Bediensteten der Lady Blessington beobachtet. Etwas zutiefst Privates, Verschlüsseltes, nicht für die Masse Bestimmtes, doch zumindest Mrs. Touchet hatte es bemerkt, sie, die sich gern damit brüstete, »alles zu sehen«. Und es verstörte sie. Denn sie glaubte zwar von sich selbst, über etliche Gesichter zu verfügen, die sie zu verschiedenen Zeitpunkten verschiedenen Menschen präsentieren konnte – so wie es alle Frauen in unterschiedlichem Maße taten, ja tun mussten –, war jedoch nie ernsthaft auf den Gedanken gekommen, es könne (abgesehen vom augenfälligen Beispiel der Sodomiten) eine Klasse von Männern geben, die ihre Lebensgeschichte gewissermaßen in einer geheimen Sprache verfassten, so wie Frauen. Einer geheimen Sprache, die nur von wenigen übersetzt werden konnte, und das auch nur im Notfall. Es gehörte zu Mrs. Touchets ganz persönlichen Freuden, den Versuch einer Übersetzung derartiger Geheimsprachen zu machen, wo immer sie ihnen begegnete. Doch im Gegensatz zu den meisten anderen Dechiffrierern war sie erst recht fasziniert, wenn sie falschgelegen hatte. So wie etwa bei diesem Bogle – weil ihr gar nicht klar gewesen war, dass ein solcher Mann noch eine ureigene, versteckte Innenwelt besitzen konnte – und, wie sich nun zeigte, auch bei den beiden schnell dahineilenden Damen, bei denen es sich offenbar doch nicht um Frauen ihres eigenen merkwürdigen Schlags handelte, sondern schlichtweg um Diebinnen! Die Schwarze lenkte die »Zielperson« mit ihren Plaudereien, ihren bunten Federn und ihrem Gelächter ab, während die Weiße hinter ihrem Rücken die Hand ausstreckte, um ihr die Taschen auszuräubern.

13

Zu Gast bei Lady Marguerite Gardiner Blessington, Frühjahr 1836

»Seid willkommen, seid willkommen – eure Gegenwart erfüllt uns mit allerhöchster Freude! Ihr jungen Literaten-Löwen! Glücklich die edlen Hengste, um die sich eure Schenkel schlingen – ach, William, nun schauen Sie nicht so entsetzt – die können sich doch wirklich glücklich schätzen! Und ich bin Ihnen für diese Bekanntschaft zutiefst verbunden! Aber ich habe ja längst all Ihre Skizzen gelesen, junger *Boz* – mir kommt es vor, als wären wir alte Freunde! Ich werde gleich Charles zu Ihnen sagen, wenn es Sie nicht stört, womöglich sogar Charlie – ohne all das höfliche englische Palaver. Schließlich bin ich Irin im Herzen und gedenke, das auch verdammt noch mal zu bleiben! Willkommen hier in Gore House! Ach, da kommt ja noch ein Drittes herangaloppiert – oh! Nun bin ich doch peinlich berührt: Ihr hättet mich warnen können, ihr ungezogenen Buben. Verzeihung, Madam, ich hatte ja keine Ahnung – und da stehe ich nun in meinen verflixten indischen Pantöffelchen!«

Eliza blickte von ihrem hohen Ross herab. Die Pantöffelchen waren so lachhaft wie die ganze Frau. Derweil hielt auf der Türschwelle, hinter der Lady, ein schwarzer Knabe mit rot seidenem Turban eine Platte mit irgendetwas in die Höhe, während sein weibliches Gegenstück mit einem gewaltigen, federbesetzten Fächer die Luft durchschnitt, obgleich es März war und bitterkalt.

»Wirklich, William, was sind Sie für eine vermaledeite Landplage! Dummer Bub: Warum sagen Sie mir denn nicht, dass eine Dame mitkommt …«

Sie war aus Neugier gekommen. Sosehr Eliza unerträgliche Menschen verabscheute, so wenig konnte sie ihnen auch widerstehen. Jetzt blickte sie flehentlich zu William hinüber, auf dass er die nötige Vorstellung übernehme, doch ihr Cousin war wieder einmal gänzlich selbstvergessen. Die verblüffte Lady Blessington blickte derweil unverwandt zu Eliza empor:

»Aber wem verdanke ich denn …?«

»Ich bin Eliza Touchet. Mr. Ainsworths Cousine. Angeheiratet.«

»Ach, die Cousine! Und gleichfalls Keltin, wenn meine Ohren mich nicht täuschen … Und dem Anschein nach auch eine hervorragende Reiterin. Nun, seien Sie mir willkommen. Und verzeihen Sie mir das Staunen und die Wortwahl. Ich dachte für einen Moment, Sie seien eine Gattin, und Gattinnen, wenn Sie mich fragen, ersticken jeden Salon im Keim.«

»Mein Gatte ist tot«, verkündete die Tartsche, was William dazu veranlasste, sich leise lachend vom Pferd zu schwingen:

»Unsere Mrs. Touchet ist eine Frau ganz nach Ihrem Herzen, Lady B. Sie ist für eine ähnlich unverblümte Ausdrucksweise bekannt.«

»Ach ja?«

»Aber ich darf Sie beruhigen: Mrs. Touchet besitzt keinen Gatten mehr – wie sie uns bereits mitgeteilt hat, ist sie, gleich Ihnen, verwitwet, wenn auch schon um einiges länger – und ich … nun, mir ist die Gattin gegenwärtig abhandengekommen …«

»Ach *ja?*«

»… sie ist zu meinem Bedauern wieder zu ihrem Vater, Mr. Ebers, gezogen.«

»Und ich bin bloß verlobt«, bemerkte Charles. »Dürfen wir also hereinkommen?«

14

Schwerwiegendere Fragen

An der Tür traten die beiden Kinder beiseite. William nahm sich im Vorbeigehen ein Bonbon von der Platte des Knaben. Das Mädchen, das ihnen folgte, sorgte für einen ständigen kalten Luftzug an Elizas Rücken.

»Und der Count?«, erkundigte sich William.

»Er wird baldigst zu uns stoßen. Er ist noch mit seiner Toilette beschäftigt.«

»Wohl kein Unterfangen von kurzer Dauer …«, murmelte Charles in sich hinein und amüsierte sich selbst königlich darüber. Muss es nicht wunderbar sein, dachte Mrs. Touchet, wenn man sich selbst die beste Unterhaltung ist?

Von der Diele aus wurden sie in einen prunkvollen Salon geführt. Es fiel Mrs. Touchet nicht leicht zu entscheiden, was sie am meisten abstieß: die roten Wände, die gewaltige goldene Harfe oder die in grellen Farben gehaltene Büste Napoleon Bonapartes. In praktisch jedem Winkel schien eine Chaiselongue zu stehen. Auf eine davon sank nun Lady Blessington. Sie war mit pfirsichfarbenem Seidendamast bezogen und ließ, sofern das überhaupt möglich war, auch die Lady noch pfirsichfarbener erscheinen. Ihre jungen Gäste wurden derweil aufgefordert, alle nebeneinander auf der gewaltigen grünen Ottomane gegenüber Platz zu nehmen, wie ein Theaterpublikum oder drei Büroangestellte im Omnibus. Die Kinder bezogen zu beiden Seiten des offenen Kamins Stellung und verharrten dort still und ausdruckslos wie Statuen.

»Was für ein schönes Heim Sie haben, Lady Blessington.« Hierbei schien es sich, neben ständiger Belustigung, um Mr. Dickens' zweite Verhaltensweise zu handeln: Unterwürfigkeit. »Und mit so viel Charakter. Ich weiß ja, ich befinde mich in Kensington, und doch will es mir scheinen, ich könnte auch in Arabien sein oder womöglich« – ein amüsiertes Nicken hin zu den Kindern – »an einem noch weiter südlich gelegenen Ort.«

»Oh … Charles! … Ich danke Ihnen! Es ist doch wirklich sehr erfreulich, wenn ein anderer Schreiberling – falls Sie mir gestatten, Sie so zu nennen –, ja, wirklich sehr erfreulich, wenn ein Schreiberling die Ausstattung zu schätzen weiß. Als dilettierende Schreiberlingin, die ich bin, weiß ich selbst nur zu gut, wie und mit welch feinsinniger Akribie wir Kritzelkasper das Haus unserer Fantasie bestücken … Und Gore House war eine ganz besondere Herausforderung. Ein Haus zu ›erschaffen‹ ist keine Kleinigkeit – nicht, dass sich junge Literaten wie Sie um solch eintönige Aspekte des mittleren Lebensalters bekümmern müssten –, und doch, es gibt zahllose Entscheidungen banalster, praktischer Natur zu treffen. Ganz zu schweigen von den Fragen der Ästhetik. Da war mir natürlich der Count eine große Hilfe.«

»D'Orsay ist der Inbegriff des guten Geschmacks!«, rief William aus, als handelte es sich um eine originelle oder auch nur fesselnde Anmerkung. Mrs. Touchet sah, wie sein neuer Freund Charles ganz leicht zusammenfuhr.

»Ganz recht«, pflichtete die Lady ihm bei, »und doch bleibt noch eine Menge zu tun. Der vorherige Eigentümer war Wilberforce – ein Mann, dem es offenbar auf jedem Gebiet an Fantasie mangelte. Ich würde Ihnen ja gern erzählen, es habe hier ausgesehen wie in einer Methodistenkirche, als wir es übernahmen, doch wie der Count immer zu sagen pflegt, so viel Schick hatte es beileibe nicht. Hahaha! Jetzt habe ich Sie wohl schockiert.« Eliza lächelte schmallippig. Es zählte zu den Dingen, die ihr am meisten missfielen, wenn man ihr unterstellte, man habe sie schockiert. »Ja, unser Mr. Wilberforce war wirklich ein verdrießlicher Zeitgenosse, mit wenig Verständnis für die richtigen Vorhänge …«

»Bei allem Respekt, Lady Blessington, Mr. Wilberforce dürfte sich wohl mit schwerwiegenderen Fragen beschäftigt haben als mit Vorhängen.«

Lady Blessington – die Eliza keines Blickes mehr gewürdigt hatte, seit diese von ihrem hohen Ross herabgestiegen war – wandte sich ihr zu und quittierte diesen schamlosen Versuch, ein neues zu erklimmen, mit Stirnrunzeln.

»In der Tat. Wir sind Mr. Wilberforce sicherlich alle sehr verpflichtet. Ich bin der Ansicht, kein Mann und keine Frau kann jemals ruhig schlafen, während ihr Land sich versündigt, und wer wollte daran zweifeln, dass Knechtschaft Sünde ist?« Ein wehmütiger Blick zu den kindlichen Statuen. »Aber hat Wilberforce nicht sein Leben lang von den Erträgen der Sünde gelebt, die er so tadelt? Sein Großvater machte in Zucker, wenn mich nicht alles täuscht, und Wilberforce dürfte nie auch nur einen Penny selbst verdient haben … Wie sollte ich mich da nicht der Worte unseres geliebten, verblichenen Byron über die Heuchelei entsinnen …«

Als sie in Kensal Rise ihre Pferde sattelten, hatte Dickens eine Wette aufgerufen, wann die erste Erwähnung Byrons erfolgen würde, denn er wusste aus zuverlässiger Quelle, dass ihre glamouröse Gastgeberin »selten fünf Sätze beendet, ohne den Namen Byron fallen zu lassen«. Doch William fiel es schwer, an die Gewöhnlichkeit adliger Menschen zu glauben: Er hatte nur widerwillig darauf gewettet, dass »Byron innerhalb einer Stunde erwähnt« werde. Sein neuer Freund wettete auf eine halbe Stunde. Nur Mrs. Touchet, zum Zynismus geboren, hatte ihr Geld auf die ersten fünf Minuten gesetzt und würde nun drei Shilling einfordern können.

15

Gespräche über Lord Byron

»Hier habe ich die entsprechende Seite«, sprach die Lady und schlug das von ihr verfasste Buch auf, das sie plötzlich wie aus dem Nichts in der Hand hielt: »›*Wenn Sie mich erst besser kennen, werden Sie feststellen, dass ich der selbstsüchtigste Mensch auf Erden bin; ich habe allerdings den großen Vorzug, sofern es ein solcher ist, dass ich mir meiner Schwächen nicht nur vollkommen bewusst bin, sondern sie auch niemals bestreite; und das will etwas heißen in unserer Epoche des hohlen Geredes und der Heuchelei.*‹ Ich höre ihn das noch sagen, als wäre es gestern gewesen. Nie gab es einen Mann mit einem klareren Blick auf all seine Tugenden und Fehler.«

»Ein bemerkenswerter Mann«, sagte William. »Unser größter Dichter.«

»Und mein größter Freund! Wie ich sie genossen habe, jene Tage in Italien, unsere langen nachmittäglichen Gespräche … Und doch waren wir leider des Öfteren uneins und stritten mindestens so viel, wie wir übereinstimmten. Das dichterische Temperament ist wahrlich eine verzwickte Angelegenheit … Ah, d'Orsay! Wir sprechen gerade von Byron und dem dichterischen Temperament! Ach, Buben, mich friert; meine irische Seele dürstet nach Feuer; setzt euch zu mir.«

Lady Blessington verfrachtete ihre üppigen Kurven nunmehr vor den Kamin, wo sie sich auf ihrem nicht eben schmalen Hinterteil niederließ, die beiden Bediensteten verscheuchte und stattdessen ihre »Buben« heranwinkte. Sie kamen sogleich, William zu ihrer einen, der Count d'Orsay zu ihrer anderen Seite. Mrs. Touchet blieb an ihrem Platz auf dem Sofa. Charles – dessen unruhige Beine bereits wippten, seit er sich gesetzt hatte – ergriff die Gelegenheit, durch den höhlengleichen Raum zu streifen. Auf seinem Weg griff er nach Lady Blessingtons *Conversations with Lord Byron,* strich mit dem Finger über den Rücken einer hölzernen Lucia-Statue, schlug eine Saite der Harfe an und schien das alles zu bewundern. Doch Mrs. Touchet, die ihn aufmerksam beobachtete, sah nur den gierigen Gerichtsschreiber, der sich für die Anklage Notizen machte.

16

Dreiecksverhältnisse

Es entspann sich eine Debatte über das dichterische Temperament. Die »Buben« gestanden, ein solches zu besitzen, Charles wiederum bestritt es – »Mein Temperament ist gänzlich prosaisch« –, und Mrs. Touchet sagte nichts dazu, da niemand sie fragte. Stattdessen studierte sie d'Orsay. Womöglich war sie auf ihn sogar noch neugieriger gewesen als auf seine Gönnerin. Und sie wurde nicht enttäuscht. Er war ganz und gar der berüchtigte, geckenhafte Dandy mit dem vielfach nachgeahmten Pariser Zungenschlag. Angeblich sollte er William ähneln, doch als sie die beiden nun nebeneinander sah, war es offensichtlich, dass diese Ähnlichkeit nichts als Erfindung und ehrgeiziges Ziel seitens William war. Sein neuer gelber Kragenbinder war eine augenfällige Hommage an d'Orsay, er trug die Locken entsprechend länger, die Hosen enger, die Knöpfe größer. D'Orsay jedoch, so erstaunlich feminin in Antlitz und Verhalten, war und blieb der bei Weitem Schönere. Nun erschien es Eliza längst nicht mehr so abwegig, dass Lord und Lady Blessington ihre einzige Tochter mit diesem jungen Ganymed vermählt hatten: Aus einer bestimmten Warte betrachtet, war es wohl der einfachste Weg, den Knaben in ihrem Dunstkreis zu halten. Das beantwortete allerdings noch nicht die Frage, die sämtliche Klatschmäuler in Kensal Lodge erregte. Für wen war er da, dieser schillernde Ganymed? Für Zeus oder für Hera?

Eliza ließ sich auf dem Sofa zurücksinken und überdachte die Beweislage. Jedem Vernehmen nach war der Lord zu Lebzeiten ganz vernarrt in seinen hübschen jungen Freund gewesen. Im Tod hatte er d'Orsay dann sein Vermögen hinterlassen, unter just dieser eigentümlichen Bedingung, dass er die Tochter heirate. Doch als die Tochter aus der Ehe und dem elterlichen Haus geflohen war, blieb der Count d'Orsay bei seiner Schwiegermutter, teilte mit ihr das Blessington-Vermögen sowie – so behaupteten es zumindest die Lästermäuler – das Bett. Doch wie alt war diese kindische Frau genau? Vierundvierzig? Achtundvierzig? Wie so viel anderes an ihr blieb auch dies ein Mysterium. Selbst ihr Name war zweifelhaft. Seinerzeit in Tipperary – so wenigstens war es Mrs. Touchet zu Ohren gekommen – hatte Marguerite Gardiner ihr Leben als schlichte Maggie Power begonnen und war mit vierzehn Jahren mit einem trunksüchtigen Gutsbesitzer vermählt worden, der günstigerweise wenig später im Schuldturm starb. Danach, so hieß es, habe die junge Maggie sich eine Stellung erwählt, die ein wenig unter der Kurtisane, jedoch über der gewöhnlichen Dirne stand. Die der Geliebten. Der Geliebten mächtiger Männer. Aus ebendiesem Grund war sie unter den Damen der Londoner Gesellschaft geächtet, und auch ihre zahllosen ermüdenden Einlassungen über weibliche Etikette und Moral – die in der *New Monthly* erschienen und weithin verlacht wurden – hatten das Blatt bislang nicht wenden können. Womöglich hatte sie die Ausweglosigkeit ihrer Lage ja selbst gespürt und daher ihr unerhört erfolgreiches Buch über Byron verfasst, mit dem sie der Anerkennung ehrbarer Frauen endgültig entsagt und sich stattdessen der Gesellschaft brillanter junger Männer verschrieben hatte. Über das Äußere für ein Leben als Salonnière verfügte sie allemal – und auch über das Glück. Dass sie sich Lord Blessington an Land gezogen hatte, zeugte von enormem Glück; es schuf dem ganzen Unterfangen die materielle Grundlage. Doch auch das Äußere ist Glückssache. Dagegen hatte Eliza ihr eigenes Äußeres längst schon als eigenwillig erkannt, etwas für Kenner. Es hatte nie genügend allgemeines Interesse hervorgerufen, um ihr von Nutzen zu sein, zumindest nie im richtigen Augenblick. Wenn sie ganz aufrichtig mit sich war, hatte es seine leidenschaftlichste Anerkennung in Gestalt eines Stapels ausnehmend schlechter, handgeschriebener Gedichte erfahren, die ihr aus der Kanzlei des jugendlichen Cousins ihres Mannes übersandt worden waren. Die Verse selbst waren ihr lange schon entfallen. Doch des schmeichelhaften Begleitschreibens entsann sie sich noch gut:

All diese Gedichte entstanden im Sommer meines neunzehnten Jahres – möge dies meiner schönen Freundin als Rechtfertigung für das Flatterhafte, Kindische und Grobe in ihnen dienen – sie weiß ja, worin ihr Ursprung liegt, und falls nicht, wird der Spiegel es ihr offenbaren …

Doch Spiegel haben nun einmal die widernatürliche Gewohnheit, einer Frau die eigene Schönheit nie im gegenwärtigen Moment zu offenbaren, sie fußen vielmehr auf einem System grausamster Verzögerungen. Und so kam es, dass sie mit fünfundzwanzig Jahren in den Spiegel schaute und nichts als ein knochiges Weib ohne jeden Reiz erblickte. Doch als sie unlängst ein hübsches Aquarell von sich betrachtete – das etwa zur selben Zeit entstanden war –, sah sie sofort, was William gesehen hatte: eine schwarzhaarige Diana, bleich wie der Mond und ebenso mysteriös, ebenso schön. Dennoch ließ sich nicht bestreiten, dass Lady Blessington eine Schönheit ganz anderer Ordnung war. Voll erblüht, rundlich und rosig, das Dekolleté so offenherzig wie das von Eliza zugeknöpft. Und kaum hatte sie sich ihn vergegenwärtigt, bewirkte dieser Vergleich auf eigentümliche Weise, dass Eliza sich wie die Entblößtere fühlte.

17

Von der Grausamkeit

Sie beobachtete, wie die Lady eine besitzergreifende Hand auf Williams Oberschenkel legte. Seit Cousin und Cousine zuletzt Hand aneinander gelegt hatten, waren etliche Wochen vergangen. Um Gott und ihrer geistigen Gesundheit willen betete Eliza, diese Tür möge nun für immer verschlossen bleiben. Wobei weder sie noch er in den letzten drei Monaten Frances zu Gesicht bekommen hatten, seit die Kinder zurück im Internat waren und Frances bei ihrem Vater »genesen« wollte. Eliza war nun das einzige weibliche Wesen in Kensal Lodge, allabendlich umringt von brillanten jungen Männern, eine Lage, die sie, wenn sie gänzlich aufrichtig mit sich war, inzwischen durchaus genoss. An den meisten Abenden lag ihr jeder Gedanke an Frances sehr fern. Er wurde im Portwein ertränkt. Nun wanderte Lady Blessingtons Hand eine Winzigkeit höher. Und Mrs. Touchet spürte zu ihrer eigenen Überraschung, dass Hass ihr die Brust durchschnitt wie ein heißes Schüreisen. Weit schlimmer noch war jedoch der Gedanke, es könne eine Art Neid im Spiel sein, und so fühlte sich die findige Mrs. Touchet – wie es ihrer Gewohnheit entsprach – umgehend im Namen einer anderen verletzt, und ihr Herz wollte nur noch zu deren Ehrenrettung beispringen. *Arme Frances! So ganz vergessen! So gedemütigt! So ungeliebt, in aller Öffentlichkeit!*

»Mr. Dickens, bin ich nicht von den beiden attraktivsten Herren Londons eingerahmt?«

»Ich fürchte, Lady Blessington, da kann ich mir kein kompetentes Urteil bilden.«

»Ha! Ich glaube fast, Sie sind eifersüchtig.«

Oft ähnelt Neid so sehr der Entdeckung einer grundlegenden Gemeinsamkeit, dass beide Gefühle sich nur schwer voneinander trennen lassen. Waren sie und die Blessington nicht beide wie Hunde, die sich auf die Hinterbeine stellten? Aus belastenden Umständen das Beste zu machen versuchten? Von Männern umgeben? Ohne allzu große Sympathien seitens anderer Frauen? Als Eliza diese Parallelen bedachte, wich der Hass aus ihr, und an seine Stelle trat ein Übermaß an Ekel vor sich selbst, dem sie nur wenig entgegenzusetzen hatte. Doch war sie nicht zumindest eine ehrbare Frau? Im Gegensatz zur »Countess of Cursington«, deren berüchtigter Ruf von London bis an den Gardasee reichte?

»*Madame,* ich benötige kein Urteil von Dritten. Ich kann dies bestens selbst beurteilen, *merci,* und ich sage, Sie haben völlig recht. Wir sind ausgesprochen attraktiv.«

»Ach, d'Orsay, wie entsetzlich eitel!«, rief William aus, doch das Kompliment färbte ihm die Wangen rosig.

»Eitel, das kann man wohl sagen!« Lady Blessington stupste ihren Count in die Seite. »Aber wir wollen doch für einen Augenblick ernst bleiben: Byron hat mir gegenüber einmal behauptet, er könne eher ein Verbrechen vergeben – da es ja einer Leidenschaft entspringe – als all die vielen kleineren Laster, wie Eitelkeit. Und er meinte das ganz ernst! Er war nicht davon abzubringen. Dennoch kann man die kleinen Laster – Selbstsucht, Dünkel und dergleichen, die ihre Strafe bereits in sich tragen – wohl kaum mit den Todsünden vergleichen, die das Leben Unschuldiger zerstören!«

»Da bin ich anderer Ansicht.«

»Ach ja, Mr. Dickens? Inwiefern?«

»Ich stelle fest, dass ich zwischen Lastern nicht unterscheide. Meiner Meinung nach kann jedes kleine Laster umstandslos zum Verbrechen werden – es ist nur eine graduelle Frage. Selbstsucht, Eitelkeit, Selbsttäuschung – sie alle liegen oft genug den schlimmsten Verbrechen zugrunde, die wir kennen. So leiden etwa andere doch ebenso stark unter unserer Selbstsucht wie wir. Sind Sie nicht auch dieser Ansicht, Mrs. Touchet?«

Mrs. Touchet war wie vor den Kopf geschlagen. Zum einen, weil sie ihm tatsächlich zustimmte; zum anderen, weil er sie direkt ansprach und auf ihre Antwort gespannt schien, und schließlich, weil sie sich bislang stets geweigert hatte, die Werke dieses im Übermaß gefeierten jungen Mannes zu lesen, und auch im persönlichen Umgang nicht allzu viel von ihm gehalten hatte.

»Ja, da stimme ich Ihnen zu.« Sie sprach langsam und bedacht. »Nur würde ich noch hinzufügen wollen, dass Grausamkeit für sich steht. Grausamkeit ist in jedem Grad ein Verbrechen. Schlimmeres können wir einander nicht antun.«

Vom anderen Ende des Zimmers blickte Dickens mit unvermittelt geschärftem Interesse auf, als wäre Mrs. Touchet ein fremdartiges Schiff, das sich am Horizont gezeigt hatte. Lady Blessington, der das nicht entging, lenkte das Gespräch entschlossen zurück an Land:

»Nun, Mrs. Touchet, ich kann Ihnen versichern, dass Lord Byron niemals grausam war. Wie den meisten Menschen von dichterischem und aristokratischem Temperament war ihm allein die Vorstellung bereits fremd. Und doch verfolgte man ihn, als wäre er der schlimmste aller vermaledeiten Sünder auf dieser Welt – eine Erfahrung, die mir, wie ich sagen muss, leider selbst allzu vertraut ist ... Waren auch Sie eine Bewunderin Lord Byrons, Madam? Oder gehörten Sie zu den zahlreichen Damen, die ihn ablehnten?«

»Ich kann nicht behaupten, dass ich mir darüber je allzu viele Gedanken gemacht hätte«, entgegnete Mrs. Touchet leichthin. Sie hatte sich nahezu den kompletten *Don Juan* auswendig eingeprägt. Und auch den Besuch des Dichters bei den Ladys von Llangollen hatte sie nie vergessen. Dieser Besuch war ihr ins Herz eingeschrieben.

»Ach, der Ruf!« Unvermittelt griff sich der Count mit einer behandschuhten Hand an die Stirn. »Ich bin der Meinung, dass wir angesichts dessen, wie schnell man uns doch vergisst, genauso gut jede Unternehmung einstellen könnten!«

Lady Blessington schlug dem jungen Mann spielerisch auf den Arm: »D'Orsay, Sie sind wirklich unmöglich … Und doch, war Byron im Grunde nicht ganz Ihrer Ansicht? Sicherlich erinnern Sie sich noch an den Augenblick in meinem Buch, als er so eindringlich Cowley zitiert: ›*Ach, Leben! Schwache Brücke du, die sich so stolz erhebt zwischen zwei Ewigkeiten* …‹«

»Nun, da haben wir es doch! Alles ist vergebens!«

Charles lachte: »Aber d'Orsay, nun reden Sie Chaos und Sünde das Wort – als wären die zwei Ewigkeiten einander auch nur vergleichbar! Dabei hängt unsere Stellung in der zweiten doch sehr davon ab, wie viel christliche Demut und Gottesfurcht wir aufzubringen vermögen, solange wir noch auf unserer ›schwachen Brücke‹ weilen …«

»Mit Theologie kenne ich mich nicht aus«, meinte William mürrisch. »Dafür ist Mrs. Touchet zuständig.«

Zum ersten Mal wandten sich alle Blicke Mrs. Touchet zu. Genau dies hatte sie sich gewünscht, und doch war ihr nun, als wären zu viele Augenpaare auf sie gerichtet. Sie lenkte ihre Antwort an allen vorbei, hin zu einem silbernen Affen auf dem Kaminsims.

»Solange wir es mit einer Insel zu tun haben, auf der Menschen leiden, auf der sie einander Schmerz zufügen können, ist mir nicht ganz einsichtig, weshalb auch nur eine Ewigkeit, ganz gleich auf welcher Seite der Brücke, nötig sein sollte, um dieser Insel nicht die allergrößte Bedeutung zuzumessen. Unsere Pflichten dort werden stets vielfältig sein. Sie werden niemals enden. Und das, will ich meinen, sollte doch jedem Mann, jeder Frau und jedem Kind genug an Ewigkeit sein.«

Das brachte die Gesellschaft zum Schweigen.

18

Von der Beweglichkeit

Der Count, der diesen Ausflug in die Moralphilosophie unabsichtlich veranlasst hatte, spürte nun die Verpflichtung, wieder ein wenig Heiterkeit zu verbreiten. Er machte sich daran, die Lady zu beschwatzen, sie möge doch »einen der Aphorismen zum Besten geben, die sie allnächtlich in ihr kleines Notizbuch schreibe«. Und sie ließ sich nicht zweimal bitten.

»Nun, dieser hier stammt von gestern: ›*Über das Genie und die Talente eines Mannes urteilt man am besten anhand der Anzahl seiner Feinde – über seine Mittelmäßigkeit anhand der Anzahl seiner Freunde.*‹«

William lachte schallend. »Wie mittelmäßig ich dann sein muss! Ich besitze nämlich eine große Anzahl Freunde!«

Lady Blessington lachte, der Count lachte, doch ehe Mrs. Touchet und Mr. Dickens in das Lachen einstimmen konnten, begingen sie den Fehler, einen Blick zu wechseln.

»Und Sie, junger Dickens – Sie haben sicherlich ausschließlich Feinde«, säuselte die Lady und rief damit weiteres Gelächter hervor, bei allen bis auf Mrs. Touchet. Sie ließ stattdessen keinen Blick von Maggie Power, diesem Chamäleon. Wie sie innerhalb weniger Augenblicke von der polternden Irin zur mondänen Städterin wechseln konnte, von der Koketten zur Lady, von der Mutter zur Liebhaberin und wieder zurück! Da musste man doch unwillkürlich an einige Zeilen aus *Don Juan* denken:

… dass an ihr gar viel
Nicht wirklich war und ins Gemachte fiel.
So trefflich spielte sie die vielen Rollen,
Mit jenem Leben, jener Biegsamkeit,
Worin kein Herz die Leute finden wollen.
Sie irren, denn 's ist nur Beweglichkeit,
Die wir für Temp'rament, nicht Kunst verzollen,
Obgleich sie's scheint in ihrem leichten Kleid;
Und der ist doch der Offenste gewiss,
Der durch das Nächste sich bestimmen ließ.

19

Le Monde Bouleversé

Mrs. Touchet benötigte dringend frische Luft. Ob man wohl auch durch zu viel Esprit erkranken konnte? Sie schützte Kopfschmerzen vor, erhob sich rasch, damit niemand auf den Gedanken kam, sie zu begleiten, und wandte sich draußen vor der Haustür nach links. Hinter Gore House, verborgen von zwei Spalieren mit Kletterrosen, entdeckte sie einen ummauerten Küchengarten und blieb dort unschlüssig zwischen den Salatbeeten stehen. Ein kräftiger Ostwind blies ihr ein paar Haarsträhnen in den Mund. Sie blickte an sich herab, sah ihr schwarzes, schweres Reitkostüm und staunte über sich selbst, dass sie so etwas trug. Wie ähnlich den Ladys von Llangollen! Nur sehr viel einsamer, da sie bloß eine war. Als sie von irgendwo ein Pfeifen vernahm, suchte sie Schutz hinter ein paar hohen Tomatenpflanzen, die an Stecken gebunden waren.

»Ihro Milch, Ihro Majestät!«

Rasch hatte sie den Pfeifer ausgemacht: ein Milchjunge, der in seiner weißen Kluft an der Küchentür lehnte. Vor ihm, auf der Schwelle, standen die beiden kleinen Bediensteten. Doch war eine grundlegende Veränderung mit ihnen vorgegangen: in ihrer Gestik, ihren Bewegungen, ihrer Mimik. Alles Starre, alles Stille – wie weggeblasen. Der Knabe hatte seinen Turban abgenommen und einen Schopf aus dichten schwarzen Haaren freigelegt, die kein Wind je verwehen würde. Das Mädchen, die Haube am Hals gelöst, war gerade damit beschäftigt, sich den Fächer unter den Rock zu schieben, um das dralle Hinterteil ihrer Herrin nachzuahmen.

»Wer braucht schon deine gottverdammte Milch!« Das breite

Irisch gelang ihr recht passabel. »Ich quetsch sie mir einfach aus meinen vermaledeiten Titten, so mach ich das nämlich, und mein liebes Bübchen schleckt sie dann auf, so ist das nämlich! Schlapp-schlapp-schlapp!«

Das Ganze begleitet von einer schamlosen Pantomime. Die beiden Jungen sahen ihr wie gebannt zu.

»*Pardonnez-moi, Madame*. Bin ich denn nun Ihr Sohn oder Ihr Gatte?«

Das kam von dem kleinen Schwarzen, der mit dem Akzent des Count sprach. Später jedoch, als sie die Szene noch einmal vor ihrem geistigen Auge vorbeiziehen ließ, kam Mrs. Touchet der Gedanke, dass die Muttersprache dieses Kindes ebenso gut Französisch wie Englisch sein konnte.

»*Madame, répondez, s'il vous plait*. Wer bin ich für Sie?«

Der Milchjunge reckte das Kinn in die Luft und fasste sich mit beiden Händen ans nicht vorhandene Revers, wie ein echter Schnösel: »Ein bisschen was von beidem, will ich meinen. Sind Sie nicht auch dieser Ansicht, Mylady?« Sein kleines Publikum brach in dreckiges Lachen aus. Und wie verblendet wir doch sind, dachte Mrs. Touchet, wenn wir glauben, unseren Bediensteten entginge auch nur irgendetwas!

»Und wer sind *Sie* nun wieder?«, erkundigte sich das Mädchen. Ihr Ton war herrisch. Der Milchjunge nahm kleinlaut die Mütze ab und blickte zu Boden:

»*Oi*, Annie – lass mich jetzt auch mal der Count sein, Annie … sei nicht ungerecht. Und du kannst den toten Mann spielen, Nero. So 'n Mädchen wie du … Also es heißt ja immer, bei den Wilden hat jeder Mann mindestens zwei Mädchen und umgekehrt auch, nach allem, was ich so hör …«

Es war, als wäre in dieser verkehrten Welt das Mädchen tatsächlich eine Lady und der Milchjunge ein ängstlicher Galan, der in der Hierarchie weit unter ihr stand. Doch das Mädchen ließ sich nicht erweichen. Sie musterte ihn von Kopf bis Fuß und ließ dann ein fremdartiges, abfälliges Schnalzen hören:

»Lawd! Protek wi fram di wikkid!« Mrs. Touchet hätte nicht sagen können, ob die Kleine jetzt Lady Blessington, sich selbst oder jemand ganz anderen spielte. *»Wha' mi fi wan' wid two fool like you?«*

Da trat Mrs. Touchet versehentlich auf einen Zweig. Alle drei Kinder erstarrten in der Bewegung. Mrs. Touchet errötete bis zu den Ohrläppchen.

»Guten Tag, Kinder.«

Der arabische Prinz rang sich eine Erwiderung ab; das Mädchen war wie vom Donner gerührt. Sie ließ den Fächer fallen. Der Milchjunge jedoch schien, nach einem weiteren Blick über die Schulter, Mrs. Touchets verhängnisvollen Mangel an Autorität zu erahnen. Eine echte Lady lauschte schließlich nicht im Küchengarten und stand auch nicht stumm und rot angelaufen da. Sie sagte auch nicht »Guten Tag« zu solchen wie den beiden da. Mit neuem Mut zog er sich die Mütze weit über die Ohren und stellte wieder geordnete Verhältnisse her:

»Da sind zwei Quart Milch für die Lady, ganz frisch von unsern besten Suffolk-Kühen – und steckt mir bloß nicht wieder eure schwarzen Flossen rein. Außerdem könnt ihr der Köchin von Nichols bestellen, dass sie noch Geld für den Käse schuldet, und Nichols sagt, mehr anschreiben kann er nicht, sonst kriegt die Lady B. irgendwann selbst Wind davon. Habt ihr verstanden? Was starrt ihr mich so an wie zwei Schwachköpfe aus dem Kongo? Habt ihr nix zu arbeiten?«

Dabei schob er mit dem Fuß ein wenig Kies ins Haus. Das muss jemand aufkehren, dachte Mrs. Touchet unwillkürlich, obwohl sie genau wusste, wer dieser Jemand sein würde, und ihrer Miene nach zu urteilen, wusste das Mädchen es ebenfalls. Die Pause war vorbei. Das Kind band sich die Haube neu, nickte, hob eine der beiden Kannen von der Schwelle auf und verschwand. Ihr Gefährte blieb, wo er war. Sein Blick ging an der Milch und am Milchjungen vorbei, vorbei an Mrs. Touchet, den Pferden und dem Tor von Gore House. Und auch an aller Sorge, aller Duldung, aller Geduld. Schließlich wandte er sich zum Salatbeet um und lächelte

Mrs. Touchet direkt an. Es war kein nettes Lächeln. Es war ein beißendes Lächeln, das eine Drohung enthielt. Dann bückte er sich, nahm die zweite Kanne und ging damit zur Speisekammer, vorbei an den Küchenschubladen mit all den scharfen, gefährlichen Gegenständen. Der Milchjunge fing wieder an zu pfeifen und machte sich davon. Die Salatköpfe peitschten im Wind. Und Mrs. Touchet musste aus unerfindlichen Gründen an Saint-Domingue denken. Rasch ging sie wieder um das Haus herum, ohne recht sagen zu können, was genau sie derart aufgewühlt hatte. Und doch dröhnte ihr der eigene Herzschlag laut in den Ohren.

BAND VIER

»Von einem, der die Verschmähten schätzt.«

PSEUDONYM EINES SUBSKRIBENTEN DES
TICHBORNE CLAIMANT'S DEFENCE FUND

1

Künstler & Autor

Der dritte Februar, den sie in Hurstpierpoint verbrachten, war arktisch: Im Garten türmte sich der Schnee. Schön anzusehen, darüber hinaus aber niemandem recht nützlich, mit Ausnahme von Clara, die »Kanäle« grub und Eisberge baute und sich augenscheinlich nie »den Tod holte«, trotz aller diesbezüglichen Warnungen seitens ihrer am Rheumatismus leidenden älteren Schwestern. Auf irgendeine Weise war es dem Kind gelungen, zu einem liebevollen, fröhlichen Mädchen heranzuwachsen, dem selbst die Tartsche mit Zuneigung begegnete. Fröhlich und angenehm wenig neugierig. Ein Kind, das sich nicht wunderte, wenn es ganz hinten in einem der Schränke eine alte Reitgerte fand, und keine Fragen stellte, wenn ein paar handgeschriebene Liebesgedichte aus einem Band von Audubons *Birds of America* purzelten. Als sie Mrs. Touchet eines Morgens dabei ertappte, wie diese ein Beweisstück anderer Art beseitigte, ließ sie sich ohne große Mühen ablenken:

»Was machen Sie denn da? War das nicht ein Päckchen für Vater?«

»Doch.«

»Und warum haben Sie es dann ins Feuer geworfen?«

»Es war kein sehr nettes Päckchen.«

»Ach so! Na, dann nehmen Sie mal lieber den Schürhaken und schieben die Kohlen ein bisschen herum – dann brennt es besser.«

Es war in das gleiche braune Packpapier gewickelt eingetroffen wie die früheren Päckchen. Darin fand sich die Erstausgabe eines von Williams Lebensmitte-Romanen, *Old St. Paul's,* und jede einzelne Illustration war mit dem Rasiermesser herausgetrennt worden. Erst Wochen später ging Eliza auf, was das bedeutete. Der Schnee war längst geschmolzen, die Sonne schien, Cousin und Cousine nahmen ihren Tee im Garten ein, und William las tief erzürnt einen Leserbrief aus der Zeitung vor:

»An den Herausgeber der *Times:* ›*Verehrter Herr – unter der Überschrift* Vergnüglichkeiten zu Ostern *wird mitgeteilt, dass der Roman* The Miser's Daughter *des Mr. W. Harrison Ainsworth von Mr. Andrew Halliday dramatisiert und im Adelphi Theatre auf die Bühne gebracht werden solle, und da mein Name im Zusammenhang mit dem Roman in keiner Weise Erwähnung findet …*‹«

»Wer in aller Welt …?«

»… unterbrich mich bitte nicht, Eliza; du hast ja noch längst nicht alles gehört. ›*Und da mein Name im Zusammenhang mit dem Roman in keiner Weise Erwähnung findet – nicht einmal als Urheber der Illustrationen –, wäre ich Ihnen sehr verbunden, wenn Sie mir erlauben würden, das Publikum mittels dieser Rubrik über den Umstand in Kenntnis zu setzen (der all meinen persönlichen Freunden wohlbekannt ist), dass die Erzählung* The Miser's Daughter *ihren Ursprung bei MIR hat*‹ – Halunke! Lügner! – ›*und nicht bei Mr. Ainsworth.*‹ Ist das zu glauben? Wie kann man so etwas glauben? Es ist nicht zu fassen!«

Mrs. Touchet seufzte tief auf: »Armer George.«

»*Armer George,* sagt sie da! Bist du des Wahnsinns, Cousinchen?«

Des Wahnsinns nicht, nur zerstreut. Denn mit einem Mal reihten sich all die geheimnisvollen Päckchen aus den letzten zwei Jahren vor ihrem geistigen Auge auf und wiesen in ein und dieselbe Richtung.

»Und es geht noch weiter: ›*Mein Einfall, den ich besagtem Herrn mitteilte, bestand darin, eine Geschichte über einen Geizhals zu verfassen, der eine Tochter hat und in dem der Widerstreit der Gefühle zwischen der Liebe zu seinem Kind und der Liebe zu seinem Geld gewisse Auswirkungen und Resultate zeitigt; und da meine Vorfahren allesamt in den Jakobitenaufstand von 1745 verwickelt waren, schlug ich ihm ferner vor, die Erzählung in dieser Zeit anzusiedeln, auf dass ich Szenen und Umstände im Zusammenhang mit jenem gewaltigen Konflikt der Parteien einbringen könnte, und zudem …*‹«

»William – ich habe genug gehört. Du verschluckst dich noch an deinem Scone.«

»So fährt er noch länger mit seinen Lügen und Unterstellungen fort – und dann haben wir dies: ›*Ich möchte keineswegs behaupten, Mr. Ainsworth habe beim Verfassen des Romans nicht auch eigene Ideen beigesteuert*‹ – ha! Wie großzügig von ihm! –, ›*doch da der ursprüngliche Einfall sowie alle wesentlichen Elemente und Charaktere ihren Ursprung bei mir haben, halte ich es für geboten, den Titel des Urhebers von* The Miser's Daughter *auch mir zu verleihen, verehrter Herr, Ihrem gehorsamen Diener, George Cruikshank, Hampstead Road 263.*‹ Da wohnst du also, du Schurke!«

Mrs. Touchet verdrehte ihre Serviette in den Händen: »Das ist natürlich äußerst misslich.«

»Misslich? Erst schickt er allen amerikanischen Zeitungen einen Brief, in dem er behauptet, der wahre Verfasser des *Twist* zu sein, nicht mehr und nicht weniger – und nun bin ich an der Reihe? Immerhin hat er noch den Anstand besessen, Dickens' Ableben abzuwarten! Was in aller Welt ist bloß in ihn gefahren?«

Mrs. Touchet blickte zur jüngsten Tochter des Schriftstellers hinüber, die im Schneidersitz auf dem Rasen saß, leise vor sich hin summte und eine Kette aus Gänseblümchen knüpfte. Was ist es, das in die Menschen fährt? Immer das Unglück. Glück ist anderweitig beschäftigt. Es hat stets etwas, das seine ganze Aufmerksamkeit fordert. Gänseblümchen, Schneeverwehungen. Unglück hingegen lässt eine Leere entstehen, die gefüllt werden will. Etwa mit zornigen Leserbriefen an die *Times*.

»Es liegt auf der Hand«, sagte Eliza eingedenk der Vergangenheit, »dass er einen Groll hegt. Gegen Charles wohl wegen seiner enormen Erfolge und gegen dich … Nun, William, erinnere dich, er hatte fest damit gerechnet, *Old St. Paul's* zu bekommen …«

»*Old St. Paul's: A Tale of the Plague and the Fire*«, ergänzte William verbittert. »Und wenn du mir die Bemerkung erlaubst: Auch ich war nicht ohne ›enorme Erfolge‹. Du wirst dich gewiss erinnern, dass *Jack Sheppard* sich einst besser verkaufte als *Oliver Twist*.«

»Ja, natürlich ...«

»... viermal besser übrigens.«

»Ja, William – ich wollte auch keineswegs ... Ich möchte nur sagen: Du hast aus dem Nichts einen anderen dafür engagiert. Also für die Illustrationen zu *St. Paul's*. Alle anderen Bücher hat George bebildert. Er wird wohl geglaubt haben, du hättest ihn fallen lassen. Mitunter lässt ja auch du Menschen fallen, William. Und Charles tat es in einem fort.«

»Und das ist nun die Rache? Dreißig Jahre später?«

»Cruikshank war immer schon ein fürchterlicher Trinker.«

»Rechtfertige ihn nicht noch. Außerdem ist er inzwischen längst Abstinenzler – darüber schreibt er eine Abhandlung nach der anderen. Fast könnte man meinen, du willst mich absichtlich aufbringen! Warum entschuldigst du plötzlich einen Mann, den du nie leiden konntest? Ich erinnere mich noch gut, wie du einmal drauf und dran warst, ihn umzubringen – und das nur wegen ein paar Karikaturen über Schwarze! Das ist wirklich eine ärgerliche Eigenschaft von dir, Eliza. Du entdeckst dein Herz für andere immer just in dem Moment, in dem sie aufs Schärfste verurteilt gehören!«

Das saß, umso mehr, als es den Kern traf. Eliza verfiel in Schweigen. Sie griff nach ihrem Buch und versuchte zu lesen, konnte die Wörter aber kaum ausmachen. Ein Stieglitz landete an der Vogeltränke und badete darin. Des Schriftstellers jüngste Tochter kam über den Rasen gelaufen, um ihre Gänseblümchen vorzuzeigen. Seine jetzige Gattin hörte man irgendwo falsch singen. Stets gibt es so vieles, was die Aufmerksamkeit fordert, doch wenn sich die Leere einmal auftut, dann ist da nichts als Leere. *Zweihundert Pfund im Jahr, zweihundert Pfund im Jahr, zweihundert Pfund im Jahr*. Tagtäglich, beinahe stündlich, hallte ihr dieser Satz durch den Kopf. Bislang war das Geld unangetastet. Sie hatte ihren Bankier nicht einmal aufgesucht. Und sie saß immer noch hier, in Hurstpierpoint. Die Angelegenheit brachte ihr Denken zum Erliegen: Der einzig sichere Weg bestand darin, nichts zu unternehmen. Sie hatte es bereits mit Beten versucht, war jedoch enttäuscht worden, weil sie nicht die Antwort bekommen hatte, die sie sich wünschte. Vielmehr hatte sich ihr die aufrüttelnde Frage gestellt: *In wessen Schuld stehe ich?*

2

Zeitgemäße Literatur

»Mein Gott, hat das denn nie ein Ende? Eine Farce!«

Er hatte den finsteren Blick jetzt auf die Titelseite gerichtet, auf der, seiner Stimmung ganz entsprechend, eine Zeichnung des Anwärters zu sehen war, beleibter denn je; in genau einem Monat, am 11. Mai, sollte der Prozess weitergehen. Eliza entzifferte die Schlagzeile: »Sie rechnen mit voll besetztem Haus. Offenbar entspricht es ganz der Mode, sich dort sehen zu lassen. Selbst der Prince of Wales plant einen Besuch. Ich hatte schon überlegt, ob wir nicht auch hingehen sollten …« Sie lachte leichthin, als wäre ihr der Gedanke eben erst gekommen. »Du bist doch auf der Suche nach einem zeitgemäßen Sujet …«

William ließ Clara auf seinen Schoß klettern und sah zu Mrs. Touchet hinüber, als hätte sie den Verstand verloren.

»Du sollst sie tragen, Papa!«

William nahm die Gabe entgegen, legte sich die Blumenkette um den Hals und gab dem Kind einen Kuss auf die Stirn. Dann aber wandte er sich mit verdrießlicher Miene wieder seiner Cousine zu:

»Besten Dank, aber ich bin durchaus in der Lage, auch ohne deine Hilfe einen Gegenstand für meinen nächsten Roman zu finden. Aber lass dich bitte nicht davon abhalten, deinerseits hinzugehen – warum nimmst du nicht Mrs. Ainsworth mit? Das wäre doch eine Idee; ich glaube, ich werde ihr das vorschlagen. Ich weiß ja, wie sehr ihr beiden eure Ausflüge unter Damen genossen habt …«

Grausamkeit war William von der Natur nicht gegeben. Doch

hin und wieder holte er, wie jetzt, unbeholfen aus, und der Hieb saß. Ihr war die Ungerechtigkeit darin sehr wohl bewusst, zumal ihr inzwischen die Mittel fehlten, es ihm heimzuzahlen. Einst, vor langer Zeit, hatte es die Reitgerte gegeben, die Seidenbänder, ihren eigenen festen Griff. Heute biss sie sich bloß noch auf die Zunge, wie alle anderen Frauen ihrer Bekanntschaft auch.

»Was liest du da überhaupt?«

Mrs. Touchet blickte auf das Buch, das sie müßig im Schoß hielt.

»Ach, nur den zweiten Band dieses neuen Romans. Ich bin ausgesprochen angetan.«

»Ist das dieser Eliot?«

»Mrs. Lewes, so lautet ihr richtiger Name. Aber ja. Mir gefällt es.«

William machte ein Gesicht wie ein Hund, der in eine Zitrone gebissen hat.

»Ich bin nicht einmal durch den ersten gekommen – und sollen nicht noch sieben weitere folgen? Früher gab sich jeder anständige Mann mit drei Bänden zufrieden … Wozu muss eine Frau dann jetzt so viele schreiben? Kein Abenteuer, keine Dramen, kein Mord, nichts, was das Blut in Wallung brächte oder es in den Adern gefrieren ließe! Ich muss gestehen, ich kann die hymnischen Besprechungen nicht begreifen. Als wäre sie die nächste Mary Shelley! Dabei findet sich bei ihr nicht eine Unze von Shelleys Fantasie. Bloß Unmengen von Menschen, die ihrem Leben auf dem Dorf nachgehen – und einem ausgesprochen eintönigen Leben obendrein. Ein noch langweiligerer Gegenstand als ein Gerichtsprozess. Oder sollen wir jetzt etwa darüber staunen, dass es sich um eine Frau handelt? Ganz offensichtlich ein Reklameschachzug von Blackwood, man braucht sich ja nur anzuschauen, wie das Publikum darauf hereinfällt! Ist das wirklich alles, wovon diese neumodischen Damenromane handeln? Von Menschen?«

»Mir gefällt es«, wiederholte Mrs. Touchet und biss in einen Scone, um ihr Lächeln besser zu verbergen.

3

Am Court of Common Pleas, 11. Mai 1871

Sosehr Eliza unerträgliche Menschen verabscheute, so wenig konnte sie ihnen auch widerstehen …

Und nun, da sie mit der jetzigen Mrs. Ainsworth auf der Empore des Gerichtssaals saß, musste sie sich eingestehen, dass sie froh um diese Gesellschaft war. Keine der Frauen hatte je an einem Gerichtsprozess teilgenommen, und wie sich herausstellte, gab es beträchtliche Längen. Gerichtsdiener mussten quer durch die Stadt entsandt werden, um unwillige Geschworene herbeizuzitieren, oder aber den Palace of Westminster nach Zeugen absuchen, die sich in den Korridoren verirrt hatten, und in diesen zähen Zeiten hätte Eliza, wäre da nicht das fortgesetzte Geschnatter ihrer Begleiterin gewesen, sicherlich zur Lektüre gegriffen. Doch die jetzige Mrs. Ainsworth hatte eine Art an sich, die jede Lektüre, ja sogar jede stille Betrachtung oder gedankliche Flucht vollkommen unmöglich machte. Sie verankerte Mrs. Touchet zweckdienlich im Hier und Jetzt, wie das Halteseil eines Heißluftballons.

4

Dramatis Personae

»Also, der da, das ist Mr. Ballantine. Willie behauptet ja immer, der wäre früher oft zum Dinner gekommen, aber was kann man Willie schon glauben! Na, jedenfalls ist er auf Sir Rogers Seite. Sieht ja ein bisschen ulkig aus, wenn Sie mich fragen – Hängebacken wie ein Bluthund. Wobei ich ja fest dran glaube, dass die Menschen so aussehen, wie sie sind. Das Innere kehrt sich irgendwann nach draußen, und so ein Bluthund-Anwalt ist genau das Richtige, um diese ganzen Tichbornes mit ihren ganzen Lügen zu beschnüffeln … Bei Richter Bovill liegt die Sache aber anders, das seh ich gleich. Der sieht mir nämlich ganz nach Kröte aus. Und Männer vom Schlag Kröte, Mrs. Touchet, mit denen ist nicht zu spaßen – das haben Sie bestimmt schon oft von mir gehört –, so ein Kröten-Richter wird Sir Roger selbstredend erheblich zusetzen … Was eine Menge Pferdehaar und Puder! Wenn die wüssten, wie deren mottenstichige Perücken von hier oben aussehen, würden sie sich selbstredend mal ein paar neue gönnen.«

Sarah beugte sich vor und spähte durch das Opernglas, das sie, trotz aller Versuche seitens Mrs. Touchet, diesbezüglich auf sie einzuwirken, unbedingt hatte mitnehmen wollen. Hier nun schien es allerdings keineswegs fehl am Platze. Der Grat zwischen Gerichtssaal und Theater war deutlich schmaler, als Mrs. Touchet vermutet hätte. Sir William Bovill thronte, flankiert von drei weiteren Richtern, auf einem erhöhten Podium unter einem hohen hölzernen Baldachin, der an ein Proszenium gemahnte, und hinter ihm hing eine mit Löwe und Einhorn bemalte Stoffbahn, genau wie eine

Theaterkulisse. Eliza konnte sich ohne Weiteres ausmalen, wie ein Ikarus von diesem Schnürboden herabsegelte – die hölzernen Flügel mit Gänsefedern beklebt – oder auch eine der Hexen Macbeths, mit einem Küchenbesen zwischen den Beinen. Indes saß direkt vor dieser »Bühne«, mit Blick zu ihr, eine Anzahl austauschbarer, perückenbewehrter Gerichtsschreiber und Anwälte, zu einem akkuraten Halbkreis angeordnet wie im Orchestergraben, und die Schaulustigen drängten sich in zwei großen »Logen« im Parkett. Und wie hätte man Sarahs und Elizas Aussichtspunkt anders bezeichnen wollen, wenn nicht als »Olymp«?

»Was halten Sie denn von Coleridge, Sarah?«

»Welcher ist das noch mal?«

Mrs. Touchet deutete verstohlen mit dem Finger: »Sir John Duke Coleridge. Ein Nachkomme des Dichters. Er vertritt die Familie Tichborne.«

Zu ihrer Überraschung fand Sarah das ausgesprochen komisch:

»Was ein Exemplar! Ein Milchbart, wie er im Buche steht. Und hat man schon ein solches Lämmleingesicht gesehen! Wer einen Dichter in den Kampf schickt, weiß wohl nicht viel vom Krieg! Hahaha! Oh, ich glaub, mit dem dürfte Ballantine leichtes Spiel haben. Aber der, den Coleridge da bei sich hat, sein Sekundant, dieser Hawkins – der hat den Habicht schon im Namen und ist auch einer. Sehen Sie sich nur die Nase an, wie ein Schnabel. Den müssen wir im Auge behalten!« Sie wandte sich – mit leicht theatralischer Geste – um und richtete ihr Opernglas auf das gute Dutzend gehetzt wirkender Männer auf der Pressetribüne. »Aber nicht so genau wie die Schlangenbrut da drüben. Denn eine Schlange ist eine Schlange ist eine Schlange ist eine Schlange …«

Dank der akribischen Arbeit dieser und ähnlicher Schlangen für die Tageszeitungen fand sich in Ballantines Eröffnungsplädoyer für beide Frauen nur wenig Neues. Doch Sarah war beglückt, vor Gericht – und vor den Augen und Ohren eines so großen Publikums – bestätigt zu finden, dass ein Schiffbruch tatsächlich den Geist und die Erinnerungen an die Kindheit beeinträchtigen könne und dass Adlige oft genug »auch nicht mehr Bücher gelesen haben« als einfache Leute, man also kaum von ihnen erwarten könne, grammatikalisch korrekte Briefe an verloren geglaubte Mütter zu schreiben oder sich bis in alle Ewigkeit an all die albernen französischen Wörter zu erinnern, die einem angeblich als Kind beigebracht wurden. Mrs. Touchet indes vermerkte mit Interesse, dass Rogers Vater grausam und seine Kindheit sehr unglücklich gewesen sei und er sie vorwiegend in Frankreich verbracht habe. Im Elend des Adels fand sie den Beweis für die alte Weisheit über Kamele, Reiche und Nadelöhre. Nach einem wenig erbaulichen Gastspiel an der Militärschule sei Roger gleich ganz zum Militär gegangen und habe in Irland gedient. Bei mehreren Ferienaufenthalten in Tichborne Park, dem Anwesen seines Onkels, habe er sich in Katherine »Kattie« Doughty, seine Cousine ersten Grades, verliebt. Doch weder die Doughtys noch die Tichbornes hätten diese Verbindung gutgeheißen. Ums Heiraten gebracht, habe Roger sich aus seiner Verpflichtung losgekauft und sei, auf der Suche nach Abenteuern, in die Neue Welt aufgebrochen. Dort sei er jedoch nicht ertrunken, sondern habe vielmehr überlebt. Und sei ganz sicher nicht Arthur Orton, bei dem es sich um jemand ganz anderen handele – laut Ballantine »einen Metzger, vom typischen Schlag des Metzgers, aus Wapping«. Unglücklicherweise sei selbiger Mr. Orton aktuell nicht aufzufinden. Dennoch mangele es nicht an Menschen, die den Anwärter getroffen hätten und ihn nicht für einen Betrüger hielten. Hunderte Zeugen wurden dem Gericht versprochen – oder angedroht. Aus den Reihen der Geschworenen, die sich von vornherein reichlich widerwillig gezeigt hatten, ihr Amt auszuüben, war Stöhnen zu vernehmen. Mrs. Touchet, die eifrig nach Mr. Bogle oder auch dem Anwärter selbst spähte, aber keinen von beiden erblickte, kam zu der Einschätzung, dass es sich wohl um eine langwierige Angelegenheit handeln werde. Die jetzige Mrs. Ainsworth äußerte verzückt den Wunsch, bei nächster Gelegenheit wiederzukommen.

5

Die Vorzüge der Improvisation

Doch ein weiterer Ausflug kam William ungelegen: Er hatte zu schreiben, und die Kochkünste seiner Töchter missfielen ihm. Und da er den ursprünglichen Ausflug nur aus Bosheit vorgeschlagen hatte, war ihm selbstverständlich nicht der Gedanke gekommen, es könne eine Wiederholung geben. Nun schöpfte er Verdacht hinsichtlich der Beweggründe seiner Cousine, und Mrs. Touchet, die Gefahr witterte, improvisierte. In bewegenden Worten sprach sie von der moralischen Notwendigkeit, »Sarah endlich Lesen und Schreiben beizubringen«. Bot dieser Prozess da nicht die perfekte Gelegenheit? Wo man doch stets »dort am leichtesten lernt, wo das eigene Interesse liegt«? Die Transkripte aus der *Daily London News* könnten ihnen als Lektüre dienen, und sicherlich werde sich die jetzige Mrs. Ainsworth auch dazu bereitfinden, ihre Schreibübungen in Form kleiner Prozessberichte zu verfassen. Die Tartsche war gnadenlos, wenn es darum ging zu erreichen, was sie wollte: Sie konnte so gut wie alles nicht nur als notwendig, sondern als unausweichlich darstellen. Und William gab sich rasch geschlagen.

Fast ebenso rasch wurde Eliza klar, dass sie sich unbewusst auch einen nützlichen Vorwand für ihre eigenen Aktivitäten geschaffen hatte, denn nun konnte sie so viel Papier und Tinte mit in den Gerichtssaal nehmen, wie sie nur wollte, ohne Verdacht zu erregen. Und als beim zweiten Besuch ein Reporter, der in ihrer Nähe saß, sie darauf aufmerksam machte, dass die Frau mit der großen Nase auf der Publikumsempore die berühmte Schriftstellerin höchstpersönlich sei! Ja, da überließ sie sich sogar dem Genuss, an Zufälle zu glauben – jene Löcher im Gewebe, durch die sich ein Blick auf das Gewirk der Ewigkeit erhaschen ließ –, und nahm es als Zeichen der Vorsehung, dass sie sich auf dem richtigen Weg befand.

6

Komödie vor Gericht

Beim dritten Besuch fanden sie das Publikum des Falles *Tichborne vs. Lushington* derart angewachsen, dass die komplette Gesellschaft vom Court of Common Pleas in den größeren Queen's-Bench-Saal übersiedeln musste. Mrs. Touchet hoffte insgeheim auf einen weiteren Blick auf die bewundernswerte Mrs. Lewes, doch falls sie samt ihrer großen Nase anwesend war, ließen sich beide in der Menge nicht ausmachen. Diesmal war das Publikum vorbereitet: Die Leute hatten Töpfe mit Schnecken und kleine Papiertüten mit Maronen mitgebracht, die sie sich während der Darbietung schmecken ließen, und beim Kreuzverhör lachten und applaudierten sie wie beim Tingeltangel. (Besonders angesehenen Gästen – für die es sich nicht ziemte, mit solchem Pöbel zusammenzusitzen – wurden Stühle zur Verfügung gestellt und Plätze neben dem vorsitzenden Richter höchstselbst angeboten.) Der Vormittag verstrich mit etlichen ehemaligen Karabiniers des Sechsten Dragonerregiments, die auf die Bibel schworen, dass der Anwärter ganz genauso mit den Augenbrauen zucke, wie es Sir Roger in ihrer Erinnerung stets getan habe, seine Ohren erschienen ihnen seltsam vertraut, und diese Ellbogen würden sie einfach überall erkennen. Lachhaft. Die jetzige Mrs. Ainsworth nahm dies alles mit großem Ernst hin. Im nächsten Moment jedoch konnte sie Eliza mit ihrer scharfen Beobachtungsgabe überraschen:

»Haben Sie bemerkt, Mrs. Touchet, dass das Dienstmädchen aus Tichborne Park das gleiche Zucken der Mundwinkel beschrieben hat wie der Captain gerade? Aber weil der Captain mit diesen ganzen verflixten Goldtressen behangen ist, wird *er* ausführlich angehört, während solche wie Ethel behandelt werden, als klebten sie dem Coleridge nur am Schuh! Und kann mir vielleicht mal wer erklären, warum jedes Mal, wenn dieser verflixte Coleridge den Mund aufmacht, ein *Wären Sie überrascht zu hören* rauskommt? Mich überrascht jedenfalls nichts, was der Mann sagt. Der glaubt, er kann mit einer jungen Frau, die ehrlicher Arbeit nachgeht, reden, als wär sie ein Nichts! Wo ist da die Überraschung? Aber mit Mr. Lushington macht er das nicht, Sie werden schon sehen.«

Eliza zog ihre Notizen zurate. Sie hielt sich einiges auf ihre rasche Auffassungsgabe zugute, und doch war es Sarah viel schneller gelungen, die Vorgänge gründlich zu durchschauen.

»Aber Lushington ist doch nur der Pächter, nicht wahr, Sarah? Soweit ich das überblicke, hat er im Grunde gar nichts mit dem Fall zu tun und leiht ihm nur den Namen.«

»Genau. Kein verflixtes Eisen hat der im Feuer. Aber in der Morgenzeitung steht, er hat längst zugesagt, Tichborne Park vorzeitig zu räumen, um dem ›wahren Besitzer‹ Platz zu machen. So überzeugt ist unser Mr. Lushington. Was sagt uns das, bitte schön?«

»Nun, da er Sir Roger vorher nicht gekannt hat, ist mir leider nicht ganz klar, wie er …«

»Ich hab den Mistkerl vorher auch nicht gekannt und auch sonst keinen von der Schlangenbrut oder von dem Haufen hier« – Sarah umfasste mit einer Handbewegung die eifrigen Maronenesser ringsum –, »aber das hält unsereins doch nicht davon ab, unsere eigene Meinung zu haben!«

Nach dem Mittagessen trat Sir Rogers Militärschneider, ein Mr. James Greenwood, in den Zeugenstand, um zur allgemeinen Erheiterung im Saal zu bestätigen, Sir Roger sei inzwischen »erheblich stämmiger. Nur um die Augen ist noch etwas von ihm übrig.« Mrs. Touchet erkannte sehr deutlich, dass keine noch so ernsthafte Befragung seitens der Anwälte den Menschen den Eindruck verleiden oder gar nehmen würde, einer karnevalistischen Komödie beizuwohnen. Vor allem Mr. Coleridge verfügte über die unglückliche Begabung, stets genau solche Fragen zu stellen, die sich allzu leicht ins Komische ziehen ließen:

COLERIDGE: Wir haben bereits gehört, dass Sie Schneider sind. Wer führt Ihre Geschäfte?

GREENWOOD: Meine Bettgenossin.

COLERIDGE: Und wer genau wäre das, Mr. Greenwood?

GREENWOOD: Na, Mrs. Greenwood natürlich!

Die jetzige Mrs. Ainsworth tupfte sich beide Augen mit dem Taschentuch und verkündete, das sei komischer als alles, was man je im London Pavilion zu hören kriege.

7

Negative Capability

Am neunundzwanzigsten Mai wurde kolportiert, der Anwärter werde am folgenden Tag selbst in den Zeugenstand treten. Sarah fuhr mit dem Zeigefinger langsam den Satz entlang und formte Worte daraus. Und Eliza verspürte ein Flattern im Innern – freudige Erwartung. Denn wo immer der Anwärter erschien, da erschien auch sein Freund, Mr. Bogle, sie selbst war mit Papier, Federhalter und Tintenfass ausgerüstet, und der Zeitpunkt konnte nicht besser sein. Im Zug gelang es ihr kaum, sich zu beherrschen, ihre Finger trommelten an die Scheibe. Der Taumel der Liebe war ihr ebenso bekannt wie das fiebrige Empfinden von Hass und Angst, doch dieses Gefühl war ein anderes. Es brachte ihr Blut in Wallung und blieb doch gänzlich dem Verstand unterworfen. War es das, was die bewundernswerte Mrs. Lewes bei der Arbeit empfand? Was William und Charles schon seit so vielen Jahren kannten?

8

»Sind Sie Arthur Orton?«

Da sie früh eingetroffen waren, betraten sie den Gerichtssaal an vorderster Front der Menge und nahmen ihre Plätze im Parkett ein, keine zwanzig Fuß von dort entfernt, wo Mr. Bogle mit seinem Sohn saß; Mrs. Touchet konnte beide im Profil sehen. Ihre Zeichenkünste waren kaum besser als die einer Fünfjährigen, doch nun war sie bemüht, sie in Sätzen festzuhalten. Mr. Andrew Bogles kümmerlichen Bart, seine spärlichen weißen Haarbüschel, die eulenhafte Wachsamkeit. Die bemerkenswerte Anziehungskraft und die schmalen, durchdringenden Augen seines Sohnes Henry. Sie vermerkte auch, dass Henry mindestens so beschäftigt war wie sie selbst, eifrig auf einen Notizblock kritzelte und dabei das Doppelte an Seiten füllte. Indes lehnte – zunehmend welk – der Anwärter im Zeugenstand. Es war ein warmer Tag. Nachdem er um zehn Uhr noch stolz einen Hocker von sich gewiesen hatte, schien er um elf durchaus unter dieser Entscheidung zu leiden. Auf Eliza wirkte er erschöpft, kränklich. Um seinen Mund zuckte es regelmäßig, und seine Stimme klang schwach, schien sich regelrecht aus dem massigen Körper hervorzuquälen. Eliza empfand Mitgefühl. Er wirkte wie geschlagen, mied selbst den Blick seines eigenen Rechtsbeistands, Ballantine, der gerade versuchte, ihn so sanft wie möglich durch seine Zeugenaussage zu geleiten. Im Saal wurde es still. Man benötige eine einleuchtende Erklärung für jenen belastenden, heimlichen Besuch bei einer gewissen Familie Orton in Wapping. Sei diese zu erbringen? Falls er tatsächlich adliger Herkunft sei, woher kenne er diese einfache Familie dann überhaupt –

und warum in aller Welt habe er sie aufgesucht? Gemeinsam kamen Anwalt und Klient zu der Einigung, dass es zwar durchaus stimme und der Anwärter – auf dem Wege zu seiner Mutter in Paris – jenen Ortons in Wapping einen Besuch abgestattet habe, dieser Besuch aber bloße »Höflichkeit« gewesen sei. In seiner Eigenschaft als »Beauftragter und Freund des Mr. Orton aus Australien« habe der Anwärter jene Ortons nur wissen lassen wollen, dass es ihrem Sohn in der Neuen Welt »bestens ergangen« sei und er ihnen Grüße ausrichten lasse. Und nein, er sei keineswegs selbst Arthur Orton und könne auch nicht sagen, warum so viele Leute in Wapping das offenbar zu glauben schienen. Eliza hätte am liebsten losgelacht. Doch da dieser Teil der Zeugenaussage von der Menge mit respektvollem Schweigen quittiert wurde – und sie selbst längst daran gewöhnt war, ganz andere Dinge erheiternd zu finden als die meisten Menschen –, verkniff sie es sich.

Nun watete Ballantine in die trüben Gewässer der sichtbaren Beweislage. Es treffe durchaus zu, dass Sir Roger auf einer Fotografie deutlich erkennbare Ohrläppchen habe und der Anwärter nicht, doch Daguerreotypien komme noch kein fester Platz vor Gericht zu, da sie viel zu neumodisch und oft zweifelhaften Ursprungs seien und sich darüber hinaus viel zu leicht verfälschen und verändern ließen. Damit fand Mrs. Touchet sich im Großen und Ganzen einverstanden. Dann näherte sich Coleridge. Mrs. Touchet blickte zu den Bogles hinüber, um zu sehen, wie sich das auf sie auswirken würde. Sie entdeckte keinerlei Veränderung in Mr. Bogles sturer Gelassenheit und nur eine leichte Anspannung in der Schreibhand seines Sohnes. Der Anwärter seinerseits räumte nun doch das Bedürfnis nach einer Sitzgelegenheit ein. Er ließ sich schwer darauf sinken; ein Glas Wasser wurde ihm hingestellt; er verschränkte die Arme auf der Einfassung des Zeugenstands, schlug die Augen nieder wie ein müder Stier, seufzte schwer. Dann fing Coleridge an. Werde es den Anwärter überraschen zu hören, dass den Ermittlungen eines Privatdetektivs zufolge mindestens zwei Mitglieder der Familie Orton heimlich Geldbeträge erhalten hätten? Womöglich vom Anwärter selbst? Womöglich als Gegenleistung für ihr Schweigen? Werde es ihn überraschen zu hören, dass Roger Tichborne sein Lebtag nicht in Wagga Wagga gewesen sei? Werde es den Anwärter überraschen zu hören, dass er von einem Herrn aus Wapping gesehen und als niemand anders denn Arthur Orton identifiziert worden sei? Dass Passagierverzeichnisse vorlägen, denen zufolge ein Mr. Orton als junger Mann aus Wapping fortgegangen und bis ans andere Ende der Welt gereist sei? Der Anwärter wich aus, ächzte, murmelte vor sich hin. Coleridge war bemüht, die Oberhand zu gewinnen:

»Ich frage Sie: Überrascht es Sie, das alles zu hören?«

»Es überrascht mich nicht, es von *Ihnen* zu hören.«

Heiterkeitsausbrüche im Saal. Es dauerte lange, bis der arme Bovill sie alle wieder eingefangen und zum Schweigen gebracht hatte.

Da erhob sich Hawkins, warf seinen Talar zurück wie ein Matador und fragte den Anwärter ganz direkt: »Sind Sie Arthur Orton?«

9

Nicht ihre Feder

Rings um Mrs. Touchet war ein vielstimmiges, lachhaftes Raunen zu vernehmen, als wäre just diese Frage scharfsinniger und schwieriger zu beantworten als alle vorherigen. Sarah drückte ihre Hand. Neben einer komödiantischen Beherrschung der Pause besaß der Anwärter auch einen Sinn fürs Dramatische. Er schwieg einen langen Augenblick, erhob sich dann kurz und legte die Hand an die Brust, als wollte er sich zu seinem Glauben bekennen: »Der bin ich nicht.« Rasender Applaus. Mr. Bogle konnte dabei beobachtet werden, wie er mehrmals mit dem Kopf nickte, während sein Sohn Henry zusammen mit allen anderen jubelte. Doch der Triumph war nur von kurzer Dauer: Die nächste Fragensalve betraf Sir Rogers Zeit am Stonyhurst College, über die der Anwärter offenbar nicht das Geringste wusste. Er wusste nicht, wer Vergil war, nicht einmal, ob es sich um einen Schriftsteller oder einen König handelte. Latein hielt er für Griechisch und konnte weder das eine noch das andere vom Französischen, seiner angeblichen Muttersprache, unterscheiden. Er brachte Shakespeare mit Galileo und Physik mit Biologie durcheinander. Er hatte nichts über den Inhalt eines versiegelten Päckchens zu berichten, das Sir Roger anscheinend beim Hausverwalter von Tichborne Park – einem gewissen Mr. Gosford – hinterlegt hatte, bevor er nach Brasilien in See stach. Und falls er doch darüber Bescheid wusste, verweigerte er die Aussage. Im Saal war es inzwischen drückend heiß geworden: Dem Anwärter rann schuldbewusster Schweiß über das Gesicht. Es fiel äußerst schwer, kein Mitleid mit diesem Mann zu haben. Er war so offensichtlich überfragt, verstrickte sich in einer Lüge, die immer weitere Kreise zog und selbst seine beträchtliche Leibesfülle längst überstieg. Ganz zu schweigen von all den leichtgläubigen, wenig gebildeten, dabei aber sicherlich wohlmeinenden Menschen, die sich seiner Sache auf so törichte Weise verschrieben hatten …

Als das Gericht sich schließlich zur mittäglichen Pause vertagte, nahm Eliza sich vor, sich als gute Christin zu erweisen. Sie würde nicht auftrumpfen oder zu selbstgefällig wirken. Sie würde sanft sein, Rücksicht auf Sarahs verletzte Gefühle nehmen und stets im Gedächtnis behalten, dass es just die irrigen Überzeugungen sind, an denen wir besonders innig hängen. Doch ehe sie noch etwas sagen konnte, brach Sarah schon in Begeisterung aus:

»Ist das nicht großartig, wie er die ganzen Wichtigtuer durcheinanderbringt! Je mehr die Rechtsverdreher reden, desto besser beweist er sich! Wär er ein Hochstapler, dann hätte er doch über jedes Thema Bescheid gewusst, wie Hochstapler das halt machen, aber er ist eben ein Lord, er hat das gar nicht nötig. Er weiß, wer er ist, das ist alles, was zählt. Vergil! Wer soll das denn überhaupt sein, dieser Vergil?«

Zurück im Gerichtssaal, beschloss Mrs. Touchet, zum Beweis, dass sie nicht allmählich den Verstand verlor, einfach unkommentiert jedes Wort mitzuschreiben, das zwischen Coleridge und dem Anwärter gewechselt wurde:

C: Worum geht es im Chemieunterricht?
A: Na, selbstverständlich um Chemie.
C: Das ist mir bekannt. Und im Geschichtsunterricht geht es um Geschichte und so weiter und so fort. Ich frage Sie, was dabei durchgenommen wird.
A: Verschiedene Kräuter und Gifte und die Bestandteile von Arzneien.
C: Was man so beim Drogisten bekommt, meinen Sie?

A: Die eine oder andere Droge bekäme Ihnen wohl auch nicht ganz schlecht.

Dann jedoch war es ihr einfach zu viel und viel zu viel Gelächter aus der Menge im Publikum, und welche Nachteile Fotografien auch immer haben mochten, sie konnten immerhin eine ganze Szene einfangen. Eine Feder konnte das nicht. Zumindest nicht ihre Feder.

10

Was ist wirklich?

Direkt vor Eliza, auf den Orchesterplätzen, saß eine stämmige junge Frau, die bereits den ganzen Tag zeichnete. Mrs. Touchet, die ihr dabei über die Schulter blickte, empfand Neid angesichts solch überlegener Kunstfertigkeit. Mit wenigen raschen Strichen fing das Mädchen Bovills krötenhafte Großspurigkeit, Coleridges Dachsgesicht, die müden Hängebacken des Anwärters ein, ja sogar die blitzenden Augen des jungen Henry Bogle. Ach, könnte auch ihr eine Muse den Buntstift führen! Die stämmige junge Frau spürte den Blick im Rücken und wandte sich um. Sie hatte ein großflächiges, klares, kluges Gesicht. Glitzernde blaue Augen. Wangen, so flammend rot wie die einer Schottin. Erneut verspürte Mrs. Touchet ein Flattern im Innern, das diesmal jedoch ganz anders geartet war. Da plötzlich: Aufruhr im Gericht! Atemlose Spannung! Und einen wirren Augenblick lang war Eliza überzeugt, die ganze Welt und alles in ihr sei – wie es uns manchmal in Albträumen widerfährt – nichts weiter als ein von ihr selbst erdachter Traum.

»Sie wollen also vor dem hohen Gericht und den Geschworenen unter Eid bekunden, Sie hätten diese Dame dort verführt?«

Doch Coleridge sprach mitnichten von Mrs. Touchet und ihrer Zeichnerin. Er sprach mit dem Anwärter und deutete auf Katherine Doughty, Sir Rogers Jugendliebe, heute eine verzagte, nicht mehr ganz junge Frau, die in der zweiten Reihe saß und längst einen anderen geheiratet hatte. Der Anwärter nickte. Atemlose Spannung!

»Und Sie erklären an Eides statt, dass Sie Mr. Gosford in jenem berüchtigten versiegelten Päckchen – das bedauerlicherweise längst zerstört wurde – Anweisungen hinterlassen haben, was zu tun sei, sollte Ihre eigene Cousine tatsächlich … *in andere Umstände geraten sein?*«

»Ich schwöre feierlich, so wahr mir Gott helfe, das habe ich getan«, antwortete der Anwärter und löste damit einen Tumult aus, obwohl er, soweit Eliza das beurteilen konnte, die Äußerung mindestens so sehr aus Langeweile – vielleicht auch aus dem Wunsch nach einem frühen Abendessen – getätigt hatte wie aus durchdachteren Motiven. Sofern er Roger war, musste er auch wissen, was sich in dem versiegelten Päckchen befand, und das durfte gern etwas Sensationelles sein, und sei es nur, um das Einerlei des Kreuzverhörs etwas aufzubrechen. Unterdessen stürzte seine angebliche »Cousine« schluchzend aus dem Saal.

»Mein lieber Schwan – das wird jetzt aber eine Schau!«, jubelte Sarah, die aufgesprungen war und die Rückenlehne vor sich umklammert hielt, doch stattdessen versank der Saal im Chaos, und die Verhandlung musste vertagt werden.

11

Nichts hat Bestand

Danach benötigte Eliza dringend einen langen Spaziergang.

»Na, machen Sie nur, wie Sie mögen, Mrs. Touchet, selbstredend, ich bin allerdings nicht so erpicht auf zielloses Laufen … Wenn Sie mal barfuß von Brighton bis nach London gegangen wären, so wie ich, dann hätte Sie das auch von jedem Wunsch kuriert, überhaupt noch mal ohne Grund irgendwohin zu laufen. Nein, ich werde mein hübsches Popöchen, entschuldigen Sie den Ausdruck, irgendwo parken und eine Pastete essen. Man stelle sich vor, geht der hin und schiebt ihr einen Braten in die Röhre! Was ist unser Sir Roger doch für ein Lümmel! Wir treffen uns dann um vier am Bahnhof.«

Eliza Touchet hielt sich einiges darauf zugute, dass sie so gut zu Fuß war. Es war ihre Art, mit dem Alter zurechtzukommen oder ihm schlichtweg zu trotzen. Wenn man auf die sechzig zuging und immer noch so weit und schnell laufen konnte wie mit vierzig – ach was, mit zwanzig! –, bedeutete das dann nicht, dass gar keine Zeit vergangen war? Vom Gericht gelangte sie bis zur Edgware Road, ohne auch nur kurzatmig zu werden, angetrieben vom Bild der armen, verleumdeten Katherine Doughty, einer Frau mit teigigem Gesicht, die sich nichts von ihrer Jugend erhalten hatte. Doch in Kilburn fand sie sich schwer atmend und seufzend wieder, weil sich so vieles verändert hatte. Mapesbury House war verkauft worden, The Grange ein Stück weiter entfernt desgleichen. All die alten Anwesen waren entweder verbarrikadiert, verfallen oder zerstört. Bahngleise durchschnitten die Felder, und mancherorts waren nämliche Felder sogar ganz unter langen Reihen kleiner Häuschen verschwunden, die lachhaft nah beieinanderstanden, die Hecken waren Brüstungen gewichen, und wo einst Ulmen wuchsen, standen nun Straßenlaternen. Zur Orientierung hielt sie sich an Public Houses und Kirchen – alles andere war ganz verwandelt. Der Fluss Kilbourne floss nicht mehr – stattdessen erstreckten sich Schienen dort –, das Wells war geschlossen, das Bell abgerissen und durch ein neues Lokal gleichen Namens ersetzt worden. Nur am feuchten Flügelschlag einer Nonnengans erkannte sie, dass sie sich dem Fluss Brent näherte, der hinter einer Ziegelei und weiteren Häusern verborgen lag. Eliza schalt sich für ihre Eitelkeit. Die Zeit setzte dem Land viel stärker zu als den Menschen. Sie war immer noch Eliza Touchet. Doch was war dieser Ort?

12

Eine Erinnerung

Auf der Brücke blieb sie stehen und blickte hinab in das träge Wasser, um nachzusinnen. Und mit einem Mal war ihre Frances wieder bei ihr, nach wie vor jung, nicht krank, nicht mit dreiunddreißig verstorben, beugte sie sich an ihrer Seite über das Brückengeländer und blickte hinab …

Sie waren in dieser Erinnerung beide ein wenig außer Atem, weil sie den ganzen Weg von Elms Lodge im Laufschritt zurückgelegt hatten, inmitten eines kleinen Pulks von Bauersleuten und aufgeregten Kindern. Die Jäger Seiner Majestät, die sich kaum je so weit im Norden sehen ließen, preschten durch ihre Gegend. In scharlachroten Röcken, zu Pferd, umringt von ihren Hunden! Das Gros der Einheimischen folgte den Reitern durch die Straßen, doch Eliza und Frances wussten es besser, sie hatten ihre Röcke gerafft und waren vier Felder weit querfeldein geeilt, hatten Zauntritte überklettert, nur um die Jagdgesellschaft dann unweit der Kilburn Woods aus den Augen zu verlieren. Da hatten sie die Verfolgung aufgegeben und waren gerade dabei, auf der Grand Union Bridge zu verschnaufen, als plötzlich unter ihnen der Hirsch erschien. Ein prächtiges Tier! In seiner Panik musste er wohl die Richtung gewechselt und sich nach Paddington aufgemacht haben. Nun zögerte er einen Augenblick; dann sprang er in den Fluss und schwamm um sein Leben. Seine Beine, die daran nicht gewöhnt waren, wühlten das Wasser auf, fast schien er zu ertrinken – doch wenig später stakste er am anderen Ufer die Böschung hinauf wie ein neugeborenes Fohlen. Oben hatte sich eine Horde Schuljungen versammelt und jubelte über dieses rare Exempel des Schwachen, der den Starken entkommt. Die Hunde heulten. Die Pferde schnaubten heiß aus ihren Nüstern und machten kehrt. Frances weinte Freudentränen. Überglücklich waren sie Hand in Hand nach Hause zurückgekehrt. Später dann erfuhr Eliza von einem der Küster, dass der Hirsch vom Wasser aus geradewegs auf den Friedhof von St. Mary geflüchtet war, wo er in die Enge getrieben und in Stücke gerissen wurde. Das behielt sie wohlweislich für sich.

13

All Souls

Auf der anderen Seite der Brücke gestand Mrs. Touchet sich nun doch ein, dass ihr die Beine schmerzten, und bog am All Souls Cemetery nach links ab, um den langen Rückweg in die Stadt anzutreten, sich wieder zur zweiten Mrs. Ainsworth zu gesellen und den Zug zurück nach Hause zu besteigen. In Kürze hätte sie auch vor ihrer geliebten Kensal Lodge stehen können und gleich danach vor Kensal Manor House, wenn diese nicht längst von Bauleuten niedergerissen worden wären, so wie alles andere auch. Um ihre Fähigkeiten einer weiteren Prüfung zu unterziehen, versuchte sie, sich daran zu erinnern, in welchem Jahr sie aus der Lodge in das zweite, imposantere Anwesen gezogen waren. '41? '42? Jedenfalls auf dem Höhepunkt von Williams Ruhm.

Aus einer nostalgischen Laune heraus machte sie doch noch einmal kehrt, ging zurück und trat durch das Friedhofstor. Wenigstens die Toten bleiben stets, wo sie sind. Weitere gesellen sich hinzu, sonst verändert sich nichts. Sie nahm auf der erstbesten Bank Platz und verzog ein wenig das Gesicht, als sie den Kopf hob und das zwanzig Fuß hohe Grabmal erblickte, das vor ihr aufragte, gänzlich unverändert bis auf das Efeu, das nun noch üppiger um die törichte, übergroße Inschrift wucherte: TO HER. Als sie selbst noch neben diesem Friedhof wohnte und sich dort allmorgendlich Bewegung verschaffte, gefiel es ihr, sich einzureden, die fragliche SIE sei Frances. Dass diese ganze prachtvolle Zurschaustellung der Trauer – die geflügelten Putten, die in den Stein gemeißelte Gemme, das gewaltige Standbild der »Treue« in Gestalt einer schönen jungen Frau –, dass all dies Frances gebühre. Es war ein tröstlicher Gedanke. Und auch keine gänzlich ungereimte, rein sentimentalische Verbindung: Sie hatten die Dame ja gekannt, nicht gut zwar, doch sie waren ihr mehrfach begegnet. Emma Soyer, die früh vollendete Malerin. Frances hatte sie so sehr gemocht. Ach, aber Frances hatte stets alle gemocht. Das früh gereifte Talent der jungen Frau hatte sie in Staunen versetzt, und auch Eliza fand es sicherlich staunenswert, wie man so jung schon so gut malen konnte, obgleich sie Talent allein noch nicht als Verdienst erachten konnte, es war ja kaum weniger ein Glücksfall als Schönheit. Doch hatte das Mädchen mit damals erst achtzehn Jahren der Bewegung tatsächlich ein hervorragendes Gemälde gestiftet, das sodann versteigert werden und damit eine erkleckliche Geldsumme zu ihrem gemeinsamen guten Zweck beisteuern konnte. Es zeigte zwei kleine schwarze Mädchen, Schwestern; die Ältere blickte mit einem Buch im Schoß gen Himmel, während die Jüngere dem jeweiligen Betrachter geradewegs entgegensah und ihm so Gewissensbisse verursachte. Sie trugen hübsche Kleider und einen hübschen Ausdruck im Gesicht, duldsam und doch fest zur Freiheit entschlossen, während sich im Hintergrund eine Palme wiegte. Und sie sahen genau aus wie das, was sie auch waren, Menschen nämlich, und das war der ganze Sinn darin.

Die Künstlerin selbst war ein blasses, sonderbares Geschöpf gewesen, mit einer langen, spitzen Nase wie die Franzosen. Später heiratete sie den Küchenmeister des Reform Club – er war der Soyer, sie selbst hieß bis dahin schlicht Emma Jones – und kam dadurch unversehens, so wie Mrs. Touchet, in den Besitz eines fragwürdigen französischen Namens, der ihr allerdings wohl von sehr viel größerem praktischen Nutzen gewesen war. In Frankreich war sie berühmt: *Madame Soyer*. Zu Hause wurde sie eher als Unikum betrachtet, ein weiterer von Doktor Johnsons Hunden, den Pinsel in der Pfote. Doch ungeachtet all ihrer Erfolge in der Welt der Männer hatte Madame Soyer mit erst achtundzwanzig Jahren ihr Kind bei der Geburt verloren und ihr eigenes Leben gleich mit.

Arme Frau. Andererseits stand hier nun dies gewaltige Grabmal TO HER, und auch ihre Bilder waren sicherlich noch irgendwo vorhanden, hingen an irgendeiner Wand – hieß es nicht gar, an der des belgischen Königs Leopold? Geistreiche und scharfsinnige weibliche Bemerkungen im Gespräch hingegen ließen sich nur schlecht an die Wand hängen. Niemand errichtete ihnen Grabmäler. Das hatte selbst Lady Blessington begriffen, trotz all ihrer Verrücktheiten, und war so klug gewesen, sich zwischen Byrons Zeilen in ein Buch hineinzuschmuggeln.

14

Auch nur eine Seele

Ein lähmendes Selbstmitleid, wie es eigentlich eher einem Kind entsprach, ergriff Besitz von Mrs. Touchet. Um sich wieder aufzuheitern, erhob sie sich und sah sich nach einer Geschichte um, die trauriger war als ihre eigene. Sie brauchte gar nicht weit zu gehen. Nur wenige Hundert Schritte weiter links ruhte die tragische kleine Hogarth. Tot, ohne Nachkommen. Tot, ohne Gemälde oder Bücher zu hinterlassen und sich überhaupt einen Namen zu machen. Tot, ohne auch nur richtig zur Frau geworden zu sein:

Mary Scott Hogarth
Jung, schön und herzensgut
Der Herr in seiner Güte berief sie
Mit bloß siebzehn Jahren in die Schar seiner Engel

Kein anderer als Dickens, dachte Mrs. Touchet gallig. Kein anderer als er war in der Lage, die ersten beiden Adjektive in irgendeiner Form mit dem dritten in Beziehung zu setzen. Ein sentimentaler Schwärmer. Und selten mehr als beim Tod seiner Schwägerin. Die Ströme von Tränen, die er am Grab der jungen Frau vergossen hatte! Die tierhaften Jammerlaute, mit denen er den Sarg in die Grube begleitete! Es war ein unpassender, verräterischer Schmerz gewesen, ebenso widernatürlich wie weibisch. Er hatte ja mehr geweint als seine Frau! So wie, nur ein Jahr später, Eliza selbst mehr Tränen um ihre Frances weinen sollte, als sie je um ihren Mann vergossen hatte. Mehr, als William je um Frances weinte …

Sie hatte das Begräbnis der kleinen Hogarth als einen milden Maientag wie diesen im Gedächtnis, schwer vom Duft welkender Blüten. Als es vorüber war, wirkte William auf dem kurzen, schweigsamen Heimweg verstört. Fragte er sich, wie sie, ob Dickens' häusliches Arrangement ebenso unkonventionell war wie sein eigenes? Womöglich kam es ihm aber auch gar nicht in den Sinn. Das galt für so vieles.

Wenn sie nicht umgehend aufbrach, würde sie den Zug verpassen. Rasch ging sie zum Haupttor zurück, vorbei an Eheleuten, die für alle Ewigkeit in derselben Grube ruhten; noch einmal vorbei am Grabmal TO HER. Entworfen, in Auftrag gegeben und enthüllt hatte es der liebende Gatte, Mr. Soyer, der dennoch zur Enthüllung in Begleitung einer Tänzerin erschienen war, halb so alt wie er. Mrs. Touchet gestattete sich ein heimliches Lächeln. Solange wir immer weiter an dem Glauben festhielten, es könne auch nur gelingen – geschweige denn zwei Menschen glücklich machen –, alle Liebe und alle Aufmerksamkeit, die ihnen auf Erden zu Gebote stehen, einzig füreinander aufzuwenden, bis dass der Tod sie scheide – nun, so lange blieb auch das Leben, so kurz es sein mochte, eine von Tragödien durchsetzte menschliche Komödie. Daran glaubte sie im Allgemeinen. Dann aber gab es noch jene gesegneten Augenblicke, in denen sie sich selbst mit dem Gedanken verblüffte, wenn unter uns jemand je wirklich begriffe, was mit dem Wort »Mensch« wahrhaft gemeint sei, so würden uns noch zwölf Lebensspannen zu kurz erscheinen, auch nur eine Seele zu lieben.

15

Vertagt bis November!

Über Nacht waren die Zeitungsleute allesamt zu Puritanern geworden, gleich einer Schar Methodisten, die in ihrer Kirche ohnmächtig niedersanken. Und das ungeachtet des Umstands, dass Mr. Gosford, der Verwalter des Familiensitzes, das geheime Päckchen vor langer Zeit schon beseitigt und nie hineingesehen hatte. Was der Tichborne-Anwärter da von verbotener Liebe und einer möglichen Schwangerschaft berichtete, füllte die Lücke in der Erzählung aufs Vollkommenste -- es war ein Skandal von der Art, der allen etwas zu bieten hatte. Und nicht zum ersten Mal verblüffte es Mrs. Touchet, dass die scheinbare Verletzung weiblicher »Ehre« so viel mehr Leidenschaft zu erregen vermochte als jegliche echte Verletzung, die einer Frau zugefügt wurde. *Wir sind für sie bloße Idee,* notierte sie sich oben auf einer Seite. Doch es fügte sich nicht in das, was sie bislang geschrieben hatte – sie konnte sich nicht einmal selbst erklären, was sie damit eigentlich meinte. Stirnrunzelnd strich sie es wieder aus.

Sarahs Deutung, unten im Salon vorgebracht, war hingegen sehr viel direkter und erschütternd zutreffend:

»Geht der einfach hin und sagt das Unsagbare! Weiß er denn nicht, dass sich die feinen Leute ihre Kinder auf dem Kohlfeld pflücken? Oh, jetzt kann er sich auf was gefasst machen. Jetzt hat er die feinen Pinkel endgültig verloren und die Masse für sich gewonnen! Unsereins weiß nämlich, was wir da zwischen den Beinen haben, das will ich zumindest schwer hoffen. Und außerdem haben wir auch nicht vergessen, was man damit macht! Ich sag Ihnen, wann das Gericht wieder einberufen wird, Mrs. Touchet: nämlich erst dann, wenn die ganzen feinen Damen nicht mehr so rot im Gesicht sind.«

Tief entmutigt schloss Eliza Federhalter und Papier in ihre Schublade ein und bemühte sich nach Kräften, wieder am häuslichen Leben teilzunehmen. Doch was ihr früher nur lästig gewesen war, erschien ihr nun unerträglich. Warum dieses Haus und dieser Garten? Warum Hurstpierpoint? Warum die allwöchentlichen Besuche bei Gilbert? Warum die Sisyphusaufgaben Frühstück, Mittag- und Abendessen, die zubereitet, abgeräumt und wieder neu zubereitet wurden? Was hatte das alles für einen Sinn? William arbeitete mit Feuereifer an seinem neunundzwanzigsten Roman. Warum musste der von Catherine Howard und Anna von Kleve handeln? Und warum musste sie sich das ständig anhören? Zweihundert Pfund im Jahr. Doch es war Touchet-Geld: Es klebte Blut daran. Es fortzugeben hieß jedoch, erfahren zu müssen, an wen und warum.

Es ärgerte sie, dass William sie aufzog. (»Ach, meine armen Gerichtsreporterinnen! Was leiden sie ohne ihren Prozess! Im *Punch* wirst du ein höchst erheiterndes Stück über ›erzwungene Tichborne-Abstinenz‹ finden, Eliza. Ich lasse es für dich aufgeschlagen.«) Fast ebenso ärgerlich waren Sarahs Versuche, schwesterliche Gemeinschaft zu begründen. (»Und ob wir leiden! Frauen wie wir langweilen sich hier draußen ja zu Tode.«) Sie wollte mit niemandem aus der Familie Ainsworth mehr reden und auch niemandem zuhören. Da gab es jetzt jemand anderen. Eines Nachts träumte sie sogar von ihm. Sie saßen an einem Tisch irgendwo im Herzen Londons, und sie streckte ihm die Hand entgegen und sagte: *Erzählen Sie mir alles.* Doch als sie erwachte, war sie immer noch in Hurstpierpoint.

16

Ein höchst erheiterndes Stück aus dem *Punch*

EIN ÜBERRASCHENDER VORSCHLAG

Die britische Öffentlichkeit leidet. Der übermäßige Genuss jenes Stimulanziums, das uns unter der Bezeichnung TICHBORNE, BOVILL, BALLANTINE, COLERIDGE und KONSORTEN bekannt ist, hat eine ungesunde Erregung hervorgerufen, auf die nun, da des Stimulans nicht mehr habhaft zu werden ist, eine entsprechende Krise folgt. Selbst die Zeitungen, die nun wieder das übliche Maß an Mord und Totschlag enthalten, werden dem öffentlichen Appetit nicht mehr gerecht. Die ganze Konstitution der Leute ist aus dem Lot. Ehrbare Hausherrn schrecken nachts aus dem Schlaf, rufen: »Wären Sie überrascht zu hören?«, und beschwören, sie hätten den Anwärter über die Mauer klettern sehen. Ältere Damen finden nicht mehr auf die grünende Aue einer erbaulichen Lektüre zurück und verzehren sich nach Kreuzverhören. Junge Damen haben das Lesen von Romanen bereits in einem Umfang eingestellt, der MUDIES LEIHBÜCHEREI zutiefst verstören dürfte.

Angesichts all dieser Umstände fragen wir uns: »Ist es wohl schon zu spät, den Vorschlag des Korrespondenten einer bekannten Tageszeitung aufzugreifen und den Anwärter nebst Rechtsbeistand und Richterbank an den Strand von Brighton einzuberufen?«

Indem so Geschäftliches mit Vergnüglichem verquickt und der ganze Vorgang ansprechender gestaltet würde, könnte der Prozess für beide Streitparteien, den Rechtsbeistand, den Richter und die

Geschworenen erträglicher werden, vor allem aber würde er einen Teil seiner doch sehr beträchtlichen Kosten wieder einspielen.

Womöglich könnte sich das Gericht auch an der Aufstellung der Christy Minstrels orientieren und dem Anwärter sowie dem Kronanwalt die Positionen an beiden Enden der Formation zuweisen – das würde doch ein gewaltiges Publikum anlocken.

Eröffnen könnte das Ganze mit einem Solo samt Refrain, Letzterer ganz so, wie unter den Schwarzen üblich:

Here's old JOE (oder Bo, ganz nach Belieben)
VILL!
And he's so
ILL!
Ching-a-ring, jiddy jiddy, Juba, Bang!

So würde auch das Kreuzverhör in scherzhafter Manier weitergeführt werden, bis schließlich Mr. Bones mit einem Lied an der Reihe wäre, etwa in dieser Art:

Supposin' he ain't you,
And supposin' I was me,
And supposin' we both were butchers of Wapping.
How very surprised we'd be!

Enden muss das Ganze selbstredend mit einem wilden Tanz im Stil des Breakdowns. Hernach gehört die Bühne dann Mr. Tambo:

»Sag mal, MR. BONES, was hat der Knabe da mit der Saint Paul's Cathedral gemeinsam? Na, weißt du's? Ha! So viel du auch rumkurvst, du kommst einfach nicht an ihm vorbei!«

Dies bleibt eine bloße Skizze, die durch das Talent und die Fähigkeiten aller Beteiligten erst zur Vollendung geführt würde. Wir bringen nur die Ansichten Tausender zum Ausdruck, wenn wir rufen: »Es ist wieder Saure-Gurken-Zeit! Gebt, ach gebt uns unseren TICHBORNE-FALL zurück!«

BAND FÜNF

Bogle: Ich für meinen Teil bin nie überrascht.
Hawkins: Sie sind nie überrascht?
Bogle: Mein Leben lang nicht. Ich kann mich nicht erinnern, es je gewesen zu sein.

AUS DEM GERICHTSPROTOKOLL

1

London Daily News, Freitag, 10. November 1871

Bei der erneuten Zusammenkunft des Gerichts wird als erster Zeuge Andrew Bogle aufgerufen, der Schwarze, dessen Name im Verlauf der Verhandlung bereits so häufig gefallen ist, und wir brauchen kaum zu erwähnen, dass sein Erscheinen im Zeugenstand allgemein erhebliches Interesse hervorruft. Er ist ein älterer, ehrbar wirkender Mann mit sanft von Grau durchsetztem Haar und verfügt über eine kluge Miene sowie auffallende Sanftheit in Stimme und Auftreten. Er erbittet sich eine Sitzgelegenheit, und ihm wird umgehend ein Stuhl in den Zeugenstand gebracht. Sein Erscheinungsbild wird von einem himmelblauen Kragenbinder beherrscht, der tags zuvor Anlass zu einigen spöttischen Bemerkungen seitens der Anwaltschaft gab. Befragt wird er von Mr. Serjeant-at-Law Ballantine, und zwar wie folgt:

SB: Ich höre, Sie waren unlängst sehr krank.

B: Ja, eine Zeit lang.

SB: Ich höre weiter, Sie residieren derzeit in Harley Lodge, dem Wohnsitz von Sir Roger Tichborne.

B: Ja.

SB: Wie alt sind Sie, Bogle?

B: Vierundsechzig Jahre.

SB: Und Sie sind von der Insel Jamaika gebürtig?

B: Ja.

SB: Erinnern Sie sich noch, dort als Elfjähriger dem verblichenen Mr. Edward Tichborne begegnet zu sein?

B: Daran erinnere ich mich.

SB: Es handelt sich um den Herrn, der später zu Sir Edward Doughty wurde?

B: Ja.

SB: Sie erinnern sich also an seinen Aufenthalt auf Jamaika?

B: Ja.

SB: Wie ich höre, verwaltete er einige Anwesen im Besitz des damaligen Duke of Buckingham?

B: Ja.

SB: Wie wurden Sie mit ihm bekannt?

B: Ich ging jeden Morgen zu ihm ins Haus.

SB: Hatten Sie eine Anstellung als Hausdiener bei ihm?

B: Er ließ mich Nachrichten überbringen.

SB: Und das mündete in eine Anstellung als Hausdiener. Blieben Sie als Hausdiener in seinen Diensten, solange er auf Jamaika weilte?

B: Ja.

SB: Und als er nach England zurückkehrte, haben Sie ihn als Diener begleitet?

B: Ja.

SB: Und Sie blieben dann ein halbes Jahr in England? Sie wohnten in Tichborne Park und in Upton Park?

B: Ja.

SB: Tichborne Park war Ihr Zuhause, aber Sie reisten auch oft nach Alresford?

B: Ja, sehr oft.

SB: Und nach Ablauf des halben Jahres kehrten Sie mit Ihrem Herrn nach Jamaika zurück?

B: Ja.

SB: Haben Sie achtzehn Monate lang mit ihm auf Hope Estate verbracht, das sich im Besitz des Duke of Buckingham befand? Und hat Mr. Tichborne nach Ablauf dieser Zeit die Verwaltung des Anwesens aufgegeben?

B: Ja, und er hat mich mit sich nach England genommen.

SB: Kurz nach seiner Ankunft in England verstarb eine gewisse Miss Doughty.

B: Ja, so kam er in den Besitz beider Anwesen.

SB: Und Sie blieben bis März 1853 in seinen Diensten?

B: Ja, und während der letzten zwanzig Jahre seines Lebens war ich sein Kammerdiener und ständig an seiner Seite.

SB: Haben Sie ihn nach seiner Heirat auch auf seine Reisen ins Ausland begleitet? Und machten Sie im Wesentlichen die Bekanntschaft sämtlicher Mitglieder der Familien Doughty und Tichborne?

B: Das stimmt.

Im weiteren Verlauf der Befragung gibt der Zeuge zu Protokoll:

B: Ich selbst war zweimal verheiratet, das erste Mal mit Lady Doughtys Krankenschwester, das zweite Mal mit der Schullehrerin. Beide leben nicht mehr.

SB: Wann sind Sie dem jungen Tichborne erstmals begegnet?

B: Vor vielen, vielen Jahren. Er war damals noch ein kleines Kind und fing gerade an zu laufen. Damals besuchte er Sir Doughty oft in Upton. Ich kannte seine Eltern sehr gut. Sein Kindermädchen hieß Sarah Passmore. Ich erinnere mich noch, dass er nach Stonyhurst kam und seine Ferien danach meistens in Tichborne verbrachte. Zwischen seinem Zimmer und dem meinen lag nur ein weiterer Raum. Ich ging oft mit ihm zum Jagen und zum Angeln, beide Tätigkeiten sagten ihm sehr zu. Er rauchte Tag und Nacht.

SB: Wurde auf Tichborne viel Besuch empfangen?

B: Gelegentlich.

SB: Schätzte er die Gesellschaft anderer Gentlemen?

B: Nein, er kam lieber nach unten zu den Bediensteten, als sich mit den Gentlemen abzugeben.

(Gelächter.)

SB: Gab es mehrere Wildhüter?

B: Nur einen und noch einen Jungen, mit beiden verbrachte er viel Zeit.

SB: War er in irgendeiner Form musikalisch?

B: Ja, er machte einigen Radau mit dem Waldhorn.

(Gelächter.)

SB: Wie war sein Englisch?

B: Anfangs ausgesprochen schlecht – er sprach es nur gebrochen; aber bis er aus England fortging, hatte es sich sehr gebessert.

SB: Nach Sir Edward Tichbornes Ableben verblieben Sie dann im Dienst von Tichbornes Vater?

B: Ja, etwa vier Monate.

SB: Man hatte nichts an Ihnen auszusetzen?

B: Nicht, dass ich wüsste.

SB: Nachdem Sie dann aus seinen Diensten ausgeschieden waren, haben Ihre Frau und Sie den Entschluss gefasst, nach Australien zu gehen?

B: Ich habe im Anschluss geheiratet, und im Frühjahr 1854 gingen wir nach Sydney.

SB: Kommunizierten Sie in dieser Zeit mit Lady Doughty?

B: Ja. Ich erhielt von ihr Geld für die Überfahrt, und bis zu der Zeit, als ich mit dem Kläger nach England zurückkehrte, erhielt ich von Lady Doughty ein Gnadengeld von fünfzig Pfund im Jahr. Seit ich wieder in England bin, wurde diese Zuwendung ausgesetzt.

2

Zu Fuß nach Willesden

Sofern es sich bei der Zeugenbefragung um ein Stimulans handelte, wirkte sich dieses auf beide Frauen unterschiedlich aus. Während es bei der einen gewaltigen Hunger auslöste – der sich ohne größere Mühen durch ein knusprig gebratenes Kotelett stillen ließ –, rief es bei der anderen den Drang hervor, trotz der Kälte ihre Beine zu bewegen. Doch für Eliza war auch das ein Hunger. An manchen Nachmittagen hätte sie nicht einmal sagen können, wie weit sie letztendlich kommen würde. Sie hätte ewig weiterlaufen können. Stattdessen war sie, sobald sie den Hügel von Kensal Rise erklommen hatte, überrascht, genau das zu erleben, worauf sie aus gewesen war. Den übermächtigen Eindruck eines Déjà-vus. Dem auch das Wissen nichts von seiner Macht nahm, dass sie sich hier nicht an eine Episode aus ihrem eigenen Leben erinnert fühlte, sondern es sich um ein literarisches Echo aus *Jack Sheppard* handelte, dem einzigen der vielen Bücher ihres Cousins, das ihr je wirklich gefallen hatte:

> Gleich unter ihr lag Willesden – das reizendste und zugleich abgeschiedenste Dörfchen im Umkreis der Metropole – mit seinen verstreuten Bauernhäusern, den noblen Gutshöfen und dem alten grauen Kirchturm, der eben noch über die Wipfel eines von Krähen heimgesuchten Wäldchens lugte … Schön ist ein jedes Kirchlein auf dem Lande, doch Willesden hat das schönste Landkirchlein zu bieten, das wir kennen …

Dorthin lenkte Mrs. Touchet nun ihre Schritte. Die Bauernhäuser waren weniger verstreut und die Gutshöfe längst eingezäunt, doch das mittelalterliche Kirchlein war immer noch da. Fern und still, wie aus der Zeit gefallen. Als sie sich dem Tor näherte, erschien ihr der Kirchhof verändert, doch nur weil das Gedächtnis ihn in einem ewigen Mai bewahrt hatte. Auf dem Höhepunkt ihrer Freundschaft waren William, Charles und sie allsonntäglich hierher nach St. Mary galoppiert, setzten leichtfertig über die Gatter, jagten einander … Wenn sie dann vom Pferd stieg, fand sie Blütenblätter in ihrem Haar. Jetzt herrschte trostloser November. Mrs. Touchets Tage zu Pferd lagen hinter ihr. Sie beugte den hageren Körper, um durch das niedrige Portal zu passen, und entdeckte die Kugeln der Roundheads, die dort immer noch im Gemäuer steckten. Irgendwo hörte sie einen Küster umherschlurfen. Hier, in der leeren Kirche, vor der leeren Mauernische – wo einst, vor Cromwells Plünderzug, eine Schwarze Madonna stand –, bekreuzigte sie sich nun, wie sie es stets getan hatte, obgleich sie schon längst nicht mehr um Cromwells Seele bangte. Sie trat in das östliche Eck, um eine Kerze für Frances anzuzünden. Dann entzündete sie, aus einem wunderlichen Impuls heraus, noch zwei weitere: eine für jede von Mr. Bogles verstorbenen Gattinnen.

Der 6. März 1838. Kommenden März, dachte Mrs. Touchet, ist meine Frances länger tot, als sie je gelebt hat.

3

Jack Sheppard, 1838

Am Ende geschah es dann sehr plötzlich, inmitten des allgemeinen Aufruhrs, der Sorgen. Frances weilte noch im Hause ihres Vaters, und ihre Eltern, die Ebers, hatten William die Vernachlässigung seiner ehelichen Pflichten vorgeworfen und ohne sein Wissen die Kinder aus dem Internat genommen. Mrs. Touchet war indes nach Kensal Lodge zurückgekehrt, um den Haushalt zu führen, weil niemand mehr da war, der das sonst übernehmen konnte. Das *Rookwood*-Geld war aufgebraucht. Vergeudet an Portwein, Goldknöpfe, die ständigen Gäste. Sein Nachfolger – der am französischen Hof zur Zeit Heinrichs III. spielte – hatte sich als wirr und wenig populär erwiesen: Der Verlag hatte nicht einmal seine Kosten wieder einspielen können. Und mitten in diesem ausgewachsenen Ainsworth'schen Ungewitter starb urplötzlich Frances. Sie hatten sie seit drei Monaten nicht gesehen – und doch war sie gestorben. Mrs. Touchet sollte als Unterhändlerin zu den Ebers entsandt werden, um sie zur Rückkehr zu bewegen – doch sie war gestorben. In ihren Tagträumen von einer wagemutigeren Eliza hatte sie sich sogar ausgemalt, mit der flüchtigen jungen Frau nach Italien zu reisen, wo die Sonne sämtliche Übel heilte, wo sie sich ein kleines Haus gesucht hätten, versteckt in einem Olivenhain, und nach ein paar Monaten ein Schreiben nach Kensal Lodge geschickt hätten, in dem sie sich zu der Absicht bekannten, dort bleiben zu wollen. *Wir haben uns entschlossen, wie jene Frauen auf Llangollen zu leben, wenn auch in weißen Baumwollstoff gekleidet statt in schwarze Kammwolle …*

Doch stattdessen war sie gestorben. Die Ebers setzten sie im Familiengrab in Oxfordshire bei, und William war zu dem Begräbnis nicht geladen und seine wunderliche Cousine erst recht nicht. Mrs. Touchet gab Chesterfield auf und zog dauerhaft nach Kensal Rise. *Meine Frances ist tot.* Ganz gleich, wie oft sie sich das sagte, es blieb doch eine ganz unmögliche Tatsache. Sie nicht zu glauben hieß jedoch, dem Wahnsinn zu verfallen. Wochen tränenreicher Qual. Jetzt, mehr als dreißig Jahre später, stellte sie fest, dass sie sich kaum an jene Zeit erinnern konnte und ihr nur das geblieben war, was darauf folgte. Die Leere. Wie sie sich in ihr aufgetan hatte. Wie sie Tag für Tag hier in Willesden in der immer gleichen Kirchenbank saß und auf die immer gleiche leere Nische blickte, mit gleichfalls leerem Geist.

Im Verlauf dieses aufwühlenden Jahres 1838 hatte sie schließlich auch zu begreifen geglaubt, wozu Schreiben diente oder wozu es wenigstens in Williams Fall gut war: um der Leere zu entkommen. Sich abzulenken. Nach einer Woche schon saß er wieder an der Arbeit, wie man es von ihm kannte, und schrieb an seinen alten Freund Crossley. Ob dieser womöglich Material zum Jahre 1724 oder der Regentschaft Georges I. besitze? Ob er, wenn William nach Manchester komme, ihm dann wohl eine Ausgabe des *Newgate Calendar* borgen könne …?

Im April war sein *Jack Sheppard* bereits weit fortgeschritten. Sie las das Buch, während er noch daran schrieb. Sie las es vor allen anderen. Es war Jacks Mutter, Mrs. Sheppard, die oben auf dem Hügel stand und auf St. Mary hinunterblickte. Und es war hier, in ebendieser Kirche, wo der junge Jack sein Leben als kleiner Spitzbube begann, indem er einem Kirchgänger die Taschen ausräumte. Eliza verstand sich als kultivierte Leserin, doch *Jack Sheppard* erweckte das Kind in ihr. Ihr stockte der Atem, als der jugendliche Dieb die Mauern des Newgate Prison erklomm. Sie weinte Tränen moralischer Entrüstung, als Jonathan Wild, der führende »Diebesfänger« der Staatsmacht, sich ebenso sehr als Dieb erwies wie die armen

Sünder, die er an den Galgen brachte. Und als der junge Jack ein drittes Mal aus dem Gefängnis entkam, war ihr klar, dass dieser berüchtigte Einbrecher von Newgate mehr Leben in sich barg als ein ganzes Dutzend französischer Fürsten. Als sie zu Ende gelesen hatte, dachte sie: *geschmacklos, gewalttätig, sensationslüstern und lachhaft*. Doch sie begriff auch, dass sie sich vorläufig nicht mehr um die Portweinpreise würde sorgen müssen. Sie verbesserte nichts, erhob nur vehement Einspruch gegen eine Verführungsszene, in der sich Jack zwei Dirnen gleichzeitig hingab: der schwarzhaarigen »Amazone« Bess Edgworth und der blonden, stupsnasigen Polly Maggot. Diese Szene »schockiere« sie. So hatte sie es damals behauptet. So hatte sie sich nach Kräften bemüht, es selbst zu glauben. Nun fragte sie sich, ob sie nicht Gottesfurcht und Abscheu mit Entrüstung und Bedauern verwechselt hatte. Warum war William bloß so spät erst eingefallen, sich im Roman auszumalen, was die Wirklichkeit soeben für immer unmöglich gemacht hatte?

4

Die »Newgate-Kontroverse«

Eins jedoch wusste sie beim besten Willen nicht mehr: ob der echte Jack Sheppard je in Willesden gewesen war. Auf dem Höhepunkt des *Sheppard*-Fiebers – als der Roman sich besser verkaufte als *Oliver Twist* und auf gleich mehreren Bühnen in grässlichen Musikversionen gegeben wurde – bekam sie des Öfteren die Behauptung zu hören, der Bursche habe seine letzte Ruhestätte auf diesem kleinen Friedhof unweit der Willesden Lane gefunden. Vielleicht hatte William das ja in die Welt gesetzt. Im Lauf der Jahre war es ihm trotz allem gelungen, so einiges in die Welt zu setzen, was zuvor nicht da gewesen war. Speckseiten, Linden und Dick Turpin, der durch Cricklewood galoppiert. Eliza schrieb dies gar keiner besonderen Begabung ihres Cousins zu, sondern vielmehr dem Umstand, dass ein Großteil der Leute sich doch als ausnehmend leicht zu beeinflussen erweist, mit Köpfen gleich einem Sieb, durch dessen Löcher die Wahrheit fällt. Fakt und Erfindung verschmelzen in ihrem Geist. Lieder, die William vor Jahren geschrieben hatte, kehrten nun auf die Bühnen zurück und wurden irrtümlich als historisch betrachtet. Wie viele Londoner glaubten wohl heute noch, Jack Sheppard habe noch am Fuß des Galgens in Tyburn vor der wartenden Menschenmenge gesungen: *Nix my doll, pals, fake away …?*

Stehlt weiter, Freunde! Vom Leben ins Erfundene und vom Erfundenen zurück ins Leben. Was für ein grauenvolles Geschäft. Zumindest William betrieb es reichlich ungeschickt, in seliger Unbedarftheit. Sein Freund Charles hatte es hingegen meisterlich verrichtet – gleich einem Schauspieler. Ebendas war ja so gefährlich an ihm. Charles Dickens spielte ständig eine Rolle. Darum hatte es Mrs. Touchet auch kein bisschen überrascht, dass sich die Rolle »Williams bester Freund« ebenfalls nur als vorübergehende erwies. Tatsächlich hatte sie bereits Unmut am Horizont aufdämmern sehen, als *Sheppard* in Fortsetzungen in *Bentley's Magazine* zu erscheinen begann, während *Twist* im selben Organ seinem Ende entgegenging. Sie sah, wie Charles zusammenfuhr, wann immer beide Bücher gemeinsam als »Newgate-Romane« bezeichnet wurden, zumeist in Abhandlungen, die sich um die nachteilige moralische Wirkung selbiger Newgate-Romane sorgten. Ein Zusammenstoß schien unausweichlich. Beider Zartgefühl war gänzlich gegensätzlich. Charles – vorsichtig und stets auf seine Reputation bedacht – verabscheute unerlaubte Bühnenfassungen seines *Twist,* während William sich für jegliches *Sheppard*-Stück begeisterte, ganz gleich, wie schlecht ausgeführt, wie unsäglich gekürzt oder von was für grauenhaften Liedern durchsetzt es auch sein mochte. Er freundete sich mit denselben skrupellosen Impresarios an, die Charles längst zu seinen Feinden zählte. Und als Charles den Herausgeberposten bei *Bentley's Magazine* auf- und an William weitergab – der entzückt annahm –, schien einzig Mrs. Touchet zu begreifen, dass dies die Art des Jüngeren war, nicht nur die Zeitschrift, sondern auch die Freundschaft von sich zu werfen. Nur wenig später entsandte Dickens seinen Lakaien John Forster, um die Angelegenheit mittels eines haarsträubenden Verrisses im *Examiner* zu Ende zu bringen. Womit er – nach Mrs. Touchets Dafürhalten – nur den einzigen Zweck verfolgte, den größtmöglichen Abstand zwischen schlecht geschriebenen, moralisch verwerflichen Büchern wie *Jack Sheppard* und all dem zu etablieren, was sein guter Freund Charles verfasste.

Sie hätte nie mit Gewissheit sagen können, wie sehr dies alles William kränkte. Damals besaß er noch ein dickes Fell – das er auch nötig hatte – und ein ewig sonniges Gemüt, das sich von keiner bösen Ahnung erschüttern ließ. Die Verkaufszahlen explodierten. Die Kinder kehrten nach Kensal Lodge zurück. Es hatte sich gezeigt, dass die Ebers leicht zu kaufen waren, und plötzlich war auch wieder das nötige Geld vorhanden, um das zu tun. Elizas Cousin sah den Ärger nicht, der auf ihn zukam, bis er schließlich, einem seiner geliebten Ainsworth'schen Blitze gleich, auf der Titelseite der *London Daily News* einschlug:

MORD AN LORD WILLIAM RUSSELL!
BUTLER GESTÄNDIG
FOLGTE DEM VORBILD VON AINSWORTHS
JACK SHEPPARD

Das entsprach nicht der Wahrheit. Russells Butler mochte – auch das war strittig – den *Newgate Calendar* gelesen und in den darin geschilderten heroischen Verbrechen Inspiration gefunden haben. Doch allein die Verbindung reichte bereits aus. Die Verkaufszahlen brachen ein. Von allen Seiten hagelte es überspannte und eigennützige Verurteilungen der Verfasser der Newgate-Romane, von just den Menschen, die die Lieder gesungen, die Stücke besucht und die Fortsetzungen verschlungen hatten. Charles allerdings hatte sich zu diesem Zeitpunkt längst aus der Schusslinie gebracht. So janusköpfig wie Jonathan Wild.

Die Welt steckt voller Heuchler: Das konnte Mrs. Touchet weder überraschen noch betrüben. Sie hatte schon viel zu lange gelebt – und viel zu oft den Queen's-Bench-Gerichtssaal besucht –, um von diesem Umstand noch in irgendeiner Form verblüfft zu sein. Viel schlimmer war nach ihrem Dafürhalten das grausame Umlenken oder Verdrehen des natürlichen Laufs der Dinge, als würden wir einen Fluss unter die Erde drängen oder einem Kind unseren Willen aufzwingen. Als sie nun daran zurückdachte, bedauerte sie zutiefst, auf welchen Weg William dadurch gelenkt worden war. Fort in eine ferne, sagenumwobene Vergangenheit – in der er sich am sichersten fühlte – oder weit hinauf in den Äther, ins Übernatürliche, wo ohnehin nichts wahr und nichts von Belang ist. All die höfischen Intrigen, die Könige und Königinnen, die Musketen, die

Spitzenborten und Holztäfelungen! All die wundersamen Hellseherinnen, Hexen und Gespenster! Nie wieder sollte er jenen Geschichten echte Aufmerksamkeit schenken, die sich direkt vor seinen Augen abspielten. Geschichten wie die ihre – oder auch die von Mr. Bogle. Geschichten über Menschen, die kämpften, litten, einander und sich selbst in die Irre führten, die grausam zueinander waren oder auch gütig. In den meisten Fällen beides.

5

Wie ein Ei dem anderen

SERJEANT-AT-LAW BALLANTINE: Haben Sie Sydney jemals verlassen und andere Teile der Kolonie bereist?

BOGLE: Nie weiter als in einem Umkreis von fünf Meilen.

SB: Sie waren also nie in Wagga Wagga?

B: Nein.

Im Zuge der weiteren Befragung erklärt der Zeuge, sein Sohn, der Barbier sei, habe im August 1866 einen Mann rasiert, der bekundete, er habe in einem nahe gelegenen Hotel Sir Roger Tichborne gesehen.

SB: Haben Sie sich daraufhin in die Nähe des Metropolitan Hotel in Sydney begeben?

B: Das habe ich.

SB: Und als Sie sich dem Hotel näherten, sind Sie da jemandem begegnet?

B: Niemandem, den ich kannte.

SB: Aber Sie haben jemanden erblickt, den Sie zu kennen glaubten?

B: Einzig den Anwärter. Bis auf ihn habe ich niemanden erblickt, und er stand mit jemand anderem im Hof – hinter dem Hotel. Ich nahm in der Vorhalle Platz, um auf ihn zu warten.

SB: Hatten Sie zu diesem Zeitpunkt bereits eine Beschreibung seines Äußeren erhalten?

B: Keine andere als die, die mein Sohn mir gegeben hatte.

SB: Was war Ihr Eindruck?

B: Nun, kaum dass ich ihn sah, erkannte ich ihn als Roger Tichborne; gleich auf den ersten Blick.

SB: Wie weit entfernt ging er an Ihnen vorbei?

B: Vielleicht drei oder vier Schritte weit.

SB: Hat er Sie auch gesehen?

B: Er sah mich, blieb stehen und schaute mich an. Ich hielt seinen Blick und lächelte, da kam er zu mir hin und sagte: »Na so was, bist du das, mein alter Bogle?«, und ich sagte: »Ja, Sir.« Dann sagte er noch zu mir, er wolle nach oben, und ich glaube, er sagte auch: »Wir sehen uns gleich.« So habe ich ihn wenigstens verstanden, und nur wenige Minuten später trat ein Kellner zu mir und forderte mich auf, ihm zu folgen. Ich ging dann hinauf und traf Sir Roger allein auf seinem Zimmer an. Ich sagte: »Bitte verzeihen Sie, ich wollte Sir Roger Tichborne aufsuchen, aber das sind Sie nicht, oder?« Da sagte er: »O doch, Bogle, das bin ich.« Ich sagte: »Wie stämmig Sie geworden sind!« Und er erwiderte: »Ja, ich bin nicht mehr der schlanke Knabe, der ich war, als ich aus Tichborne aufbrach.«

SB: Hat er Ihnen noch weitere Fragen gestellt?

B: Er erkundigte sich, wie lange ich schon in Sydney sei, und ich antwortete, etwa zwölf Jahre. Anschließend fragte er mich, ob ich weiter bei seinem Vater in Tichborne geblieben sei, nachdem er selbst fortgegangen war. Ich sagte, ich sei etwa vier Monate dort geblieben. Er wollte wissen, warum ich gegangen sei, und ich berichtete ihm, der Grund sei gewesen, dass Mr. Gosford, der Verwalter des Anwesens, Änderungen vorgenommen habe. Ich erzählte, nach einem Gespräch mit Sir James sei ich fortgegangen. Er erkundigte sich, ob die Gebrüder Godwin noch am Leben seien.

SB: Um wen handelt es sich da?

B: Um Bauern aus der Umgebung von Tichborne, von denen einer einen Hof gepachtet hatte. Er sagte zu mir, der alte Godwin sei ein gewaltiger Geizkragen gewesen und habe seine beiden Söhne kaum einmal eine Half-Crown ausgeben lassen.

SB: Hat er noch weitere Personen erwähnt?

B: Ja. Ich hatte bis zu diesem Zeitpunkt nicht gewusst, dass Godwin zwei Söhne hatte. Ich glaubte immer, es sei nur einer. Dann fragte er mich nach Mrs. Martin, ob sie noch lebe.

SB: Wer war sie?

B: Die Krankenschwester der Mutter meines Dienstherrn. Ich sagte ihm, als ich fortging, sei sie noch am Leben gewesen; diese Mrs. Martin war eine steinalte Frau, gewiss achtzig Jahre alt, der man nie einmal zufällig außerhalb des Hauses begegnete. Er erkundigte sich auch nach zwei Brüdern mit dem Namen Guy, die im Dorf gut bekannt waren.

SB: Um wen handelte es sich da?

B: Nun, es waren recht zwielichtige Gesellen.

(Gelächter.)

SB: Erwähnte er noch jemanden?

B: Ja, er erkundigte sich nach Etheridge, dem Dorfschmied.

SB: Erinnern Sie sich, ob er noch von etwas anderem sprach?

B: Er fragte mich, ob ich mich erinnere, wie ich mit ihm und Brand, dem Wildhüter, Kaninchen jagen gegangen sei. Das kam nicht selten vor.

SB: Wie lange dauerte das Gespräch?

B: Etwa eine Stunde, dann fragte er noch, ob ich mich erinnern würde, wie oft sein Onkel Edward in die Luft gegangen sei.

SB: Und ist dieser Onkel Edward oft »in die Luft gegangen«?

B: Es kam vor.

(Gelächter.)

SB: Sonst noch etwas?

B: Ja, ich erzählte ihm, ich hätte von dem Schiffbruch gehört und dass er verschollen gewesen sei, und er sagte, es sei fürchterlich gewesen, er habe um ein Haar sein Leben lassen müssen. Das war die einzige Gelegenheit, zu der ich mit ihm über den Schiffbruch gesprochen habe.

SB: Hat er die erwähnten Personen beim Namen genannt oder Sie?

B: Immer er. Ich hatte an keine von ihnen je mehr gedacht, abgesehen von Mr. Gosford. Dann sagte er mir, er wolle mit dem nächsten Postschiff nach England reisen, und ich sagte, man wäre dort sicher sehr froh, ihn wiederzuhaben.

SB: Hegten Sie Ihrerseits Pläne, nach England zurückzukehren?

B: Zu dem Zeitpunkt nicht, doch vorher hatte ich es oft erwogen. Nach diesem ersten Gespräch suchte ich ihn täglich auf, aber er war nur selten zugegen, und ich konnte bloß vier Mal mit ihm sprechen.

SB: Nun, nachdem Sie ihn so häufig gesehen haben, hegen Sie noch irgendeinen Zweifel daran, dass er der Roger Tichborne früherer Tage ist?

B: Nicht den geringsten.

SB: Haben Sie ihm je Informationen über sein früheres Leben zukommen lassen, um seine Anwartschaft zu unterstützen?

B: Nicht eine. Ich könnte ihm viele Informationen zukommen lassen, wenn er mich fragen würde, aber er hat mir nie auch nur eine Frage gestellt.

SB: Waren Sie nach dem ersten Gespräch im Hotel überzeugt, dass er Roger Tichborne ist?

B: Ja, das war ich. Tatsächlich ähnelt er einem seiner Onkel so sehr, dass ich es unmöglich übersehen konnte. Ich bin mein Lebtag niemandem begegnet, der dem seligen Sir Henry Tichborne so sehr gleicht.

SB: Sie gleichen sich also?

B: Ja, wie ein Ei dem anderen.

(Gelächter.)

6

Vergebung per Stereoskop, 1845

Mrs. Touchets Nerven waren derart zerrüttet, dass sie es den Mädchen überließ, den Tisch fertig zu decken, und stattdessen im Vorgarten auf und ab ging. In Kensal Lodge wäre das ein sehr vernünftiges Vorgehen gewesen; doch der Garten in Kensal Manor war deutlich größer und um einiges schöner, er wartete mit einer perfekten Eiche und einer rustikalen Bank darunter auf – so setzte sie sich. Zog das verstörende Schreiben aus der Rocktasche und las es noch einmal:

Verehrte Mrs. Touchet,
ich schreibe Ihnen mit einiger Hast, um die Vier-Uhr-Post noch abzupassen. Vielleicht erinnern Sie sich ja an Williams Ankündigung seiner künftigen Herausgeberschaft in der New Monthly? *Er hofft darin auf Beiträger, »die nicht nur hinsichtlich ihres Talents, sondern auch hinsichtlich ihrer gehobenen Stellung ausgezeichnet sind«. Ich sage es ganz offen: Ich nahm Anstoß daran, womöglich mehr als unbedingt ziemlich, und verfasste eine etwas unbeherrschte Erwiderung darauf für den* Punch, *denn ich bin der Überzeugung, dass eine gehobene Stellung in unserer Republik des Geistes keinerlei Rolle spielen darf. Wie dem auch sei, ich schrieb meine Erwiderung nieder, schickte sie ab und dachte nicht weiter mehr daran. Derweil ging mir vor drei Tagen eine Einladung nach Kensal Manor für den heutigen Abend zu, die ich mit Freuden annahm und weiterhin wahrnehmen werde – doch nun wird mir klar, dass*

die fragliche Ausgabe des Punch *gestern erschienen ist. Ich habe William bereits geschrieben, mich erklärt und um Verzeihung gebeten. Glauben Sie, er wird mir vergeben?*
Mit bestem Gruß, Ihr
William Thackeray

Es war beinahe sieben Uhr. Als weitere Gäste wurden erwartet:

Maclise.

Chapman.

Chapmans Bruder.

Ein junger Anwalt namens Ballantine mit einem langen Pferdegesicht.

Eine grauenvolle Dichterin, der William »im Theater« begegnet war.

Die Mädchen.

Eliza kaute am Daumennagel und blickte über die Schulter zu den Fenstern des Esszimmers zurück. Sie konnte sehen, wie William und seine drei Grazien lachten und einander neckten, anstatt fein säuberlich die in Rosa und Gelb verpackten Bonbons auf jedem Gedeck zu verteilen, wozu sie eigentlich angehalten waren. Er wirkte viel mehr wie ein älterer Bruder als wie ein Vater. Ob er die Vier-Uhr-Post schon durchgesehen hatte?

Fünf Minuten später stand sie, leicht benommen, William gegenüber an der Haustür, hieß Gäste willkommen und achtete nur darauf, ob eines der Gesichter, die an ihr vorbeizogen, eine platt gedrückte Boxernase und einen freudlosen Ausdruck aufwies. Dann war es mit einem Mal da: Puterrot maß es sie mit flehentlichem Blick, als besäße sie die Macht, die Zeit anzuhalten, sie zurückzudrehen oder auf andere Art die Notwendigkeit zu beseitigen, dass Thackeray sich schließlich umdrehen und seinem Gastgeber auf der anderen Seite der Haustür gegenübertreten müsste.

»Ho! Thackeray!«

»Guten Abend, William.«

»Ach, was wir Ihnen heute Abend wieder an Köstlichkeiten präsentieren werden! Absteigend nach Genuss geordnet, wären da zu nennen: meine Töchter …«

»Nun, die sind ja stets …«

»… ich war noch längst nicht fertig: die Töchter, eine kapitale Gans, eigenhändig mariniert von unserer Mrs. Touchet, Bonbons mit literarischen Sinnsprüchen geradewegs aus Paris, frische Erbsen aus dem eigenen Garten, allerlei in Aspik, von dem ich nicht weiß, woher es stammt und wem wir es verdanken – aber Mrs. Touchet weiß das gewiss –, ein brillanter junger Anwalt, der, anders als Ihr Gastgeber, gescheit daherreden wird, eine darbende junge Dichterin, die ich unter meine Fittiche zu nehmen gedenke, etliche alte Freunde UND eines der Wunder unserer Zeit: ein Stereoskop.« Die Röte war aus Thackerays Gesicht gewichen, und nun ergriff auch er die Hand, die sein Gastgeber ihm entgegenstreckte. »Und weit und breit kein Lord und keine Lady, das verspreche ich Ihnen.« Die Röte kehrte zurück. William lachte: »Herein, herein. Ihr heißer Kopf ehrt Sie, möchte ich meinen. Und eines steht fest: Ihnen entgeht keine Ungerechtigkeit.«

Staunend schloss Mrs. Touchet die Tür hinter ihnen.

Womöglich lag es an Williams Talent zur Freude, womöglich auch an Mrs. Touchets Marinade, den Trauben in Aspik, die die Köchin zubereitet hatte, der strahlenden Schönheit der Mädchen oder dem ausnehmend guten Portwein. Jedenfalls wurde es ein vollkommenes Dinner. Die einzige Hürde ergab sich gegen Ende mit den Bonbons, die Mrs. Touchet just deswegen ausgewählt hatte, weil jedes einen Spruch aus einem Roman enthielt. Doch nachdem die Tischgesellschaft bereits Zeilen von Austen, Richardson, Bunyan und anderen verstorbenen Großmeistern korrekt zugeordnet hatte, öffnete Mrs. Touchet ihr Bonbon und sah vor sich die Sätze jenes einen, der aufs Unbändigste weiterlebte, obwohl er inzwischen viel zu beschäftigt war, um sich noch zum Dinner einzufinden.

»Könnten Sie das nochmals wiederholen?«, sagte Chapman. »Sie flüstern.«

»Ach, es ist auch kein besonderer Satz: ›*Uns selbst sehen – das können wir nicht und konnten es nie – und wir werden es wohl auch niemals können.*‹ Mir will scheinen, Mr. Chapman, das sollten just Sie ganz genau identifizieren können.«

»Sieh an, sieh an, bereits vom Bonbon unsterblich gemacht …« William blickte starr auf sein eigenes Zitat, das von Sterne stammte. Stille senkte sich herab, in der offenbar auch alle anderen ihre jeweiligen Zitate plötzlich wieder allerhöchst fesselnd fanden. Schließlich hob William den Kopf und blickte mit gequälter, fragender Miene seine Cousine an:

»Aus den *Pickwickiern?*«

Mrs. Touchet erhob sich und zerknüllte den Zettel in der Hand:

»Aus *Nickleby*. Doch nun zu unserem Stereoskop. Anne-Blanche hat es gestern aus Covent Garden mitgebracht, und wir haben es ganz bewusst für heute Abend aufgespart …«

Die Mädchen bekamen den Vortritt und waren so betört von einer Anzahl Bilder aus dem Kongo, dass William ihnen schließlich die Reihe erwartungsvoller Schaulustiger in Erinnerung rufen musste, die noch hinter ihnen wartete. Die Dichterin favorisierte eine höchst prosaische Ansicht der neu errichteten London Bridge. William und Maclise zeigten sich von einem florentinischen Platz tief verblüfft, dem sie beide attestierten, es sei, »als stünde man leibhaftig dort«. Sie konnten es beurteilen, hatten sie doch beide schon recht häufig dort gestanden.

Der junge Anwalt mit dem Pferdegesicht beugte sich vor und brachte die Augen an die Gucklöcher:

»Ach, das hier ist wirklich gut. Der Kandy Lake. Mein Bruder ist gegenwärtig dort in Ceylon. Unglaublich. Man erkennt die Bäume, das Wasser, die Landschaft – und das alles in drei Dimensionen, als stünde man wahrhaftig dort.«

»Vielleicht bin ich ja ein wenig schwer von Begriff«, warf

Mrs. Touchet ein, »aber habe ich all das nicht tagtäglich direkt vor mir, mein Leben lang? Stehe ich also im Grunde nicht immer ›wahrhaftig dort‹? Die echte Welt präsentiert sich uns doch stets in drei Dimensionen. Sogar in vieren, sofern man noch an eine geistige glaubt.«

Das brachte alle zum Lachen, doch als die Reihe an ihr war, in den sonderbaren Apparat hineinzuschauen, stand Mrs. Touchet der Sinn nicht mehr nach Scherzen. Eine Ansicht Ceylons. In der Ferne ein Berg, davor ein See, drei geheimnisvolle Menschen in einem fremdartigen Boot. Und alles umstanden von unbekannten Bäumen, die sie niemals mit eigenen Augen sehen würde, ihr Leben lang nicht.

7

Beim Lumpensammler

Im Dezember brach Kälte herein. Die Themse fror zu, das Kopfsteinpflaster war glitschig vom Eis, man konnte die Pferde nur bemitleiden. Die Anwälte behielten im Saal ihre Handschuhe an. Richter Bovill konnte sich der Damen, die sich um seine Gesundheit sorgten und ihm heißen Tee und Suppe brachten, kaum noch erwehren. Nach einem langen Vormittag der Kreuzverhöre schlenderten Sarah und Eliza am Fluss entlang, pusteten in die Hände und unterhielten sich angeregt. Sarah hatte ihre Meinung über Bogle geändert:

»Eins muss man ihm ja lassen: Der weiß, wie der Hase läuft. Erst geht er nachsehen, ob die Straßen da unten nicht doch mit Gold gepflastert sind – aber das war nicht so. Da ist ihm London dann doch lieber als New South Wales. Und das ist ja auch nur richtig und anständig von ihm. Wir haben ihm sicher mehr englische Freiheit gegeben – und ihn auch besser behandelt – als sonst irgendwer da auf der gottverlassenen Sträflingsinsel!«

»Hmmm …«

Unvermittelt blieb Sarah stehen und blickte über die Eisfläche hinweg, auf der ein Mutiger einsam saß und durch ein Loch angelte.

»Ich weiß schon, was Sie von mir denken, Mrs. Touchet.«

Mrs. Touchet, schottenrot, wollte Protest einlegen.

»Ach, lassen Sie's gut sein. Ich will nur sagen, mir ist klar, dass wir nicht immer einer Meinung waren, dass Sie dort schon zu Hause waren, bevor ich kam, und alles. Und ich kann auch nicht so vornehm tun wie …«

Noch einmal versuchte Mrs. Touchet zu beteuern, sie habe doch nie …

»Nein, jetzt lassen Sie mich mal reden«, unterbrach Sarah sie mit ungekannter Vehemenz. »Ich sage Ihnen: Ich weiß, was Sie von mir denken. Aber Sie haben keine Ahnung, wo ich herkomme. Mehr will ich gar nicht sagen.«

Sie reckte den Busen vor und ließ das Kinn darauf ruhen. Das sollte signalisieren, dass die Sache für sie beendet war. Doch Eliza hatte sich zeit ihres Lebens geweigert, sich dem Pathos zu beugen, und sah sich nicht imstande, eine Argumentation anzuerkennen, die allein auf Gefühlen beruhte:

»Bei allem Respekt, Sarah, ich bin mir Ihrer … früheren Lebensumstände durchaus bewusst. Und ich kann Ihnen versichern, ich habe Sie im Lichte dessen nie verurteilt.«

Sarah schnaubte nur und reckte ihre Büste noch etwas weiter in die Höhe.

»Bei meinem Leben, das habe ich wirklich nie getan. Ich bin ja selbst mit Entbehrungen vertraut. Mein Mann hat mich in Armut zurückgelassen, als er starb, und wäre William nicht gewesen …«

Doch das Gelächter der zweiten Mrs. Ainsworth ließ sie den Satz nicht beenden.

»Armut, ja? Armut nennt sie das!«

»Ich weiß wahrhaftig nicht, was daran so amüsant …«

»Sie kommen jetzt mal mit.«

»Um drei geht die Sitzung weiter. Wohin genau soll ich mitkommen?«

»Nach Wapping. Ortons Gegend. Und auch meine, wie's der Zufall will. Ich will Ihnen was zeigen. Armut! Pah! Was soll denn das Gesicht? Sie laufen doch so gern, hab ich gedacht? Wenn wir uns beeilen, brauchen wir nur eine Stunde.«

Sie schritten kräftig aus, immer am zugefrorenen Fluss entlang. An der Tower Bridge schien die Eisfläche noch allumfassend und unüberwindlich, doch als sie weiter nach Osten kamen, zerschnitten etliche angelegte Boote sie zu Schollen und Inseln, bis schließlich weder Eis noch Wasser mehr vorhanden schienen, nur Schiffe. Mrs. Touchet brachte ihre Verwunderung zum Ausdruck, dass sie so weit gelaufen waren und nichts als Industrie und Reichtum zu sehen bekamen, Stadthäuser mit Blick auf den Fluss und eine siebenstöckige Zuckerraffinerie, höher als der Turm zu Babel.

»Tja, das sind Camden, Calvert und King – denen gehört das alles hier, die Raffinerie und die ganzen Schiffe, so weit das Auge reicht. In Wapping ist viel Geld unterwegs, das war schon immer so. Wenn man vorgeht bis zum Pier, sieht man wahre Paläste. Wie die Leute mit den großen Schiffen halt so gelebt haben … immer noch leben. Als ich ein Kind war, haben wir die immer nur Kaffer, Kack und Kidnapper genannt.«

Mrs. Touchet setzte bereits zu einem Tadel an, als ihr einfiel, dass sie ja unter sich waren. Und ohne Publikum, das wurde ihr nun klar, störte sie sich im Grunde an nichts, nur an Grausamkeit.

»Mein armer Opa? Der hat mal 'nen Sack Kaffee von einem dieser Schiffe gemopst. Da haben sie ihn nach New South Wales verfrachtet. Gerade mal achtzehn. Kein Mensch hat ihn je wiedergesehen. Burschen ohne Geld sind immer wieder mit den Schiffen aufgebrochen, mal in Ketten und mal nicht – aber zurück kam keiner. Nehmen Sie nur mal Orton! So war das eben. Das ganze Geld schwamm auf dem Wasser, diese Camden-Kerle haben für sich das Beste rausgeholt, und wir haben das Beste aus ihnen rausgeholt. Braucht so 'n Seemann nicht auch was zu essen, was zu trinken und bisschen Zuwendung? Bevor er ins dunkelste Dahomey aufbricht oder wohin es sonst für ihn geht? Das ist heute auch nicht anders. Und wir haben alle was beigetragen. Meine Oma hat uns immer erzählt, man muss von den Schiffen stehlen, von wegen Versicherung. Wir tun denen noch 'nen Gefallen, meinte sie. Die war schon eine Nummer, meine Oma. Ja, stimmt, sie hat's für Geld gemacht, aber alle um sie rum hatten selbstredend Respekt vor ihr. Sie hatte ihren Stolz. Zwei Dinge gab's, wo sie sich geschworen hat, dass sie die niemals macht: ins Armenhaus gehen und 'nen Schwarzen ranlassen, wie's manche hier gemacht haben. Prinzipien hatte die. Und ich hab mir das immer gemerkt.«

Als sie sich Hermitage Wall näherten, veränderten sich die Gerüche und auch die Geräusche, und Sarah bog scharf nach rechts zum Wasser ab, griff nach Elizas Hand und gestattete ihr keinen zweiten Blick in eine schmale Gasse, gesäumt von baufälligen Häusern mit schiefen Dächern und barfüßigen Burschen, die mit boshaften Blicken in den Türen standen. »Ich würd da ja ohne Weiteres durchgehen, Mrs. Touchet, aber für Sie ist das nichts. Ich weiß, Sie glauben, Sie wissen so viel aus den ganzen Geschichten, die Sie lesen, aber hier bei uns sieht das alles ganz anders aus, das kann ich Ihnen flüstern. Wenn Sie durch diese Straße gehen, sind Sie in fünf Minuten in Stepney!«

»Aber was ist denn in Stepney?«, fragte die verwirrte Mrs. Touchet. So weit im Osten war sie noch nie gewesen.

»Was in Stepney ist, will sie wissen!« Erneut musste Eliza ertragen, dass die zweite Mrs. Ainsworth ihr ins Gesicht lachte. »Ein Völkchen, wie Sie ihm nie begegnen wollen, Mrs. Touchet. Ich bin ja selbst ursprünglich aus Stepney. Und wissen Sie, wer noch aus Stepney war? Der gottverflixte Jack Sheppard! Von Kindesbeinen an. Ich glaub, es war die Mutter von der Mutter meiner Großmutter – die hat ihn hängen sehen. Sie hat keine Geschichten drüber gelesen, sie war dabei! Von wegen Willesden. Gott sei unserem Willie gnädig, aber manchmal kommt's mir doch vor, er weiß nicht mal, wo oben und unten ist … Jack Sheppard kam aus Stepney. Und meine Familie war immer schon in Stepney, seit Adam und Eva. Nach Wapping sind die nur gezogen, um der Fürsorge zu entgehen. Ich stamm nämlich von stolzen, freien Leuten ab, Mrs. Touchet. Wir wollen keine Fürsorge von irgendwem, wenn wir dafür mit unserer Freiheit bezahlen müssen. Ich stamm von Leuten ab, die lieber sterben als sich einsperren lassen. Kein Wells hat je ein Armenhaus von innen gesehen, und das wird auch nie passieren. Da leben wir lieber auf der Straße, besten Dank auch. So, wir sind gleich da, nur noch hier die Straße runter.«

Sie folgten einem verschlungenen, gewundenen Weg, und schließlich kamen sie an eine überdachte Gasse. Licht war nur am äußersten Ende zu sehen, wo sich ein niedriger Torbogen hin zu einer steilen Seemannstreppe und der schwappenden Themse dahinter öffnete.

»Wie würden Sie das hier nennen?«

Auf halbem Weg die Gasse entlang stand ein weiteres baufälliges Häuschen mit schiefem Dach. Eliza beäugte es. »Ich würde sagen, ein Pfandleiher.«

»Isses nicht.«

»Ist es nicht …«, korrigierte Eliza aus alter Gewohnheit.

»… isses nicht, kein Pfandleiher und auch kein Trödler. Das da, das ist ein Lumpensammler. Sieht man gleich. Schauen Sie mal ins Schaufenster.«

Dort türmten sich diverseste Gegenstände. Eher Teile von Dingen als die Dinge selbst. Röhren, Schrauben und Bretter. Ein kleiner Berg aus Stuhlbeinen. Schuhe ohne Sohlen, Turnüren ohne Stoff, Hammerköpfe ohne Stiel. Löchrige Taschentücher. Lampen ohne Zündvorrichtung. Spiegelrahmen ohne Glas. Nichts intakt. Nichts sauber. Und über der Tür hing, anstelle der üblichen Messingglocke, ein schwarzes Püppchen in langem weißem Kleid, mit einem weißen Tuch um den Kopf.

»Und wie würden Sie das ganze Zeug hier nennen?«

»Ich …«

»Müll ist das, Mrs. Touchet. Das Letzte vom Letzten. Zum Pfandleiher geht man, um den Smaragdring zu versetzen oder die goldene Uhr. Und man weiß, man kriegt sie zurück, wenn das Schiff erst wieder im Hafen ist. Bei so einem waren Sie bestimmt auch mal, das glaub ich Ihnen schon. Bevor bei Ihnen das Schiff wieder im Hafen war. Als Sie ›Armut‹ gelitten haben. Aber ein Trödler ist schon was anderes – der steht ’ne Stufe tiefer. Beim Trödler verkaufen Sie Ihren Stuhl, Ihren guten Anzug, Ihr Bett, und dann isses … *ist es* Ihnen schon klar, dass Sie nix davon wiedersehen. Aber zumindest können Sie noch mal drei Monate Ihre Miete bezahlen, also machen Sie's. Vielleicht lieg ich ja falsch, aber ich glaub doch, zum Trödler mussten Sie nie nicht hingehen, oder, Mrs. Touchet?«

Unwillkürlich blickte Mrs. Touchet auf den Granatring an ihrem Finger, schon vor langer Zeit wieder ausgelöst.

Sarah lächelte. Es war kein nettes Lächeln. Ein schneidendes Lächeln, mit einer Drohung darin.

»Und der Lumpensammler ist wieder 'n ganz anderes Paar Stiefel. Lumpenläden sind für solche, die noch weniger als gar nix haben und obendrein am Arsch sind. Wenn Sie jemals im Lumpenladen stehen, Mrs. Touchet, dann wissen Sie, Sie sind ganz unten, am Boden vom Eimer, angekommen. *Da sind Sie, und da leben Sie jetzt.* Am Boden.«

Mrs. Touchet wandte den Blick ab, sah die Gasse entlang, zum dunklen Wasser hin. Sie empfand Furcht.

»Sie waren nie nicht auch nur in der Nähe von 'nem Lumpenladen, Mrs. Touchet, das kann ich Ihnen flüstern.«

Sarah schob die Tür auf und ließ das Püppchen tanzen. Hinter dem Ladentisch drang eine dröhnende Männerstimme hervor, hieß sie willkommen: »Sarah Wells! Ich werd nicht wieder! Bist du das wirklich?« Eliza blieb, wo sie war, draußen vor der Tür. Und über ihrem Kopf drehte und drehte und drehte sich die kleine Puppe. An ihrem Strick.

8

Niemanden zum Schicken

SERJEANT-AT-LAW BALLANTINE: Haben Sie mit jemandem Kontakt aufgenommen?

BOGLE: Ja, nachdem er mir zugesagt hatte, mich mit nach England zurückzunehmen. Da fragte ich ihn, ob ich nicht jemandem schreiben und mein Kommen ankündigen soll. Er sagte: »Ja, schreiben Sie am besten meiner Tante, Lady Doughty.« Daraufhin ließ ich meinen Sohn den Brief verfassen und habe ihn unterzeichnet.

SB: Wie kam es, dass Sie ihn überhaupt nach England begleiten konnten?

B: Nun, das geschah teilweise auf mein Betreiben. Als er mir erzählte, er wolle zurück nach England, sagte ich: »Es gibt dort sicher etliche, die sich sehr freuen werden, Sie zu sehen, ich wünschte, ich könnte auch dabei sein.« Da sagte er: »Wenn Sie wollen, nehme ich Sie mit.« Ich dankte ihm und sagte, ich würde mitkommen. Daraufhin stieß ich meine wenigen Möbel ab und gab mein kleines Zimmer auf, aber dann teilte er mir mit, er könne mich doch nicht mitnehmen, ihm fehle das Geld. Ich war sehr verärgert; als er sah, wie verärgert ich war, sagte er mir, ich solle am nächsten Morgen wiederkommen. Am nächsten Morgen kam ich, und er sagte mir, er habe alle Vorkehrungen getroffen, und ich würde ihn begleiten.

SB: Haben Sie noch eine Abschrift Ihres Briefes an Lady Doughty?

B: Nein, eine Abschrift besitze ich nicht.

SB: Und nach Ihrer Rückkehr, haben Sie Lady Doughty da in Kenntnis gesetzt, dass Sie wieder da sind?

B: Ja, ich sprach bei ihr vor, aber sie weigerte sich, mich zu empfangen, und seither ist das jährliche Gnadengeld von fünfzig Pfund ausgeblieben.

Kreuzverhör durch den Kronanwalt:

K: Welcher Beschäftigung gehen Sie derzeit nach?

B: Keiner. Ich lebe im Haus von Sir Roger Tichborne und gehe keiner Beschäftigung nach.

K: So ist das bereits seit Ihrer Rückkehr aus Sydney?

B: Ja.

K: Hat Ihre Frau Sie zurückbegleitet?

B: Sie lebt nicht mehr.

K: Und Ihre Kinder?

B: Ein Sohn hat mich begleitet.

K: Wo ist er jetzt?

B: In der Schule.

K: Und Sir Roger Tichborne, wie Sie ihn zu nennen belieben, zahlt für seinen Unterricht?

B: Ja; er zahlt sechs Pfund im Vierteljahr für ihn, und wenn mein Sohn in den Schulferien nach Hause kommt, wohnt auch er mit im Haus.

K: Haben Sie bereits in Sydney beim Anwärter gelebt?

B: Nein, nicht eine Stunde lang. In Sydney habe ich nie auch nur einen Penny von ihm bekommen.

K: Sie nehmen es sehr genau.

B: Keineswegs so genau, wie Sie meinen.

K: Sie schwören also, Sie haben nie bei ihm gewohnt?

B: Ja, ich schwöre, ich habe nicht einmal zehn Minuten lang bei ihm gewohnt.

K: Wenn er also jemandem gegenüber behauptet hätte, der Kammerdiener seines Onkels – mit anderen Worten: Sie – habe in der Pitt Street bei ihm gewohnt, dann ist das unwahr?

B: Nein, es ist falsch.

(Gelächter.)

K: Sie sagen aus, er habe Sie nie nach Informationen über sein damaliges Leben und seine Familie befragt?

B: Nein, nie.

K: Und in der ganzen Zeit, als Sie mit ihm nach England reisten und hier in seinem Haus gelebt haben, hat er Ihnen nie auch nur eine Frage mit dem Ziel gestellt, an Informationen zu gelangen?

B: Ich kann mich an kein diesbezügliches Wort erinnern.

K: Haben Sie ihm jemals etwas ausgehändigt, das im Zusammenhang mit der Familie stünde?

B: Nein, nichts.

K: Sie haben ihm also nichts gegeben? Ich meine damit keine Informationen, sondern Unterlagen oder Gegenstände?

B: Nun, ich glaube, ich habe ihm einmal ein Bildnis von Sir Edward Doughty überlassen sowie eine Seite aus einem Buch, das ich besaß.

K: Wann war das?

B: Noch in Sydney.

K: Wie kamen Sie dazu, ihm das Bildnis zu überlassen?

B: Im Grunde habe ich es ihm gar nicht überlassen. Ich hatte es mitgebracht, um es ihm zu zeigen, dann hat er jemanden geschickt, um eine Kopie davon anfertigen zu lassen, und ich bekam meines zurück.

K: Wozu?

B: Das weiß ich nicht. Er hat mir nie gesagt, wozu er die braucht.

K: Haben Sie ihm je einen Plan von Teilen des Besitzes ausgehändigt?

B: Einen Plan? Ja, ich habe ihm einen Plan von Upton House gezeigt – im Grunde eher eine Abbildung; mehr hatte ich selber nicht.

K: Besaßen Sie Abbildungen, Pläne oder Karten des als Hermitage bezeichneten Teils von Wapping?

B: Nein, und ich hatte auch nie davon gehört, bis ich in der Zeitung darüber las.

K: Sollte er also jemals angekündigt haben, wenn sich ein Bildnis seines Onkels oder auch eine Karte eines Teils des Hermitage Estate in Ihrem Besitz befände, würde er davon eine Kopie anfertigen lassen wollen, dann entspräche das nicht der Wahrheit?

B: Nein, zumindest nicht hinsichtlich der Karte. Das Bildnis seines Onkels habe ich ihm ja gegeben.

K: Und die Buchseite?

B: Ja.

Dem Zeugen wird ein Blatt ausgehändigt, und er bestätigt, dass es sich um die fragliche Buchseite handelt.

K: Woher stammt sie?

B: Ich besitze ein Buch mit solchen Unterlagen.

K: Was für ein Buch ist das?

B: Lady Doughty hat es mir überlassen.

K: Wo befindet es sich jetzt?

B: Im Haus von Roger Tichborne.

K: Würden Sie darum schicken lassen?

B: Ich habe niemanden zum Schicken.

(Gelächter.)

9

Bogle Glauben schenken

Nach Weihnachten sprach William ein Machtwort. Der Prozess sei bereits seit einem halben Jahr im Gange, es zeichne sich nicht ab, dass er bald enden werde, und man könne schließlich kaum von ihm erwarten, dass er bis in alle Ewigkeit wöchentliche Zugreisen zahle. Falls die Ladys von Little Rockley also den Wunsch hegten, Mr. Bogle und Konsorten häufiger als einmal im Quartal zu sehen, so dürften sie das gerne tun, müssten das Geld dafür jedoch selbst aufbringen oder andernfalls zu Fuß gehen. *Zweihundert Pfund im Jahr,* raunte der Teufel Mrs. Touchet ins Ohr.

So kam es, dass sie im Januar nur zweimal dort sein konnten und bei beiden Gelegenheiten Teile von Coleridges Plädoyer im Namen des Beklagten zu hören bekamen, das allein den ganzen Monat beanspruchte. Sie empfanden seine Ausführungen als langatmig und umständlich. Eliza vertrieb sich die Zeit damit, Gespräche zu belauschen, und stieß dabei auf ein weit verbreitetes Paradoxon im allgemeinen Empfinden: Man konnte durchaus »wissen«, dass Sir Roger ein Betrüger war, und gleichzeitig Bogle »Glauben schenken«. Tatsächlich fand sich allerorts Bewunderung für Bogle, ganz gleich, auf wessen Seite jemand stand. Er sei von »großzügigem« und »loyalem« Geist, äußere sich »klar« – ganz im Gegensatz zu den Anwälten – und komme »nie ins Wanken«. Mr. Bogle war das ruhige Auge im Zentrum dieses Sturms aus Aberwitz. Womöglich gewann er auch im Vergleich zu den anderen Zeugen, die die Neigung hatten, sich im Zeugenstand um Kopf und Kragen zu reden, aus der

Luft gegriffene Geschichten zu erzählen, die schließlich nicht einmal sie selbst mehr von der Wahrheit unterscheiden konnten. Die Vergangenheit wurde am Beispiel der Gegenwart umgestaltet. Die Gegenwart mit Blick auf die Zukunft – und den eigenen Vorteil – frisiert. Bogles Geschichte hingegen veränderte sich nie. Ebendiese Beharrlichkeit, diese Loyalität hatten den armen Mann sein jährliches Gnadengeld gekostet, und dieser Umstand blieb unumstößlich, was immer sonst noch behauptet werden mochte. Er hätte sich ja bloß den Tichbornes in der Einschätzung anschließen müssen, dass »Sir Roger« ein Betrüger sei, schon wäre ihm die Zuwendung wieder gezahlt worden. Stattdessen blieb er standhaft. Einfach so ein festes jährliches Einkommen zu nehmen und es gegen den unsicheren Lohn der Wahrheit einzutauschen! Nach Ansicht der Schneckenesser auf den billigen Plätzen konnte es kein größeres Opfer und keine noblere Geste geben, nirgends auf Gottes weiter Welt.

10

Alles verloren!

Bedenkt man ihre sehr sporadische Anwesenheit, war es reines Glück, dass die beiden Frauen just am allerletzten Tag der Verhandlungen zugegen waren, denn niemand im Gerichtssaal ahnte an diesem Morgen im März, dass es der letzte Tag sein würde, am allerwenigsten der Anwärter. Seit Anfang der Woche residierte er im Waterloo Hotel an der Jermyn Street, wo er von einer Runde zuversichtlicher Halter von Tichborne-Schuldscheinen fürstlich bewirtet wurde. Aus diesem Grund war er nicht selbst zugegen, als ein Soldat mittleren Alters in den Zeugenstand trat und auf die King-James-Bibel schwor, er habe Sir Roger eigenhändig ein Herz mit einem Anker auf den linken Arm tätowiert, vor vielen Jahren, als beide Männer noch Jungspunde gewesen seien. Verblüffung im Saal! Alle Anwesenden, jeder Mann, jede Frau, hatten die schweren Arme des Anwärters auf der Brüstung des Zeugenstands ruhen sehen, mit aufgekrempelten Ärmeln und so makellos wie am Tag seiner Geburt. War dies nun der vernichtende Schlag? Und doch hatte die Anwartschaft des Anwärters bereits so viele unerhörte Hürden genommen. Fehlende Ohrläppchen, eine vergessene Muttersprache, eine nicht nachzuweisende Bildung, Wandlungen in Erscheinungsbild und Akzent, den plötzlichen Tod seiner vorgeblichen »Mutter«. Und dennoch, wenn die Geschworenen eines wussten, dann, dass Tätowierungen nicht einfach so spurlos von Armen verschwanden. Schon erhob sich der Obmann und verkündete, sie hätten genug gehört und seien bereit, ihr Urteil zu fällen. Der Obmann sprach, Bovill nickte, und die Welt stand kopf.

Mit einem Mal war der Kläger nicht mehr Sir Roger, sondern ein Verbrecher namens Orton, der umgehend des Meineids angeklagt wurde. Die Gerichtsdiener erhielten neue Anweisungen. Der Verbrecher Arthur Orton sollte festgesetzt, eingesperrt, nach Newgate verbracht werden. Alles war verloren!

Der Saal tobte. Nur Bogle und Sohn verharrten mit leicht gesenkten Köpfen auf ihren Plätzen. So viele Menschen stürmten gleichzeitig zu den Ausgängen, dass Eliza bereits eine Tragödie fürchtete – eine Massenpanik. Als sie sich zu Sarah umwandte, um ihr vorzuschlagen, vorläufig hier auf der Galerie zu bleiben – zumindest, bis sich der Aufruhr etwas gelegt hätte –, war die jetzige Mrs. Ainsworth längst aufgesprungen und hielt ihren Pompadour in der Hand.

»Ich geh mit allen anderen zur Regent Street! Sir Roger braucht jetzt seine Leute an seiner Seite. Er ist nicht allein! Wir lassen ihn nicht versauern!«

Wozu sie davon abbringen? Hier war der ersehnte Augenblick der Muße, dessen es bedurfte, um all ihren Mut zusammenzunehmen.

11

Ein Antrag

Die Geschworenen waren entlassen. Der Saal leerte sich rasch. Der Mann, mit dem zu reden es Mrs. Touchet so sehr verlangte, war im Begriff, auf den Parliament Square hinauszutreten, und dort wäre er – sofern sie ihm nicht dreist in den Weg trat – ihrem Zugriff entzogen, er würde in einen entlegenen Winkel der Stadt entschwinden, den sie weder kennen noch sich ausmalen konnte und niemals erreichen würde …

»Mr. Bogle, Sie müssen mir vergeben, dass ich Sie auf diese Weise anspreche. Mein Name ist Mrs. Touchet, und ich würde Sie sehr gern auf eine Tasse Tee einladen …«

12

Andrew, Henry & Eliza

Sie hatte sich diese Begegnung vorgestellt. Sich ausgemalt, wie sie Vater und Sohn vor dem Gerichtsgebäude ansprach, so wie jetzt, den anschließenden Gang die Great George Street entlang zu einer Gaststätte, den Ecktisch nahe am Fenster, ja sogar, was sie sagen wollte, während der von Arthritis geplagte Mr. Bogle sich bedächtig dort niederließ. Doch nie hatten die Bilder vor ihrem inneren Auge die Möglichkeit umfasst, sie könnte um eine Erklärung gebeten werden. So wie sie auch von den Gestalten in ihren Träumen nicht erwartete, sie könnten ihre jeweilige Tätigkeit unterbrechen und sich bei ihrer schlafenden Urheberin erkundigen, weshalb sie eigentlich mit einem Heißluftballon unterwegs waren, nach China reisten oder mit Queen Victoria beim Dinner saßen …

»Das ist doch gewiss keine sonderlich schwierige Frage, Mrs. …«

»Touchet.«

»Mrs. Touchet. Mein Vater hat einen langen, ermüdenden Tag hinter sich. Ich erachte es als meine Pflicht, ihn vor jeder weiteren Anstrengung zu schützen. Ich frage Sie also noch einmal: Was wollen Sie von meinem Vater?«

Er sprach nicht anders als sie. Keine Spur des karibischen Zungenschlags, den sie erwartet, den sie im Laufe der Jahre so oft an so vielen Rednerpulten gehört hatte – für einen Augenblick verwirrte sie das völlig. Und dieser junge Master Bogle flehte auch nicht um Verständnis, so wie es die melodischen Stimmen aus ihrer Erinnerung stets getan hatten. Im Gegenteil, nun war es Eliza, die flehte:

»Nun, ich … ich möchte nur mit ihm sprechen. Aber vielleicht möchte er sich ja selbst dazu äußern? Mr. Bogle?«

Bogle der Ältere streckte seinem reizbaren Sohn eine begütigende Hand entgegen:

»Ich habe bereits gesprochen, Madam. Ich habe gesprochen, und mir wurde nicht geglaubt. Ich glaube, ich werde das Sprechen künftig einstellen. Sir Roger ist ruiniert. Und ist er es, wie viel größer ist dann noch mein Ruin? Nein. Ich gehe jetzt nach Hause. Komm, Henry.«

»Aber Mr. Bogle – *ich* glaube Ihnen.«

Und als sie es aussprach, wurde ihr klar, dass es auch stimmte.

Er musterte sie prüfend. Bis dahin hatte er seinen Zylinder in der Hand gehalten; nun setzte er ihn mit einem Seufzer auf.

»Nun ja. Das hat jetzt keine Bedeutung mehr.«

»Im Gegenteil, Mr. Bogle – es gilt, eine Strafsache zu verhandeln, bei der Ihre Aussage zweifellos von großer Bedeutung sein wird. Vor allem angesichts des derzeit so lebhaften öffentlichen Interesses an Ihrer persönlichen Lage.«

Henry runzelte die Stirn: »Sind Sie etwa für eine Zeitung tätig?«

»Ich … nein, nicht direkt. Ich bin Schriftstellerin«, improvisierte Mrs. Touchet, und die Röte fuhr ihr in die Wangen. Sie hatte so gehofft, nicht in eine konkrete Lüge hineinzustolpern. Doch etwas in dem scharfsinnigen, sezierenden Blick des Sohnes trieb sie weiter: »Oder besser gesagt, ich schreibe hin und wieder Beiträge. Für eine Zeitschrift. *Bentley's Magazine*. Und ich bin überzeugt, unsere Leserschaft wäre sehr neugierig darauf, mehr über die Geschichte Ihres Vaters zu erfahren.«

»Verstehe. Und was ist der Lohn?«

»Der Lohn? Sie müssen entschuldigen – ich verstehe nicht ganz.«

»Mit Verlaub, Mrs. Touchet, wenn mein Vater etwas besitzt, das von Wert für Sie ist, dann ist es nur recht und billig, dass er für seine Mühen auch entlohnt wird. Wir hören, dass sich die Londoner Zeitungen an den Tagen, an denen die Zeugenaussagen meines

Vaters darin stehen, doppelt so schnell verkaufen. Und doch haben wir bisher nicht den geringsten Vorteil davon.«

Mrs. Touchet hatte Mühe, angesichts dieser offen zur Schau getragenen Käuflichkeit ihre Enttäuschung zu verbergen. Sie umfasste ihren Pompadour ein wenig fester.

»Ich bedaure, Mr. Bogle, aber ich kann für ein Gespräch leider nichts zahlen. Das ist meines Wissens auch sonst nicht üblich.« Die Bogles tauschten daraufhin einen vertraulichen Blick, den sie nach Kräften zu deuten versuchte. Kränkung? Gier? Stolz? »Doch vielleicht kann ich mich ja auf andere Weise erkenntlich zeigen? Eventuell … Möchten Ihr Vater und Sie sich nicht für eine schöne warme Mahlzeit zu mir gesellen? Nach diesem langen, beschwerlichen Tag können Sie doch gewiss einen Bissen vertragen.«

War sie zu weit gegangen? Sie sah, mit welch trotziger Sorgfalt der Sohn gekleidet war. Die Finger, die er zur Handfläche hin gekrümmt hielt, um die Löcher in seinen Handschuhen zu verbergen. Die Messingtaschenuhr in der Tasche seiner fadenscheinigen Weste, deren Zeiger sich nicht rührten. Seine Schuhe waren von der Art, wie man sie beim Trödler findet, mehrfach mit Lederflicken versehen, in drei verschiedenen Brauntönen. Er mochte etwa sechzehn Jahre alt sein. Kurz entfernten sich die beiden ein paar Schritte von ihr, um zu beratschlagen, und es schien, als würde Henrys Haltung obsiegen. Dann jedoch legte der Vater dem Sohn erneut die Hand auf den Arm und trat wieder zu ihr:

»Ich begleite Sie. Mein Sohn wird bis zur Regent Street mit uns kommen. Er muss zu Sir Roger, man braucht ihn dort. Doch ich begleite Sie und werde mit Ihnen essen.«

13

Eine Sehenswürdigkeit

Es war kein langer Weg, und doch war ihr zeit ihres Lebens nichts Ähnliches widerfahren. Lady Godiva höchstpersönlich hätte kaum mehr Aufsehen verursachen können. Die Menschen, die vor den Kaffeeständen warteten, starrten sie an, und im Omnibus fuhr ein Dutzend Köpfe gleichzeitig herum. Droschkenfahrer verrenkten sich auf ihrem Kutschbock den Hals, um auch von hinten zu studieren, was sie bereits von vorne einer eingehenden Prüfung unterzogen hatten. Manche erkannten Bogle und riefen seinen Namen – *Ho! Bogle! Wir glauben dir, Bogle! Grüße an Sir Roger!* –, doch das Gros sah die drei wohl als eine Art Familie. Kein gänzlich ungewohnter Anblick in den Elendsvierteln – nach Elizas Vermutung –, doch sicher ein höchst seltener beim Weg mitten durch die Stadt.

Da es sich um Engländer handelte, blieben die Kommentare meist verhalten, giftig und duldsam. Sie war nach Kräften bemüht, alle mitzubekommen, konnte sie jedoch nie recht erhaschen; stets waren sie schon ein Stück weiter, wenn jemand zu sprechen begann. Nur Kinder hatten weniger Skrupel, sie lachten offen heraus, und es war deutlich zu hören, wie sie einander fragten, was wohl passiere, wenn man einen Äthiopier in die Wanne stecke, wie sich solch wolliges Haar wohl anfühle und wie man sich am besten gegen Kannibalen wappne. Mrs. Touchet wäre geneigt gewesen, sie alle drei in eine Wolke aus Geplauder einzuhüllen, doch weder Bogle noch sein Sohn sagten ein Wort. So gingen sie schweigend, bis sie ein geeignetes Gasthaus erreicht hatten, durch dessen

Fenster Mrs. Touchet mindestens eine ehrbar wirkende Frau beim Essen sitzen sehen konnte. Hier verabschiedete sich Henry, und der verblüffte Portier geleitete die beiden verbliebenen Gäste an einen Tisch hinter einer Säule, fernab allen Tageslichts.

»Mrs. Touchet, ich habe immer und immer wieder alles geäußert, was ich in dieser Angelegenheit zu sagen habe, und auch sonst alles, was ich weiß. Ich habe mit den Herren von der Presse ebenso gesprochen wie im Gerichtssaal. Was könnte ich noch sagen, was ich nicht längst gesagt hätte?«

Mrs. Touchet musterte die Tischplatte. Aus irgendeinem Grund fiel es ihr sehr schwer, ihm in die Augen zu sehen.

»Mit Verlaub, Mr. Bogle, ich glaube, es würde die Menschen ausnehmend interessieren, wie Sie in eine solch ungewöhnliche Lage gekommen sind. Von Interesse wäre Ihre ganze Geschichte, weit über den engen Rahmen dessen hinaus, was wir vor Gericht gehört haben. Wie etwa war Ihr eigenes Leben in New South Wales – oder auf Jamaika? Wir hören nur wenig aus unseren Besitztümern in der Karibik, seit der schreckliche Sklavenhandel ein Ende gefunden hat …«

»Ach, Mrs. Touchet, jener Handel ist unseligerweise auch ein Teil meiner Geschichte …« Er klang abwesend und blickte an ihr vorbei, hin zu den Küchenräumen. Zwischen ihnen auf dem Tisch standen zwei Kerzenleuchter aus Zinn. Mr. Bogle hob den einen auf und wog ihn in der Hand. »Glauben Sie, es gibt hier Schweinskoteletts?«

»Das Lokal ist bekannt für seine Schweinskoteletts, Mr. Bogle«, sagte Mrs. Touchet leise und schwieg dann für einen Moment. Hatte sie selbst auch nur einmal im Leben auf eine Mahlzeit verzichten müssen?

»Ich esse gern Koteletts.«

»Dann werden wir welche bestellen. Glauben Sie, Mr. Bogle, Sie könnten sich bereitfinden, mir etwas von Ihrer Geschichte zu erzählen? Mir etwas aus Ihrem Leben zu erzählen, meine ich?«

Mr. Bogle seufzte, stellte den Kerzenleuchter wieder hin und schien von einem entlegenen Ort an den Tisch zurückzukehren, zurück in die Gegenwart.

»So ein Leben ist eine langwierige Angelegenheit, Mrs. Touchet. Was soll ich Ihnen denn aus meinem Leben erzählen?«

Um ein Haar hätte sie über den Tisch hinweg nach seiner Hand gefasst.

»Erzählen Sie mir alles.«

14

Bogles Geschichte

»Mein Leben besteht aus mehreren Teilen«, erzählte Bogle. »Es fällt mir schwer zu sagen, wie viele Leben ich gelebt habe und wo meine Geschichte wahrhaft beginnt. Eins aber weiß ich genau: Meine Geschichte verlief nicht so, wie sie hätte verlaufen sollen. Ich hätte ein großer Mann werden sollen. Väterlicherseits stamme ich nämlich von großen Männern ab. Doch ich erinnere mich kaum an meinen Vater und kann nur das wiedergeben, was Myra mir erzählt hat. Myra war meine Mutter, und viel von dem, was ich über das Leben meines Vaters weiß, kam von ihr. Arme Frau, dass sie sonst nichts besaß, was sie mir geben konnte! Was ich sonst noch von der Geschichte weiß, hat Peachey mir erzählt, die zunächst im Mahlhaus und später im Siedehaus gearbeitet hat und aus dem Dorf meines Vaters stammte. Peachey hat meine beiden Eltern überlebt. Womöglich ist sie immer noch am Leben. Mit richtigem Namen hieß sie nicht Peachey, so wenig wie mein Vater Nonesuch hieß, doch so nannte man sie auf Hope, wo ich geboren bin. (Auch meine Mutter wurde auf Hope geboren, und Myra ist der einzige Name, den sie hat.) Hope liegt im Verwaltungsbezirk Saint Andrew auf Jamaika. Ich kann den Ort nur mein Zuhause nennen, obgleich es meinen Sohn Henry sehr verärgert, wenn ich das tue. Mein Sohn ist ein sehr aufrechter und ungestümer junger Mann. Er hat seine Schulbildung hier in England erhalten. Was ich an Bildung besitze, bekam ich auf Hope, und dort ist auch mein Vater gestorben, obwohl dieser Ort so weit unter seiner Würde war. Aber ich will es so machen, wie es meinem Sohn gefallen würde, und Ihnen zunächst von dem Leben erzählen, das ich hätte führen sollen, dem Leben also, das mein Vater mir zugedacht hatte …

Mein Vater war Afrikaner. Er hieß Anaso. Das ist ein Name mit Bedeutung. Sie lautet: ›Möge das Kind stets scheuen, was die Erde untersagt.‹ Die Menschen, von denen er abstammte, hatten für alles einen Namen, sich selbst nannten sie die Nree, wenn ich mich nicht irre. Ich weiß nicht, wie sich diese Namen schreiben könnten, doch so klangen sie. Die Nree kamen aus den Wäldern im Norden ihrer Welt. Als ich Peachey nach dem Sinn hinter dem Namen meines Vaters fragte, sagte sie: ›Bei uns war alles Morden untersagt, es durfte kein Blut auf dem Boden vergossen werden, darum hatten wir auch kein Heer. Was du Gott nennst, das war für uns die Erde, und unser Name dafür lautete CHI. Die großen Männer herrschten. Sie wurden die Oh-Zo genannt.‹ So erzählte es Peachey mir. Für mich waren all diese Namen fremd, doch für Peachey und meinen Vater hatten sie nichts Fremdes an sich. All dies war seine Welt, und in dieser Welt war er einer von den Hochwohlgeborenen.

Doch im Dorf meines Vaters gab es auch die Niederen. Wir hatten sie unseren Feinden entrissen, die, wie ich meine, die Arrow genannt wurden. Diese Arrow hatten wir entführt und zu Niederen gemacht. Sie waren in unserem Besitz und arbeiteten für uns, und der Name, den sie trugen, lautete Oh-Hoo. Doch selbst die Oh-Hoo standen noch über Peachey. (Sie muss noch einen anderen Namen gehabt haben, den kannte ich jedoch nicht. Sie hat ihn mir nie gesagt.) Ihre Familie war vom niedrigsten Stand: Sie waren niedrig geboren. Man nannte sie die Oh-Soo, damit werden Menschen bezeichnet, die verabscheuenswert sind. Es brachte Unglück, in der Nähe von Peacheys Mutter zu wohnen oder auch nur ihre Hand zu berühren, und die Kinder, die Peacheys Mutter gebar, starben alle, bis auf Peachey. Ihre Familie war im Besitz meines Großvaters, der, wie man mir erzählt, ein großer Oh-Zo war und ein freier Mann. Als Tribut an seine Größe wurden ihm Schlachttiere aus dem Dorf geschenkt, und er hatte auch einen Sitz im Rat, als Richter, wie Mr. Bovill. Gemeinsam mit den anderen großen Männern schützte er das Dorf, die Oh-Hoo und die Oh-Soo, und er scheute stets, was die Erde untersagte. Kein Mann und keine Frau unter ihnen hatte je den Namen Gottes, unseres Herrn, vernommen, und doch herrschten sie so gut und weise wie alle, die je die Frohe Botschaft hörten. Und es waren ja nicht nur ein Haus und ein Gericht, die meinem Großvater untertan waren, er herrschte weithin, über viele Völker. Wenn er des Weges kam, riefen die Leute: *Igwe!* Das war ein Zeichen ihrer Hochachtung. Er trug eine rote Mütze mit Adlerfedern, und in der Hand hielt er einen langen Stab, der sicherlich auch einen Namen hatte. Ich wünschte, ich wüsste ihn. In seinem Haus standen Abbilder unserer Ahnen. Er vergoss Wasser auf dem verbrannten Boden zu ihren hölzernen Füßen, und auch das war ein Zeichen von Hochachtung. Ich selbst habe das alles nie erlebt und weiß auch nicht, ob ich die Namen korrekt ausspreche. Doch Peachey schwor Stein und Bein, sie habe das alles als kleines Kind mit angesehen, und da meine Mutter nie an ihr zweifelte, wie sollte ich es dann?

Ich werde nun davon berichten, wie mein Vater entführt wurde. Er war neun Jahre alt. Es ist die Zeit, in der die Kindheit endet und der Weg hin zur Größe anbricht. Sein Gesicht war gerade erst nach Art der Väter mit Narben gezeichnet worden. Blut rann ihm aus den tiefen Kerben auf seinen Wangen, doch er weinte weder noch schrie er. Zu schreien, das wäre eine große Schande gewesen, und er war sehr stolz und bereit, ein Mann zu werden. Doch zunächst musste er sich das Geheimnis der Masken enthüllen lassen. In seinem Dorf gab es eine Tradition: An bestimmten Tagen zu bestimmten Jahreszeiten tanzten maskierte Männer durch das Dorf. Sie kamen als Richter und Geschworene, waren jedoch alle maskiert. Sie saßen über diejenigen zu Gericht, die Böses getan hatten. Man glaubte, dass die Toten des Dorfes aus ihnen sprachen, und es blieb ein wohl gehütetes Geheimnis, wer diese maskierten Männer waren. Keine Frau durfte je davon erfahren: Nur jungen Männern mit Kerben auf den Wangen konnte das Geheimnis enthüllt werden. Und ein solcher war mein Vater. Doch dann geschah etwas

Schreckliches! Eines Tages, als mein Vater allein seiner Wege ging, trat ein maskierter Mann zu ihm und sagte, er wolle ihn an den besonderen Ort führen, wo ihm das Geheimnis enthüllt werden solle. So war die Tradition, und mein Vater folgte dem Mann. Doch der maskierte Mann war ein Betrüger. Er stammte nicht aus dem Dorf meines Vaters. Er war einer der Arrow. Er brachte ihn nicht an den besonderen Ort. Er führte ihn durch den Wald bis ans Wasser, und dort verkaufte er ihn an einen Schotten, der ihn auf ein Schiff brachte. Mein Vater trat um sich, kämpfte und wehrte sich, doch er war noch ein Kind und der Schotte erwachsen. Peachey war auch auf diesem Schiff und viele weitere, die in Ketten lagen. Zu ihnen zählte nun auch mein Vater. Rings um ihn weinten die Menschen bitterlich darüber, sich so erniedrigt zu sehen. Doch mein Vater (so erzählt man es mir) weinte nicht. Er hatte nicht geweint, als die Ältesten sein Gesicht mit dem Messer zeichneten, und er weinte auch auf dem Schiff nicht, obwohl die Reise lang und mühselig war, obwohl er gewaltig litt und viele starben. Mein Vater sah sein Zuhause niemals wieder, auch seine Mutter und seinen Vater nicht, seine Schwestern und seine Brüder nicht und auch sonst niemanden, mit dem er verwandt war. Das Schiff war die *King David*. Es fuhr bis nach Bristol, dann weiter in den Hafen von Kingston auf Jamaika und ließ dabei das Leben, das mir gebührt hätte, hinter sich zurück.«

BAND SECHS

Andrew Bogle
Schwarz, 25
Kreole
Außer Landes gebracht von
Edw: Tichborne: Esq

AUS DEM SKLAVENVERZEICHNIS DES HOPE ESTATE,
SAINT ANDREW, JAMAIKA, 1826

1

Auf Hope

Manch großer Mann trägt seinen Stolz mit sich – selbst noch, wenn jeder Anlass zum Stolz vergangen ist –, und so war es auch mit Anaso, obwohl er noch keine zehn Jahre alt war. Mr. Ballard, der das bemerkte, nannte ihn darum Nonesuch, den Unvergleichlichen. Mr. Ballard besaß einen Glasgower Sinn für Humor und hielt sich einiges auf seine geistreichen Namenseinfälle zugute. Die hässlichste Frau auf Hope hieß Aphrodite, der lahme Wächter Hercules. Den Nachnamen »Bogle«, was so viel wie »Vogelscheuche« heißt, verpasste er allen, die sich etwas auf ihr Aussehen oder ihr Benehmen einbildeten. Und während der Abrichtungszeit hatte Ballard beobachtet, wie der Junge überheblich die Pferde striegelte, überheblich die Flinten polierte und den Schweinedreck mit einer Miene wegschaffte, als wäre selbst diese leichte Arbeit noch unter seiner Würde. Und das von einem Salzwasser-Afrikaner, der über das Meer gekommen und so schwarz war, wie man sie auf Hope nur je zu Gesicht bekam! Doch der Junge zeigte auch eine schnelle Auffassungsgabe, und Ballard fing an, ihn auf seine Morgenrunden mitzunehmen. Ein Fehler. Er hatte es mit einem schlauen Kind zu tun, das sich an den abwegigsten Orten und in den abwegigsten Lagen unentbehrlich zu machen wusste. So erwies der Junge etwa den Böttchern und den Stellmachern ebenso kleine Gefälligkeiten wie der kreolischen Schwester auf der Krankenstation und sogar den Buchhaltern, denen er die Bleistifte spitzte. Dabei war sein rechtmäßiger Platz in der Kinderkolonne: Zuckerrohr schichten, Pferdemist schaufeln. Ballard hatte sich das selbst zuzuschreiben – doch in jenem Winter wollte ohnehin nichts recht gelingen. Im Schwarzendorf herrschte Aufruhr – von Ballard selbst herbeigeführt und dennoch Aufruhr –, im Haupthaus ebenso, wo die Dienstmägde sich das Kichern nicht einmal mehr verbissen, bis er aus dem Zimmer war. Er war in ein erbittertes Tauziehen mit der Ersten Kolonne über die Notwendigkeit eines Pflugs verstrickt, zwei der Zuckerrohrfelder waren – trotz seiner Warnungen hinsichtlich der Bodenqualität – durch zu viele Setzlinge ausgelaugt worden, und ein Hurrikan hatte das Dach des Lagerhauses für die Bagasse abgedeckt. Kurzum, Aufregung, Veränderung und Demütigung allerorten und folglich Löcher im Gewebe, durch die der Aufruhr Wurzeln schlagen konnte und sehr viel später Früchte tragen sollte. Dass dieser Bogle sich mit Ballard im Salon aufhielt, als Letzterer erfuhr, dass sein Brotherr den Tod gefunden hatte, war dafür Beleg genug:

28. Nov. 1775
Weh mir, Sir, nachdem wir erst vergangenen Monat unser einziges Kind – und unseren einzigen Erben – verloren haben, muss ich Ihnen nun noch schlimmere Nachrichten überbringen. Ich habe meinen geliebten Gatten verloren und mit ihm meinen einzigen wahren Freund. Worte können meinen Schmerz über diesen so unerwarteten wie unermesslichen Verlust nicht fassen! Das Ereignis hat einen solchen Stupor über meinen Geist gesenkt, dass ich mich kaum noch fähig sehe, mich selbst zu erhalten oder auch nur etwas zu unternehmen, das mir in meiner derzeitigen Lage eine Notwendigkeit wäre, denn die Verantwortung für Hope obliegt nunmehr einzig meiner Person.
Anna Eliza Elletson

Mr. Ballard konnte das Ableben von Roger Hope Elletson kaum in einen Stupor versetzen – er war dem Mann nie begegnet. Doch sein Vorgänger – auch er ein tatkräftiger und viel geschmähter Schotte – hatte ihm eingeschärft, dass nur eins fataler sei als ein abwesender englischer Eigentümer: nämlich die Einmischungen der sentimentalen Gattin desselben. Und so kam es auch:

Ich bin aufs Äußerste besorgt angesichts Ihres Berichts von der Krankheit, die unter den Schwarzen wütet, zumal Sie offenbar keine Hoffnung auf die Genesung Long Phoebes und Hope Benebas mehr hegen, welche beide zu jener Riege alter Schwarzer zählen, an denen Mr. Elletson mit besonderer Zuneigung hing … Ich weiß, er hat sie alle sehr geschätzt, und es war stets sein Wunsch und Begehren, sie möchten in Gesundheit wie in Krankheit wohlversorgt sein und ihre jeweilige Lage ihnen so behaglich gemacht werden, wie es eben geht. Daher ersuche ich Sie, tun Sie mir die Liebe und führen Sie das Vorhaben zur Schaffung menschenwürdiger Zustände weiter, setzen Sie sie keinerlei Züchtigungen aus, sofern Sie dies nicht als gänzlich unerlässlich zum Erhalt der Ihnen übertragenen Befehlsgewalt erachten. Ich bitte Sie, die Leute meiner Zuneigung zu versichern, und ich vertraue zutiefst darauf, dass Ihre Güte und Menschlichkeit Sie veranlassen werden, meinen Wünschen für ihr Wohlergehen zu entsprechen. Es freut mich sehr, dass Sie den Planungen zur Bewässerung der Ländereien Erfolgsaussichten zumessen.
AEE

Dieses Schreiben las Ballard zwei Mal und bedachte seine Möglichkeiten. Er wusste, dass Ruthland, der letzte Verwalter, von Hope verjagt worden war, weil er zu massiv vom »Vorhaben zur Schaffung menschenwürdiger Zustände« abgewichen war und vier junge Burschen dafür bestraft hatte, dass sie die Arbeit auf einem der Felder mitten in der Regenzeit abgebrochen hatten. Sie hatten halb ausgehobene Löcher zurückgelassen, die dann erwartungsgemäß vollgelaufen waren und die Ernte ruiniert hatten. Die Burschen selbst entdeckte man später auf den Nutzfeldern, wo sie sich um ihre eigene Ernte kümmerten. Ruthland hatte ihnen die Ohren weggebrannt. Ein unbekannter Informant hatte die sentimentalen Elletsons darüber in Kenntnis gesetzt: Ruthland verlor seine Stellung. Und nun war es an Ballard, unter unmöglichen Bedingungen für eine sentimentale Engländerin zu arbeiten, die keinen Zuckerrohrschnitz von anderem Naschwerk unterscheiden konnte.

2

Züchtigung

Wollte er also Big Johanna eine Züchtigung angedeihen lassen, würde er mit Umsicht vorgehen müssen. Sie war entweder auf dem Sonntagsmarkt zu finden, wo sie ihre eigene Ernte verkaufte, oder im Schwarzendorf, einem wahren Labyrinth, eigens dazu ersonnen, jeden vernünftigen Mann zu entmutigen. Er hatte bereits auf anderen Plantagen gearbeitet, wo die Quartiere der Schwarzen so sinnig und ordentlich angelegt waren wie Kasernen. Auf Hope bewohnten die Schwarzen eine wild verstreute Ansammlung einzelner Behausungen, und das Haupthaus, noch von den Spaniern erbaut, lag aus unerfindlichen Gründen auf gleicher Höhe mit den übrigen Ländereien, sodass es nicht als Beobachtungsposten taugte. So kam es, dass er beim morgendlichen Blick durch das trübe Fenster seiner Schlafstube zu den Hütten hinüber nichts weiter ausmachen konnte als ein Wäldchen, und nun, da er mitten in diesem gottverdammten Wäldchen stand, sah er wie stets nur viel zu viele Pfade und viel zu viele Bäume. Abrupt blieb er stehen und herrschte Nonesuch an, als hätte der schweigende Knabe ihm vorgehalten, sich verirrt zu haben:

»Na? Weißt du jetzt den Weg zu Johanna, oder weißt du ihn nicht?«

Anaso hätte mit verbundenen Augen zu Derenneya gefunden. Er kannte die labyrinthischen Pfade alle ganz genau und wusste, wohin sie führten, kannte jedes einzelne der kleinen, weiß getünchten Häuser und wusste, wer darin wohnte. Er konnte die Hütten der Kreolen von denen der Salzwasser-Leute unterscheiden, wusste, wessen Lorbeerholz-Dachsparren verrottet waren und wessen makellos, wer Brotfrucht und Ackee anbaute und wer Ingwer und Avocados und welchen Preis sie alle damit an den Sonntagen erzielten. Er wusste, dass Derenneyas Haus das bei Weitem größte und angesehenste war und der Grund dafür nicht darin zu suchen war, dass sie erneut ein Kind von Mr. Ballard erwartete – wie Ballard selbst es offenbar glaubte –, sondern dass sie allein mit den Früchten ihres Küchengartens drei Zweige ihrer Familie ernährte. Der Ertrag ihres Anteils der Nutzfelder wiederum war reiner, beneidenswerter Profit.

»Erheitert dich etwas, Bogle?«

Bedauernswert, wer nach der Mutter des eigenen Kindes suchen musste! Bedauernswert, wer nie ihren wahren Namen zu hören bekam!

»O nein, nein, Mr. Ballard, hier entlang.«

Dann standen sie vor Johannas Hof. Er war leer: Fast alle waren auf dem Markt. Doch in der Nähe hatte sich ein Grüppchen alter Frauen ganz in Weiß versammelt. Angetan mit ihrem sonntäglichen Kopfputz, standen sie da, hatten die Ellbogen auf den Zaun gestützt und musterten Ballard.

»Na los. Sag ihr, sie soll rauskommen.«

»Jawohl, Mr. Ballard.«

Anaso machte sich auf den Weg, darauf bedacht, so mühelos wie möglich über den holprigen Untergrund zu gehen, als hinderte ihn nichts. Das besänftigte die Frauen. Insgeheim hielt Anaso solche Vorsicht für überflüssig. Er war tagein, tagaus in Mr. Ballards Gesellschaft, hatte seinen Charakter ausführlich studiert und wusste, man hätte jede einzelne der Büchsen voller Münzen, die hier im Boden verborgen lagen, ausgraben und unter den Bodendielen neben Ballards Bett verwahren können: Der Mann hätte nichts gemerkt. Der Mann merkte gar nichts.

»Na?«

Nonesuch kam wieder aus dem Haus und schüttelte den Kopf. Einige der Frauen brachen in Lachen aus. Die Tür zu Johannas

Hütte stand offen. Von dort, wo Ballard stand, erblickte er drei Statuen, aus Pappelholz geschnitzt, mit weißen Kaurimuscheln als Augen, und eine kleinere Figur aus Balsaholz, die die Hörner eines Widders verkehrt herum trug.

»Verschwindet, ihr Weiber!«

Er wedelte mit den Armen und brüllte wie einer, der Vögel verscheucht. Niemand rührte sich. Stattdessen musste sich Ballard selbst in Bewegung setzen und marschierte ins Haus. Anaso folgte ihm.

Drinnen kniete Derenneya in einer Ecke und wandte ihnen das breite Kreuz zu. Sie sahen, wie sie Wasser auf den verbrannten Boden goss. Gebannt trat Anaso einen Schritt näher. Eine Erinnerung! Da verpasste ihm Ballard eine Kopfnuss:

»Was glotzt du denn so?«

Hängebauch. Geisterbleiche Haut. Zwei gelbe Hauer, mehr war von Ballards Zähnen nicht mehr übrig.

»Tu ich gar nicht, Mr. Ballard.«

Stets Salzwasser von Salzwasser trennen: Zumindest das lehrt die Erfahrung den klugen Verwalter. Und so hatte Ballard den kleinen Bogle bei dessen Ankunft in der Bruchbude einer sanften, dümmlichen Kreolin einquartiert, der alten Phoebe, die Hope ihr Zuhause nannte und schwor, niemals von hier fortzugehen. Doch die alte Phoebe lag jetzt im Lazarett, das Gesicht halb zerfressen von den Himbeerpocken. Wer wusste schon, wo Bogle seine Nächte verbrachte? Wer wusste schon, wie viel der Bursche längst von diesem ganzen Obeah-Hokuspokus mitbekommen hatte?

»Und das Kind?«

Anaso deutete auf das Bündel auf dem Bett. Ballard ging es sich ansehen. Ballard-Nase, Ballard-Augen. Unverkennbar ein Ballard. Und doch besaß es Johannas Lippen, ihre Haare und war aus irgendeinem Grund viel dunkler als sie. Sogar noch dunkler als Nonesuch! Was wohl das Kichern ebenso erklärte wie das allgemeine Interesse. Der fatale Eindruck, der hier entstand, war einer des magischen Obsiegens seitens der Frau. Ein Triumph ihres Blutes über das von Ballard.

»Nimm es, Bogle. Bring es nach draußen.«

Ballard wandte sich um, er fühlte sich beobachtet. Noch mehr weißer Kopfputz, zwei Dutzend Frauen mochten es jetzt sein, und sie schauten immer noch. Er musste umgehend handeln oder den Moment verloren geben.

»Bogle, *bring das Kind nach draußen.*«

Die kleine Derenneya blickte zu Anaso auf. Er wusste, was ihr Name bedeutete: *Bleib bei Mutter, sei ihr Gesellschaft,* und dass sie das erste Kind Ballards war, dem die Mutter das Leben gelassen hatte. Ein besonderes Kind also. Eines, das Kraft besaß. Anaso erwiderte den Blick, denn er wollte nicht als einer dastehen, der selbst keine Kraft besaß. Ihm war, als hielte er jemanden aus seinem eigenen Dorf in den Armen. Sie war sehr dunkel und wunderschön, so wie ihre Mutter. So wie auch seine Mutter. Er schloss die Augen. *Bleib bei Mutter.* Nichts wünschte er sich mehr, als das geloben zu können, doch Mr. Ballard wollte nicht, dass jemand Zeuge dessen wurde, was nun geschehen würde. Als Bogle das Haus verließ, spürte er, wie das Kind die kleine Hand emporreckte und sie um sein Ohr schloss. Er hörte, wie Ballard die Läden zuzog.

3

Nonesuch Bogle & Mulatto Roger

Anna Eliza Elletson, die sentimentale junge Witwe, blieb nicht lange Witwe und heiratete bereits im folgenden Jahr einen gewissen Marquis of Chandos. Ballard ließ den Schmied ein neues Brandzeichen anfertigen, das von der Veränderung zeugte. Von nun an wurden allen Neugeborenen und anderen Neuankömmlingen auf Hope die Initialen MC ins Schulterblatt eingebrannt, anstatt RE wie noch zur Zeit Elletsons.

Zwei Jahre später gebar die Duchess of Chandos ein Kind, ein Mädchen – das ebenfalls auf den Namen Anna Eliza getauft wurde. Ganz Hope war angewiesen, einen Sonntag lang im Haus zu bleiben, für die Seele der kleinen Anna zu beten und damit einen tadellosen Markttag zu verschwenden, was einigen Unmut hervorrief. Kurz darauf traf ein junger Mann mit dem Postschiff aus Liverpool auf Hope ein. Er war Mulatte, in Nonesuchs Alter und hatte Anweisungen mitgebracht:

> *Sofern Roger sich als Handwerker nützlich machen kann, so liegt die Entscheidung bei ihm, ich wünsche jedoch nicht, dass ihm allzu mühselige Arbeiten übertragen werden, denn ich möchte ihm die Freiheit schenken, sofern er sich manierlich zeigt und Sie die Sache gutheißen.*

Ballard wusste beim besten Willen nicht, was er mit einem von Roger Elletsons Bastarden anfangen sollte. Die Mutter des Burschen war eine gewisse Polly, die vor Ballards Zeit von der Plantage genommen worden war und seither als Zofe im Stadthaus der Ellet-sons in der Curzon Street arbeitete. Er selbst war bemerkenswert hell, glich eher einem Terzeronen. Das hatte die absehbar sentimentale Wirkung auf seine Besitzerin wohl nicht verfehlt. Doch sollte sich die neue Duchess of Chandos je dazu herablassen, sich nach Hope zu begeben, würde sie rasch feststellen, dass sie eine große Anzahl Leute besaß, die auch nicht dunkler waren als dieser Roger, einige darunter sogar so hell wie Ballard. Ein Umstand, der angereiste Baptistinnen mitunter in Staunen versetzte, Mr. Ballard jedoch längst nicht mehr wunderte. Er war ein Mann der Tat, nicht des Sentiments, dem es oblag, alljährlich mindestens zweihundert Tonnen hochwertigsten Zucker sowie einhundertzwanzig Fässer Rum herzustellen, und es blieb ein schlichtes Faktum, dass er nicht sämtliche Bastarde eines jeden dahergelaufenen Anwalts, Besitzers oder Verwalters von Hope in die Freiheit entlassen konnte, denn sonst, tja, sonst würde das Zuckerrohr auf den Feldern verfaulen. Auch so waren die Gewinnspannen schon reichlich knapp; man musste jederzeit auf Verluste gefasst sein. Ständig stürzte irgendwer in einen Kupferkessel mit siedender Melasse, erkrankte an den Himbeerpocken, verlor einen Arm oder ein Bein an die Presswalzen oder kippte einfach mitten auf einem halb bepflanzten Feld tot um. Selbst die Salzwasser-Leute fielen in erschreckend großer Zahl. Das Klima war unerträglich, die Arbeit hart. Für alle. Und Ballard war auch keineswegs der altmodischen Ansicht, dass untergeordnete Verwalter und Aufseher notwendigerweise aus den Reihen der Schwarzen rekrutiert werden sollten. Seit er im Amt war, hatte er etliche Schotten als Aufseher eingestellt, einige Schwarze und hin und wieder einen Iren, ohne daraus eine allgemeingültige Regel ableiten zu können. Er hatte jedoch nie auch nur einen Mulatten erlebt, der als Aufseher nicht eine ausgemachte Katastrophe gewesen wäre. *If mi for have massa or misses, give mi Buckra one – nah give mi mulatto, dem no use wi people well.* So lautete ein beliebtes Sprichwort unter den Schwarzen. Und zwei Jahrzehnte im Zuckerhandel hatten Ballard gelehrt, dass es der Wahrheit entsprach.

Er las den Brief erneut und musterte den Neuankömmling von Kopf bis Fuß. Verglichen mit Bogle – der sich sogleich einen Schritt von seinem neuen Gefährten entfernt hatte, als wollte er jegliche Verbindung von sich weisen – war dieses Kind ein jämmerliches Exemplar. X-beinig, mager, verheult. Ein weiteres Faktum: Auf Hope war niemand mehr vonnöten, der sich »als Handwerker nützlich« machte. Zehn Jahre zuvor hatte eine ganze Generation junger Burschen entsprechende Ausbildungen erhalten, mit der Folge, dass von den mehr als fünfzig gegenwärtig tätigen Maurern, Böttchern und Schreinern allenfalls eine Handvoll älter als dreißig war. Und ein Junge wie dieser, in England aufgewachsen und ohne jedes Wissen über Heilpflanzen, wäre auch im Lazarett keinesfalls willkommen. Dort führten Jenny und Moira das Regiment und schmückten sich mit dem Ehrentitel »Schwester«, obgleich nach Ballards Dafürhalten die eigentliche ärztliche Tätigkeit von einem gewissen »Doktor Paul« ausgeübt wurde, einem hochgewachsenen Schwarzen, der angeblich eine wie auch immer geartete medizinische Ausbildung in Kingston absolviert hatte. Wie sehr das auch der Wahrheit entsprechen mochte, die abergläubischen schwarzen Arbeitskräfte waren jedenfalls nicht bereit, sich von einem anderen Arzt behandeln zu lassen. Erst vergangenen Monat hatte sich Ballard selbst mit einem eitrigen Fuß in die Hände des vorgeblichen »Doktors« begeben müssen, weil ein gefällter Baum die Straße nach Kingston versperrte.

»Aber was genau war in London deine Aufgabe?«

Die Frage schien den Jungen zu verwirren. Er blickte zu Bogle hinüber, der für ihn antwortete: »Botengänge, Mr. Ballard. Er ist überall herumgelaufen, hierhin und dorthin. Als Hausdiener.«

Ballard ließ einen ärgerlichen Laut hören und stampfte mit dem Fuß auf. Die Schmerzen waren längst vergangen.

»Kann er denn nicht selbst antworten? Hat dir wohl die Sprache verschlagen, was?«

Der Junge fing schon wieder an zu heulen.

»Ich habe Anweisung, ihm keine schwere Arbeit zuzumuten –

aber sprechen kann er anscheinend auch nicht. Was in aller Welt soll er mir da nützen?«

»Er kann doch mit mir reiten, Mr. Ballard. Sich mit mir um die Tiere kümmern.«

Unterverwalter und Aufseher fingen am besten in den Ställen, bei den Tieren an, wurden zu Kutschern ausgebildet, damit sie lernten, Pferde zuzureiten und auf den Feldern zu patrouillieren. Und bei solch jugendlichen Burschen konnte die Ausbildung noch vorausschauend und korrekt erfolgen, auf Eseln. Bogle war bereits recht fortgeschritten und konnte sich als guter Einfluss erweisen. Und so trug Ballard Bogle auf, er möge *Mulatto Roger* in das Allgemeine Verzeichnis der Schwarzen eintragen, in der Spalte mit der Überschrift: »Hühner und Schweine«.

4

›im who speak sense here nah speak true‹

Mit der Zeit erinnerte sich nur noch Big Johanna an Nonesuch Bogles wahren Namen, doch an den allermeisten Tagen sahen sie einander kaum. Der Klang von *Anaso* wurde Anaso zusehends fremd. Bis er schließlich Nonesuch war. Bis er schließlich Bogle war. Johannas eigenen wahren Namen wagte er nicht mehr laut zu sagen, obgleich er ihn noch wusste. Ihr Hass schlich ihr nach, auf Schritt und Tritt. Sie verfluchte jene, die sie hasste; häufig starben sie daran. Johanna lebte in einer anderen Welt. Den Morgen verbrachte sie stets damit, die Ernte in riesigen Bündeln vom Feld ins Bagassenhaus zu schaffen, die Axt zu schwingen und Zuckerrohr zu vierteilen. Die Nachmittage vergingen im Siedehaus, wo sie den längsten Löffel führte und der Gluthitze trotzte. Derweil gab Nonesuch den Tieren Futter, half den Schreinern aus, begleitete Roger in seiner Lehre. Spitzte Bleistifte. Drei Jahre in Folge sah er den Buchhalter die Worte *notorisch flüchtig* neben Johannas Namen schreiben, und er staunte ob ihrer Beharrlichkeit – ob dessen, was sie sie kostete. Zwei Zehen. Eine Brust. Schnittwunden im Gesicht, eine Narbe vom Auge bis zum Kinn.

Peachey arbeitete in der Presse. Sie gab das Zuckerrohr in die neuen, waagerecht operierenden Walzen, Teil des »Vorhabens zur Schaffung menschenwürdiger Zustände«, weil sie weniger todbringend waren als die senkrechten. Noch immer verschlangen sie Gliedmaßen, doch längst nicht mehr so häufig. Eines Tages erwischte eine der Walzen Peacheys linke Hand. Nonesuch und Roger kamen gerade zufällig draußen vorbei. Roger blieb stumm auf seinem Esel hocken, ihm graute vor dem vielen Blut, doch Nonesuch sprang von seinem Maultier, stürzte ins Haus und riss sie von der Maschine fort. Dann trug er sie ins Lazarett. Ihre Hand fehlte, ihr Arm war bis zur Schulter zermalmt. Roger erklärte, sie habe es sich selbst zuzuschreiben, weil sie zu nah herangegangen sei. Bevor sie das Bewusstsein verlor, blickte Peachey zu Nonesuch empor und rief: *Igwe!*

Nachts dann, in der gemeinsamen Hütte, schlief Nonesuch schlecht. Er blickte zu Roger hinüber, der tief in Träumen lag. Der Junge trug solch ein eigentümliches Gemisch aus Feigheit und Grausamkeit in sich, das sein Gefährte nur schwer entschuldigen oder auch erklären konnte, doch Big Johanna mit ihrem zweiten Gesicht hatte es rasch dingfest gemacht. Eine zerrissene Seele. Die meisten Menschen tragen nur einen Tiergeist in sich, doch Roger trug zwei: Maus und Schlange. Das konnte auch Nonesuch nicht bestreiten. So oft schon hatte er erst Maus, dann Schlange, erst Maus, dann Schlange als Schatten über das Gesicht des Jungen ziehen sehen, selbst jetzt noch, da er im Mondlicht schlief, geschah es. Bedauernswert, wer in den eigenen Träumen lebt! Roger wusste nichts von dem, was die Erde untersagte. Er hatte nie eine andere Welt gekannt als diese. Wie sollte er auch nur erahnen, dass diese seine Welt auf dem Kopf stand? Stattdessen war er bemüht, einen Sinn darin zu finden. Es war beklagenswert, eine Frau zu sein, beklagenswert, so verrückt zu sein wie Big Johanna, so schwarz wie Nonesuch oder auch arm und nunmehr einarmig wie Peachey, und aus alldem folgerte Rogers Geist, die Beklagenswerten müssten am meisten zu leiden haben, denn entsprach das so nicht der natürlichen Ordnung der Dinge? Welch Glück, dass es Peachey getroffen hatte und nicht ihn! Es musste doch Gründe haben, dass die Niederen so niedrig standen. Big Johanna redete in Zungen. Sie glaubte, ihre kleine schwarze Tochter habe hellseherische Fähigkeiten. Sagte man ihr, sie solle still sein und endlich einmal etwas Einleuchtendes sagen, so hörte sie nie darauf – und was ihr das einbrachte, sah man ja. Sie belegte die Leute mit dem bösen Blick. Behauptete, *im who speak sense here nah speak true*. Und keine Züchtigung half.

Roger hingegen glaubte von sich, nur Einleuchtendes zu sagen. Er besaß zwei Arme. Er war beinahe so hell wie Mr. Ballard. Nur eines wollte Mulatto Roger nicht einleuchten, und das war der Umstand, dass er aus unerfindlichen Gründen auf eine Stufe mit Salzwasser-Bogle gestellt worden war, obwohl er, Roger, der Sohn eines großen Mannes war. Hatte er sich sein hohes Ross nicht verdient? Durfte er es nicht voller Stolz reiten?

5

Ein Dinner

Schon oft hatte Ballard sagen hören, dass sich das Innere eines Menschen über kurz oder lang stets nach außen kehre, und als er Thistlewood nun gegenübersaß und ihn davon erzählen hörte, wie er einen Schwarzen gezwungen habe, einem anderen in den Mund zu scheißen, wurde ihm die Wahrheit darin neuerlich bewusst. Mit diesem Mann lag etwas sehr im Argen. Seine Haut war entstellt, als bräche sich eine innere Fäulnis Bahn. Seine Zunge war grabsteingrau, sein Mund von Geschwüren teuflisch rot. Und seine Tränen der Belustigung mussten sicherlich einen Alkoholgehalt von vierzig Prozent aufweisen.

»Und anschließend hab ich ihn geknebelt und den ganzen Nachmittag in der Sonne braten lassen. Das war das letzte Mal, dass mir der Hundesohn eine Brotfrucht geklaut hat!«

Ballard lächelte leer. Er legte die Hand auf seinen Becher, den Nonesuch eben wieder füllen wollte, in der Hoffnung, Thistlewood dadurch zu ermuntern, es ihm gleichzutun. Doch dieser reckte sein Glas in die Höhe und nickte erst, als der Rum bis an den Rand reichte. Doch noch in all seiner Verkommenheit war der Mann ein harter Verhandler:

»Nun zu meinem Anliegen. Sie übernehmen Caesar und zehn weitere wie ihn, dazu vier Frauen, bis nächsten Mai – aber der Mietzins bleibt derselbe, darauf muss ich bestehen. Wie es um Ihre Wasserversorgung bestellt ist, Ballard, ist für mich gänzlich unerheblich, der Preis ist lange schon so vereinbart. Und Sie werden mit keinem aus Breadnut Pen jemals Ärger haben, das versichere ich Ihnen. Die wissen alle längst, dass andernfalls ihr Kopf auf einem Pfahl endet.«

Seit mehr als zehn Jahren saß Ballard alljährlich zur Erntezeit so mit Thomas Thistlewood beim Dinner beisammen. Angenehm war keines davon gewesen. Im Stillen hielt er den Mann für wahnsinnig, und ein schlechter Geschäftsmann war er obendrein, denn es war nun einmal schlecht fürs Geschäft, Köpfe auf Pfähle zu spießen: Kopflose Leute können keine Arbeit tun. Alles in allem war der Mann zu bedauern. Ein Bauernsohn zweifelhafter Herkunft, mit schlechten Manieren, ohne Zuckerrohr und mit nur einhundertsechzig Morgen Land, die allesamt als Nutzfelder dienten. Sein Einkommen bestritt er offenbar mit den zweiunddreißig Schwarzen, die er vermietete, obgleich er die meisten von ihnen bereits halb tot geprügelt hatte – ein weiterer Beleg für seine schlechte Geschäftsführung. Hätte Ballard eine Wahl gehabt, er hätte den Mann mit Freuden nie wiedergesehen, sich nie mehr seine Geschichten angehört, nie mehr mit angesehen, wie er sich eigenhändig in Rum einlegte. Doch die Größe des Hope Estate war auch seine Last. Es gab mehr Zuckerrohr aus dem Boden zu holen als fähige Hände, die es ernten konnten. Und so hatte ihn Thistlewood, wie schon im Jahr zuvor, auch dieses Jahr wieder in der Zuckerzange.

»… und ich sag zu ihm: Was willst du denn hier draußen mit deinem Prügel? Ihn in Eselsmilch baden?«

Er stank. Sein Hemdkragen starrte vor Dreck. Jede Äußerung, die er tat, war lüstern oder blutrünstig oder triefte vor Teufelei, und er schien der Gegenwart gänzlich abhandengekommen, bemerkte nicht, wie Mary und Deirdre das Essen brachten und wieder abtrugen, wie Nonesuch ihm ein Schweinskotelett auf den Teller legte, wie Big Johanna in der Küche lauschte und dabei zornig mit den Töpfen schepperte. Im Geiste durchlebte er erneut seine ruhmreichen Tage. War wieder Aufseher auf Egypt Estate, wo die erste reine Frauenkolonne sein ganz persönlicher Harem gewesen war. Als er sich, nachdem er seinen Handel erfolgreich geschlossen und große Teile des Essens auf seinem Hemd verkleckert hatte, endlich mühsam hochrappelte, konnte er kaum noch gerade stehen. Johanna musste geholt werden, um ihn zu seiner Kutsche zu bugsieren. Bogle hielt ihm die Tür auf. Ballard blieb auf den Stufen vor der Haustür stehen und winkte. Er merkte durchaus, wie Johanna Thistlewood etwas in einer fremden Sprache ins Ohr raunte. Aber das tat sie so oft.

6

Das große Unwetter

In jener Nacht zog das große Unwetter herauf, es hielt sich im Westen, ließ Hope praktisch unberührt, und so erfuhr man dort erst zehn Tage später von den Zerstörungen drüben in Breadnut Pen. Thistlewoods Nutzfelder waren allesamt zerstört, ebenso wie sein Haus, und selbst das benachbarte Anwesen seines Freundes Wedderburn hatte Schaden davongetragen, denn Johannas Zorn war gewaltig und kannte keine Grenzen. Gerüchte flogen umher. Es hieß, mit denselben Worten, die Johanna Thistlewood ins Ohr geraunt hatte, habe sie jedes einzelne von Ballards Bastardkindern besprochen, bevor sie starben. Jemand wollte gesehen haben, wie sie den Daumen in Hühnerblut getaucht und Thistlewood damit ein Kreuz auf den Nacken gemalt hatte. Natürlich alles blanker Unsinn, doch auch Unsinn gilt es zu zügeln, sonst herrscht das Chaos. Als Mann der Tat glaubte Ballard, ihm bliebe keine andere vernünftige Wahl, als Johanna erneut zu züchtigen, und diesmal vor aller Augen, obwohl er natürlich keineswegs vorhatte, sie zu töten. Eine Fehleinschätzung. Auf Hope entfernten sich die Namen mit der Zeit von ihren Menschen, und Big Johanna, so zeigte sich, war längst nicht mehr die starke, kernige Frau von einst.

7

Erbschaften

Little Johanna hatte das ansehnliche Äußere ihrer Mutter geerbt, die Stärke ihrer Mutter und sämtliche Arbeiten, die vorher ihrer Mutter zugefallen waren. Sie besaß auch die Gabe ihrer Mutter oder ihren Wahnsinn, je nachdem, wen man dazu befragte. Sie hatte prophetische Träume und redete in Zungen. Nonesuch beneidete sie. Sie hatte ein Erbe – einen Ort, von dem sie kam. Wenn sie brabbelte, dachte er: *Das ist deine Mutter-Sprache*. Er wusste, wie unwürdig dieser Gedanke war, und doch konnte er nicht anders. Mit dreizehn stand sie bereits im Siedehaus und schöpfte den Schaum mit dem längsten Löffel aus dem größten Kupfertopf, so wie einst ihre Mutter, und war in der flimmernden Hitze auch leicht mit ihrer Mutter zu verwechseln. Würde auch sie bald flüchten? Konnte auch sie jene töten, die sie verabscheute und verfluchte? Die Leute auf Hope hegten ein stetes Interesse an Little Johanna und ihrer Entwicklung. Sie war ein Kind Hopes, und ihre Familiengeschichte war allen bekannt. Sie erinnerten sich an den Mord an ihrer Mutter und jenen bildhaften, anonymen Brief, der die sentimentale Lady Chandos so tief bewegt hatte, dass sie Mr. Ballard hinauswarf, nur um ihn dann durch einen Mr. Mackintosh zu ersetzen, der sich als keinen Deut besser erwies. Niemand wusste, wer den Brief geschrieben hatte. Was hätte es auch geändert, das zu wissen? Von Nonesuchs Herkunft ahnte niemand etwas, und niemand wollte etwas darüber wissen. Soweit es Hope betraf, war er aus dem Nichts gekommen. Allmählich empfand er das auch selbst so. Mitunter, spätnachts, blickte er an Roger vorbei zu dem kleinen Fenster und versuchte, dort inmitten des Lorbeers das Gesicht seiner Mutter zu beschwören. Nichts.

Versuchte Nonesuch, sich Lady Anna Eliza Chandos mit dem Vorhaben zur Schaffung menschenwürdiger Zustände vor Augen zu rufen, entstand in seinem Geist nur ein milchweißes Oval. Es fiel schwer, dieses verschwommene Antlitz mit den jüngsten Nachrichten aus England in Einklang zu bringen. Denn ebendiese Lady Chandos hatte – bei einer Festlichkeit und »in bester Stimmung« – ihrem geliebten Marquis den Stuhl weggezogen, auf dem er soeben Platz nehmen wollte, und der Sturz hatte ihn das Leben gekostet. War auch dies Teil der Schaffung menschenwürdiger Zustände? Oder eine andere Art von Erbschaft? Während er die Tinte in den Geschäftsbüchern trocknete, bemerkte er, dass das Geld des toten Marquis nunmehr nach Hope floss und neben weiteren Neuerungen auch das Bagassenhaus wiederaufbaute und das Siedehaus erweiterte. Briefe von Lady Chandos trafen keine mehr ein. So mancher auf Hope vertrieb sich die Zeit damit, sich die Lady in Ketten vorzustellen, mit anderen Gattenmörderinnen nach Botany Bay verbracht, ihr Kopf auf einen Pfahl gespießt. Doch Nonesuch mit seinem Einblick in Hopes gesammelte Korrespondenz wusste es besser. Ihr Schmerz hatte die Lady den Verstand gekostet. Sie war in einer Anstalt. Hope Estate und jede Menschenseele darauf gehörten nun einem zwölfjährigen Mädchen, und zwei Londoner Anwälte verwalteten den Besitz in ihrem Namen, bis die neue Anna Eliza die Volljährigkeit erreichte.

Roger zeigte sich verblüfft: Er war in England nie einer wahnsinnigen Frau begegnet und hielt das für ein spezifisch jamaikanisches Leiden. Doch Bogle glaubte nicht, dass Wahnsinn sich auf bestimmte Personen beschränkte. Jeder Brief, der Hope erreichte oder Hope verließ, war Ausdruck des Wahnsinns. Jede Zahlenkolonne, jede Tonne Zucker und jedes Fass Rum. Die Welt war gänzlich dem Wahnsinn verfallen. Er bedeckte alles, so wie das Wetter.

8

Myra

War es Wahnsinn, der Vernunft an einem solchen Ort überhaupt noch Wert beizumessen? Myra mochte keine Schönheit sein, doch ihr Geist war klar und hell wie ein Bach, und das bedeutete Nonesuch alles. Sie waren sich als Kinder begegnet, als er mit der Ruhr im Lazarett lag und sie die Aufgabe hatte, für die Schwestern Heilpflanzen zu sammeln. Nun waren sie längst erwachsen. Er führte die Kinderkolonne auf dem Indigo-Feld. Sie war in der ersten Frauenkolonne auf Derry – dem Feld, für das Roger zuständig war. Ihnen blieben nur die Sonntage. Wenn er in ihr war, schien es ihm unbegreiflich, wie Menschen nach Macht, Geld, Land oder sonst etwas anderem streben konnten als diesem, es bedeutete alles. Ein Wunder, dass man die Leute nicht auf offener Straße kopulieren sah, in den Gängen der Kirche, an jedem Ort, den sie finden konnten! Er liebte sie und lebte nur noch von Sonntag zu Sonntag. Für Myra war es anders. Derry war ein verrufenes Feld. In Roger hatte die Schlange längst endgültig über die Maus triumphiert, und wer immer unter ihm arbeiten musste, war wahrhaft zu bedauern. An manchen Sonntagen hatten die zurückliegenden sieben Tage sie scheinbar sieben Jahre altern lassen. Manchmal brachte sie nichts anderes mehr zuwege, als die Furchen an seinen Wangen zu streicheln, ehe sie einschlief.

Nonesuch wollte Kinder, aus den gleichen Gründen, aus denen Männer seit jeher Kinder wollen, doch auch, weil er erkannt hatte, dass es Myra etwas Schonung ermöglichen würde. Wenigstens ein

Weilchen könnte sie stillend fern von Derry verbringen, und darauf folgte womöglich noch eine Zeit, in der sie für die Mutterlosen und noch nicht Entwöhnten sorgen konnte. Doch allmonatlich blutete sie wieder, und es kam kein Kind. Andere in ihrer Lage suchten Little Johanna auf. Ein Huhn wurde geschlachtet, sein Blut rund um die jeweilige Hütte getupft, und wenig später stellte sich ein Kind ein. Doch Myra war dagegen. Ihr Geist war hell und klar, doch sie konnte auch stur und unnachgiebig sein. Sie sprach von Jesus und dem Teufel, wollte aber offenbar nicht begreifen, dass der arme Mercury vom Geist seiner toten Tante geplagt wurde, dass die Seele von Abbas Tochter sich in den Wurzeln des Kapokbaums verfangen hatte, oder auch nur, dass Little Johanna, wenn sie in Trance und ganz und gar ihrer selbst enthoben war, mit längst verstorbenen Ureinwohnern sprechen und prophezeien konnte, wie es mit der Welt noch werden würde. All diese Dinge leuchteten Nonesuch vollkommen ein, denn er hatte sie mit eigenen Augen gesehen, mit eigenen Ohren vernommen. Er ließ Myra keine Ruhe, doch sie ließ sich nicht umstimmen. So hofften sie weiter und wurden weiter enttäuscht.

Eines Sonntags zeigte sie ihm ein Geschwür hinter ihrem linken Ohr und fragte ihn, ob er sie auch noch lieben würde, wenn sie hässlich sei? In ihren Augen standen Tränen. Er sagte Ja, wusste aber nicht, ob das, was er da sagte, wirklich stimmte. Im Lazarett bekam sie wilde Balsambirne zu trinken und eine Paste aus ebendiesem Kraut zum Aufbringen auf die Haut. Eine der Schwestern nahm ihn beiseite und warnte ihn: »*Woman nah get child if she feed pon cerasee.*« Aber was sollte er tun? In einer entlegenen Ecke, durch einen Vorhang von den anderen getrennt, lagen die schlimmsten Fälle. Manchen fehlte die Nase, manchen die Augen, anderen fehlte beides, oder sie hatten Münder ohne Lippen, nur noch bloße Höhlen ins Leere, in denen ein paar versprengte Zähne steckten. Die Himbeerpocken hatten Nonesuch als Kind große Angst gemacht, und ihm graute weiterhin vor dem Anblick solcher Leute. Er hätte Myra öfter besuchen müssen, als er es tat. Doch sie hatte die Schwestern rechtzeitig aufgesucht und blieb so vom Schlimmsten verschont. Sie büßte ein Ohr ein, und die Haut an ihrem Hals war fortan schuppig, doch sie blieb am Leben.

9

Fruchtlos

Im Lauf der Jahre bekam Nonesuch viele Kinder, wenngleich nach wie vor keines mit Myra, und der Geist dieses zornigen, ungeborenen Kindes setzte ihm fortwährend zu. Er verfolgte ihn, ließ sein Gemüsebeet verdorren, brachte häufige Krankheiten und treulose Freunde über ihn. Trotz allem liebte er Myra und verließ sich ganz auf ihren hellen, klaren Geist. Sie war es, die ihm erklärte, dass, sofern sie das Angebot der Mährischen Brüder annähmen, in ihrer Kirche zu heiraten, besagte Mährische Brüder sich fortan an ihre Fersen heften würden. Und was all die »Verbesserungen« anging, von denen so hochfliegend die Rede war – und die sich ihm als gute Neuigkeit darstellten –, so war Myra auf der Stelle klar, dass keine Arbeit am Samstag letztlich nur doppelt so harte Arbeit am Freitag hieß. Nein, sie maß Nachrichten aus England grundsätzlich nicht viel Bedeutung bei und hielt lieber mit großer Genauigkeit und Umsicht ihr Marktgeld beisammen, in der Hoffnung, sich ihre Freiheit eines Tages erkaufen zu können. Vielleicht war das ja klug. Doch Nonesuch war in Sorge, dass die Bitterkeit Myra ohne ein Kind bald ganz verschlingen würde.

10

»Myras Andrew«

Die Jahrhundertwende stand bevor. Bald würde Myra nicht mehr bluten, und es wäre zu spät. Kurz vor Jonkonnu begab sich Nonesuch heimlich zu Little Johanna. Sie trug ihm auf, zum Aquädukt zu gehen und an den sumpfigen Stellen rund um den Sockel eines jeden Pfahls nach einer Pflanze zu suchen, die kleine violette Blüten hatte und nach Minze duftete. Das sei die Polei. Ein trickreiches Kraut, das »sowohl Kinder bringen als auch den frühen Bauch beseitigen« könne. Nonesuch dankte Little Johanna für diesen Rat und ging gut aufgelegt zum Jonkonnu-Fest. Auf Hope standen Weihnachten und Jonkonnu friedlich nebeneinander: Die sentimentale Lady Chandos war vor langer Zeit zu dem Schluss gekommen, dass Jonkonnu sich kaum von den harmlosen Feierlichkeiten ihrer englischen Bauern unterscheide, und hatte es gutgeheißen, getreu dem Wahlspruch, es sei ja »nur einmal im Jahr«. Neuerdings häuften sich Anwaltsschreiben, in denen die »fiebrigen Tänze«, die »heidnischen Gelage« und das »Getöse« verdammt wurden, doch die Lady saß in ihrer Anstalt und antwortete nicht. So ging Jonkonnu weiter. Der rot gekleidete Mann mit der weißen Maske und dem kleinen Haus auf dem Kopf zog über das Anwesen und blies auf seiner Muscheltrompete, die Maskierten tanzten, der Gesang schwoll an, Rum wurde in Unmengen getrunken, und es endete erst bei Sonnenaufgang:

Jaw-Bone, Jaw-Bone, John House Canoe!
You know us and we know you!

Und Nonesuch gab unbemerkt Polei-Pulver in Myras Becher.

Als im darauffolgenden September endlich ihr Sohn Andrew zur Welt kam, nahm Jonkonnu eine besondere Bedeutung an. Alljährlich setzte Myra den Knaben seinem Vater auf die Schultern, und gemeinsam tanzten sie hinter jenem her, den sie John House Canoe nannten, der sein Haus auf dem eigenen Kopf trug und somit nichts vom Verbanntsein wusste. *Myras Andrew.* Nonesuch selbst schrieb den Namen voller Stolz in das Allgemeine Schwarzen-Verzeichnis und trocknete sorgfältig die Tinte. Er konnte nicht viel für seine Kinder tun. Doch mit der Zeit und unter Einsatz von allerlei List und Tücke konnte er sein Bestes dafür geben, dass *Myras Andrew* nicht in den langen Spalten auftauchen würde, in denen die Erste und Zweite Kolonne verzeichnet waren, und seinen Sohn stattdessen an den sichereren Rändern unterbringen, die Nonesuch selbst gut kannte:

Hausdiener
Kutscher
Schreiner
Böttcher
Maurer
Aufseher

11

Die letzte Heimkehr

Als Andrew sechs Jahre alt war, kam Nachricht aus England, dass Mr. Wilberforce in Mr. Grenvilles Parlament triumphiert habe. In jenem Dezember feierten die Menschen umso ausgelassener Jonkonnu. Später im Leben sollte Andrew nur noch sehr wenig von seiner Mutter im Gedächtnis behalten, doch er erinnerte sich stets, dass sie verhalten und wenig überzeugt geblieben war. Sie sprach mit Bitterkeit von England, führte lieber das Beispiel Saint-Domingue an, wo die Menschen »die Dinge selbst in die Hand genommen« hätten. Den Versprechungen des Premierministers Grenville gab sie kein Gewicht. Wenn keine neuen Hände mehr aus Afrika einträfen, hieß das nicht, dass alle verfügbaren Hände die ihren waren? Gut möglich, dass mancherorts für manch einen etwas »endete«, jedoch nicht für sie.

Nonesuch blickte treulos auf Myras Hände und dachte sich, wie sehr sie doch denen einer Hexe oder eines alten Weibs ähnelten. So abgearbeitet! Er sehnte sich nach jungen Händen, einer jungen Liebe – erst recht, als im Frühjahr die Bougainvilleen wieder blühten. Am Palmsonntag war er im Haupthaus und zeigte Andrew, wie man einen Brief mit Wachs versiegelt, da bemerkte sein Sohn die seltsame offene Wunde hinten am Hals seines Vaters. Er hatte so lange gewartet, dass sie sich nun nicht mehr mit einem Halstuch verbergen ließ. Später, im Lazarett, erspähte ihn ein uralter Salzwasser-Mann und rief: *Igwe!* Da weinte Nonesuch. Seine Wangen mit den stolzen Narben darauf waren eingefallen, er glich einem Totenkopf. Und doch hatte er seine Herkunft. Er legte sich in die Ecke zu den schlimmsten Fällen. Zuerst verlor er die Augen, dann die Nase und schließlich das Bewusstsein. Am Fünfundzwanzigsten des Monats Oktober im Jahre 1808 ließ Anaso, Sohn des Cuffay, diese Welt hinter sich und kehrte heim ins Reich seiner Ahnen.

12

Um Liebe & Profit

Andrew Bogle vermutete, er müsse wohl siebzehn sein, zumindest ungefähr. Er war schmächtig und nicht sehr groß. Manche sprachen mit ihm wie mit einem Kind, andere wie mit einem Mann, und ihm fiel es schwer, die Frage für sich selbst zu klären. Sie hatte sich nie durch harte Arbeit beweisen müssen. Er hatte den Namen Bogle geerbt, und so wurde angenommen, er verstehe sich wie sein Vater gut auf Tintenfässer, Siegelwachs, Briefe, Botengänge, Aufsicht, Waffenreinigung und Tierpflege. Kurzum, er blieb in denselben Spalten wie sein Vater, so wie dieser es sich erhofft hatte. Seine Mutter blieb weiterhin auf Derry. Sie bekam ein zweites Kind mit Mercury, das sie Leda nannte, und dann einen Sohn mit Namen Jasper, dessen Vater ein Geheimnis blieb. Die Mühen laugten sie aus. Sie wurde in die Zweite Kolonne versetzt, was ihr – so hoffte Andrew es zumindest – ein wenig Schonung verschaffte. Doch am Ende war alles umsonst: Leda starb mit acht, Jasper mit neun. Das brach den Geist seiner Mutter. Sie »versank«. Andrew übernahm die Pflege ihres Nutzfelds neben dem seinen und besuchte sie, wenn sie, wie es oft geschah, im Lazarett lag. Im Allgemeinen Verzeichnis führte er sie als »kränklich«. Sie war längst vom Tod gezeichnet. Er trauerte um sie, noch während sie lebte, weil er wusste, dass es nicht mehr lange gehen würde.

So sehr Nonesuch einen hellen, klaren Geist geschätzt hatte, so sehr schätzte sein Sohn Andrew Kraft. Er war in Little Johanna verliebt, obwohl sie seine Mutter hätte sein können. Kein Mensch begriff diese Liebe, er wurde überall ausgelacht. Auch Little Johanna lachte. Sie nannte ihn »Jungchen«. Er nannte sie »meine Frau«. Wann immer er ihr von Liebe sprach, erwiderte sie, er solle zurück ins Haupthaus gehen und mit seinen Tintenfässern spielen. Und doch liebte er sie, und in seinem Herzen waren sie einander angetraut. Ellis, der andere Diener im Haupthaus, hielt seinen Freund für verrückt und sorgte sich um ihn. Er versuchte, Andrews Augenmerk auf die hübsche Dorinda zu lenken, die Hausmagd. Erst im Monat zuvor hatte Dorinda die fünfzehn Meilen bis zum Anwesen ihres Vaters in St. Elizabeth zu Fuß zurückgelegt, sich vor ihm aufgebaut und verkündet: »Sir, ich bin Eure Tochter, und doch bin ich geknechtet wie einst die Israeliten in Ägypten!« Die mutigen Worte hatten dem Engländer Eindruck gemacht. Er erwog, sie freizukaufen, sofern sie selbst fünfzig Pfund zu der Summe beitrüge. Dreißig hatte sie schon beisammen: Die Aussichten waren günstig. Ellis hegte großes Interesse für günstige Aussichten und hielt gern Vorträge zu dem Thema. Er hatte auf Hope bereits viel erlebt und empfand sich gewissermaßen als Philosophen oder zumindest als einen, der so manches über das Wesen der Menschen wusste, und er hing der Überzeugung an, dass weise Leute eine Frage der Liebe niemals erwogen, ohne auch die Frage des Geldes zu berücksichtigen. Die jetzige Lady Anna Eliza etwa war bereits seit dem Alter von sechs Jahren mit dem künftigen Duke of Buckingham verlobt. Ein Beispiel dessen, was Ellis gern als »Addier-Ehe« bezeichnete. Er meinte damit, dass sich alles, was sie besaß, zu seinem Besitz hinzuaddieren ließ und umgekehrt. Nachdem sie geheiratet hatten – und die verrückte Mutter verstorben war –, hatte Anna Eliza nicht nur Hope geerbt, sondern auch etliche Herrenhäuser in London, sämtliche Chandos-Ländereien in England und Irland sowie weiteren Besitz an einem unbekannten Ort, den Ellis die »Isle of White« nannte. All dies addierte sich zu den mehreren Zehntausend Morgen Land, die ihr Gatte, der Duke, besaß. Zu dessen Ausbeute gehörte unter anderem ein Anwesen namens »Stowe«. Bogle und Ellis bot sich die Möglichkeit, es in Augenschein zu nehmen, als es einmal aus einem Umschlag auf ihr Schreibpult geglitten war.

Ein kleiner Stich eines gewaltig großen Hauses. Wenn der Vater des Duke das Zeitliche segnete, würde die jetzige Lady Anna Eliza Duchess of Chandos and Buckingham sowie Countess Temple of Stowe werden, während ihr Gatte der Duke of Buckingham Richard Brydges Chandos Temple Nugent Grenville, Earl Temple of Stowe, sein würde, denn wer eine solche Addier-Ehe einging, dessen Name wurde länger und länger, und die Niederschrift brauchte eine Ewigkeit. Und jetzt erklär mir mal, sagte Ellis, was das alles mit dem zu tun hat, was du Liebe nennst?

Addierte Fläche: 57.465 Morgen.

Addierte jährliche Mieteinkünfte: 70.420 Britische Pfund.

Ellis trocknete die Tinte dieser Zahlen höchstselbst. Er sah sich folglich in der Lage, jene zu beraten, die falschen romantischen Vorstellungen nachhingen. Addieren, *bwoy,* addieren! Andrew mochte Ellis und hörte ihm gern zu. Doch es gelang ihm nicht, Liebe als Profit zu betrachten. Wenn er in Little Johanna war, dann dachte er nicht an Geld oder Land oder ans »Addieren«, er dachte im Grunde an gar nichts anderes mehr als daran, wie es sich anfühlte, in ihr zu sein, geborgen und verwurzelt. Sofern es hier überhaupt etwas zu addieren gab, dann ihre Seelen, in Wonne verschmolzen.

13

Mr. Edward Tichborne

Im Januar kehrte der Sachwalter des Duke, ein Mr. Edward Tichborne, zurück. Wie stets war er höchst besorgt wegen der Dürre und schickte viele dringliche Briefe nach England, dass Bewässerung benötigt werde. Doch die Duchess of Buckingham and Chandos hatte die Korrespondenz ihrer verstorbenen Mutter zu dieser Frage gelesen und deren Sichtweise übernommen. Der schlechte Boden auf Hope werde ein solches Unterfangen kaum verkraften: Man werde folglich »ein Übel mit einem schlimmeren bekämpfen«. Bogle fiel die Aufgabe zu, allmonatlich den Bestellungsstand eines jeden Feldes zu notieren, in der Hoffnung, die Duchess mit solch düsteren Zahlen doch noch von der Weisheit des Vorhabens zu überzeugen. Briefe gingen hin und her: Sie blieb unbelehrbar. Unterdessen war Bogle als Kammerdiener tätig, wie stets bei Mr. Tichbornes Besuchen. Mr. Tichborne redete gern. Sein Diener erfuhr viel, allein durch Zuhören. Etwa, dass es möglich war, fünfhundert Pfund im Jahr zur Verfügung zu haben und sich dennoch im Nachteil zu sehen. Dass ein Gentleman jederzeit einen Überzieher trug – selbst bei äußerster Höllenhitze –, doch niemals zweimal in der Woche denselben Kragenbinder. Der Drittgeborene von sieben Geschwistern zu sein kam einer schrecklichen Tragödie gleich. Denn es bedeutete, dass man sich seine Brötchen mühsam auf einer gottverlassenen Insel wie dieser verdienen musste. Zu viel Portwein war schlecht für die Füße. Und im September schließlich erfuhr Bogle, dass er Hope für einige Zeit verlassen werde, um den redseligen Mr. Tichborne nach London in England zu begleiten.

14

Wildes Gerede

Ein Haus an der Dean Street wurde bis Weihnachten angemietet. Bogle schlief in einer warmen Kammer gleich neben der Küche. Dort unten hausten noch drei weitere Personen: ein Mädchen für alles, die Köchin und ein Bursche ohne genauere Bezeichnung, der die besonders dreckigen Arbeiten erledigte. Ihre Existenz erstaunte Bogle ebenso wie alles andere. Er hatte schon verarmte Iren in Kingston gesehen und mittellose Deutsche in Mandeville, doch die Armen Englands waren verblüffend vielgestaltig und zahlreich. Bei seinen täglichen Botengängen, wenn er der Duchess an der Pall Mall Tichbornes Nachrichten überbrachte, wünschte er sich oft Ellis herbei, denn wenn die Zeit kam und er nach Hope zurückkehren würde, wäre er kaum in der Lage, all dem, was er hier sah, Rechnung zu tragen. Männer ohne Beine, die in der Gosse lagen, halb nackte Dirnen in Hauseingängen, Kinder, die auf den Stufen vor den Kirchen um Pennys bettelten! Hier gab es nichts zu »addieren«. Die Engländer entpuppten sich keineswegs als einig Volk von wohlgenährten Zylinder- und Seidenhemdträgern, wie Ellis sie sich ausmalte, sondern vielmehr als ein Chaos verschiedenster Fraktionen, allesamt nur auf das eigene Überleben bedacht und darin in gewisser Weise kein bisschen fremd und unvertraut. Mitunter erinnerten ihn die Gespräche im Dienstbotengeschoss an die nächtlichen Zusammenkünfte in den Sklavenhütten. Die Dienstmagd etwa war ganz wie Bella zu Hause auf Hope. Bella hatte sich früher auf einem anderen Anwesen in Saint Catherine verdingt, wo aus ihrer Sicht alles reicher, eindrucksvoller und großartiger gewesen war. Ebenso war es mit dieser Magd, die ihrer früheren Stellung in einem »großen Haus auf dem Lande« nachweinte und sich weigerte, seine Kleider mit zur übrigen Wäsche zu nehmen, schließlich sei sie, wie sie sagte, »im Leben hoffentlich noch nicht so tief gesunken, die Sachen von 'nem Nig-Nog zu schrubben«. Die Köchin wiederum erinnerte ihn an Little Johanna. Sie murmelte viel Finsteres vor sich hin, und oft war zu hören, wie sie einer verblüffend großen Zahl von Feinden den Tod wünschte, vom Straßenhändler bis hin zum Premierminister. Doch sie war nicht so schön wie Johanna und besaß auch nicht ihre Gabe. Keiner von denen, die sie verfluchte, starb.

Das dreisteste und erstaunlichste Gerede aber kam von Jack, dem Burschen, der keinen Nachnamen besaß und auch »keine nennenswerten Eltern«. Auch das erinnerte Andrew an Hope, wo die Mäuler oft umso lauter tönten, je hungriger sie waren. Jack leerte Nachttöpfe aus und fegte den Schornstein, schaufelte Pferdemist und Kohlen. Die Auseinandersetzungen mit Frankreich bezeichnete er als »miesen Trick« und als »Kriegsspielchen für reiche Leute«, und der Duke of Wellington konnte sich den Sieg aus seiner Sicht »in den Hintern schieben«. Vor allem erzürnten ihn die jüngsten »Gräuel da oben in Peter's Field«, wo die Kavallerie »die armen Leute aus Lancashire kaltblütig ermordet« habe, »auf Befehl von der Regierung«. Und der Prinzregent »schippert ständig mit seinem Bötchen rum, stopft sich mit Rindfleisch voll und wird immer fetter!«. An nicht wenigen Abenden in der Woche stahl sich Jack durchs Fenster der Kellerkammer, die sie teilten, davon, um an einer »politischen Kundgebung« in einer Kapelle an der Hopkins Street teilzunehmen. Dort lauschte er »Männern, die die Freiheit lieben und keine Angst haben, das auch zu sagen« – obwohl es in der ganzen Stadt »von Regierungsspionen nur so wimmelt«. Man lief schon Gefahr, nach Botany Bay verschickt zu werden, wenn man nur *»One man, one vote«* sagte. Oder sich über die Brotpreise beschwerte. Jack erzählte Bogle von einem gewissen John Baguely, einem der Helden von Lancashire, der momentan »in Newgate einsaß«, nur weil er immer wieder den Schlachtruf »Freiheit oder Tod!« skandiert habe. All diesen Gefahren zum Trotz drängte Jack Bogle, ihn in die Hopkins Street zu begleiten, und sei es nur, um einen Prediger namens Wedderburn zu hören, den britischen Sohn einer Sklavin und ihres Herrn – »Auch so ’n Schwarzer wie du« –, der gut an der Aussage tat: »Die Sklaven sollten ihre Herren umbringen, wann immer ihnen der Sinn danach steht!«

15

Pragmatismus

Auf einer Fahrt aus der Stadt hinaus – sie waren unterwegs zu Sir Henry Tichborne auf Tichborne Park – saß Bogle einmal zwei Stunden lang vor dem Gefängnis von Newgate fest. Eine gewaltige Menschenmenge war auf die Straße geströmt, um einer Hinrichtung beizuwohnen, und sämtlicher Verkehr klebte in dieser Masse Mensch wie in Zuckersirup. Drei Burschen drohte der Galgen, weil sie ein Schaf gestohlen hatten. Bogle hatte Jack durchaus gern, doch nicht gern genug, um für ihn zu hängen. Wann immer er hörte, wie das Kellerfenster geöffnet wurde, schloss er die Augen und stellte sich schlafend.

16

Stammbaum

Wo sollten die Chandos-Buckinghams den Herbst verbringen? Es gab etliche Möglichkeiten, sie stritten alljährlich darüber. Die Duchess präferierte ihr angestammtes Avington. Die Dorfbewohner dort waren ihr allesamt zugetan, beschirmten sie vor radikalen Elementen, und die Wandtäfelung aus der Tudor-Zeit hielt die Zugluft ab. Die Dorfbewohner von Stowe hingegen empfand sie als »griesgrämig«. Doch der Duke setzte sich durch: Es ging nach Stowe. Wollte Tichborne nun noch vor Weihnachten ernsthafte Einigungen mit dem Duke erzielen, so benötigte er eine bessere Kutsche als die vorhandene, Pferde zum Wechseln sowie ein halbwegs erträgliches Quartier für die Nacht. Das kostete, und er hätte es vorgezogen, alles Geschäftliche brieflich zu regeln. Doch die Ausgaben des Duke sprengten jede Grenze, und er war zudem dafür berüchtigt, Schreiben von Anwälten und Schuldnern grundsätzlich keine Beachtung zu schenken. Es galt, ihn persönlich zur Rede zu stellen.

So brachen sie an einem feuchten Tag Mitte Oktober gen Norden auf, Knie an Knie in einem gemieteten Einspänner, und Tichborne redete und Bogle hörte zu. Acht Stunden, in deren Verlauf Bogle so manches erfuhr. Er hatte immer schon gewusst, dass jemand hochwohlgeboren und doch ohne jede Achtung sein konnte – schließlich war seinem eigenen Vater just dieses Schicksal widerfahren –, doch er wäre nie und nimmer auf den Gedanken gekommen, dass es auch für jemanden vom Schlage Mr. Edwards gelten könne. Anscheinend staunte Tichborne selbst darüber. Wie kam es, dass ein Mann »aus einer so edlen, altehrwürdigen Familie wie der meinen«

jetzt »wie ein Sklave schuften« musste – und dann auch noch für solch einen notorischen Prasser und Betrüger? Die Antwort hing auf irgendeine Weise mit dem Katholikentum zusammen – der Logik dieses Arguments konnte Bogle nicht recht folgen –, noch mehr aber mit dem altbekannten und oft erwähnten Problem, der Drittgeborene von sieben Geschwistern zu sein. Der Duke hingegen war der glückliche Erstgeborene seines Clans. »Und was den Titel betrifft! Schau dir ruhig mal ihren Stammbaum an!« Dazu war Bogle, mangels der nötigen Mittel, nicht imstande. »Schafzüchter! Schafzüchter und Kaufleute. Und dazwischen noch ein paar zwielichtige Soldaten mit staatlichen Pfründen. Aber diese Temples und Grenvilles verstanden sich eben immer schon bestens aufs Heiraten. Die Burschen finden noch in jedem Heuhaufen eine reiche Erbin! Die wissen, wie sie ihre Mädchen ins Trockene bringen!«

Bogle bewunderte einen in Gold und Rostrot schimmernden Hain, der sich im auffrischenden Wind wiegte. Ein Leben reichte niemals aus, um fremde Menschen zu durchschauen, zu begreifen, was für Ausdrücke sie verwendeten und wie sie dachten und wie sie lebten.

17

Eine Übernachtung im Brown Hen

Bogle band die Pferde fest, striegelte ihnen das Fell, entfernte ihren heudurchsetzten Mist vor dem Eingang, füllte ihre Futtersäcke auf, führte sie zum Trog, brachte Tichbornes Gepäck nach oben, packte aus, legte Tichbornes Nachtgewand und einen Anzug für den nächsten Morgen bereit, putzte ihm die Schuhe, schleppte ein Halbdutzend wassergefüllte Eimer zwei Stockwerke hoch und ließ ihm ein Bad ein, fachte das Feuer im Kamin an, ersetzte die Bettdecke durch eine aus einer Reisetasche voller Bettwäsche, die Tichbornes Vorlieben entsprach, entzündete sechs Lampen und kehrte dann zurück nach unten. Tichborne hing in einem Fauteuil am Kamin und hatte soeben eine Flasche Port geöffnet. Bogle machte Anstalten, sich zurückzuziehen.

»Ach, komm, Junge, setz dich zu mir. Leiste mir Gesellschaft!«

Bogle nahm Platz. Die Flasche war groß und nach kaum einer Stunde geleert.

»Eins muss ich ihr schon lassen: Sie behandelt die Armen wie ihre eigenen Kinder. Mitunter gebricht es ihr diesbezüglich etwas an Augenmaß – wie du ja selbst recht gut wissen dürftest, Bogle –, aber wenigstens ist sie umsichtig mit dem Geld und setzt es weise ein. Was sie aus meiner Sicht – und aus Sicht der Bank – ums Zwanzigfache wertvoller macht als ihn. Eine Schande, wie er mit ihr umspringt!«

Der Duke, stellte sich heraus, war ganz wie Mr. Ballard: Er betrachtete Frauen als sein Eigentum und hatte vielerorts in nah und fern Kinder gezeugt. Das Geld rann ihm wie Sand durch die Finger.

»Und was den hübschen Knaben angeht – den zweiten Duke, über kurz oder lang … Vier Monate hat dieser Tunichtgut auf dem Kontinent verbracht, und der Teufel soll mich holen, wenn jetzt noch irgendwo in Venedig ein Stück buntes Glas oder eine Medici-Statuette zu finden ist. Der Kerl bringt seine Mutter noch ins Armenhaus. Wie der Vater, so der Sohn. Inkontinent in jeglicher Hinsicht. Oder was glaubst du, warum wir den Knaben aus Rom zurückholen mussten? Würde mich kaum wundern, wenn sich in jedem Dirnenhaus Italiens ein kleiner Buckingham-Bastard fände …«

Bogle erfuhr, dass die Duchess, die mit sechzehn geheiratet hatte, inzwischen vierzig sei, längst kein Wort mehr mit ihrem treulosen, verschwendungssüchtigen Gatten wechsele und die Gesellschaft ihres kleinen Hundes der seinen vorziehe. Es klang nach einem wenig ersprießlichen Arrangement. Tichborne lachte.

»Ach, mach dir da mal keine Gedanken, Bogle. Die kommen schon klar. In Stowe kann man es halten wie ein Sultan – zwölf Frauen haben und nicht eine davon je zu Gesicht bekommen! Wirst sehen.«

18

Ein kapitales Haus

Am nächsten Morgen verdüsterte sich der Himmel erst, dann riss er auf. Auf der langen, sturmgepeitschten Anfahrt über die Ländereien wurde Bogle der erste Blick auf ein einzigartiges Haus zuteil, das wie kein zweites war und Tichborne Park etwa zwanzigmal hätte fassen können. Zwei zunehmend durchnässte Lakaien kamen die Stufen vor der Haustür herabgeeilt und wiesen der Kutsche den Weg zum Schlechtwettereingang. So traten Tichborne und sein Diener trockensten Fußes in eine unterirdische, mit weißem Stein ausgekleidete Höhle. Die Wände hier neigten sich nach innen, die Decke war niedrig. Am Fuß einer Treppe, die wer weiß wohin führen mochte, lauerten zwei schaurige Geschöpfe, halb Katze, halb Frau. Alles war steinern, weiß und kalt, wenn man daran fasste. In die Wände waren Männer mit Vogelköpfen eingemeißelt. Bogle wandte sich erschrocken ab und stolperte gegen einen steinernen Sarg, groß genug, um ein totes Kind zu bergen. Tichborne lachte; Bogle fürchtete sich. Wessen Ahnen mochten das sein?

Aus dem Nichts erschien ein livrierter Diener – »Der Duke ist hocherfreut über Ihr Eintreffen und darüber, dass Sie durch die ägyptische Halle eintreten. Eine Ergänzung aus jüngster Zeit, auf die er sehr stolz ist« – und führte sie aus der grässlichen Kammer heraus in einen breiten unterirdischen Gang, der wie eine lange, überdachte Straße anmutete und zu beiden Seiten von Gewehrständern flankiert war. Bogle kam es vor, als legten sie einen langen Weg zurück. Erst bogen sie nach rechts ab, dann nach links, dann erneut nach rechts. Gelegentlich eilten Bedienstete vorbei.

Der Gang verzweigte sich zu weiteren Gängen. Hier duftete es nach Gebackenem. Dort war der Lärm von Metallarbeiten zu hören. Ein Haus wie eine Stadt, geschützt von einer eigenen Waffenkammer. Schließlich gelangten sie nach oben. Durch gewaltige Fensterscheiben strömte Licht herein. Bogle hätte es nie für möglich gehalten, so weit zu laufen, ohne je das Haus zu verlassen. Ein großer kreisförmiger Raum mit einem gläsernen Rund in der Decke. Ein langer, schmaler Raum, groß wie ein Bahnhof und voller Bücher. Ein Raum mit Musikinstrumenten. Ein Raum voller Statuen. Ein Raum, verziert mit lauter kleinen abgetrennten und auf Stecken gespießten Köpfen, direkt an die Wand gemalt. Bevor sie den Raum wieder verließen, sah Bogle noch einmal genauer hin: Die Stecken waren in Wahrheit grüne Weinranken, ihrerseits verziert mit gelben Schleifen, und die Köpfe waren allesamt rosig und lächelten. Ein Raum voller Sofas. Ein Raum wie ein Bagassenhaus: Man hätte die Zuckerrohrbestände von zehn Feldern waagerecht darin schichten können. Ein weiterer scheunengleicher Raum, in dem sich der goldene Tisch der River Mumma von einer Wand zur anderen erstreckte. Danach ein weiterer mit goldener Decke. Noch mehr Treppen. Ein Blick auf ein Bett, groß wie ein Boot und ganz in Samt gehüllt. Dieses Haus kleidete sich in Seide, Gold und Samt wie eine Frau. Kein Raum war nackt, keine Wand kahl.

Sie traten in eine Halle mit einer Kuppel wie in einer Kirche und einer geschwungenen Treppe, die sich nach oben wand. Hier waren die Wände, so schien es Bogle, mit Szenen von zu Hause bemalt. Zumindest meinte er, die Palmen und Zedern zu erkennen, die bewaldeten Berge, das glitzernde blaugrüne Wasser. Hier und da hatte jemand wunderlicherweise ein paar Grüppchen nackter, dem Morden entkommener Ureinwohner zwischen die Bäume gepinselt, als wäre wahrhaftig noch mehr von ihnen übrig als ihr Jammern und Klagen aus den Muscheltrompeten. Auf der Treppe machte er noch einmal kehrt, um Kingston ausfindig zu machen, und wäre um ein Haar mit zwei jungen Burschen in Schürzen und mit Pinseln in der Hand zusammengestoßen. Sie waren damit beschäftigt, eine Bucht nebst untergehender Sonne mit weißer Farbe zu übermalen. »Wir haben hier mehr Bilder als Wände, an die wir sie hängen können.« Der livrierte Diener gab diese Erklärung mit merkwürdigem Stolz ab, als wäre das Haus sein persönliches Eigentum: »Daher muss Platz geschaffen werden.« Bogle sah zu, wie ein rauschender Wasserfall unter einer frischen Schicht Weiß verschwand. »Und hier nun das Rembrandt-Zimmer«, verkündete der Diener und öffnete eine weitere Tür.

19

Ein junger schwarzer Bogenschütze

Tichborne war überrumpelt. Er hatte nicht damit gerechnet, das Paar gemeinsam anzutreffen: Er war es seit jeher gewohnt, die beiden gegeneinander auszuspielen. Der Duke saß an einem Spieltisch neben dem Kamin, die Duchess in einer entlegenen Ecke am Fenster, einen schnarchenden Mops im Arm. Tichborne holte tief Atem und hob zu seiner Unglücksrede an. Bogle trat an den Tisch des Duke, legte das Bündel wichtiger Unterlagen vor ihn hin, löste das lilafarbene Band, trat dann zurück und verharrte schweigend unweit der Tür. Schlechte Ernten waren in diesem Bündel enthalten, Wirbelstürme und dazu viel zu viele verstorbene Kinder, abgetrennte Arme, Himbeerpockenausbrüche, intrigante Baptisten und hinfällige alte Salzwasser-Leute, die sich nicht mehr durch neue ersetzen ließen. Der Duke quittierte Tichbornes Ausführungen mit Stöhnen, erhob sich und wanderte unruhig auf und ab. Die Duchess verharrte am Fenster. Bogle hatte eine goldene Spirale auf der Tapete entdeckt und folgte ihren Windungen durch das ganze Zimmer.

»Genug, genug – das hat doch keinen Sinn, Tichborne. Sie können mir bis zum Sankt-Nimmerleins-Tag von ausgelaugten Böden und Wirbelstürmen erzählen: Es ist doch alles nur eine Frage der Zeit. Nicht mal die armen Franzosen auf Saint-Domingue waren so sehr in der Minderheit, wie wir es sind. Der einzig gangbare Weg ist das Parlament, doch dafür bedarf es kühler Köpfe, und die Interessenvertreter der Karibik sind im Augenblick überaus beunruhigt. Wer könnte es ihnen auch verübeln? Auf der einen Seite die

Einflüsterungen der Abolitionisten und der Whigs, auf der anderen die der vermaledeiten Baptisten und Methodisten. Eine hochexplosive Gemengelage. Ich habe Anlass zu der Hoffnung, dass sie mir Vertrauen schenken und überzeugt sind, ich könnte ihren Anliegen dienlich sein – nicht zuletzt, weil diese Anliegen auch meine sind. Aber Sie müssen doch begreifen: Der Name ›Grenville‹ wird keine Begeisterungsstürme bei ihnen auslösen. Kein Mensch auf Jamaika erträumt sich noch, zu Reichtümern zu kommen – allenfalls, sich den kleinen Profit zu erhalten, den er erzielt –, und wir wissen doch alle, wem wir das zu verdanken haben … Es grenzt an ein Wunder, dass wir mit Hope und diesem anderen Ort, na … Middleton! … überhaupt noch über die Runden kommen. Was meine Gattin im Übrigen ungemein ironisch findet.«

Tichborne heuchelte Unschuld: »Ach? Inwiefern?«

Darauf antwortete niemand. Die Duchess ging zum nächsten Fenster hinüber. Was nützte es, einen Premierminister zum Onkel zu haben, wenn das Handeln just dieses Onkels sämtlichen Familienanliegen widersprach? Tichborne beobachtete, wie der Duke die Papiere auf dem Tischchen durchblätterte, als ließe sich des Rätsels Lösung in ihnen finden. Es blieb still. Nur Mimi, der Mops, schnarchte weiter. Seit seiner Ankunft in England hatte Bogle sich an solche Stillen gewöhnt und auch daran, wie eine Statue dazustehen und stur geradeaus zu blicken. Er hatte Mittel und Wege gefunden, sich zu beschäftigen. Das Muster auf einer Tapete. Die Schirme der Wandleuchten. Die Schnitzereien am Kaminsims. Die Bilder an den Wänden. Wenn sich in einem Winkel irgendeines Bildes im Raum auch nur ein schwarzes Gesicht befand, hielt er sich zugute, es in Sekundenschnelle entdeckt zu haben – er schob es auf sein Heimweh. Dennoch bemerkte er erst jetzt den jungen Bogenschützen an der Wand gegenüber. Es war kein kleines Bildnis; womöglich war das ja der Grund für die Verzögerung, denn er war es gewohnt, Gesichter wie dieses am äußersten Rand einer Leinwand zu erspähen oder auch versteckt in der Menge. Dieser junge Mann aber nahm den ganzen Rahmen ein. Er gefiel Bogle sehr. Er hatte einen Bogen in der Hand und einen Köcher auf dem Rücken, und er sah exakt aus wie Ellis, wenn er an Mr. Mackintoshs Seite aufbrach, um Wildschweine zu jagen. Doch dieser junge Bogenschütze trug nichts für andere. Dieser Bogen, diese Pfeile waren sein, und er jagte damit nur für sich. Bogle spürte pochende Traurigkeit in seiner Kehle aufwallen und schluckte schwer. Wie sehr er doch Ellis glich! Ach, was für Heimweh ich doch habe!

20

Die Ordnung der Dinge

Am Nachmittag ließen Wind und Regen nach, und die Sonne kam hervor. Tichborne trat durch das Südtor nach draußen, um auf ihren Kutscher zu warten. Bogle beobachtete, wie er erschöpft auf eine steinerne Bank unter ein paar welkenden orangefarbenen Blüten sank. Bogle seinerseits hatte keine Anweisungen bekommen, und so blieb er dort stehen, wo er sich befand, zwischen den Türflügeln, die sich zur »nördlichen Loggia« öffneten, und einem weiteren Flügelpaar, das auf die südliche hinausging. Vor ihm Privatgrund, hinter ihm Privatgrund, und beides erstreckte sich bis zum Horizont.

Er sah sich um. Zu seiner Linken rangen auf einem Sockel vier nackte Männer eine Schlange nieder. Der Stein war schwarz. Die Männer waren es allem Anschein nach nicht. Bogle wusste weder, warum sie nackt waren, noch, warum sie mit dieser Schlange rangen. Sie kümmerten ihn nicht weiter; er wandte sich ab. Zu seiner Rechten, hoch über seinem Kopf, brachen weitere steinerne Menschen aus den Wänden hervor. Dieses Grüppchen hing in der Luft wie böse Geister, doch es gab keinen Grund, sich vor ihnen zu fürchten, nein, denn sie bewegten sich nicht, und es war auch kein Zauber im Spiel, nur Handwerk, so wie bei den Figuren, die man aus Pappelholz schnitzte. Er trat einen Schritt näher heran. Das ganze Tableau war aus weißem Stein gehauen und erzählte offenbar die Geschichte eines großen Mannes – irgendeines Königs. Vor ihm kniete eine Frau, die Anstalten machte, eine Krone weiterzureichen. Beide waren umringt von Soldaten, Schaulustigen und

Kindern, und Bogle fühlte sich an die neugierigen alten Frauen erinnert, die sich auf Hope über ihre Zäune lehnten. Wachsam. Neugierig auf die Macht. Und ganz zuunterst, nackt, auf dem Boden vor den Füßen des Königs – kuschend wie ein Hund vor seinem Herrn –, kauerte ein Schwarzer, wie er es war.

Bogle wusste nicht, wie es sein konnte, dass ein Haus so groß war wie eine Stadt, mit Privatländereien zu beiden Seiten. Er wusste nicht, warum Männer Schlangen niederrangen. Er wusste nicht, in was für einer Welt ein junger Mann wie Ellis frei sein würde, nur für sich selbst zu jagen. Doch dieses Tableau in Weiß verstand er von oben bis unten – es war ihm so vertraut wie sein eigener Name. Die Ordnung der Dinge. Auf Hope war es seine Aufgabe, die Ordnung der Dinge mit klarer Handschrift sorgsam in Spalten zu fassen, im Allgemeinen Verzeichnis, so wie es bereits die Aufgabe seines Vaters gewesen war. Doch mit Papier und Tinte gab sich ein Ort wie dieser nicht zufrieden. Hier schrieb man in Stein.

21

Im Falle eines weltweiten Krieges

Am ersten Abend zurück in London überraschte Bogle sich selbst. Er sagte: »Warte.« Es war nicht leicht, im Dunkeln seine Sachen zusammenzusuchen, er war nicht so geübt darin wie Jack und stellte die Geduld seines neuen Freundes mit der Suche nach einem Paar Schuhe auf eine harte Probe. Doch schließlich war er bereit und folgte Jack durchs Fenster in die Nacht hinaus. Die Lichter und die Scheiben belebten die Dunkelheit mit unvermuteten Schemen und Schatten, ließen vereinzelt Menschen und Orte aufscheinen. An den Frauen von Soho ging er rasch vorbei, bemüht, nicht zu unerfahren, zu erstaunt zu wirken. Dann, in der Hopkins Street, vor der Tür der Kapelle, verlangte ein rothaariges Mädchen einen Shilling von ihm. Dafür erhielt man eine Eintrittskarte mit einem aufgedruckten Kopf – Jack besaß bereits eine – und Einlass zu »allen Debatten und obendrein zu den Sonntagsvorträgen«. Bogle wollte schon halb erleichtert wieder umkehren, doch Jack machte Rabatz: »Setzen wir uns jetzt ein für die Armen und Geknechteten oder nicht?« Die Rothaarige zog eine finstere Miene: »Was du für ein Großmaul bist, Jack, das wissen wir ja inzwischen.« Dann aber seufzte sie und trat beiseite: »Wenn's nur das eine Mal sein soll, tut's auch ein Penny.«

Die Kapelle entpuppte sich als sehr provisorisch. Man erklomm eine schmale Holztreppe hoch zu einer Art Heuboden, wo vielleicht hundert Menschen standen und auf den »Vorsitzenden« blickten, der an einem Tisch saß. Sie waren spät dran, der erste Redner kam bereits zum Ende, und nun erhob sich der Vorsitzende und wiederholte noch einmal die zur Debatte stehende Frage: »Welche Partei würde im Falle eines weltweiten Krieges wohl obsiegen: die Reichen oder die Armen?« Begleitet von einem Chor nachdrücklicher Jubelrufe, in die Jack einstimmte, erhob sich nun der zweite Redner. Bogle spürte, wie ihm auf den Rücken geklopft wurde: »Jetzt kommt dein Mann – Wedderburn!«

Sein Mann? Die Haare waren recht glatt, und sein Hautton glich eher dem von Roger als dem von Bogle. Er hatte eine knollige Nase und eine streitlustige Miene. Das einzig wahrhaft Vertraute an ihm war der Name – der klang in der Tat sehr nach zu Hause –, doch noch ehe Bogle Gelegenheit hatte, diesen letzten Punkt genauer zu bedenken, war der Mann längst auf den Beinen und hatte begonnen. Er sprach auf höchst mitreißende Weise. Der vertraute Zungenschlag der Karibik paarte sich mit der Inbrunst der Straßenhändler von Soho. Jeden einzelnen Punkt unterstrich er mit beiden Händen – griff in die Luft, wie um einem unsichtbaren Spitzel der Staatsmacht den Hals umzudrehen –, und er steckte voller Fragen. Es gebe in England nur zwei Klassen von Menschen, die schwer Reichen und die äußerst Armen, wie habe es dazu kommen können? Das wusste die versammelte Menge auch nicht, brüllte jedoch begeistert. Wie komme es, dass aller Grund und Boden im alleinigen Besitz von vierhundert Familien sei, die akribisch darauf achteten, nur untereinander zu heiraten? Das wusste Bogle genauso wenig, doch er hörte sich mit den anderen jubeln und musste an Ellis denken, der über dieses Spektakel doch sehr gestaunt hätte. Konnte das wahrhaftig der Sohn eines Sklaven sein? Aller Augen gehörten ihm, aller Ohren ebenso. Er hielt die Seele dieser Menge in seiner Hand, und Bogle erkannte, dass er einen solch gebieterischen Geist seit jeher für eine rein weibliche Gabe hielt, der Johannas wegen. Doch auch diesem Mann schlich sein eigener Hass auf Schritt und Tritt nach. Er loderte: Man spürte die Wärme, sobald man ihm nahekam. Über »Peterloo« war er ebenso erzürnt wie Jack, und als Bogle ihm jetzt lauschte, wurde ihm klar, wie viele der verblüffenden Gedanken und Formulierungen seines jungen Freundes bloß entliehen waren. Erschaffen nach dem Bilde dieses braunhäutigen Mannes:

Mein Motto lautet: meucheln!
Gott hat den Menschenkindern diese Welt zum Erbe überlassen – und sie wurden darum gebracht!
Ich halte es mit Thomas Spence: Ein jeglicher, der ein Stück Land als sein Privateigentum bezeichnet, ist ein Verbrecher.
Der 16. August war ein glorreicher Tag, denn das Blut, das an jenem Tag vergossen wurde, hat unsere Einigkeit zementiert.

Konnte vergossenes Blut jemals glorreich sein? Ringsum brach Jubel los, um das Glorreiche zu besiegeln. Und was in Frankreich geschehen sei, das werde auch hier geschehen, all die Lords und Ladys flüchteten sich bereits ins Ausland, denn sie hätten längst begriffen, dass die hungernden Armen entschlossen seien, sich keinen Augenblick länger mit ihrem niederen Dasein zu begnügen. Diverse Männer, von denen Bogle noch nie gehört hatte, würden *einen Kopf kürzer* gemacht werden, und der Prinzregent, von dem er durchaus schon gehört hatte, sei ein fettwanstiger Tölpel, ein Trinker und Hurenbock. »Er schert sich keinen Deut um das Leid der Leute!« Hier würgte Wedderburn erneut die Luft, und die Menge echote seine Worte, wie bei diesen sonderbaren Puppentheaterspielen, die Bogle manchmal in Covent Garden erlebte: »ER SCHERT SICH KEINEN DRECK!« Einen endlosen Augenblick lang konnte die Rede nicht weitergehen. Die Menge war einfach zu laut. Der Vorsitzende schlug auf den Tisch, versuchte, die Ordnung wiederherzustellen. Wedderburn ließ die würgenden Hände sinken und deutete drohend aus dem einzigen Fenster:

»Und uns erzählen sie, wir sollten nur fein still sein, so wie Jesus, dieser vermaledeite Einfaltspinsel, der uns wie der letzte vermaledeite Trottel erzählt, wenn uns wer auf der einen Seite ins Gesicht schlägt, dann sollen wir uns freundlich umdrehen und ihn um noch einen Schlag auf der anderen Seite bitten! Da ist mir der gute alte Petrus doch sehr viel lieber! Reicht auch mir ein rostiges Schwert, denn den einfachen Leuten wurde der Krieg erklärt! Carlyles Rede von den Menschenrechten können sie verbrennen – doch niemals brennen sie sie aus meinem Kopf heraus! Nicht einmal, wenn sie mich hängen sehen! Gepriesen sei Thomas Paine!« Gebrüll fegte über den Heuboden wie ein Wirbelsturm durch das Bagassenhaus. Bogle wandte sich zu Jack um und wollte ihm eine Frage stellen, doch der Bursche hatte den Arm erhoben, er hatte das Schwert des heiligen Petrus gepackt und ließ das unsichtbare Ding nun durch die Luft rasseln, und dabei brüllte er mit den anderen, dass ihm der Speichel nur so aus dem Mund sprühte.

Auf dem Heimweg konnte Bogle seine Frage doch noch stellen. Jack zog die Stirn kraus. Und Bogle wollte es scheinen, dass Jack zwar gern redete, aber nicht gern befragt wurde.

»Wie man den schreibt? Na, P-A-I-N, nehm ich an! Thomas *Spence,* das ist der, wo ausgerechnet in der Bibel nachgeguckt und ein für alle Mal *ra-ti-fi-kiert* hat, dass ein Stück Land gar niemand gehören kann, weil Gott es nämlich allen Menschen geschenkt hat. Und Thomas Pain … Na, das ist der, wo sagt, dass alle Menschen Rechte haben, und das, junger Bogle, das ist Pain, wenn du's genau wissen willst.«

Warum dieser Pain einen derart unglücklichen Namen abbekommen hatte, konnte auch Jack nicht sagen. Dann fragte er Bogle, was er denn von alldem gehalten habe, und Bogle entgegnete, er habe gehofft, mehr über die Sklaven zu hören, und Jack erwiderte, was das denn heißen solle, ob er vielleicht blöd sei, genau darum sei es doch die ganze Zeit gegangen, denn seien nicht alle Menschen Sklaven, wenn sie keine Rechte hätten? Bogle antwortete nicht. Schweigend gingen sie bis zur Shaftesbury Avenue, wo Jack viel zu laut von ihm wissen wollte, ob er denn noch mal mit in die Hopkins Street kommen werde, was Bogle, auf Spitzel bedacht, verneinte.

22

Bittere Ernten

Jonkonnu zu versäumen verschaffte Bogle ein ungutes Gefühl, doch Tichborne bestand darauf, Weihnachten in Tichborne Park zu begehen und den Jahreswechsel im Haus seiner Doughty-Verwandtschaft in Dorset. Am dritten Januar schließlich wurde sein Diener allein zurück nach Jamaika entsandt. Als Bogle einen Monat später in Falmouth von Bord des Schiffes ging, war der erste Mensch, den er erblickte, Ellis, der ganz in Schwarz gekleidet war und seinen Hut an die Brust gedrückt hielt.

Peachey schwor, Myra habe sich einfach zu Boden gelegt und sei gestorben, *»jes lay down quiet pon de ground and died«*. Doch Peachey betrachtete ihn immer noch als Kind und versuchte von jeher, ihn zu schützen. Mit »Boden« meinte sie den verklebten Boden des Siedehauses, obwohl offenbar niemand wusste oder zu äußern wagte, wer Bogles Mutter dort hatte arbeiten lassen und warum. Einzig Johanna hätte ihn noch trösten können, doch sie war unauffindbar. Sie hatte die Gestalt eines wilden Pferdes angenommen und sich in die Berge davongemacht, womöglich hatte sich ihre Seele auch in eine der Pappeln begeben, oder sie war gleich ganz zum alten Obboney eingegangen und belegte sie aus dem Jenseits mit ihren Flüchen. Die Pflanzsaison war schon im Gange, und Bogle sollte das Ausbringen der Setzlinge überwachen. Stattdessen begab er sich zum Haupthaus, um Ellis die Wahrheit über Johannas Aufenthaltsort zu entlocken. Ellis maß ihn mit flehentlichem Blick. Die Wahrheit würde zum Schmerz nur neuen Schmerz hinzuaddieren: Warum musste er ihr Überbringer werden? Widerstrebend zog er die Schublade des Aktenschranks auf und reichte Bogle die Abschrift des Briefes, mit dem der ganze Aufruhr begonnen hatte. Macintosh hatte ihn den Anwälten geschickt:

Beständig prophezeit sie den Weltuntergang. Sowohl den unserer Welt hier auf Hope als auch der Welt im Ganzen.

Und wahrhaftig war Johanna dabei gesehen worden, wie sie unter den Fenstern des Haupthauses entlangging, laut redete, sang und Drohungen gegen Roger ausstieß – doch dergleichen hatte sie immer schon getan. Ein Mysterium blieb, was daran Mr. Macintosh derart aufgescheucht haben konnte:

Womöglich ist sie unter den Einfluss einer Glaubensgemeinschaft gefallen: Wir mussten letzthin viele Taufen unter den Schwarzen erleben. Sie zitiert gewisse verstörende Verse aus dem Buch Levitikus, die von den anderen leicht missverstanden werden könnten und gewiss der Anstiftung zu Revolten und Aufständen dienen. Ihr Geist weist die klare Neigung zum Millenarismus auf.

Der Sinn dieses letzten Satzes war kaum zu ergründen. Doch Mr. Macintosh hatte sich die Mühe gemacht, auf der nächsten Seite einige klärende Beispiele anzuführen:

Und ihr sollt das fünfzigste Jahr heiligen und sollt ein Freijahr ausrufen im Lande allen, die darin wohnen; denn es ist euer Halljahr. Da soll ein jeglicher bei euch wieder zu seiner Habe und zu seinem Geschlecht kommen.

Darum sollt ihr das Land nicht verkaufen für immer; denn das Land ist mein, und ihr seid Fremdlinge und Gäste vor mir.

Wenn dein Bruder verarmt neben dir und verkauft sich dir, so sollst du ihn nicht lassen dienen als einen Leibeigenen.

Daraufhin hatten die Anwälte, verängstigt durch die vielen Revolten, die auf der ganzen Insel ausgebrochen waren, die Angelegenheit dem Friedensrichter übertragen. Und Little Johanna war zu drei Monaten Zwangsarbeit in einer Tretmühle der Haftanstalt von Kingston verurteilt worden.

23

Maschine

Nach dieser Mitteilung stellte Bogle fest, dass er eine Zeit lang zu keiner Empfindung mehr fähig war. Wann immer ihn jemand verletzen, betrügen oder in irgendeiner Form übervorteilen wollte, verwirrte ihn das nur. Wie kamen die Leute bloß darauf, dass er überhaupt dadrinnen war und noch verletzt werden konnte? Und wäre Ol' Higue höchstpersönlich erschienen, um ihm das Leben auszusaugen, sie hätte ihn längst leer vorgefunden. Er erfuhr, dass es sich so durchaus leben ließ: als leere Hülle nach dem Besuch einer Soucouyant. Kein Mensch merkte etwas. Aus Mr. Macintoshs Sicht zum Beispiel war Bogle sogar noch tüchtiger geworden, und er wurde mit zusätzlichen Aufgaben betraut, von denen manche mit kleinen Freiheiten einhergingen, die ihm nichts mehr gaben und um die er sich auch nicht mehr scherte. Sonntags fuhr er Macintoshs Frau in die Kirche und saß die ganze Messe über neben ihr. Montags ritt er nach Kingston, um die Post aus England zu holen und so viele Ausgaben der *Times,* wie auf dem Postschiff eben mitgekommen waren.

24

Cato Street

Mitte Mai, als er gerade dabei war, die Zeitungen auf der Anrichte zurechtzulegen, erspähte er in einer sonderbaren Karikatur auf der Titelseite ein schwarzes Gesicht: *Die Spence'schen Menschenfreunde* – ein Grüppchen Männer, angetan mit Perücken, Talaren, Überziehern und Kneifern, tanzte im Kreis um etwas, das wie ein Maibaum anmutete, nur dass auf seiner Spitze fünf Köpfe aufgespießt waren. Vier rosige Köpfe und ein schwarzer. Bogle sank auf den nächstbesten Stuhl und las die Namen.

Brunt
Ings
Thistlewood
Tidd
Davidson

Davidsons Kopf war es, der seine Aufmerksamkeit erregt hatte: Wie sich herausstellte, war er Kreole und kam aus Kingston. Gemeinsam bildeten diese enthaupteten Männer die »Radikalen«. Sie hassten Lord Sidmouth, so wie Jack es tat, behaupteten, Grund und Boden gehöre allen, und sie forderten »allgemeines Wahlrecht« sowie die Rückgabe von etwas, das als »Habeas Corpus« bezeichnet wurde. Auf einem Heuboden an der Cato Street hatten diese Männer ein Komplott zur Ermordung der Herrschenden Englands geschmiedet, um Rache für Peterloo zu nehmen und die Menschen Englands aus dem »Sklavendasein« zu befreien, das sie augenblicklich führten – Bogle las den Ausdruck drei Mal und verbuchte ihn schließlich als Druckfehler. Er las weiter: Das Komplott war vereitelt worden. Es hatte einen Spitzel in ihrer Mitte gegeben. Mit bebendem Finger fuhr er den Rest der langen Spalte entlang, suchte den Namen »Jack«, stieß aber stattdessen auf einen anderen Namen, den er kannte: Robert Wedderburn. Doch Wedderburn, der in der Vergangenheit intensiven Umgang mit den Verurteilten gepflegt hatte, saß in der fraglichen Nacht sicher und geborgen im Gefängnis ein – verurteilt wegen »aufwieglerischer Schriften« – und trug daher noch einen Kopf auf den Schultern. Bogle sah sich die eigenartige Karikatur lange an und empfand endlich wieder etwas. Doch was? Ein enervierendes geistiges Jucken, und als er sich an der Stelle kratzen wollte, musste er feststellen, dass er sie nicht erreichen konnte.

25

Thistlewood! Wedderburn!

Es war fast Erntezeit. Bogle machte sich auf den langen Ritt nach Saint Catherine, um die fünf Männer abzuholen, die Hope für die Saison entliehen hatte. Gegen Mittag erreichte er die niedergebrannten Ruinen von Thistlewoods altem Anwesen, Breadnut Pen, das gleich an Wedderburns Land grenzte. Abrupt brachte er seinen Esel zum Stehen. Thistlewood. Wedderburn. War das möglich? Doch Thistlewood war schon seit dreißig Jahren tot! Nur in der Erinnerung lebte er noch fort, als eine Art Schreckgespenst, das alte Frauen in ihren Geschichten heraufbeschworen, um ungehorsamen Kindern Angst zu machen. Wedderburns Plantage wiederum war weder geschlossen noch verkauft worden. Und was sollte junge Wedderburns oder Thistlewoods auch dazu bewegen, sich gegen ihre Altvorderen zu verschwören? Die Leute addierten schließlich, sie rissen nicht einfach entzwei oder stellten die eigene Welt auf den Kopf, das war doch völlig sinnlos – und zweifellos waren in England ähnlich viele Wedderburns und Thistlewoods zu finden wie Cudjoes und Pompeys auf Jamaika. Mitunter jedoch sind auch Kinder bittere Ernte. Das hatte er häufig von den alten Frauen gehört. Mitunter fügten sie sich nicht in die Addition. Machten stattdessen zunichte – zerstörten. Verfluchten ihre Väter und brannten ihre Häuser nieder. Das nannte man dann die Rache der Jugend. Bogle blickte über die Felder hinweg, dachte an London zurück und an Wedderburn und seine würgenden Hände, in denen so viel Gefühl gelegen hatte. Er selbst war jünger als Wedderburn, doch vom Wesen her stets ruhiger gewesen, wachsam. Er wusste, dass

Hass sich bei ihm nie so leicht einstellen würde wie Verzweiflung oder das Gefühl, nichts mehr zu fühlen. Und falls jener kopflose Thistlewood in Wahrheit doch einer der Thistlewoods aus Jamaika war, dann hatte es ihm, so glaubte Bogle, sicher wenigstens geholfen, dass er einen Vater besaß, den er verfluchen, ein Zuhause besaß, das er zerstören konnte. Gewiss war das so etwas wie ein Ziel für den eigenen Pfeil. Während Bogle hier auf seinem Esel hockte und verzweifelte. Was besaß er?

26

Die ewige Wiederkehr der Johanna

Als die Blüten der Bougainvilleen verwelkten und der Regen ein Ende fand, kehrte Johanna zurück. Sie war nicht mehr die Frau, die er geliebt hatte. Sie banden einen dort mit den Handgelenken an eine riesige Tretmühle, als wäre man ein Esel, und ließen einen dann den ganzen Tag zu Peitschenhieben laufen, bis die Furche unter den eigenen Füßen voller Blut war. Er wollte ihr von Liebe sprechen, so wie er es einst getan hatte, und ihr erzählen, was er in England gesehen hatte. Ihre Augen verdrehten sich in den Höhlen. Sie wollte nichts hören, bis auf die eigene Stimme. Sie lachte ihn aus. Sie hatte ihn immer ausgelacht, doch dieses Lachen war anders. Sie sagte: »Du bist ein Narr, Bogle. Ich hatte einen Traum. Ich sehe alles.«

27

Der prophetische Traumkreis der Little Johanna

werden SEHEN, wir haben getan, was die Erde selbst UNTERSAGTE. Aber ich habe einen TRAUM, und der ist WAHR, und glaub mir, so wird es werden. Ich sage dir, die Welt STEHT KOPF. HUNDSZAHNGRAS sind diese Leute! Wo immer sie WURZEL SCHLAGEN, da BREITEN sie sich AUS und ZERSTÖREN! Ein NÄRRISCHER BURSCHE sieht so was nicht, aber ICH. Ich habe einen TRAUM. Ich weiß, diese Zeit wird ENDEN, und eine neue Zeit BEGINNT, so wie's in ihren Büchern geschrieben steht und im DRECK IN MEINEM MUND und in der Scheiße von OBBONEY selbst, dem alten Teufel. Ich hab ihn gesehen, den HEIMLICHEN ANTRIEB DER WELT! Manche Narren sagen, die Welt ruht auf dem Rücken einer Schildkröte, aber das ist nur ein MÄRCHEN FÜR KLEINE KINDER! Die Welt, die ruht auf der TRETMÜHLE! Das habe ich GESEHEN. Ich habe einen TRAUM. Die TRETMÜHLE DREHT SICH, sie HÄLT niemals AN, und oben auf ihr ruht jede LEUCHTENDE STADT, jedes SCHIFF, jede GOLDMÜNZE und all die KÖNIGE UND KÖNIGINNEN, die LORDS und die LADYS und die ganzen KIRCHENMÄNNER, denn diese TRETMÜHLE IST NASS VON BLUT, und sie ist der HEIMLICHE ANTRIEB DER WELT! Wer immer darin läuft, der WEINT und sagt seht, wie TIEF ich gesunken bin! Aber ich sage, DREHEN MUSS SICH ALLES, und wer jetzt noch steht, der WIRD FALLEN, und alles Land, das versperrt ist, LIEGT OFFEN DA, und jeder HALM HUNDSZAHNGRAS wird ABGESCHNITTEN, und DIE

TOTEN, DIE WERDEN LEBEN, und die Lebenden, die werden sterben, die KÖNIGE WERDEN WEINEN, und die Leute werden in ihre Paläste eindringen und dort AUF DEN BODEN SCHEISSEN, und dann wird ABGERECHNET! Alles, was uns genommen wurde, werde ich ZURÜCKGEBEN! Wir werden wieder Nasen und Augen haben und Münder, und wir werden VON DER TRETMÜHLE KÜNDEN, bis der Tag von MOSES' HALLJAHR gekommen ist! Ich habe geträumt, dass NICHTS MEHR STIRBT und NICHTS VERGESSEN WIRD, denn die TRETMÜHLE IST EIN KREIS, und Kreise enden nicht, bis alle die TRETMÜHLE gesehen haben und durch ihr BLUT gewatet sind. Und selbst die BLINDEN WERDEN SIE SEHEN, doch dann IST ES ZU SPÄT! *CHUKWU SELA AKA, UWA AGWU!* BRENNEN wird sie, diese Welt, und sie wird uns abwerfen, JEDEN EINZELNEN VON UNS, denn sie HAT UNS SATT, und nichts wird mehr leben und wir

28

Hundszahngras, 1826

Vier Jahre gingen ins Land, bis Tichborne wieder nach Hope zurückkehrte. Kaum angekommen, schickte er Bogle sogleich nach den Büchern. In nur einem Jahr waren zweihundertachtundachtzig Tonnen Zucker auf fünfzig zusammengeschnurrt und einhundertfünfundvierzig Fässer Rum auf bloße vierzehn, jeder Winkel Hopes, der verpachtet werden konnte, war es auch, als wäre der Duke ein armer Schlucker und benötigte jeden Penny, den er dem Land noch abringen konnte. Tichborne schrieb den Anwälten und entdeckte, wie tief der Duke in Wahrheit verschuldet war. Einhundertfünfzigtausend Pfund allein für »Stowe und weitere Ausgaben«. Ein dreitägiger Logierbesuch des russischen Zaren etwa hatte Renovierungsarbeiten im Wert von zehntausend Pfund verursacht. Auch der König war »regelmäßiger Gast«, was sich ebenfalls als kostspielig erwies. Tichborne diktierte einen Brief an den Duke. Von seinen Auslagen war darin nicht die Rede – sie kamen zwischen beiden nie zur Sprache –, doch er ersuchte den Duke, ein Abkommen zur Wasserversorgung mit dem Armeelager im Tal in Erwägung zu ziehen. Was von der Mühle auf Hope abfließe, lasse sich ohne Weiteres dorthin umleiten, es sei ein schlichter, pragmatischer Plan, der ihnen rund zweitausend Pfund im Jahr einbrächte. Dem Duke missfielen pragmatische Erörterungen: Eine Antwort konnte Monate dauern. Derweil geriet Tichborne immer mehr in Rage wegen des Hundszahngrases. Das war Jahre zuvor von Ballard gepflanzt worden, um das Anwesen auf ansprechende Weise zu umgrenzen, hatte sich jedoch als raffgierig erwiesen und war kaum mehr auszurotten. Es wurzelte überall, verbreitete sich rasch, entzog dem Boden alle Lebenskraft, vernichtete die einheimischen Arten und schädigte das Land in jeder Hinsicht. Tichborne verstand nicht, warum Little Johanna lachte, als er ihnen all das auseinandersetzte. Er zwang Macintosh, die Frauenkolonne mit der sinnlosen Aufgabe zu betrauen, es auszureißen, jede Wurzel einzeln.

29

Aus dem Land gebracht

Im Juni wurde Bogle eine kleine, indirekte Freude zuteil: Ellis heiratete Dorinda. Eine Dissenter-Gemeinde in Black River hatte sich bereitgefunden, die beiden zu trauen, und die sentimentale Duchess hatte eine Sondergenehmigung erteilt und einen langen Brief verfasst, in dem sie die Ehe als das Siegel der Tugend bezeichnete, das die Leidenschaft in Schach halte und das folglich kein aufrechter Christenmensch je einem anderen versagen dürfe, erst recht nicht den unglücklichen Armen oder den Afrikanern, die sie doch umso nötiger hätten. Bogle legte seine weiße Baumwolltracht an und geleitete seine lieben Freunde nach Black River. Dort war Markttag: In der Kirche drängten sich die Menschen. Doch als das Aufgebot verlesen wurde und Ellis und seine Braut sich erhoben, brachen die Leute in den Kirchenbänken in Spott und Gelächter aus. Der Pfarrer brauchte mehrere Minuten, um sie wieder zur Ordnung zu rufen: »Und was für ein Leben wollt ihr führen? Eins der Sünde, möchte ich wetten!« Bei seinen Worten senkte die versammelte Gemeinde den Kopf und verstummte. Dorinda war in Tränen. Doch Bogles Freunde wurden getraut. Er war redlich bemüht, sich mit ihnen zu freuen, doch die Empfindung war bittersüß: Seine Johanna weigerte sich, auch nur einen Fuß an einen solchen Ort zu setzen. Noch hegte er die Hoffnung, sie werde eines Tages wieder zu Verstand kommen, das Gesetz werde sich ändern oder er sie schließlich überzeugen. Doch selbst die Annahme, ihm könnten tatsächlich »Tage« bleiben oder Hoffnungen, die darin wahr würden, erwies sich als vermessen. Am nächsten Morgen hatte Tichborne erneut keine Antwort vom Duke erhalten, und in einem Anfall von Groll kündigte er seine Stelle auf, verließ die Insel und nahm seinen Diener mit.

30

Europäische Flitterwochen

In London blieben sie nur wenige Tage, um eine Frau abzuholen – »Bogle, dies ist Mrs. Kathryn Tichborne. Wir haben im Mai geheiratet« –, dann brachen sie nach Europa auf, in die »Flitterwochen«. Ein neues Wort. Auch sonst war alles neu. Kein Mensch teilte ihm mit, wohin sie reisten und wie lange sie dort, wo sie schließlich eintrafen, bleiben würden. Schon bald begriff er, dass es besser war, auf den staubigen roten Bodenfliesen zu schlafen als in den Betten, die ihm hin und wieder angeboten wurden: Sie waren kühler und die Flöhe nicht so zahlreich. Es war Hochsommer. Allgemein nahm man an, er müsse an Hitze gewöhnt sein, doch er fand sie unangenehm, so viel trockener als auf Jamaika, ohne erleichternde Regengüsse. In Spanien stach ihn ein Schuljunge mit einer Nadel, um zu sehen, ob er blutete. In Frankreich gestand ihm ein Stubenmädchen, ihm im Schlaf ein Büschel Haare abgeschnitten zu haben, weil sie neugierig war, ob »die wirklich von selber wachsen«. In Deutschland erläuterte ihm ein philosophisch gestimmter Stalljunge, da er ja zu den »Duldsamen« gehöre, werde er bald schon die Erde besitzen. Jede Kirche, die sie besuchten, war ein Palast aus Gold, und doch erschienen die Priester Bogle allesamt äußerst hinterhältig in ihren Sandalen und den zerschlissenen Kutten, mit denen sie Armut darstellten. In Italien, als ihre Reise schon über ein Jahr währte, wäre es um ein Haar zur Konfrontation zwischen Tichborne und dem Duke gekommen. Tichborne wollte nach Venedig, bis sich herausstellte, dass sich der Duke bereits dort aufhielt und vor dem Hafen kreuzte, um sich vor seinen britischen

Schuldnern zu verstecken. Sein Schiff trug den Namen *Anna Eliza* und hatte sechzehntausend Pfund gekostet. All dies erfuhren sie an einem einzigen Abend in Rom von einem Viscount namens Byng, dem seinerseits »halb London und ein Großteil Bedfordshires« gehörte. Die Begegnung mit diesem glücklichen, vermögenden jungen Mann schien Tichborne zu bedrücken: Er trank zu viel und zog sich früh in seine Gemächer zurück. Am nächsten Morgen verkündete er, sie würden nunmehr umdrehen und sich über Spanien auf die Heimreise machen.

Während sie in Paris auf die abschließende Überfahrt warteten, wurden ihnen ungewöhnliche Nachrichten überbracht. Eine entfernte Cousine aus der Doughty-Linie war verstorben und hatte Tichborne ihren ganzen Besitz vermacht, unter der Bedingung, dass er seinen Namen zu Doughty ändere und für einen männlichen Erben sorge. Mrs. Tichborne war bereits schwanger: Die Aussichten waren also günstig. Der Besitz umfasste große Teile von Bloomsbury sowie das Anwesen Upton House nahe der Ortschaft Poole in Dorset. Tichborne war leicht erregbar, er zappelte herum und machte es Bogle dadurch nicht eben leicht, seinem Herrn in die Hose zu helfen und sie zu schließen.

»Was für gute Nachrichten, Mr. Edward. Sie fliegen in der Welt auf.«

»Ich *steige* auf, Bogle. Aber ja, es sieht wohl ganz danach aus.«

Seit jeher verfolgte Tichborne sehr genau und schweren Herzens das Fortkommen seiner zahllosen Brüder. Nun gestattete er sich die Überlegung, ob sein Blatt sich wohl wenden würde. Ein Bruder war bereits in China verstorben, ein weiterer in Indien, ein dritter auf heimischem Boden. Das brachte ihn in der Erbfolge an die zweite Stelle. Der jüngste Tichborne war bis dato kinderlos, während der älteste unlängst mit einer siebten Tochter geschlagen worden war, zusätzlich zu bereits sechs vorhandenen. War es denkbar, dass es wahrhaftig keine weiteren männlichen Erben geben würde? Zurück in England, brachte Kathryn prompt einen kleinen Knaben zur Welt, der Henry genannt wurde. Nun konnte nichts Edwards neu entdeckte Zuversicht mehr trüben. Nicht einmal die Nachricht, dass der lachhaften französischen Gattin seines jüngsten Bruders ebenfalls ein kleiner Sohn geschenkt worden war, den sie Roger nannten.

BAND SIEBEN

Warum also haltet ihr euch für die wenigen Auserwählten?

ROBERT WEDDERBURN

1

D wie Doughty

Mit der Geburt ihres Sohnes Henry legten Edward und Kathryn den Namen Tichborne ab, sie wurden Mr. und Mrs. Doughty und gerieten rasch in Zorn, wenn das jemand einmal vergaß. Eine Zeit lang schrieb Bogle sich mit Tinte ein D auf die Handfläche, als Gedächtnisstütze. Der Hausstand siedelte nach Upton über. Zum Anwesen gehörte bereits ein Verwalter, ein gewisser Mr. Gosford, dazu eine Köchin, ein trunksüchtiger Gärtner, drei schreckhafte Kammerzofen, die noch nie einen »Äthiopier« zu Gesicht bekommen hatten, und zwei Stalljungen. Es war ein großes Haus, doch Bogle hatte bereits die Hallen von Stowe durchmessen und hielt sich für einen Mann, den nichts mehr überraschen konnte. So überraschte es ihn auch nicht, als Mrs. Doughty schwer erkrankte – und noch weniger, als sie genas –, doch die Doughtys waren ebenso verblüfft, von solch einem Unglück heimgesucht zu werden, wie davon, ihm wieder zu entkommen. Mr. Doughty ließ dem Haus gegenüber eine Kirche bauen, die aus allen vorderen Fenstern zu sehen war, auf dass Mrs. Doughty stets der Gnade Gottes gedenken möge, die ihr auf dem Krankenbett zuteilgeworden war. Bogle fühlte sich daran erinnert, wie Little Johanna vier Steine in eine Reihe legte, um die bösen Geister abzuwehren. Ihn überraschte das nicht.

Eines Nachts im August kam Mr. Doughty splitterfasernackt nach unten geeilt und befahl Bogle, sich anzuziehen und die Kutsche anzuspannen. Eine Viertelstunde später fuhr Bogle wie geheißen zum Hafen von Poole, er konnte vor Müdigkeit kaum die Augen offen halten. Am Kai verbeugten sich zwei Männer tief vor einem dritten, der mit einer Menge goldener Tressen behangen war, jedoch vorstehende Zähne hatte wie ein Esel. Tichborne schien in heller Aufregung. Seine krummen Beine bebten regelrecht. »Das ist der Count of Ponthieu, Bogle. Halt ihm die Tür auf.« Bogle hielt die Tür auf. Wieso waren bloß alle um ein Uhr früh so herausgeputzt? Wie geheißen fuhr er nach Lulworth Castle, setzte die Männer dort ab und fuhr dann den ganzen Weg zurück nach Upton, begleitet von Tichbornes Schnarchen. Am nächsten Morgen hatte das Geschehen das Wesen eines Traumes angenommen, obwohl er kein Auge zugemacht hatte. Beim Abendessen war er so erschöpft, dass er kaum die Portweinflasche auf dem Tablett halten konnte. Der jetzige Mr. Doughty, der beinahe den ganzen Tag verschlafen hatte, war voller Tatendrang und durstig nach Gesellschaft. Er wollte wissen, was Bogle vom Count of Ponthieu gehalten habe, doch Bogle war im Grunde nichts an ihm aufgefallen, bis auf die Zähne. Mr. Doughty lachte, bis ihm die Tränen kamen.

»Was würdest du sagen, wenn ich dir erzähle, dass dein Passagier mit den ›Eselszähnen‹ der verbannte König Frankreichs ist?«

Er war so müde. Er nickte nur.

2

Upton Park in Poole

Das Leben in Upton folgte einem gleichmäßigen Rhythmus. Es kreiste um schwere Mahlzeiten, verschiedene Getränke zu verschiedenen Tageszeiten, Zeitungslieferungen und die täglichen Besuche in der hauseigenen Kapelle. Hätte Bogle, so schien es ihm mitunter, eine andere Kirche so häufig besucht wie diese Kapelle, dann hätte er wohl auch etwas anderes geglaubt und vielleicht sogar »Gott« ganz anders wahrgenommen, wie ein Mohammedaner womöglich oder wie ein Protestant. Doch er lebte in Upton und ging hier zur Messe, und schon bald gab es auch für ihn keinen anderen Gott mehr als den, zu dem ganz Upton betete. Zweimal täglich suchte er die Kapelle auf und erwarb sich rasch den Ruf großer Frömmigkeit, für die er hochgelobt wurde. Daraus schloss er, dass Beten anderen wohl schwerer fiel als ihm. Für ihn gab es nichts Natürlicheres, als sein Denken ganz auf ein unsichtbares Reich zu richten – oder seine müden Knie auf der Kirchenbank auszuruhen. Noch unklarer war die Verbindung zwischen seinem wachsenden Ruf und den fünfzig Pfund, die ihm, wie Doughty ihm mitteilte, künftig jährlich überlassen würden, da er sich um die Familie so verdient gemacht habe. Und so trat er ohne viel Aufhebens in die Reihen des bezahlten Personals ein.

3

Der Weihnachtsaufstand 1831

Weihnachten kam, begleitet vom Duft nach Sherry und Rosinen. Niemand tanzte, und niemand trug ein Haus auf dem Kopf. Alle saßen in ihren Sesseln, ließen Bonbons knallen und lasen die Sinnsprüche darin. Weihnachten ging vorüber. Ein weiterer Monat verstrich, bis die Nachrichten vom »Weihnachtsaufstand« Upton erreichten. Bogle musste seine Sehnsucht nach Jonkonnu mit einem neuen Bild von Sklaven übermalen, die ihre Bagassenhäuser in Brand setzten, von Maroons und Militärs, die die Schuldigen jagten, von Massenhinrichtungen. Seine Insel stand in Flammen.

Allabendlich wurden die Geschichten dieser Schwarzenaufstände in den Zeitungen weiter ausgewalzt, und Mr. Doughty brachte in vielen Variationen seine Erleichterung darüber zum Ausdruck, dass er nichts weiter mit diesem »verfluchten Zuckergeschäft« zu schaffen habe. Nach Einbruch der Dunkelheit nahm Bogle die Zeitungen klammheimlich mit in sein Quartier, las die langen Berichte beim Schein einer einzelnen Kerze und versuchte zu begreifen, ob nur die Nordküste in Brand stand und wer genau auf den Marktplätzen wegen Arbeitsverweigerung hingerichtet wurde. Doch unter all den Schwarzen auf Jamaika gab es, zumindest aus Sicht der *Times,* nur einen, der einen Namen trug – Sam Sharpe –, und nach einiger Zeit begriff Bogle, dass er sich nur selbst das Leben schwer machte. Das, was er wissen wollte, würde ihm keine englische Zeitung jemals verraten.

Im Februar ließ am Essenstisch eine Dame im tief ausgeschnittenen Kleid Messer und Gabel sinken und erschauderte theatralisch: »Gestern las ich, dass zum ersten Mal ein Feuer von einer Frau entzündet wurde, und was glauben Sie, was sie gesagt hat, als sie es tat? *Ich weiß, ich werde dafür sterben, doch meine Kinder werden frei sein.* Es ist sicher schrecklich sentimental von mir, Edward, aber ich war doch bewegt.«

Mr. Doughty schnaubte und ließ sich von Bogle, der zu seiner Linken stand, nachschenken.

»Das Ganze ist doch längst unhaltbar – das wusste ich schon, als ich das erste Mal dort an Land ging. Wir täten gut daran, die ganze Insel einfach im Meer versinken zu lassen.«

Später am Abend, auf seiner Pritsche, schloss Bogle die Augen und überließ sich einer sentimentalen Vision. Er gab Johanna die erste Fackel in die Hand, legte ihr die Worte aus der Zeitung in den Mund, dann lehnte er sich zurück und sah alles auflodern wie ein Freudenfeuer.

4

Reformen, 1834

Wochenlang brütete er über Erklärungen und Argumenten. Doch ganz gleich, wie viele Zeitungsspalten er darüber las, das Ganze erschien ihm wie blanker Wahnsinn. War das Parlament tatsächlich verrückt geworden? Er hatte schon häufig gehört, dass Hitze dem englischen Verstand zusetze – es war ein außergewöhnlich schwüler und drückender Juli gewesen –, und am ersten August teilte die *Times* ihm mit, das Gesetz sei verabschiedet worden. Er faltete die Zeitung fein säuberlich zusammen und legte sie zu Portwein und Käse auf ein Tablett.

»Dein Problem, Bogle, ist, dass du partout nach Vernunft suchst, wo keine zu finden ist. Ich habe nur ein einziges Wort für dich: *Reformen*. Danach fiebern dieser Tage alle, und ich vermute, man könnte durchaus von einer Art Wahnsinn sprechen ... Alles muss auf einmal ›reformiert‹ werden. Wozu? Das ist es, was mir bisher niemand erklären konnte. Dennoch, nichts darf unserer neuen Leidenschaft für Reformen entrinnen, weder hierzulande noch anderswo! Da haben wir eben erst beschlossen, dass jeder Mann in England, ob er nun Zuckerzeug verkauft oder eine Ziegelei betreibt, selbst zur Wahl gehen darf, und weil wir nun augenscheinlich genug in den eigenen Angelegenheiten herumgepfuscht haben, wenden wir uns der Karibik zu. Mehr Sinn kann auch ich darin nicht finden, fürchte ich, und das ist wahrlich nicht viel. Und Lehren! Denk bloß an diese Wiehießsienoch ... deine Johanna. Die hat nicht mal gearbeitet, wenn sie ausgepeitscht wurde! Glauben die ernsthaft, sie tut es, wenn sie ›in die Lehre geht‹? Aber so ist das eben mit den Whigs und ihren sogenannten ›Reformen‹. Wollen just das ›abschaffen‹, dem sie ihr Ansehen überhaupt verdanken, denn adelig geboren sind die alle weiß Gott nicht. Da kann ich nur sagen: Ein aufrichtiger Tory ist mir tausendmal lieber. Liegt doch auf der Hand, dass man in Fragen der Politik nur Männer mit Grundbesitz zurate ziehen sollte, hierzulande wie anderswo! Schließlich sind wir die Einzigen, die wirklich etwas zu verlieren haben! Das sieht selbst ein Blinder. Und doch verlustieren wir uns damit, die Ruten für unseren Rücken selbst zuzuschneiden. Erinnerst du dich noch an unsere sentimentale alte Freundin, die Duchess? Ob du's glaubst oder nicht, sie schickt jetzt ihre eigenen Bauern dorthin! Um die Ausfälle auszugleichen. Fast alles Iren. Da hast du es doch, Bogle. Reformen hin oder her, irgendwer muss das verflixte Zuckerrohr ernten. Ich danke Gott, dass ich dieses verfluchte Geschäft hinter mir gelassen habe!«

Das waren allerdings verblüffende Neuigkeiten. Jack auf einem Zuckerrohrfeld?

»Nun, das ist der eigentlich traurige Witz daran. Die meisten von ihnen sterben keine Woche, nachdem sie eingetroffen sind. Vertragen anscheinend die Witterung nicht. Ich höre, sie fallen wie die Fliegen.«

Im Bett versuchte er, sich diese Freiheit zu vergegenwärtigen, die so recht doch keine Freiheit war. Die es war und auch wieder nicht. Die im Hier war, zugleich aber noch nicht im Jetzt, und die Johanna später erreichen würde, weil sie draußen arbeitete, und Ellis schneller, weil er es nicht tat. Eine Freiheit mit zwei Gesichtern, die Burschen wie Jack längst besaßen, obgleich sie dieselbe Fronarbeit leisteten und dabei fielen wie die Fliegen. Sein Denken versiegte vor diesem Paradoxon. Wie damals, als jener philosophisch gestimmte Stalljunge in Deutschland versucht hatte, ihm von einem Pfeil zu erzählen, der flog und zugleich auch wieder nicht, der abgeschossen wurde und doch niemals sein Ziel erreichte …

5

Miss Elizabeth

Miss Elizabeth war Mrs. Doughtys Krankenschwester. Schön war sie nicht, und es war auch nicht die gleiche Liebe, die er für Little Johanna empfunden hatte, doch Vergleiche anzustellen erschien ihm unklug. Hier, in England, war Liebe keine Leidenschaft, sondern eine Art Addierrechnung – ein Zusammenführen –, und Elizabeths Eltern waren äußerst arm, aber reinlich, genau wie sie, und er hatte sein Leben lang Hochachtung vor Schwestern empfunden, angefangen bei jenen Frauen im Lazarett. Wenn er Elizabeth heiratete, addierte sich sein guter Ruf dem ihren vielleicht hinzu, ihr kärglicher Lohn ließe sich mit dem seinen zusammenführen, und sie standen beide unter der Protektion der Doughtys – die Aussichten waren günstig. Mit den Teilen seines Lohns, die er über zwei Jahre angespart hatte, konnte er womöglich ein Häuschen im Dorf pachten, und er hatte bereits häufig bemerkt, dass Miss Elizabeth ihn bemerkte. Von Guilfoyle, dem Gärtner, erfuhr er, dass ein Vorstoß seinerseits durchaus keinen Anstoß erregen werde. Also trug er sich mit Gedanken ans Heiraten.

6

Black Bogle

Als sie seinen Antrag annahm, empfand er eine stille Freude, doch noch ehe er die Doughtys um ihren Segen bitten konnte, erkrankte Henry, Mr. Edwards einziger Sohn und größte Hoffnung, und starb. Der Knabe war erst sechs Jahre alt, und Elizabeth sorgte sich, es könne auf sie zurückfallen, dass sie nicht in der Lage gewesen war, ihn zu retten. So warteten sie. Als zum Jahresende hin verkündet wurde, Mrs. Doughty sei erneut freudiger Erwartung, schien der Zeitpunkt kaum ungünstiger als jeder andere. Beklommen trat Bogle in den Salon, verhaspelte sich beim Sprechen, doch bald schon wurde ihm klar, dass die Doughtys weitaus unerquicklichere Nachrichten erwartet hatten und sehr erfreut über die Aussicht auf zwei miteinander verheiratete, sesshafte Bedienstete waren, die weiterhin für sie arbeiten wollten, anstatt einen oder auch beide an die Ehe zu verlieren, wie es ärgerlicherweise sonst oft geschah. Die einzige Schwierigkeit bestand darin, dass das Reformfieber sich, wie Mr. Doughty ihm erläuterte, bisher noch nicht »dazu herabgelassen hatte, den einen wahren Glauben zu infizieren«. Sie würden in der nahe gelegenen anglikanischen Kirche in Great Cranford heiraten müssen.

An der Kirchentür hielt Bogle den Atem an. Sicher, da waren das übliche Geflüster, die üblichen gaffenden Fremden, doch die meisten dort in der Kirche waren ihnen wohlbekannt, und die Protektion der Doughtys erwies sich als hieb- und stichfest. Niemand lachte. Die Menschen in Poole kannten ihn als »Black Bogle«,

Mr. Doughtys frommen, stillen, getreuen Kammerdiener, ein Dorforiginal, so wie der Bursche am Schlagbaum, der nur fünf Finger hatte, oder die alte Miss Elle, die immer schon mit Miss James zusammenlebte. Die Hochzeit festigte seine Stellung als ortseigene Kuriosität nur noch, und er ging ganz in dieser Rolle auf, überraschte niemanden und blieb auch selbst in aller Regel unüberrascht, obwohl er gelegentlich aufschreckte, wenn er aus Doughtys Mund oder dem einer seiner Gäste den eigenen Namen hörte, der bei Tisch stets als Gegenbeispiel für die »bösartigen Übertreibungen der Quäker« angeführt wurde: Denn war unser Black Bogle, der Gatte unserer lieben Schwester Elizabeth, nicht ein so zufriedener und kerngesunder Geselle, wie man ihn in Poole überhaupt nur antreffen konnte?

7

Wer bin ich in Wahrheit?

Ihr erster Sohn, John Michael Bogle, kam im Jahr darauf zur Welt – wenige Monate nach der Tochter der Doughtys, Katherine –, und noch ein Jahr später folgte der kleine Andrew John. Manchmal erhaschte Bogle einen Blick auf sein eigenes Gesicht in dem kleinen Spiegel über dem Kamin. Wer war dieser wohlgenährte Betrüger, mit seinem Häuschen und seinem Kamin und diesem kleinen Spiegel darüber, mit seinen beiden braunhäutigen Söhnen und seiner eigenen Abendzeitung auf dem Schoß? Nachts, im Bett, verschwand diese Fälschung und kehrte wieder zur Urform zurück. Elizabeth gewöhnte sich an die nächtlichen Laute, an Ächzen und Weinen, Keuchen, manchmal auch Schreie. Dann setzte sie sich auf und betrachtete ihren mysteriösen Gatten, der neben ihr um sich schlug. Es war, als winde er sich unter dem Druck einer unsichtbaren Macht, als wollte er sich von einer Hand befreien, die ihn mit aller Kraft niederhielt.

8

»Sklaverei«

Als John etwa zwei Jahre alt war, kehrte das Wort »Freiheit« in Bogles abendliche Zeitung zurück. Diesmal gab sie vor, uneingeschränkt und umfassend zu sein, und auch ein Datum war festgesetzt worden: der 1. August 1838. Er versuchte, es sich auszumalen. Doch ihm kam nichts anderes als Jonkonnu in den Sinn – eine abstruse Vorstellung, das wusste er. Die Frage war schließlich nicht, wie die Festlichkeiten aussehen würden, sondern was am Tag nach ihrem Ende geschehen würde. Dennoch waren seine Augen groß und rund, als er davon las, und voller Tränen, als er die Zeitung zusammenlegte. So viele Menschen, die zwischen die sich drehenden Zahnräder geraten waren. Frauen, Männer, Kinder, Neugeborene. Generationen über Generationen. Sein Vater. Seine Mutter. Das edle Geschlecht der Johannas. Zu Staub zerrieben. Niedergepflügte Gedanken. Zermalmte Körper. Seelen, ausgekocht, bis sie zu Dampf zerstoben. Menschlicher Treibstoff. Immer rundherum ging die Tretmühle. Hundert Jahre? Zweihundert? Der philosophisch gestimmte Stalljunge hatte von dreihundert gesprochen. Reißt sie nieder, die Menschen, pflanzt neue in den Löchern. Schneidet ihnen Hände, Ohren und Brüste ab. Die Furchen voller Blut. In seinen Träumen waren diese Furchen endlos. In seinen Träumen ging er bis in alle Ewigkeit daran entlang, barfuß durch das Hundszahngras, und schrie. Und doch war alles, was die Leserschaft der *Times* je von der Tretmühle wissen würde, der Umstand, dass sie den Betrieb einstellte.

Er wandte sich von Elizabeth ab und blickte ins Feuer. In Poole fragten die Menschen nur selten danach, zeigten keine Neugier auf das, was irgendwem außerhalb der Bezirksgrenzen widerfahren sein mochte, doch hin und wieder, wenn das Thema sich nicht länger umschiffen ließ, behandelte Elizabeth die Frage rasch und doch umsichtig, wie die Krankenschwester, die sie nun einmal war, es täte, nachdem der Arzt das Zimmer verlassen hat:

»Als Kind war Mr. Bogle Mr. Doughtys Botenjunge und hat ihm damals, auf der Insel, große Dienste geleistet …«

Von allen außergewöhnlichen Gaben, die Little Johanna besaß, war ihre Kunst des »Benennens« wohl die kostbarste gewesen. Nur sie allein kannte das geheime Wort, das, von einem der Beteiligten einer Ehe ausgesprochen, die Verbindung mit einem Fluch belegen und zerstören würde. Auf Hope wurde sie oft von Paaren aufgesucht, die ihr eigenes geheimes Wort erfahren wollten – es war für jedes Paar ein anderes –, damit sie nicht versehentlich darauf stießen und ihr Glück gefährdeten, obgleich nach angemessener Zeit entweder der Mann oder die Frau es mit voller Absicht beschworen. An diesem Abend war die ganze *Times* randvoll von Bogles geheimem Wort. Als Elizabeth sich erhob, um nach dem weinenden Kleinen zu sehen, nahm er die Zeitung und warf sie ins Feuer.

9

Addieren & Subtrahieren

Als John acht und Andrew sieben Jahre alt war, füllte sich Elizabeths Lunge mit einer hartnäckigen Flüssigkeit, die nicht mehr abfließen wollte. Sie gab gurgelnde Laute von sich und schien zu ertrinken. John rannte die halbe Meile bis nach Upton, doch als Bogle schließlich am Bett seiner Frau eintraf, war sie bereits tot. Alles, was er sich erarbeitet hatte, jede Hoffnung, jegliche Möglichkeit und Aussicht auf die Zukunft …

»Bogle! Erstaunliche Neuigkeiten: Wir werden im Herbst nach Tichborne Park ziehen. Mein bedauernswerter Bruder ist vergangenen Dienstag gestorben – sein Titel geht nun auf mich über. Ein solcher Umzug bringt sicher seine Herausforderungen mit sich, und dein jüngster Verlust ist mir noch sehr gegenwärtig, aber ich kann dir versprechen, Hampshire ist ein wunderschöner Landstrich und ein hervorragender Ort, um noch einmal neu zu beginnen. Mrs. Doughty – Lady Doughty-Tichborne! – legt großen Wert darauf, dass du deine Söhne mitnimmst. Sie hat nicht einmal die Mühe gescheut, unweit von Reading eine gute katholische Schule ausfindig zu machen. Ich möchte doch hoffen, du wirst ihrer Empfehlung folgen. Sie hat stets nur euer aller Wohl im Sinn, und ein Lehrjunge mit etwas Bildung ist mit Gold aufzuwiegen – und bleibt im Allgemeinen dazu noch sauber.«

Er war so müde. Er nickte.

10

Tichborne Park

Tichborne Park war ein großes Haus, weiß wie eine Hochzeitstorte, und Sir Edward widmete es ganz dem Vergnügen. Jagen, Speisen, Trinken und Kartenspielen, so lauteten die dortigen Devisen, und wer immer am Tisch saß und das Gespräch auf Quartalsprofite, Baumwolle, Zucker, Einfuhr und Ausfuhr oder sonst etwas zu lenken trachtete, was nach Kaufmännischem und Marktangelegenheiten klang, wurde umgehend abgelenkt.

»Bogle, schenk dem Mann hier nach! Geschäftemacherei bei Tisch werden wir keinesfalls dulden!«

Es ließ sich unmöglich übersehen, welche Veränderung mit Sir Edward vorgegangen war. Bis dato hatte ihm vor jeglichem Umgang mit seinen noch lebenden Brüdern und deren Familien gegraut. Nun jedoch, als unangefochtenes Oberhaupt der ganzen Sippe, war Bogle einen Großteil der Zeit damit beschäftigt, Einladungen an Tichbornes in nah und fern zu versenden, die plötzlich zum Mittags- oder Abendmahl oder zu ausgedehnten Logierbesuchen hochwillkommen waren. Sein französisierter jugendlicher Neffe Roger besuchte seine hübsche Cousine »Kattie« in allen Schulferien – und wann immer er sonst aus Stonyhurst anreiste –, und Bogle nahm sich diese beiden heranwachsenden jungen Leute häufig zum Vorbild, um sich die Größe und das Verhalten seiner eigenen Söhne im Laufe der Jahre auszumalen. Er bekam John und Andrew nur selten zu Gesicht. Sie schrieben regelmäßig nach Hause, etliche Briefe pro Halbjahr in gestochen scharfer Handschrift, in denen sie sich bei Lady Doughty für einen Christmas Pudding, ein Osterkörbchen oder eine kleine Statue der Jungfrau Maria bedankten. Meist lag unter diesen offiziellen Schriftstücken noch eine hastig hingekritzelte Seite verborgen, die nur für die Augen ihres Vaters bestimmt war und auf der sie über die Kälte in den Zimmern ebenso klagten wie über die Kälte, mit der sie behandelt wurden. Was blieb ihm zu tun? Die Kinder hatten keine Mutter. Wenn ihm die Köchin nicht noch ein spätes Essen vorsetzte, nachdem der Tisch abgeräumt war, bereitete er sich selbst so gut wie nie etwas zu. Was sollte er mit zwei mutterlosen Kindern anfangen?

11

Liebe oder Besitz?

Jahre später wurde Bogle vor Gericht befragt, ob ihn die »widernatürliche Nähe« zwischen Katherine »Kattie« Doughty und ihrem Cousin Sir Roger überrascht habe, so als wäre die Liebe zwischen Cousin und Cousine jemals »widernatürlich«. Auf seiner Insel war dies nicht der Fall, doch er fügte es seiner inneren Liste auffälliger englischer Abneigungen hinzu. Damals war er still geblieben und hatte Sir Edward »in die Luft gehen« lassen, wie er es meistens tat. Bogle hörte genau hin, erfuhr jedoch nie, ob nun Liebe oder Besitz an der Wurzel des Übels saßen:

»Ich will Upton verkaufen – wie es mein gottgegebenes Recht ist –, also gehe ich zu ihm hin und sage: Mein lieber Neffe, wie sich zeigt, kann ich mein Vorhaben nun, da du volljährig bist, offenbar nicht mehr in die Tat umsetzen, ohne dass du mir eine Rechtsurkunde unterzeichnest, warum auch immer. Und was glaubst du, was er da zu mir sagt? *›Ich liebe Upton, und außerdem liebe ich deine Kattie, und deswegen lasse ich das nicht zu, es sei denn, ich darf sie heiraten.‹* Bogle, ich sage dir, um ein Haar hätte ich ihn mit bloßen Händen erwürgt. Seine eigene Cousine ersten Grades! Mein eigenes gottverdammtes Haus, das ich verkaufen will! Dieser nichtsnutzige Lümmel mit seiner froschfressenden Mutter, die sowieso nicht ganz richtig im Kopf ist. Nur über meine Leiche, Bogle.«

Keinen Fuß sollte Roger fortan mehr nach Tichborne setzen. Sir Edward versammelte Bogle und alle anderen Bediensteten, um sie darüber in Kenntnis zu setzen und ihnen zu erklären, was jeder und jede von ihnen zu tun habe, sollten sie des jungen Soldaten jemals innerhalb der Grundstücksgrenzen ansichtig werden. Die Anweisungen waren martialisch im Ton und angesichts von Bogles Rheumatismus, des beträchtlichen Leibesumfangs der Köchin und Guilfoyles ständiger Trunkenheit aufs Lächerlichste undurchführbar. Zudem erfreute sich Roger im Dienstbotentrakt seit jeher großer Beliebtheit. Er trank mit dem gleichen Eifer wie Guilfoyle, rauchte die Köchin unter den Tisch und brachte die Zofen mit seinen Versuchen zum Lachen, auf dem Waldhorn Tanzmusik zu spielen. Es lag etwas Aberwitziges und Trauriges in seiner Verbannung. Zum ersten Mal, seit sie sich kannten, befiel Bogle Sir Edward gegenüber ein Gefühl, dem er sich bisher standhaft verweigert hatte: Mitleid. Vielleicht ja eine Vorahnung. Es sollte das letzte Mal sein, dass Sir Edwards Dienstboten alle gemeinsam vor ihm standen und ihm lauschten.

12

Protektion, 1853

Von oben ertönte ein dumpfer, vernehmlicher Knall. Schon als er ihn hörte, wusste Bogle genau, was es gewesen sein musste: ein Körper, der zu Boden fiel. Sein erster Gedanke war: *Wovon soll ich nun leben?* Nach der Beisetzung wartete er zwei qualerfüllte Tage, ehe er, den Hut in der Hand, an die Tür zu Lady Doughtys Gemächern klopfte. Sie hörte ihn schweigend an – ein Schweigen, das er nicht deuten konnte – und entließ ihn ohne Antwort. Es folgte eine trostlose Nacht in seinem Häuschen, während der er sich bereits im Armenhaus sah. Am nächsten Morgen bestellte sie ihn wieder zu sich. Sie erklärte ihm, dass sie selbst nach Upton zurückkehren werde, Bogle jedoch auch ohne weitere Anstellung bei ihr der Familie ihres verstorbenen Gatten keine Schande machen dürfe, weder durch sein eigenes Verhalten noch durch das seiner Söhne, die beide alsbald die Schule beenden würden und eine Erwerbstätigkeit aufnehmen müssten. Sie legte ihm nahe, um eine neue Anstellung bei Sir Edwards Bruder, dem neuen Baronet Sir James, zu ersuchen, der gemeinsam mit seiner komplizierten französischen Gattin Henrietta und seinem Sohn Roger nach Tichborne ziehen werde. Bogle nickte.

Er hatte sich in Hampshire getäuscht. Tatsächlich achtete oder schätzte ihn hier niemand; sein Leben fußte einzig auf Protektion. Niemand stand vor seiner Tür, um Beileid oder Mitgefühl zu bekunden, und er war erst wenige Monate für den neuen Baronet tätig, als Gosford ihn beiseitenahm und ihm mitteilte, Sir

James »wünsche, ein paar Änderungen vorzunehmen«. Ein Grund wurde nicht angeführt. Bogle suchte den Blick des listigen Verwalters. Keinem von beiden war entgangen, dass Lady Tichborne von Bogle stets als »diesem Affen« sprach. Ganz ungeniert wischte sie jedes Glas, das er ihr reichte, mit dem Taschentuch ab, ehe sie sich herabließ, daraus zu trinken.

»Es tut mir wirklich leid, Bogle«, sagte Gosford und richtete seine Worte an ein Stück Wand gleich über Bogles Kopf. »Doch der Entschluss steht fest.«

Bogle nickte.

13

Sicherheit

Alle Bemühungen, die er zugunsten seiner Söhne unternahm, waren vergeblich. Er konnte keine Lehrstelle für seinen Ältesten finden und musste bei Lady Doughty vorsprechen, die sich bereit erklärte, Erkundigungen einzuziehen. Doch der Apotheker in Nottingham, den sie schließlich ausfindig machte, erwies sich als Fehlgriff. Der Mann behauptete, John streite mit der Kundschaft. John berichtete, die Kundschaft wolle keine Ratschläge von ihm annehmen und fürchte, die von ihm zubereiteten Arzneien könnten vergiftet sein. Er wurde entlassen. Noch einmal reiste Bogle nach Upton, um persönlich bei Lady Doughty vorstellig zu werden. Er bemühte sich, ihr auseinanderzusetzen, wie schlecht es um die Aussichten seiner Söhne bestellt sei, da »die Farbe ihrer Haut gegen sie sprach«, und sann laut darüber nach, ob es nicht besser sei, wenn sie alle das Land verließen. Die Lady seufzte und teilte ihm mit, Sir Edward habe zwar keine »wie auch immer gearteten juristischen Verfügungen« hinterlassen, doch im Namen der Barmherzigkeit und christlichen Nächstenliebe werde sie veranlassen, dass ihm sein Gnadengeld von fünfzig Pfund im Jahr dauerhaft erhalten bleibe. Bogle nickte. Er verharrte noch einen Augenblick länger, als die Höflichkeit gebot, in der Hoffnung, vielleicht ein Schriftstück darüber zu erhalten, mit einer Unterschrift darauf, etwas, das er nach all den vielen Jahren als Sicherheit in Händen halten könnte.

»Viel Glück, Mr. Bogle – leben Sie wohl.«

14

Jane Fisher

Lady Doughtys jährliches Gnadengeld würde ihm zwar sein Häuschen erhalten, doch die Sorge um seine Söhne blieb bestehen. Die jungen Männer verzweifelten beide auf eine Weise an England, wie es ihrem Vater kaum je geschehen war – er hatte nur selten die Zeit zum Verzweifeln gefunden. Selbst jetzt noch musste die Verzweiflung warten, denn die Liebe trat dazwischen oder immerhin die zweckdienliche Zuneigung. Sie stammte aus der Gegend und war unverheiratet, Tochter eines Soldaten. Sie war Lehrerin an der Dorfschule – ein weiterer Berufsstand, dem Bogle nichts als Hochachtung entgegenbrachte – und trug den reizenden Namen Jane Fisher. Seit gut zehn Jahren wechselte er an jedem Markttag ein paar Worte mit ihr. Selbst von eigentümlichem Äußeren, mit flammend rotem Haar und Augen, die zu weit aus den Höhlen standen, hatte sie eine Ahnung davon, was es bedeutete, angegafft zu werden. Das immerhin hatten sie gemeinsam. Es war Janes Einfall, das Schiff nach Australien zu nehmen – wie es Guilfoyle, der Gärtner, im Jahr zuvor getan hatte –, und er war glücklich, eine Frau und kein Mädchen erwählt zu haben, noch dazu eine, die ebenfalls der Ansicht war, nicht hierherzugehören, und daher die selbstzufriedene Vorsicht all jener vermissen ließ, die seit jeher fest verwurzelt sind. Die Aussichten mit ihr waren günstig. Und diesmal würde er in der Kirche seiner Wahl heiraten.

15

Salzwasser

So froh er war, England zu verlassen, so sehr fürchtete er doch immer schon das Meer, und diese Furcht ließ nicht nach, nicht für einen einzigen Tag dieser langen drei Monate. Die Schiffsbewegungen waren eine Qual für seinen Rheumatismus. Doch bei der Ankunft in New South Wales stellte er fest, dass sein jährliches Gnadengeld ihm hier mehr ermöglichte. Sie konnten sich ein Häuschen mit fünf Zimmern leisten, und schon bald machte ein weiteres Kind, Henry, ihr Glück perfekt. Binnen Jahresfrist verdiente John, der Älteste, sich sein Geld damit, die Geige zu spielen, wo immer ihm jemand zuhören wollte, und der jüngere Andrew ging bei einem Barbier in die Lehre. Als ein Brief von Lady Doughty mit der Nachricht eintraf, ihr Neffe, Sir Roger, habe auf See den Tod gefunden, da weinte Bogle. Jedoch nicht um Sir Roger. Vielmehr aus der verspäteten, seligen Erleichterung heraus, dass er selbst zum wiederholten Male erfolgreich den Ozean überquert hatte, so wie sein Vater vor ihm, und dabei nicht zu Tode gekommen war.

16

Die Warnung der Johanna

Im give wid one hand. Im take wid de other. Auf seiner Insel war dreiundvierzig kein Alter, in dem es unmöglich gewesen wäre, noch ein Kind zu gebären, nicht einmal ungewöhnlich war es, doch er war nicht auf seiner Insel, und so brachte Jane mit dreiundvierzig ein zweites Kind zur Welt, das Edward genannt wurde, doch sie selbst verstarb drei Wochen später an einer »Hämorrhagie des Uterus«. Bogle starrte auf diese unbegreiflichen Wörter im Bericht des Arztes und hörte Johannas warnende Worte so klar, als stünde sie bei ihm im Zimmer. Das Grab hob er selbst mit aus. Am nächsten Tag hielt er seinen vierten mutterlosen Sohn in den Armen, so winzig klein, so sehr nach Nahrung dürstend. In seiner Verzweiflung versuchte er es mit Schafsmilch. Eine Woche später grub er ein zweites Grab.

17

Die Warnung der Lady Mabella de Tichborne

Lange vor der Eroberung durch die Normannen, als die Laubwälder noch üppig wuchsen, gab es bereits Tichbornes in England. Doch die erste echte Kerbe in der historischen Zeitrechnung hinterließen sie während der Regentschaft Henrys II. Zu jener Zeit waren sie in Hampshire ansässig. Die sentimentale Lady Mabella de Tichborne war schon seit Langem einem Sir Roger angetraut, der alles andere als sentimental war, und ihre grundverschiedenen Temperamente boten beiden Anlass zu einigem Leid. Sie war großherzig, er knickrig. Wo sie sanft und bereit zur Vergebung war, blieb er barsch und unerbittlich in Urteilen, die er einmal getroffen hatte. Nun, auf dem Totenbett, verlangte sie nach Sir Rogers Versicherung, er werde »etwas für die Armen« tun. Sir Roger beugte sich zu seiner sterbenden Gattin herab und erklärte ihr, sofern es ihr gelinge, sich aus dem Bett zu erheben und mit einer brennenden Fackel in der Hand an den gemeinsamen Ländereien entlangzukriechen, nun, so werde er den Armen exakt so viel Getreide überlassen, wie sie ummessen könne, ehe ihre Fackel verlosch. Sie brachte es auf dreiundzwanzig Morgen. Und ehe sie zusammenbrach und starb, verkündete sie, wenn das so von ihr ummessene Getreide nicht alljährlich unter den Armen verteilt werde, solle ein Fluch auf die Tichbornes fallen. Auf sieben Söhne sollten sieben Töchter folgen, und die Tichborne-Linie werde enden. Verderben werde über sie kommen.

Dies war der Ursprung der Tichborne-Gabe. Die Familie wuchs und gedieh. Doch zweihundert Jahre später, als der junge Chidiock Tichborne seinen schwärmerischen Kopf an die schottische Königin verlor, geriet, man muss es bekennen, der Glaube der Familie an den Schutz durch die Gabe ins Wanken. Wenige Jahre später wurden sie von James I. zu Baronet-Würden erhoben: Der Glaube kehrte zurück. So versorgte jener Teil der Ländereien, der allgemein nur »The Crawls« genannt wurde, die arme Bevölkerung von Hampshire auch weitere zweihundert Jahre mit Getreide, bis der siebente Baronet, ein gewisser Sir Henry, der mittellosen Meute, die sich einmal jährlich auf seinem Land versammelte, überdrüssig wurde und der Sache ein Ende setzte.

Doch Zauberkunst ist geduldig. Jener Baronet hatte sieben Söhne. Sein Ältester, ein weiterer Henry, bekam sieben Töchter. Der Drittgeborene, Edward, brachte zwar einen Sohn zuwege, doch dieser lebte nicht lange, er starb mit nur sechs Jahren, und Sir Edwards nächstes Kind war eine Tochter. Ein weiterer Enkel, der im selben Jahr zur Welt kam, blieb länger am Leben und wurde schließlich zu Sir Roger, siebenhundert Jahre nach seinem Vorgänger.

18

Was ist wirklich?

»Es war mein Sohn Andrew, der mir die Überfahrt zurück nach England bezahlt hat. Das war sehr freundlich von ihm. Doch begleitet hat mich nur mein Jüngster – mein Henry. Wir reisten auf der *Rakaia*. Sir Roger reiste erste Klasse, mit dem Geld, das Lady Tichborne ihm hatte zukommen lassen. Wir zweite Klasse. Mit meinem Rheumatismus war es wirklich schwierig. Und als wir wieder in England ankamen, wurde mein Gnadengeld ausgesetzt. Lady Doughty hatte das veranlasst, weil ich schwor, Sir Roger sei echt, während Lady Doughty und alle Tichbornes ihn für eine Fälschung hielten – mit Ausnahme seiner eigenen Mutter. Dann starb seine arme Mutter. Und nun scheint alles verloren. Aber ich werde für Sir Roger standhaft bleiben. Ich war schon immer standhaft.«

Bogle griff in die Tasche seiner zerschlissenen Jacke und zog einen sorgfältig herausgetrennten, vergilbten Zeitungsausschnitt hervor. Er legte ihn vor sich auf den Tisch:

> Eine stattliche BELOHNUNG winkt all jenen, die mit Informationen dazu beitragen können, das Schicksal von ROGER CHARLES TICHBORNE aufzudecken. Am 20. April 1854 stach er an Bord der *La Bella* im Hafen von Rio de Janeiro in See und ward seither nicht mehr gesehen; jedoch gelangte Nachricht nach England, dass Teile der Besatzung und der Passagiere eines Schiffs dieses Namens von einem weiteren Schiff mit Ziel Australien, mutmaßlich Mel-

bourne, aufgegriffen wurden. Es ist nichts darüber bekannt, ob besagter Tichborne unter den Ertrunkenen oder unter den Geretteten war. Gegenwärtig müsste er um die zweiunddreißig Jahre zählen, ist von schmaler Gestalt, recht groß, das Haar von einem sehr hellen Braun, die Augen blau. Mr. Tichborne ist der Sohn des Baronets Sir James Tichborne (jüngst verstorben) und rechtmäßiger Erbe von dessen ganzem Besitz. Der Inserierende ist gehalten, ausdrücklich zu betonen, dass jeder eindeutige Hinweis auf seinen Verbleib mit einer freigiebigen BELOHNUNG rechnen darf. Jegliche Antwort ist zu richten an: Mr. Arthur Cubitt, Missing Friends Office, Bridge Street, Sydney, New South Wales.

»Bisher hat mich keine Belohnung erreicht. Doch ich bin standhaft. Und ich bleibe standhaft.«

19

Die Tür geht nach innen auf

Das Staunen hatte Mrs. Touchet in nonnengleiches Schweigen versetzt. Ihr ganzes Leben lang versuchte sie bereits, eine verschlossene Tür aufzustoßen. Sie hatte so fest gedrückt, wie sie nur konnte – unter Einsatz aller körperlichen wie metaphysischen Kräfte –, stets in dem Glauben, die Tür müsse sich nach außen öffnen, hin zur letztgültigen Wirklichkeit, und dies werde ein Anblick sein, wie er nur wenigen Menschen in diesem Leben gewährt werde – erst recht, wenn sie weiblichen Geschlechts waren. Nun hatte sich, ganz ohne ihr Zutun, die Tür aus den Angeln gelöst. Sie konnte sie endlich öffnen! Doch zu ihrer Verwunderung ging sie nach innen auf. Die ganze Zeit schon stand sie mittendrin in dem, wonach sie suchte.

»Ach, da ist ja mein Sohn. Henry! Aber … Sir Roger?«

Mrs. Touchet besann sich wieder. Der junge Bogle stand bereits an ihrem Tisch, stocksteif wie ein Soldat im Schilderhaus.

»Sir Roger ist beschäftigt. Und ich hätte längst nicht so lange fortbleiben dürfen. Bitte entschuldigen Sie uns, Mrs. Touchet – mein Vater ermüdet rasch. Wir müssen aufbrechen. Ich verfüge derzeit über keinerlei Barschaft, doch Sir Roger sagt mir, er sei in diesem Lokal bekannt, und bittet darum, alles auf seine Rechnung setzen zu lassen.«

Mrs. Touchet errötete: »Das ist vollkommen unnötig, es ist ja wohl das Mindeste, dass ich …«

»Sir Roger wird es übernehmen. Auf Wiedersehen, Mrs. Touchet.«

Bogle der Ältere nahm seinen Zeitungsausschnitt wieder an sich, faltete ihn sorgsam und steckte ihn in die Tasche zurück. Als er sich erhob, griff Mrs. Touchet in ihren Pompadour und zog eine Visitenkarte heraus: »Für den Fall, dass ich Ihnen in irgendeiner Form behilflich sein kann.«

Henry trat einen Schritt vor, nahm die Karte und blickte stirnrunzelnd auf den Namen – es war der von William –, dann schloss er die Faust darum. »Vielen Dank. Und auf Wiedersehen.«

Auf der Fahrt zurück nach Hurstpierpoint war es Mrs. Touchet, als stünde der Zug still, und nur ihr Geist raste dahin, immer schneller und schneller. Die Tür ging nach innen auf! Die exotische Insel ihrer Fantasie war gar keine vollkommen andere, unvorstellbare Welt. Sie war weder weit weg, noch lag sie lange zurück. Tatsächlich schien es ihr nun sogar, als wären beide Inseln in Wirklichkeit die beiden tief miteinander verwobenen Seiten ein und desselben Problems und als wäre dies eine Wahrheit, die weder aufgespürt noch erjagt werden musste, die nicht einmal hinter einem Schleier, einem Paravent oder gar einer wie auch immer gearteten Tür verborgen lag. Dem Wetter gleich war sie überall, war es immer schon gewesen.

Noch am selben Abend, kaum dass sie wieder in Little Rockley war, setzte Mrs. Touchet sich umgehend an den kleinen Schreibtisch in ihrem Zimmer und schrieb alles nieder, so wie sie es noch im Gedächtnis hatte.

BAND ACHT

Come, all ye jolly covies, vot faking do admire,
And pledge them British authors who to our line aspire;
Who, if they were not gemmen born, like us had kicked at trade,
And every one had turned him out a genuine fancy blade,
And a trump.

'Tis them's the boys as knows the vorld, 'tis them as knows mankind,
And vould have picked his pocket too, if Fortune (vot is blind)
Had not to spite their genius, stuck them in a false position,
Vere they can only write about, not execute their mission,
Like a trump.

If they goes on as they're begun, things soon will come about,
And ve shall be the upper class, and turn the others out;
Their laws ve'll execute ourselves, and raise their helevation,
That's tit for tat, for they'd make that the only recreation
Of a trump.

»THE FAKER'S NEW TOAST«, *Tait's Edinburgh Magazine*, 1841

1

Appelle an die Öffentlichkeit, 1873

Mrs. Touchet war dem eigentümlichen – in diesem Stadium des Geschehens aber keineswegs ungewöhnlichen – Wahn erlegen, dass alles mit allem zusammenhänge. Sie fragte sich durchaus, ob sie wohl dabei sei, den Verstand zu verlieren. Zugleich jedoch sangen die Schulkinder auf dem Dorfanger beim Himmel-und-Hölle-Spiel tatsächlich einen neuen Vers:

Now I wonder what he thinks of,
As in Newgate he does stop,
How he'd like to be at Wapping,
In a big old butcher's shop!

Allerorts waren lebhafte Tichborne-Debatten im Gange. Der Bäcker konnte von nichts anderem mehr reden. Der Hurstpierpoint Working Men's Club kündigte für den kommenden Dienstag einen kostenlosen Vortrag in seinen Räumlichkeiten über dem alten Horse Inn an: *Sir Roger betrogen! Wer obsiegt: Recht oder Macht?* Bei jenen, die ohnehin der Trunksucht und dem Glücksspiel zuneigten, ließ sich ein besonders hingebungsvoller Tichbornismus ausmachen. Auf jeder Theke in jedem Public House stand nun ein Tichborne-Spendenkasten, und Sarah brachte vom Pferderennen auch den Stand der aktuellen Wetten auf den Ausgang des Strafprozesses mit.

Einzig William zeigte sich immun. Er war ganz mit seinem jakobitischen Roman beschäftigt – *The Manchester Rebels of the*

Fatal '45 –, und da sein Denken so sehr von jenem großen »Prätendenten« beherrscht wurde, brachte ihn jede Erwähnung des Kleinbetrügers »Sir Roger« regelrecht zur Weißglut. Mrs. Touchet entwickelte große Fertigkeiten im Verstecken einer ganz neuen Sorte Schmuggelguts: Figürchen und Toby-Jugs in Tichborne-Gestalt, Tichborne-Broschüren und -Zeitungen, eine Tichborne-Keksdose mit einem miserabel gezeichneten Konterfei des Anwärters auf dem Deckel ... Allesamt von Sarah geordert, per Abonnement bezahlt und direkt ins Haus geliefert. Genau wie damals, als sich alle Welt für Garibaldi begeisterte. Mit dem Unterschied, dass es Mrs. Touchet diesmal nicht gelang, belustigte Distanz zu wahren. Es wurde ihr zur Gewohnheit, ein Blättchen mit dem Titel *Tichborne Gazette* aus dem Brennholzstapel in der Küche hervorzuklauben und bis in die frühen Morgenstunden darin zu lesen, fasziniert von der verwegenen Mixtur aus Tichborne-Fürsprache, die darin Seite an Seite mit Artikeln über Landreformen, Geschworenenreformen, Republikanismus, Gewerkschaften, Besoldung von Abgeordneten, »Allumfassendes Wahlrecht« – sofern das All keine Frauen umfasste –, Invektiven gegen den Katholizismus und ganzen Abhandlungen stand, die der Bewegung der Impfgegner gewidmet waren, denn wer wusste schließlich, was all die Reichen mit ihren Nadeln wirklich im Schilde führten? Sie las, dem Anwärter sei ein mit Holzbohlen verstärktes Bett zur Verfügung gestellt worden, da die im Gefängnis üblichen Hängematten sein Gewicht nicht tragen könnten. Sie las, die Kaution für den Anwärter sei auf zehntausend Pfund festgesetzt worden. Und schließlich, am fünfundzwanzigsten März, las Mrs. Touchet einen Appell des Mannes selbst, auf der Titelseite des *Evening Standard:*

> Angesichts der grausamen Verfolgungen, denen ich ausgesetzt bin, sehe ich nur noch einen einzigen Ausweg, nämlich dem Ratschlag zu folgen, der mir von so vieler Seite unterbreitet wurde, und einen Appell an die britische Öffentlichkeit zu richten, sie möge mir meine Verteidigung finanzieren, und

> so appelliere ich nun an jegliche britische Menschenseele, die von der Liebe zur Gerechtigkeit und ehrlichen Behandlung entflammt wird und die Bereitschaft hegt, die Schwachen gegen die Starken zu verteidigen.
> Alle Spenden werden an den Tichborne Defence Fund, The Strand 376, erbeten.

Einen entfesselten Augenblick lang erwog sie, sich zu der genannten Adresse zu begeben. Was sie dort wohl finden würde? Womöglich ja einen runden Tisch, an dem Bogle und sein Sohn saßen, dazu Guildford Onslow und der entfernte Tichborne-Verwandte sowie der Freund der Familie mit dem Glasauge, wie hieß er bloß noch, und dieser leichtgläubige Antiquar, ach, wie hieß *der* bloß noch – Francis Baigent! –, und vielleicht noch einige Gastwirte und Betreiber von Rennstrecken und Guilfoyle, der Gärtner, zurück aus New South Wales, schon recht angetrunken auf seinem Platz, die Beine in den schmutzigen Stiefeln auf dem Tisch …

»Eliza. *Eliza!* Hörst du mir überhaupt zu?«

Eliza blickte von der vergessenen Näharbeit in ihrem Schoß auf. In der Tür stand William, auffallend rot im Gesicht, und hielt mit einer Hand ein schmales Büchlein in die Höhe, anklagend wie ein Beweisstück.

»Was ist das, William?«

Er kam herüber und drückte es ihr in die Hand. Es war kein Buch, sondern ein kleines Pamphlet, gebunden in bildschönes dunkelgrünes Saffianleder mit Goldborte:

DER KÜNSTLER UND DER AUTOR
EINE KLÄRUNG DER FAKTEN
verfasst vom Künstler GEORGE CRUIKSHANK
zum Belege, dass der angesehene Autor Mr. W. Harrison Ainsworth hinsichtlich der Quellen von The Miser's Daughter, The Tower of London *etc. einem eigentümlichen Wahn erlegen sei*

»Aber wann ist das denn gekommen? Ich habe gestern Nacht noch lange gelesen – ich muss wohl ver…«

»Mit der ersten Post. Was tut denn das zur Sache?«

Mrs. Touchet biss sich auf die Lippe.

»*Et cetera*. Was meint dieser Schuft denn mit ET CETERA?«

»Ach, William. Kein Mensch nimmt George mehr ernst, und wer von einer ›Klärung der Fakten‹ spricht, rechnet doch ohnehin damit, keinen Glauben zu finden. Sofern er nicht wieder trinkt, ist er offenbar nicht ganz bei Sinnen. Mein Rat an dich wäre, gar nicht darauf einzugehen.«

»Ich werde eine entsprechende Erwiderung verfassen. Keinesfalls lasse ich meinen Ruf auf diese Weise in den Dreck ziehen.«

»Aber wie viele Exemplare davon kann er denn überhaupt gedruckt haben – geschweige denn verkauft? Für sechs Pence? Nein, nein, William, auch nach kurzer Überlegung möchte ich dir nachdrücklich davon abraten, dieser … dieser … Provokation irgendeine Beachtung zu schenken. Eine Antwort von dir würde doch nur mehr Aufsehen für etwas erregen, das gegenwärtig noch im Verborgenen …«

»Ich werde ihm direkt schreiben und ihn ganz direkt zur Rede stellen.«

»Das sieht dir aber gar nicht ähnlich, William.«

»Ich kann mir beim besten Willen nicht vorstellen, wie du das meinen könntest – es sieht mir absolut ähnlich. Etwas Derartiges kann man doch nicht einfach auf sich beruhen lassen. Wenn ich eines nicht ertrage, dann böses Blut zwischen alten Freunden.«

Wenn du eines nicht erträgst, verbesserte Eliza im Stillen, dann, dass jemand keinen Gefallen an dir findet.

2

Freiheit!

Sie waren früh eingetroffen und freuten sich an ihren Plätzen ganz vorne in der gewaltigen Menschenmenge. Doch dann schwangen die großen Tore von Newgate schwerfällig auf, die Menge brandete heran, und Sarah wurde außer Sicht geschwemmt, sie ging Mrs. Touchet gänzlich verloren – und da war auch schon der Anwärter! Der Lärm war gewaltig. Fahnen flatterten, Hüte flogen, die Menge brandete erneut heran. Sie sah sich nach Sarah um, doch es war aussichtslos. Das Blutbad von Peterloo blitzte vor ihr auf. Ihre Panik musste sich wohl auf ihre Miene malen: Denn nun hörte sie durch den Radau hindurch, wie sie ganz in der Nähe jemand beim Namen rief. Als sie aufblickte, sah sie Henry Bogle. Gemeinsam mit seinem Vater und etlichen anderen stand er auf dem notdürftig zurechtgezimmerten Podium, auf dem auch der Anwärter stand, und streckte ihr die braune Hand entgegen:

»Mrs. Touchet! Schnell! Nehmen Sie meine Hand!«

Einen langen Augenblick zögerte sie, aus Gründen, die sie sogar vor sich selbst verborgen hielt. Wieder brandete die Menge heran. Da nahm sie seine Hand. Die merkwürdige Ansammlung von Menschen auf der Tribüne machte ihr Platz. Zusammengenommen war es ein gutes Dutzend Personen, und sie alle drängten sich im umfänglichen Schatten des Anwärters, nach dem nun die Menge verlangte.

Reden Sie, Sir Roger!

Wir glauben Ihnen, Sir Roger!

Doch dann war es Guildford Onslow, der mitsamt seinem Walrossschnurrbart vortrat.

»Freunde! Unterstützer! Täuscht euch nicht in den Tatsachen. Wenn die arbeitende Schicht nicht wäre – die ich den wahrhaft noblen Teil der britischen Öffentlichkeit nennen möchte –, dann säße unser Sir Roger immer noch im Gefängnis!«

Diese »Klärung der Fakten« wurde mit großem Jubel quittiert. Doch entsprach sie auch der Wahrheit? Von ihrem plötzlich erhobenen Standort aus konnte Mrs. Touchet weit über dieses Meer aus Menschen hinwegblicken. Die Männer mit den Schiebermützen, die ärmlich gekleideten Frauen waren wahrhaftig nicht zu übersehen, sie hatten sich zu Grüppchen zusammengefunden und schwenkten Fahnen mit merkwürdiger Aufschrift:

Schreiner gemeinsam für Tichborne!
Der Debattierclub von Whitechapel glaubt keinen Tätowierungs-humbug!
MACHT STATT RECHT IST IMMER FALSCH
Die Arbeiter Croydons lieben ehrliche Behandlung
WILLESDEN ASSOCIATION FÜR DIE FREILASSUNG TICHBORNES

Selbst die wenig sentimentale Mrs. Touchet fand den Gedanken an all die vielen ernsthaft gesammelten Pennys und Abonnementgebühren bewegend und inspirierend. Eine Zeile von Shelley ging ihr durch den Sinn: *Ihr seid die vielen, jene nicht …*

Wäre Onslow bloß Dichter gewesen! Doch er war nur ein Landjunker, und genauso sprach er auch, sein Plädoyer war überzeugend, ließ jedoch jegliche Schönheit vermissen. Was konnte richtig daran sein, dass erneut alles Geld und alle Macht des Staates gegen diesen armen Mann aufgeboten wurden, der keinen Penny in der Tasche hatte? Wer sollte Sir Roger in seinem zweiten Prozess verteidigen? Würden die Ungerechtigkeiten des ersten sich wiederholen? Warum hatten lauter Adlige den Gerichtssaal bevölkert? Warum ließ man ehrliche Arbeiter nicht ein? Wie viele Jesuiten saßen auf der Geschworenenbank? Wieder erhob sich Gebrüll, begleitet vom Klingeln kleiner Münzen, die in die Sammeleimer geworfen wurden. Mrs. Touchet konnte sich nicht an ein Übermaß an Adligen oder auch Jesuiten beim ersten Verfahren erinnern und war sich völlig sicher, so manch Armen im Saal erblickt zu haben. Und was blieb der Regierung denn anderes übrig, als sich die Kosten solcher Fälle aufbürden zu lassen? Doch derart nüchterne und unbequeme Fakten waren hier, in diesem Weltmeer der Gefühle, nicht von Bedeutung. Onslow trat jetzt beiseite und überließ dem Anwärter die Bühne. Es musste einiges an Platz für ihn geschaffen werden: Mrs. Touchet sah sich bis an den äußersten Rand des Podiums gedrängt, in die Nähe einer schielenden Frau, in der sie die Gattin erkannte, sowie etlicher zerlumpter Kinder des Anwärters, die alle an den unansehnlichen Rockzipfeln ihrer Mutter hingen. Von hier aus bot sich ihr Gelegenheit, »Sir Roger« von hinten zu betrachten. Er brachte es noch nicht gänzlich auf die Leibesfülle eines Daniel Lambert, doch die sieben Wochen im Gefängnis hatten ihm erstaunlicherweise noch einiges an zusätzlichem Gewicht beschert. Auch hatte die Haft ihn keineswegs wortgewandter gemacht oder seiner Stimme die Wapping-Färbung genommen:

»Freunde, ihr wisst, ich bin kein großer Redner. Stehe ich hier, um euch zu erklären, dass ich Sir Roger höchstpersönlich bin? Nein, weit gefehlt. Das könnt ihr alle selbst entscheiden, wie's sich für freie Engländer gehört. Ich bin nur hier, um euch zu sagen: *Jeder Mensch hat einen gerechten Prozess verdient!* Auch ein armer. Mehr verlang ich nicht, und mehr verdient auch keiner. Aber das eine sag ich euch ein für alle Mal: Bestimmt sind Anwälte in vieler Hinsicht nützlich und sorgen oft dafür, dass Schwarz wie Weiß aussieht – aber noch viel öfter, muss ich leider sagen, sorgen sie dafür, dass Weiß wie Schwarz aussieht!«

Wäre die Queen höchstselbst auf diese kleine Bühne getreten, hätte ihre Witwentracht abgelegt und ein frohes Liedchen gepfiffen – sie hätte kaum größere Jubelstürme ernten können. *Auf geht's, Roger! Recht vor Macht!* Mrs. Touchet beobachtete, wie dieser merkwürdige Mann die Vergötterung durch sein Publikum ohne einen

Moment des Zwiespalts empfing, als würde er nichts anderes erwarten. Ein Pulsschlag des Zweifels fuhr ihr durch den Sinn. Wäre ein Betrüger nicht unruhiger? Wäre ein Betrüger nicht verzweifelter darum bemüht, zu überzeugen?

Nun skandierte die Menge den Namen von Black Bogle. Er trat vor, nahm langsam seinen verbeulten Hut ab. Ein unvermitteltes, dringliches, hochachtungsvolles Schweigen breitete sich aus, denn die Leute wussten, dass er leise sprach. Sie hatten seiner Geschichte vor Gericht gelauscht, in der Zeitung darüber gelesen, auf der Straße davon singen hören – sie sogar auf der Bühne gesehen. Und konnten sich doch nicht daran satthören. *Ich lernte Sir Roger kennen, da war er noch ein Kind auf Tichborne Park …*

Eliza lauschte mit ihnen, glaubte jedoch, als Einzige wirklich zu hören, was der Mann sagte, durchdrungen wie sie war von neuem Bewusstsein, einer unterschwelligen Erkenntnis. Was für ein unergründliches Etwas ein Mensch doch ist! Sie hätte auf die Bühne stürmen und es allen verkünden mögen: *Was für ein unergründliches Etwas ein Mensch doch ist!* Diese Leute sahen nur den verbeulten Hut, die steifen Finger, die spärlichen Haarbüschel, die dunkle Haut, so ganz anders als ihre eigene. Sie hörten nur die leise Stimme, die klangvolle Worte in einer bestimmten Reihenfolge äußerte. Und missverstanden das alles fälschlich als sein Wesen. Den freundlichen, schlichten, alten »Black Bogle«. Sie konnten nicht wissen, was er gesehen hatte, wo er gewesen war. Vielleicht aber, sinnierte Mrs. Touchet, ist das ja stets der Fall. Dass wir einander missverstehen. Dass all unsere gesellschaftlichen Vereinbarungen eine lange Reihe von Missverständnissen und Kompromissen sind. Kürzel für ein Mysterium, das zu groß ist, um je erkannt zu werden. *Wüssten sie so wie ich, dann verstünden sie mich!* Doch selbst wenn man einmal einen Blick hinter den Schleier werfen kann, der die Menschen trennt, so wie sie es getan hatte – wie schwer bleibt es doch, das Leben der anderen mitzubedenken! Alles steht dem entgegen. Das Leben selbst.

Mit solchen Gedanken hatte Mrs. Touchet sich beinahe selbst zu Tränen gerührt. So bemerkte sie nicht gleich, dass Mr. Bogle bereits geendet hatte, und als er sich nun zu ihr umwandte, um von der Bühne zu gehen – der wilde Applaus, den er hervorgerufen hatte, ließ ihn ganz ungerührt –, spürte Mrs. Touchet erneut den Drang, zu ihm zu eilen, ihm mitzuteilen, dass sie ganz allein begriff. Seit jenem einschneidenden Tag in der Gaststätte gedachte sie seiner nämlich tatsächlich immerzu, und nun sah sie ihm flehentlich entgegen, um ihm dieses Gefühl zu vermitteln, doch Mr. Bogle lächelte die wunderliche Reporterin nur höflich an, ging an ihr vorbei und trat zu seinem Sohn am anderen Rand des Podiums.

BOGLE SPRICHT WAHR, brüllte ein Mann in unmittelbarer Nähe von Mrs. Touchets linkem Ohr, und ein paar Speicheltröpfchen landeten auf ihrem Schuh. Sie blickte nach unten, um den Brüller zu betrachten, ein ärmlicher Mann unter vielen, mit Schiebermütze und einer abgetragenen Hose, die Hände noch dreckig von der Arbeit. Wie gelang es Mr. Bogle, diesen wenig gebildeten Fremden derart zu fesseln? Und warum hatte Mrs. Touchet – trotz all ihrer guten Absichten, ihres gewandten Umgangs mit der Sprache, ihrer weitläufigen Fantasie – immer noch Mühe, sich verständlich zu machen?

3

Magnetismus

Magnetismus, vermutete Mrs. Touchet. Das Vermögen, die Aufmerksamkeit einer Menschenmenge zu fesseln. Schon oft hatte sie über diese Fähigkeit sinniert. Frauen meldeten sich so selten öffentlich zu Wort, und die wenigen, die sie bei einem solchen Versuch erlebt hatte, betrübten sie meist zutiefst. Zu viele Rechtfertigungen und Ausflüchte, zu viel fahriges Geplapper und frömmelnde Belehrung. Elizabeth Heyrick bildete eine Ausnahme. Sie hatte hervorragend gesprochen. Allerdings in der Abgeschiedenheit ihres Salons in Leicester. Öffentliches Reden erfordert die Freiheit, Reden vor der Öffentlichkeit zu halten ohne Furcht vor Missbilligung oder Hohn seitens der Männer, woran selbst unter den angeblich so aufgeklärten Gentlemen kein Mangel herrschte. Allein Dickens! Die Erinnerung an seine oft geäußerten Ansichten zu farbloser weiblicher Rhetorik weckte neue Mordgelüste in Mrs. Touchet: Am liebsten hätte sie ihn mit einem Schwung ihrer Feder wieder aus dem Grab geweckt, um ihn anschließend umso effektvoller erneut unter die Erde zu bringen. Wie sollte man als Frau jemals besser werden, wenn man überall nur von Verachtung umgeben war? Wenn einem so wenig Möglichkeiten gelassen wurden? Doch auch Mr. Bogle besaß diese Gabe, ebenso wie »Sir Roger«, und allzu viel Übung konnte keiner von beiden gehabt haben. War Magnetismus also eine natürliche Eigenschaft? Der magnetischste Mensch, den sie je kennengelernt hatte, war Dickens selbst gewesen, und sie zählte sich zu den wenigen, die überhaupt begreifen konnten, dass die Anziehungskraft des Mannes ihren Ursprung nicht in Erfolg und

Ruhm, ja nicht einmal im Geld hatte, sondern ihm vielmehr angeboren war, denn sie hatte ja bereits neben dem unbekannten, zweiundzwanzigjährigen Boz gesessen und erlebt, wie sich die ganze Tischgesellschaft ihm zuwandte, sobald er das Wort ergriff. Über eine solche Gabe verfügten natürlich die wenigsten Männer: im Gegenteil, sie langweilten sie zu Tode. Und auch Frauen zogen seit jeher Blicke auf sich, die ihrer Schönheit Tribut zollten. Groß, knochig und streng von Angesicht, war dieser Einflussbereich Mrs. Touchet in ihrer Jugend versagt geblieben. Nun war sie alt. Und die Zurückweisung vollkommen. Bei Tisch wollte niemand mehr an ihrer Seite sitzen, und selbst bei jenen lang vergangenen literarischen Anlässen hatten ihre Gespräche sich auf das Reich des Privaten beschränkt. Und doch beschlich sie inzwischen zunehmend der Verdacht, dass auch manche Frauen über eine magnetische Anziehungskraft verfügten, die weit über bloße Schönheit hinausreichte – dass sie womöglich selbst eine solche Frau war und es zudem sehr viel mehr solcher Frauen geben könnte, als allgemein angenommen wurde. Doch wie diese These beweisen?

4

Ein öffentliches literarisches Dinner, Manchester Town Hall, 12. Januar 1838

Das Problem lag in einem Mangel an Klarheit. Die ursprüngliche Einladung war auf eine Weise formuliert, die es erschwerte, herauszufinden, für wen genau das »literarische Dinner« gehalten werden sollte. Der Bürgermeister sprach davon, »dem verlorenen literarischen Sohn Manchesters« die Ehre erweisen zu wollen. Doch auf der zweiten Seite fand unheilvollerweise »Ihr guter Freund ›Boz‹« Erwähnung, von dem man hoffe, er »werde seine Teilnahme ebenfalls zusagen«. Mrs. Touchet wappnete sich: Sie war höchst erfahren im Umgang mit männlichem Stolz. Doch William antwortete, ohne auch nur einen Hauch von Neid oder professioneller Sorge erkennen zu lassen: *Die Verdienste des Mr. Dickens brauche ich beileibe nicht weiter auszuführen, denn nach Meinung der Allgemeinheit hat er längst den literarischen Thron eingenommen, den Scott unbesetzt zurückließ.* Das überraschte sie. Doch natürlich liebte William Manchester, Dinnereinladungen, die Öffentlichkeit und Ehrungen. Er beschloss, das Ganze zu einem fünftägigen Ausflug zu erweitern: »Ich werde Crossley löchern – und seine Bibliothek ausräubern!« Mrs. Touchet hatte es noch nie erlebt, dass ihr Cousin von einem Besuch bei Mr. James Crossley zurückgekehrt wäre, ohne einen neuen Roman im Kopf zu haben. Und einmal begonnen, wäre selbiger neue Roman schon bald vollendet und würde ein umfängliches Dinner aus Anlass der Veröffentlichung im Sussex Hotel in Blackfriars erfordern, bei dem unweigerlich zahlreiche junge Literaten zugegen sein und zu gegebener Zeit wiederum ihre eigenen

Romane herausbringen würden, was die Notwendigkeit weiterer literarischer Dinner nach sich zog. So dreht sie sich weiter, die Tretmühle der Literatur …

Beschäftigung war für William Lebenselixier. Und so begnügte er sich keineswegs damit, täglich drei Kapitel zu vollenden, sondern brachte Mrs. Touchets sämtliche verwalterischen Bemühungen durcheinander, gab aufs Geratewohl Briefe nach Manchester auf, vereinbarte Unterkünfte, brütete über Fahrplänen und nahm sich noch etlicher anderer Dinge an, deren Durchführung sie seit Langem vervollkommnet hatte und bei denen sie keinerlei Unterstützung wünschte. Derart behindert umkreiste sie unter missbilligendem Seufzen seinen Schreibtisch. Im Allgemeinen betrachtete sie das dreiunddreißigste Jahr als das Alter, in dem die Weisheit sich allmählich zu entfalten begann. Sie selbst hatte in diesem Alter endlich angefangen, sich selbst zu durchschauen. Nun hatte auch William Christi Alter erreicht. Doch war er weise? Sie zog Bilanz: Der Gattin entfremdet, mit Geldsorgen und einer klagefreudigen angeheirateten Verwandtschaft, war er gewiss nicht mehr der unbekümmerte junge Literat, den sie seinerzeit kennen- und lieben gelernt hatte. Aber wusste auch er das? Während sie über seine Schulter hinweg las, was er schrieb, kam ihr der Gedanke, dass William nur eines noch mehr verborgen blieb als die Beweggründe anderer Menschen, seine eigenen nämlich:

> *Nun noch einmal zu dem öffentlichen Dinner. Soll es nun für mich oder für Dickens gehalten werden – oder für uns beide? Auf Ihr erstes Schreiben hin habe ich meine Freunde eingeladen, mich dorthin zu begleiten, da ich davon ausging, das Dinner finde zu meinen Ehren statt: Doch belastet diese Angelegenheit mein Gemüt auch nicht weiter, ich habe nur den Wunsch, mir eine klare Einschätzung davon zu verschaffen.*

Sein Gemüt war durchaus belastet, es bedurfte sorgfältigster Handhabung. Zu diesem Behufe hatte Mrs. Touchet eine eigene Korrespondenz mit Crossley in Gang gebracht, mit dem Ziel, hinter den Kulissen eine gänzlich gleichwertige Ehrerweisung sicherzustellen. Es war eine durchaus delikate, der Geheimhaltung verpflichtete Angelegenheit, doch sie gelang. Das sechsundzwanzigjährige Genie und der dreiunddreißigjährige verlorene Sohn trafen am Dreikönigstag in Manchester ein; Schnee lag, und es war bitterkalt, doch die beiden brachten einander nur warme Gefühle entgegen.

5

Zweifach gesegnet

Da Mrs. Touchet wusste, wie sehr beide Herren zur »Anregung des Appetits« – sowohl auf das tägliche Schreiben als auch auf das Mittagsmahl – Spaziergänge schätzten, gab sie William den Ratschlag, Charles doch ein wenig durch Manchester zu führen. William langweilte seinen brillanten Freund mit der Fassade des einstigen Stadthauses der Familie Ainsworth, den Toren seiner früheren Schule und der Innenansicht der Cross Street Chapel – »Einst hat mein Großvater hier gepredigt! Ich stamme von einer langen Reihe von Dissentern ab!« –, nur um sich dann in einer interessanteren Reihe falscher Abzweigungen zu verlieren, die ihn unversehens bis an den Rand von St. Michaels und der Angel Meadow führten. Charles war entzückt. Hier, inmitten fauliger Einöde, umgeben von Dirnen und Bettlern, sah er zu, wie zwei Männer Holzplanken auf ein Massengrab hämmerten. Die Ausgestoßenen, die Überzähligen, sie waren es, die ihn eigentlich fesselten. Auch William interessierten solche Leute – bis zu einem gewissen Grad. Er war ein Kind der King Street: Die Armen lebten anderswo. Charles hingegen hatte ein Näschen für die verkommeneren Winkel. An diesem einen Vormittag sahen sie mehr marode Schulen, Ledigenheime, Zufluchtsorte für gefallene Mädchen und Waisenhäuser, als William aus seiner ganzen Kinder- und Jugendzeit in dieser Stadt überhaupt kannte. Schließlich machten sie sich, mit steif gefrorenen Fingern und knurrenden Mägen, auf den Weg in die Mount Street. Crossley erwartete sie – wie mit Mrs. Touchet vorab vereinbart – auf den Stufen vor dem Versammlungshaus der

Quäker und bemühte sich sorgsam darum, den Ton ausgewogener Wertschätzung zu setzen:

»Dickens und Ainsworth! Ainsworth und Dickens! Manchester ist zweifach gesegnet!«

»Du hast gewonnen, James.«

»Bedauerlicherweise nur an Umfang. Lesen bringt wenig Bewegung mit sich.«

»Nun, dafür lässt dein Geist die meisten weit hinter sich. Dickens – Crossley.«

Daheim in Kilburn ging Mrs. Touchet allmorgendlich der Postkutsche entgegen und las nach Kräften zwischen den Zeilen. Williams Briefen konnte sie entnehmen, dass beide Männer hocherfreut waren und sich geehrt fühlten, jedoch auch, dass Dickens bei Tisch die ausführliche Nacherzählung der romantischen und höchst unglaubhaften Kindheitserinnerungen ihres Cousins aus Peterloo über sich hatte ergehen lassen müssen. Das Bild des fünfzehnjährigen William, wie er seine kleine »Brigade« aus King-Street-Knäblein, »die Herzen ganz erfüllt von jakobitischen Träumereien«, bis an den Rand von Peter's Field führte, wo sie mit Steinen nach Manchesters freier Bauernschaft warfen, die Ortsverweser verhöhnten, Henry Hunt zujubelten und nur knapp mit dem Leben davonkamen … Williams Brief war ausgesprochen lang. Gegen Ende gestattete sie sich, den einen oder anderen Absatz zu überspringen.

Charles' Brief hingegen war kurz. Sie hatte vorgehabt, ihn genussvoll bei einem Tee vor dem Kamin zu lesen. Doch dann las sie ihn stocksteif im Stehen auf der Straße, weil sie, einmal begonnen, nicht mehr mit dem Lesen aufhören konnte. Crossley besitze ein verrufenes Buch, das er William aushändigen wolle – eine Erstausgabe des *Newgate Calendar* –, und so hätten sich die jungen Literaten am Abend darauf erneut in einer Gaststätte zusammengefunden. Sie fanden Crossley samt seiner erheblichen Leibesfülle in einer stillen Ecke vor, eingeklemmt zwischen Wand und Tisch und bereits von einem halben Dutzend dampfender Gerichte umgeben. *Den ganzen Abend sann ich darüber nach, wie er bloß wieder dort hinauskommen sollte, noch mehr nahm es mich jedoch wunder, wie er überhaupt hineingekommen war.* Mrs. Touchet lachte laut auf. Als sie viele Jahre später die *Weihnachtsgeschichte* las, ersetzte sie den Geist der gegenwärtigen Weihnacht im Geiste mit diesem heraufbeschworenen Bild Crossleys, wie er da inmitten kulinarischer Fülle emporragte, in seine Ecke gezwängt …

William kehrte in lebhafter, blankäugiger Verfassung zurück. Wann immer sie auf der Treppe an ihm vorbeiging, kraulte er sie von hinten, und er sah fescher aus als je zuvor. Wie leicht es fiel, ihn zu lieben, wenn er so glücklich war! Wie leicht es fiel, einen jeden Menschen in solchem Zustand zu lieben. Im Rückblick erschien ihr dieser reibungslos organisierte, aufs Vollkommenste inszenierte Ausflug nach Manchester wie ihr letzter, großer heimischer Erfolg. Zumindest der letzte, der ihr selbst etwas bedeutet hatte. Sechs Wochen später starb Frances. Die Kinder kehrten ins Internat nach Manchester zurück. William versank in seinem neuen Roman. Und Mrs. Touchet, jeder Beschäftigung beraubt, stellte sich der Leere.

6

Sommer 1872

Es war wie in alten Zeiten. Wieder stand sie in denselben Rathäusern, Getreidebörsen und Theatern, in denen sie einst mit Frances gestanden hatte, nur war sie jetzt alt. Das Altwerden erwies sich als höchst eigentümliche Angelegenheit. Sie erfuhr so viel Neues über die Zeit. Wie sie sich verdrehen und verbiegen konnte, bis die Vergangenheit der Gegenwart gegenübertrat und umgekehrt. Sie war sowohl dort als auch hier, im Damals wie im Jetzt, es war belebend, mitunter jedoch auch recht verwirrend.

Wieder einmal stand ein jugendlicher Sohn Afrikas vor ihr, einer Herausforderung gleich.

Diesmal jedoch fand er sich nicht auf der Bühne und erläuterte anschaulich die Funktionsweisen einer Fußfessel, sondern er stand neben ihr vor dem Fahrkartenschalter und passte auf, dass sie auch wirklich eine Rückfahrkarte löste.

Und wieder einmal musste sie William belügen. Sie gab vor, ihre Tage im Lesesaal der British Library zu verbringen und dort der Familiengeschichte der Touchets nachzuspüren, ein Einfall, den er zwar hochgradig exzentrisch fand, jedoch nicht weiter infrage stellte, sofern sie rechtzeitig zum Dinner zurückkehrte.

Doch in Wirklichkeit reiste sie mit dem Zug zu einer Versammlung.

Mitunter war es nicht möglich, am selben Tag zurück zu sein.

War das der Fall, erzählte sie ihm, sie bleibe über Nacht in Manchester, »bei meiner Nichte«.

Zumindest dieser Teil erwies sich heute als wahr.

7

Die Free Trade Hall von Manchester

Aus Gründen der Schicklichkeit reisten sie mit verschiedenen Zügen, und Henry hatte Verspätung. Sie stand vor der Free Trade Hall an der Peter Street, auf der anderen Straßenseite, so wie er sie angewiesen hatte. Er hatte sich diesbezüglich erstaunlich unnachgiebig gezeigt. Im Lauf des Sommers waren die Tichborne-Versammlungen stetig größer und aufrührerischer geworden, bis sie schließlich nicht mehr »dazu angetan waren, von einer unbegleiteten Frau betreten zu werden«. *Von einer alten Frau,* meinte er natürlich, sprach es jedoch nicht aus. Im Gegenzug gab sie vor, die Blicke und Kommentare nicht zu bemerken, die dem jugendlichen Sohne Afrikas auf Schritt und Tritt folgten. Während sie jetzt auf ihn wartete, ging ihr durch den Sinn, dass auch sie zum Gegenstand des Staunens geworden war: Von einer alten Frau erwarteten die Leute einfach nicht, dass sie so groß war.

Da sie es vorzog, selbst zu gaffen und nicht angegafft zu werden, studierte sie die Massen, die drüben zum Eingang strömten. Es war die bis dato größte Kundgebung und würde mit Sicherheit auch die lukrativste werden, da ein Shilling pro Kopf verlangt wurde. Seit der Entlassung des Anwärters im April hatte sie an jeder einzelnen teilgenommen. In ihrem Kopf verschmolzen längst alle zu einer. Anfangs waren der Anwärter und Bogle am Bahnhof stets umlagert worden. Manchmal stieg Bogle dann auf eine Bank und wandte sich direkt an die Menschen, häufiger aber wurden sie vom örtlichen Gastwirt, vom Rennbahnbetreiber oder vom jovialen Gutsherrn gerettet und in eine private Kutsche verfrachtet und zum Mittagsmahl oder zu einem Jagdausflug gefahren oder einfach nur durch die Straßen kutschiert, die längst mit ihrem Konterfei gepflastert waren. Dann, am frühen Abend, begann die eigentliche Veranstaltung. Die Redner traten nacheinander auf das Podium: ein Vertreter der jeweiligen Ortschaft, dann Onslow, Tichborne, Bogle. Gelegentlich sprachen auch ein Soldat aus Rogers einstigem Regiment oder der Militärarzt, der Cousin oder der Freund der Familie: Francis Baigent. Es folgten Durchhalteparolen, Spendenaufrufe und kämpferische Reden – davon nicht wenige ohne Maß und Ziel. Bei mehr als einer Gelegenheit hatte Mrs. Touchet Onslow behaupten hören, der vorsitzende Richter sei insgeheim Jesuit, stecke mit den Tichbornes unter einer Decke und habe Bestechungszahlungen in Gestalt von Land und Besitz zugesichert bekommen. Genau die Art von Gerede, die dazu angetan war, den kommenden Prozess zu gefährden oder einen Menschen wegen Missachtung des Gerichts hinter Gitter zu bringen. Und rund um die Bühne, auf den billigen Plätzen, griff äußerste Erregtheit um sich. Wann immer der Vorsitzende, Richter Bovill, die Geschworenen oder die Familie Tichborne Erwähnung fanden, löste dies wildes Geheul in der Menge aus. Häufig erklang der Ruf: *Hängen ist noch zu gut für die!* Mrs. Touchet war bemüht, sich stets klarzumachen, dass sie hier erlebte, wie ein aufrichtiges Gefühl der Menge – losgelöst – auf den Kopf gestellt und manipuliert wurde, um höheren Zwecken zu dienen. Und doch machte es ihr Angst. Waren diese Menschen »die Allgemeinheit«? Waren sie *ihre* Allgemeinheit? Nur Bogle behielt einen kühlen Kopf. Mit jedem Tag wuchs ihre Bewunderung für ihn. Seine Geschichte sprengte nie die eigenen Grenzen, bediente sich nie beim Verschwörerischen, Unlogischen. Er wütete nicht, klagte nicht an. Er stand einfach unerschütterlich für die Wahrheit ein, wenngleich Mrs. Touchet feststellen musste, dass sie das, was er so standhaft wiederholte, nicht als die Wahrheit annehmen konnte. Doch so, wie sie einen Mohammedaner stets einem Gottesleugner vorzog, würde sie sich, das spürte sie, auch stets für Bogles Überzeugung und Glauben entscheiden und nicht für den Zynismus und die Käuflichkeit eines Mannes wie Onslow. War da noch mehr? Womöglich war es auch ein wenig eine Frage der Ästhetik. Was war Onslow doch für ein rotgesichtiges Walross! In jüngeren Jahren hatte sie sich nie zu Güte hingezogen gefühlt: Sie hatte sie stets übersehen. Tugend, ja, und selbstverständlich auch Magnetismus, doch Güte war ihr niemals aufgefallen. Nun, da sie alt war, erschien ihr Güte als das Einzige, das wahrhaftig eine Rolle spielte. Als einzig wahrhaft anziehende Eigenschaft. Und was für ein gütiges Gesicht Mr. Bogle doch hatte …

Anfangs war sie noch sehr gewissenhaft gewesen, bemüht, alles niederzuschreiben, was so eine Tichborne-Versammlung ausmachte, wie aberwitzig es auch sein mochte. Nun, unter der Last der ständigen Wiederholung, zückte sie den Federhalter nur noch selten und beschränkte sich lieber darauf, die jeweilige Umgebung zur Kenntnis zu nehmen. Dieses Gebäude hier beispielsweise. Was für ein gigantischer orangeroter Palazzo! Bei ihrem letzten Besuch in Manchester war das Getreidegesetz noch in Kraft gewesen und dies alles hier ein grünendes Feld. Und doch blieb die Möglichkeit bestehen, dem reizvollen Zauber zu verfallen, den das Gebäude in seiner trügerischen Altertümlichkeit verströmte – darüber sogar zu vergessen, dass es Peter's Field jemals gegeben hatte. Wie hübsch die Sonnenstrahlen auf dem Sandstein spielten! Mrs. Touchet war noch nie in Italien gewesen – sie war noch nie irgendwo im Ausland gewesen – und spürte Dankbarkeit für solche ortseigenen Nachahmungen.

8

Die Fassade

Wo blieb Henry bloß? Schon spürte sie das lästige Mitgefühl der Vorübergehenden. Ob sie sie wohl für eine tragische alte Frau hielten, die nichts mit sich anzufangen wusste? Trotzig legte sie den Kopf in den Nacken und blickte an der Fassade hinauf. Neun steinerne Damen, Allegorien allesamt und im Abstand zueinander angeordnet, schauten zu ihr herab. Die in der Mitte musste wohl der freie Handel höchstselbst sein – sie wurde zu beiden Seiten von Garben gerahmt und wirkte hocherfreut über die Außerkraftsetzung des Gesetzes –, während die Dame mit der Leier und der Feder, die Miene in innerer Einkehr erstarrt, wohl die Kunst verkörperte. Doch die Frau mit dem Schiff, war das Handel oder Gewerbe? Die elegante, von klassischem Faltenwurf umhüllte junge Frau mit dem Spinnrocken und den zahllosen Paketen und Geräten um sich herum war vermutlich die Emsigkeit, doch Mrs. Touchet hatte vor vielen Monden einmal die Baumwollspinnerinnen Manchesters besucht und wusste, dass da nur eine flüchtige Ähnlichkeit bestand. Bei den Kontinenten fühlte sie sich wieder auf festerem Boden. Europa sah aus wie Athene und hielt eine Hand offen ausgestreckt, als erwartete sie Zahlungen. Asien hatte eine Kiste Tee auf ihrer einen und ein Gewürzfass auf ihrer anderen Seite stehen und hielt weitere Schätze im Schoß. Wie Europa war auch sie voll bekleidet. Amerika hingegen war halb nackt und primitiv. Sie hatte Kisten mit Baumwolle und Zuckersirup neben sich, trug einen federbesetzten Kopfputz und hielt einen Vorrat an Zigarren griffbereit. Wie die Baumwolle und der Zuckersirup überhaupt zustande kamen, war ein Mysterium, das nach Mrs. Touchets Dafürhalten womöglich die nächste Dame lösen konnte. Doch Afrika hüllte sich hinsichtlich dieser Frage in Schweigen. Wie Amerika hatte auch sie ihre Kleidung verlegt, und rund um ihre bloßen Füße war die Fülle versammelt, mit der sie die Welt bedachte. Elfenbein, Löwen, Trauben, etliche weitere exotische Früchte, die Mrs. Touchet nicht benennen konnte, Straußenfedern, Tongefäße und Teppiche. Sonst nichts.

»Mrs. Touchet – bitte verzeihen Sie die Verspätung! Wie geht es Ihnen? Was sehen Sie sich denn da an?«

»Ach! Henry!« Unlängst hatte sie an all ihren Röcken die Taschen erweitert, um bequem Block und Federhalter darin unterzubringen. Doch diese weibliche Eingebung hatte vor allem zur Folge, dass nun häufig große Tintenflecken ihre runzligen Finger zierten wie bei einem Schulmädchen. »Nichts. Rein gar nichts. Wollen wir?«

9

Zu Gast bei den Ainsworth-Töchtern, 28. Oktober 1838

Gott bewahre mich davor, jemals Romane zu schreiben, dachte Mrs. Touchet. Gott bewahre mich davor, mich der tragischen Schwelgerei hinzugeben, so nutzlos eitel, so blind zu sein! In einem eisigen Schlafsaal, zweihundert Meilen weit entfernt, hofften drei untröstliche, mutterlose Mädchen auf den Besuch ihres Vaters. Doch William war am Schreibtisch damit beschäftigt, sich seinen Jack Sheppard zusammenzuträumen:

»Es wäre mir eine ungeheure Hilfe, Eliza, wenn du an meiner Stelle fahren könntest. Dickens ist sehr erpicht auf diese Reise – er will partout den Zug nehmen. Forster wird ihn begleiten. Alle nötigen Empfehlungsschreiben habe ich schon verfasst, unsere Miss Harding erwartet dich im Internat, und die fidelen Gebrüder Grant erwarten Charles. Du kennst die Stadt ja auch recht gut. Ich wünschte, ich könnte selbst hin, aber dies ist für mich ein ganz entscheidender Augenblick – ich stehe an der Schwelle des dritten Bandes. Darf ich auf dich zählen?«

Auf der Fahrt fasste sie den Entschluss, absolut nichts von Interesse zu äußern. Alle Gespräche, die sich nicht vermeiden ließen, würde sie mit dem schroffen und wenig ansehnlichen Mr. Forster führen und seinen brillanten Freund, den sie im Verdacht hatte, ein Vampir zu sein, mit Nichtachtung strafen. Sie hegte nicht den Wunsch, in weiteren Romanen verewigt zu werden. Doch es war ihre erste Zugreise: Verängstigt klammerte sie sich an ihren Sitz, was Charles aufs Äußerste amüsierte und ihre eigene Abwehr schwächte. Er war ein ebenso unwiderstehlicher wie unbezähmbarer junger Mann. Sie fühlte sich zu gleichen Teilen angezogen und abgestoßen von ihm. Es war einfach viel zu leicht, mit ihm zu reden. Und er war ein viel zu guter Zuhörer.

»Nun, Forster, was meinst du? *Ich* jedenfalls bin der Ansicht, bevor wir irgendetwas anderes tun, besorgen wir den armen, mutterlosen Ainsworth-Mädchen einen besonders schmackhaften Kuchen. Die Baumwollspinnereien können warten und die wohlhabenden Grants ebenfalls. Kuchen und Zuspruch, das muss an erster Stelle stehen!«

War er tatsächlich so ein herzensguter Mensch, oder wollte er nur als herzensguter Mensch betrachtet werden? Und ist das überhaupt wichtig?

10

Die Welt des Sentiments

Sie kannte noch einen Bäcker in der King Street: Die Wahl fiel auf einen Zitronenkuchen. In der Droschke hielten sie alle drei mit einer Hand die Kuchenschachtel fest, damit sie nicht kippte, und kamen sich dabei so töricht vor, dass sie Miss Hardings Anstalt für junge Damen in sehr viel heitererer Stimmung erreichten, als es der Aufgabe, die sie übernommen hatten, angemessen war. Charles erkannte das noch vor Mrs. Touchet. Von einem Moment auf den anderen war seine Miene ganz verwandelt, wechselte von Unbeschwertheit zu Mitgefühl und fand ihren Spiegel in den drei betrübten Mädchen, die den langen Gang durchmaßen, als würden sie zum Schafott geführt. Daran erinnerte Mrs. Touchet sich noch aus ihrer eigenen Schulzeit: Nie gab es einen Hinweis im Voraus, damit man nur ja im Zustand dauerhafter Angst und Unterwürfigkeit verharrte. Doch nun zog ein Strahlen über ihre Gesichter, und Fanny – seit jeher die Forscheste – eilte auf sie zu. Charles wurde überschwänglich umarmt und schloss jedes Mädchen seinerseits in die Arme. Mrs. Touchet, die diese drei bereits kannte, seit sie ihrerseits denken konnten, blieb mit schicklich gefalteten Händen ein wenig abseits stehen.

»Und da ist ja auch Mrs. Touchet«, sagte Emily, die sich stets auf ihre Manieren besann. »Und Mr. Forster, nicht wahr? Was für eine schöne Überraschung. Wie gütig von Ihnen allen, uns zu besuchen.«

Mr. Forster, der sich in dieser Welt des Sentiments offenbar ebenso unsicher bewegte wie Eliza Touchet, befasste sich damit, den Kuchen anzuschneiden.

11

Baumwolle & Zuversicht

Es herrschte ein unglaublicher Verkehr, und so erwies es sich als teuflisch schwieriges Unterfangen, die Stadt zu durchqueren. Wie stets hatte auch der Kutscher eine Menge dazu zu sagen. Charles hing halb aus der Kutsche, um nur ja nichts davon zu versäumen, doch der schwere Lancaster-Zungenschlag des Mannes blieb selbst ihm unverständlich. Mrs. Touchet wurde gebeten, als Dolmetscherin einzuspringen:

»Nun, im Wesentlichen gibt er Villiers die Schuld.«

Charles war gleich gefesselt: »Was wirft er ihm denn vor?«

»Er gibt ihm die Schuld am vielen Verkehr. Wenn man fünftausend Menschen an ein und demselben Ort zu einem Protest zusammenruft, dann – so sieht es zumindest unser Mann hier – führt das unweigerlich zu verstopften Straßen. Ich muss sagen, da hat er nicht ganz unrecht.«

Charles lachte. Forster runzelte gewaltig die Stirn: »Wie abwegig diese Männer doch denken. Erst recht die einfachen Arbeiter. Sie begreifen kaum einmal, wo ihre eigenen Interessen liegen!«

Dies in einem Ton erschöpfter Überlegenheit, garniert mit einem Seufzer. Das konnte Mrs. Touchet so nicht stehen lassen:

»Womöglich ist es nicht jedem einfachen Arbeiter ein Vergnügen, sich die eigenen Interessen vom Sohn eines Earls erklären zu lassen, Mr. Forster.«

»MISSBILLIGEN Sie etwa das Außerkraftsetzen, Mrs. Touchet?«

»Das habe ich nicht gesagt.«

»Es liegt doch auf der Hand, dass dieses Gesetz gekippt werden musste – DENN DIE ÄRA DES GROSSGRUNDBESITZES IST VERGANGENHEIT!«

Nicht zum ersten Mal überlegte Mrs. Touchet, wie es kam, dass Mr. Forster die Lautstärke seines Organs nicht ebenso dämpfen konnte, wie andere es taten. Selbst wenn er flüsterte, war er noch bestens zu hören; seine normale Stimme erinnerte an ein Nebelhorn. Und so klang er, wenn er auch nur leicht aufgebracht war, wie ein aufmerksamkeitsheischender Schiffbrüchiger.

»Ganz recht. Und sofern der hochwohlgeborene Mr. Villiers dabei die Profite seiner eigenen Familie aufs Spiel setzt – *falls* er das denn tut –, begrüße ich das sehr. Doch sollten wir, wenn eine Ära endet, nicht auch fragen, was auf sie folgen wird?«

»Die Ära der MÄNNER MIT GROSSEN IDEEN, Mrs. Touchet! Die Ära jener Männer, die FLEISS UND SCHÖPFERISCHE TATKRAFT an den Tag legen. Lieber ein gutwilliger Verwalter als ein GEBIETERISCHER LORD. Und nach allem, was William uns von den geschätzten Grants berichtet, könnten keine zwei Dienstherren ein CHRISTLICHERES, MENSCHENFREUNDLICHERES Umfeld für den einfachen Arbeiter schaffen ODER AUCH FÜR DIE ARBEITERIN. Genau davon WOLLEN WIR UNS HIER JA ÜBERZEUGEN.«

Charles setzte eine scherzhaft salbungsvolle Miene auf: »Sie sehen, Mrs. Touchet, Mr. Forster und ich hegen größtes Vertrauen in die Grants und ganz allgemein in den Mittelstand. Und wir wissen aus zuverlässiger Quelle, dass die Grants großartige Männer der Mitte sind. Ainsworth höchstpersönlich hat es uns versichert.«

»SO IST ES.«

»Besser, man hat Gesetze«, sagte Mrs. Touchet leise, in der Hoffnung, das werde eine generelle Mäßigung der stimmlichen Lautstärke nach sich ziehen. »Besser, man hat Gesetze und muss sich nicht auf die Christlichkeit und Menschenliebe Einzelner verlassen. Sie hegen großes Vertrauen in den Mittelstand, Mr. Dickens. Nach meiner Erfahrung ist Vertrauen allerdings eine höchst unzuverlässige Eigenschaft in der Politik. Und christliche Güte und Menschenliebe – die lassen sich jederzeit zurücknehmen.«

»Und Gesetze können gekippt werden.«

»Ja, aber nicht ganz so leicht.«

Das wischte ihm das Grinsen vom Gesicht. Er sah sie wieder genauso an wie damals bei Lady Blessington: als liefe ein fremdes Schiff in den Hafen ein.

»DICKENS, WIR KOMMEN VOM THEMA AB.«

»Inwiefern, Forster? Erläutere es uns.«

»Ich versuche nur, DIESER DAME, die mit POLITISCHER ÖKONOMIE WOMÖGLICH NICHT GANZ SO VERTRAUT IST, FOLGENDES zu erläutern: Sinkt der Getreidepreis, dann ist das unbestreitbar eine gute Sache für DEN EINFACHEN ARBEITER, und MR. CHARLES VILLIERS mag sicherlich HOCHWOHLGEBOREN sein, er steht jedoch dennoch AUFSEITEN DES ARBEITENDEN MANNES und tut sein Möglichstes, dieses VERFLUCHTE GESETZ zu kippen, das, wie sicher auch die Dame wissen dürfte, zahllose ANSTÄNDIGE FAMILIEN INS ARMENHAUS gebracht hat – und NEBENBEI noch zahllose GROSSGRUNDBESITZER MEHR BEREICHERT HAT als JE ZUVOR. Ich begreife nicht, wie die Dame sich ÜBERHAUPT gegen die Abschaffung WENDEN KANN und zugleich VORGIBT, AUFSEITEN DES FORTSCHRITTS zu stehen, SOFERN ICH SIE BISHER RICHTIG VERSTANDEN HABE.«

»Ein größerer Brotlaib ist und bleibt nun mal ein größerer Brotlaib, Mrs. Touchet.« Wie er es genoss, ihren Namen zu sagen! Es amüsierte ihn. Alles amüsierte ihn. Selbst noch das Pech, einen vollends humorlosen besten Freund zu haben: »Und wenn das Essen bezahlbarer wird, Mrs. Touchet, dann hat auch unser freundlicher Kutscher da oben etwas mehr Geld in der Tasche, und hat er etwas mehr Geld in der Tasche, dann kauft er mehr, darunter auch Dinge, die andere Arbeiter herstellen – und so, Mrs. Touchet, dreht sich das Rad des freien Handels immer weiter!«

Eine gute Geschichte. Doch Mrs. Touchet fiel noch eine weitere ein: Wenn das Essen bezahlbarer war, würden über kurz oder lang auch die Löhne gesenkt, und zwar just von den »gütigen« Verwaltern, deren Profite zugleich stiegen – doch sie merkte bereits, wie sie immer lebhafter wurde und darin womöglich komisch oder auf komische Weise abscheulich wirkte, und sie wollte nun einmal nicht in weiteren Romanen auftauchen. So blieb sie still. Sie blieb es während der restlichen Fahrt und während der ganzen Führung durch die »modernste Kattunfabrik Europas«. Die Gebrüder Grant wirkten aufs Haar so wohlhabend, wie William es in Aussicht gestellt hatte – zwei kugelrunde, rotwangige, graubärtige Gesellen –, und gaben sich zudem noch übertrieben jovial. Was immer einer von beiden äußerte, war mit einem Ausrufezeichen versehen. In Schottland seien sie entsetzlich arm gewesen! Und nun so reich hier in Lancashire! Sie hätten folglich allen Grund zum Glücklichsein! Und mehr als genug Geld für die Wohltätigkeit! Mrs. Touchet stand schweigend zwischen Mr. Dickens und Mr. Forster und lauschte dem Bericht, wie es zu diesem seligen Wandel gekommen war. Sein Kern war der niedrige Baumwollpreis. Die Geschichte zog sich lange hin. Mrs. Touchet sah sich um. Wenn sie die Augen ein wenig zukniff, stellte sie fest, sah das alles hier gleich weniger aus wie eine Fabrik, in der weit entferntes menschliches Leid zu Profit versponnen wurde, dafür viel mehr nach einer Ansammlung junger einheimischer Frauen, die mit entschlossener Miene eine endlose Reihe von Druckerpressen bedienten.

12

Was wäre, wenn?

»Aber genug von unseren Kattun-Abenteuern! Wir müssen uns entschuldigen, die Dame so zu langweilen! Bald werden wir in der Grant Lodge am Feuer unseren Tee einnehmen! Die Gesellschaft dort wird Ihnen hoffentlich mehr zusagen!«

In ihrer Vorstellung sah Mrs. Touchet sich bereits dort, in Gesellschaft zweier hochgewachsener, misslauniger, knochiger Frauen aus dem Norden, wie es die Gefährtinnen solcher wohlbeleibten, lautstarken Brüder unweigerlich sein mussten. Im Geiste wurde sie bereits in ein eisiges, den Frauen vorbehaltenes Nebenzimmer verschleppt – weit weg vom Feuer und den Debatten der Männer –, um dort über Rezepte für Plumpudding, Pläne für die baufälligen Schulen und das beklagenswerte Geschlechtsleben der Armen zu plaudern …

»Ist alles in Ordnung, Mrs. Touchet? Sie wirken ein wenig blass.«

Dass er gemeinhin als so gutherzig empfunden wurde, lag nicht zuletzt an dieser geschärften Aufmerksamkeit, die überall stets auf allem ruhte, immerzu. Es war unfassbar heiß in diesem Raum. Der Lärm war ohrenbetäubend. Und doch gingen diese Frauen mit ruhigem Fleiß von einer Maschine zur nächsten, als bemerkten sie weder das eine noch das andere, und Mrs. Touchet war nicht bereit, als Erste zu ermatten. Wenn Mr. Charles Dickens das aushielt, dann konnte sie es auch. Sie schüttelte den Kopf und blieb still. Die Gebrüder Grant fuhren fort, die Bedeutung einer großen Münze zu erläutern, die nun von Dickens an Forster weitergereicht wurde und schließlich auch in ihre Hand gelangte. Es war keine Münze des Königreichs. Sie trug die Prägung: Grant. Diese Grant'sche Geldmünze, so erfuhren die Gäste, erhielten die Frauen als Teil ihres Lohns, um damit saubere Baumwollkleidung für sich selbst und die nötige Ausstattung für ihre Familien zu kaufen – im angrenzenden Geschäft, das sich ebenfalls im Besitz der Gebrüder Grant befand.

Forster lobte die Wirtschaftlichkeit daran. Charles lobte das Ergebnis: lauter ordentliche und ansehnliche, wohlgeratene junge Frauen! Mrs. Touchet spürte Baumwolle in der Kehle und musste husten. Da es der erste Laut war, den die Grants von ihrer Besucherin vernahmen, schenkten sie ihm besondere Aufmerksamkeit und begannen einen zwanzig Minuten währenden Exkurs über die Bedeutung des regelmäßigen Lüftens, die damit einhergehende Wohltat und die wiederum daraus abzulesende Gutherzigkeit. Und was wäre, wenn ihr nicht so gutherzig wärt, dachte Mrs. Touchet, und beschließen würdet, die Fenster geschlossen zu halten? Und was wäre, wenn ihr »eure Mädchen« nicht mit schöner, sauberer Kleidung ausstatten würdet, sondern sie stattdessen in Lumpen und Sackleinen gehen ließt? Was wäre, wenn ihr kommenden Monat weniger reich seid? Steigt und fällt die Wohltätigkeit mit den Marktwerten?

Derartige Gedanken hegte die junge Mrs. Touchet. Lange danach, als sie älter war, wünschte sie sich, sie hätte sie geäußert. Damals jedoch waren die vier redseligen Männer – zwei von ihnen jovial, der dritte ein Vampir und der vierte unfassbar laut – schlichtweg zu viel für sie. Sie bildeten die vier Wände einer Kiste, aus der kein Laut von ihr je entkommen konnte.

13

Regina vs. Castro, 23. April 1873

So viel ist die Welt, so verschieden und ständig – wie kann man sie überhaupt fassen? Mit der Sprache? *Wann beginnt der Prozess?,* fragt eine Frau die andere. *Heute,* lautet die Antwort. Doch das Wort »heute« mag Vielheiten verbergen. Denn der 23. April war zugleich der Tag, an dem der *»auld enemy«* England sich selbst und seinen Schutzpatron St. George feierte. Der Tag, an dem Mrs. Touchet aus Protest gern Unterröcke mit Tartan-Muster trug und *Macbeth* wieder las. Der Geburtstag des großen Barden Shakespeare. Und auch sein Todestag. Der Tag, an dem Eliza Touchet zum ersten Mal Mrs. Anne Frances Ainsworth erblickte. Ja, für Mrs. Touchet war dieses Heute ein romanhafter Tag, ein erleuchteter Tag, ein Tag der Zufälle – des Zaubers! Aber was mochte »heute« für Sarah bedeuten? Mittwoch?

»Jetzt schau sich einer diese Richter an, diesmal alle in Blau ausstaffiert! Ich muss schon sagen, diese Pelzkragen gefallen mir: *sehr* chic! Aber wo haben sie bloß die ganzen alten groben Kerle von Geschworenen ausgegraben?«

Zurück im Olymp des großen Gerichtssaals. Den Vorsitz hatte diesmal Sir Alexander Cockburn, ein Name, den Sarah beim besten Willen nicht unter Verwendung sämtlicher Konsonanten aussprechen wollte: *Co'burn.* Und um allen Unterstellungen von Vorurteilen hinsichtlich Stand und Klasse vorzubeugen, war die Geschworenenbank ausschließlich mit Arbeitern, Händlern und Gastwirten besetzt. Bogle, den Gelenkschmerzen plagten, war abwesend, doch an seiner Stelle war Henry entsandt worden. Er saß nun zur Rechten des Anwärters und fuhr fort mit seinen ausführlichen, mysteriösen Notizen. Bereits vor Monaten hatte Mrs. Touchet der jetzigen Mrs. Ainsworth zu erklären versucht, dass die Klage gegen den Anwärter nun zwar tatsächlich von »der Krone« geführt wurde, dies jedoch nicht hieß, dass die Königin persönlich anwesend sein würde. Sarah hatte dem jedoch keine Beachtung geschenkt und sich ein »Extra-Kleid« schneidern lassen. Es war in Rosa und Gelb gehalten, bauschig und in einem Maß mit Volants und Rüschen besetzt, dem womöglich selbst Ludwig XV. Einhalt geboten hätte. Das Haar hatte sie sich am Hinterkopf geflochten, dass es einem Osterzopf glich.

»Ach herrje, da ist der alte Hawkins wieder! Wer den Habicht im Namen trägt … Aber diesmal sind wir für Sie gewappnet, Mr. Hawkins!«

Nicht unbedingt. Die Aufzählung der Fakten, mit der die Anklage eröffnete, war niederschmetternd. Arthur Ortons Geschwister hätten vom Anwärter heimliche Zahlungen erhalten. Der Anwärter habe dem Gericht eine Liste von Matrosen an Bord der *Bella* vorgelegt, doch nicht einer dieser Namen habe sich im Besatzungsverzeichnis des Schiffes wiedergefunden. Stattdessen habe man sie unter der Besatzung der *Middleton* entdeckt, jenem Schiff, mit dem vor vielen Jahren ein gewisser jugendlicher Arthur Orton von Wapping nach Tasmanien gereist sei. (Als ob er Romane schriebe!, dachte Mrs. Touchet. Er lügt, um die Wahrheit zu sagen!) Fast jeder, der Sir Roger je begegnet sei, erinnere sich an die Tätowierung auf seinem linken Arm. Der Anwärter habe nichts Derartiges vorzuweisen. In Südamerika habe der Anwärter sich überall nur »Tom Castro« genannt, erst in Australien sei er zu »Sir Roger« geworden, und zwar nachdem Lady Tichbornes Inserate auch dort erschienen seien. Aus alldem sei nur zu folgern, dass seine Unterstützer entweder Dummköpfe oder Betrüger seien oder beides. Francis Baigent, angeblicher »Antiquar und Freund der Familie«, sei ein wankelmütiger Narr, der immer wieder für Verwirrung sorge und dem Anwärter dabei unabsichtlich mehr Informationen zukommen lasse, als er ihm je entlocken konnte. Und Andrew Bogle! Nun, der sei, schließlich und endlich, immer noch ein Schwarzer:

»Und obwohl mir sonst nichts fernerliegt, als ganze Gruppen von Menschen zu schmähen, kann ich doch nicht außer Acht lassen, dass es unter den Schwarzen etliche gibt, die nicht eben für ihre Liebe zur Wahrheit bekannt sind …«

Gelächter im Saal. Mrs. Touchet blickte besorgt nach unten, um zu sehen, wie sich das auf Henry auswirkte, doch er wandte ihr den Rücken zu, und sie würde einen Tag ohne Sarah abwarten müssen, um ihn draußen auf dem Flur abzufangen und in irgendeiner Form darauf anzusprechen, ehe sie sich selbst auf den Weg zum Bahnhof machte. In der folgenden Woche ergab sich eine solche Gelegenheit, doch dann zauderte sie und ließ es. Würde es die Demütigung tilgen, wenn sie mit ihm darüber sprach? Oder sie nur noch vergrößern?

14

Eine Frage der Länge

Nachdem Hawkins die wichtigsten Punkte zusammengefasst hatte, ging er dazu über, sie erneut in allen Einzelheiten aufzuführen, ein Vorgang, der siebzehn Tage in Anspruch nahm. Anschließend erkundigte sich Cockburn, wie viele Zeugen der Anwalt aufzurufen gedenke. Hawkins schielte an seiner Habichtnase vorbei auf die Notizen, die vor ihm lagen: »Zweihundertfünfzehn, Euer Ehren.«

Soweit Mrs. Touchet erkennen konnte, war der Anwärter selbst der Einzige, der darauf keine Reaktion zeigte. Er saß links von Hawkins und brachte seine Zeit damit zu, entweder zu seufzen, zu gähnen oder zu kritzeln. Manchmal zeichnete er die Geschworenen, manchmal die Anwälte, manchmal auch Cockburn.

»Teufel auch, ich dachte, bis Mai sind wir hier selbstredend raus, allerspätestens. Irgendwann kommt für mich ja schließlich auch die Rennsaison. Was glauben Sie, Mrs. Touchet, wie lang wird die Geschichte noch werden?«

Mrs. Touchet zuckte die Achseln. Ihre eigene stumme Schätzung lautete: etwa acht Bände lang.

15

Der zwölfte Bote

Es ging Mrs. Touchet durch den Sinn, dass das Recht – sosehr sie es im Kopf auch verklären mochte – an und für sich zu wenig Regeln besaß und dass manche der wenigen vorhandenen doch reichlich willkürlich wirkten. Warum etwa war es dem Angeklagten bei einem Strafprozess nicht gestattet, für sich selbst zu sprechen? Und wie wurde man eigentlich Anwalt? Jeder der Anwälte in diesem Saal legte »das Recht« unterschiedlich aus, wenngleich sie das alle ausgesprochen umständlich taten – das immerhin hatten sie gemeinsam. Seit zwei Monaten bereits lauschte sie den Zeugen aus Frankreich, und die Art der Befragung hatte weder Hand noch Fuß. Niemand schien recht zu wissen, wie anzufangen und wo aufzuhören wäre, welche Informationen einschlägig und welche bloß unerheblich waren. Als läse man einen von Williams Romanen. Die Anklage ließ eine Reihe alter Jesuiten aus Rogers Pariser Schulzeit aufmarschieren, die sich dann vom Anwalt der Gegenseite – einem exzentrischen Iren namens Kenealy – wegen diverser katholischer Glaubensartikel angreifen lassen mussten. Das kam zwar beim Publikum bestens an, hatte aus Mrs. Touchets Sicht aber nicht das Geringste mit dem vorliegenden Fall zu tun. Eine zweiwöchige Abschweifung befasste sich mit einer Debatte über das wahre Wesen der Beichte. Oder propagiere der Jesuiten-Orden etwa nicht das Prinzip der »Mehrdeutigkeit«?

»Das ist doch nicht richtig, oder, Mrs. Touchet? Sie würden doch für Ihren Gott nicht lügen, oder? Nicht mal vor Gericht?«

Ehe Mrs. Touchet sich noch gegen solche Anschuldigungen verwahren konnte, nahm der sonderbare Verteidiger auch schon einen alten Mönch mit Namen Lefèvre über die Herkunft seines Nachnamens ins Kreuzverhör:

»Und Sie heißen tatsächlich nicht nach einem bekannten Heiligen? Ich beziehe mich natürlich auf den heiligen Alexis Lefèvre aus dem fünften Jahrhundert. Hat nicht auch dieser Heilige, gleich unserem viel geschmähten Sir Roger, den Schoß seiner Familie für lange Zeit verlassen, nur um dann Jahre später als Bettler zurückzukehren? Und wurde er nicht von jener altehrwürdigen Familie als Bettler aufgenommen und doch nie erkannt …?«

»Uuuh, jetzt hat er ihn aber in der Mangel, Mrs. Touchet! Das wenigstens wird er ja wohl ›gestehen‹ …«

Er hatte etwas Blindwütiges, dieser Verteidiger, eine zutiefst unangenehme Qualität, die ihm und seinen Gedankengängen eignete. Bärtig wie Moses in der Wüste, besaß er – winzig hinter flaschenglasdicken Brillengläsern – die Augen eines Fanatikers. In jede Debatte brachte er das hinein, was Mrs. Touchet am meisten fürchtete und wovor sie zumindest das Recht gefeit geglaubt hatte: Sentiment. Und sein eigenes Sentiment bestand zu weiten Teilen aus Zorn. Daran blühte er auf. Jesuiten und Katholiken jeglicher Couleur erzürnten ihn, gleichermaßen aber »die gehobenen Stände«, »die Presse«, »die Richter mit ihren Perücken«, »die korrupte Regierung« sowie zahllose andere erstaunliche Gruppierungen: »betrügerische Matrosen«, »Schuster aus Wapping«, »verschlagene Franzosen«. Er brachte es fertig, bei jeglichem vernünftigen Beweis, der dem Gericht vorgelegt wurde, Verwirrung und Wahnsinn zu stiften, allein, indem er ihn seinem eigenen Wahnsinn aussetzte. Hawkins rief nacheinander achtundvierzig Männer aus Wapping in den Zeugenstand, von denen ein jeder auf den Anwärter deutete und ihn Arthur Orton nannte. Kenealy gelang es, achtundfünfzig aus derselben Gegend aufzutreiben, die das ebenso entschieden bestritten. Einem gewissen Captain Angell – der Ortons Eltern gekannt hatte und auch Arthur in Hobart begegnet war – setzte er so sehr zu, bis dieser innerlich zusammenbrach:

»Es ist wohl nicht ganz auszuschließen, Mr. Kenealy, dass er selbst nicht weiß, dass er Arthur Orton ist. Damit meine ich: Vielleicht hat er ja vergessen, wer er ist … Es ist doch im Laufe der Weltgeschichte schon vorgekommen, dass ein Mann sich selbst nicht mehr kannte!«

Das erschien Mrs. Touchet wie ein schöner, hoch philosophischer Gedanke. Doch Mr. Kenealy sprang auf, als wollte er einen Trinkspruch ausbringen: »Ein Mann, der *sich selbst nicht kennt,* Euer Ehren? Können wir uns etwas Derartiges auch nur *in unseren verstiegensten Fantastereien ausmalen?*«

Und genau in dem Augenblick – erkannte sie ihn plötzlich!

Kenealy!

Der Ire – der Dichter! Ein Freund Maginns? Richtig! Der leidenschaftliche Verseschmied aus Cork! So verändert! So bärtig, bebrillt, schmallippig, hängebackig, den Wahnsinn im Blick – war das möglich? Sein junges Gesicht war ihr nicht mehr gegenwärtig. Das rote Haar grau geworden. Der Bauch wölbte sich hervor. Doch er war es. Sie durchforstete ihr Gedächtnis. *Kenealy.* Edward Kenealy. Aus Cork. Exzentrisch und erbarmungslos. Student der Sprachen der Antike. Verfasser gewichtiger, unlesbarer Verse voll undurchdringlicher Mystik. Dann war er vom Schreiben ernüchtert worden – das wusste sie noch – und hatte jede Art literarischer Gesellschaft verschmäht. War nicht mehr zum Dinner gekommen. In der Versenkung verschwunden. Jahre später gab es dann irgendeinen Skandal um ihn … Worum es dabei gegangen war, wollte ihr nicht mehr einfallen. Sie würde William danach fragen, wenn sie wieder zu Hause war. Was noch? Wann hatte sie ihn zuletzt gesehen? Vor vielleicht zwanzig Jahren. Oben auf dem Parliament Hill. Merkwürdig hatte er ausgesehen, es schien ihr, als hätte sein Kragen vier Spitzen, und sie erinnerte sich, damals gedacht zu haben: *Er hat seine Jacke versetzt und muss sich nun mit zwei Hemden gegen die Kälte schützen.* Diesem schutzlosen Zustand war es auch geschuldet, dass sie sich von ihm durch den Wald begleiten ließ, und den ganzen Weg über hatte er ununterbrochen geredet, auf ebendiese fiebrige, besessene

Art. Ein sonderbarer Monolog darüber, dass die Welt alle sechshundert Jahre in Dunkelheit versinke, das sei eine Art Zyklus, und jedes Mal warteten die Menschen dann auf die Ankunft eines vergeistigten Boten, der ihnen das Licht zurückbrachte – ja, genauso war es gewesen. Eine bestimmte Anzahl Boten war vorhergesagt worden – zwölf! Und elf waren bereits erschienen, darunter Buddha, Mohammed und Jesus. Der Haken bestand darin, dass auf den letzten der Weltuntergang folgen werde. Und als sie in Gospel Oak den Wald wieder verließen, hatten sich, soweit die Erinnerung sie nicht entsetzlich trog, die Andeutungen deutlich gemehrt, dass Mrs. Touchet sich in der Gesellschaft ebendieses zwölften Boten befinde …

Sie fuhr herum, um Sarah von diesem erstaunlichen Zufall zu berichten. Doch die jetzige Mrs. Ainsworth war in jenen Kensal-Lodge-Tagen voller Portwein und jungen Literaten ja noch ein Kind gewesen, womöglich nicht einmal auf der Welt. So drehte sie sich wieder um und faltete die Hände im Schoß. Sie würde William davon erzählen, wenn sie wieder zu Hause war. Er würde sie verstehen. Das tat er immer. Sie teilten Zeitgenossenschaft, und die zählte aus Mrs. Touchets Sicht zu den engsten Verhältnissen, die in dieser verkommenen Welt überhaupt möglich waren. Inmitten von zwei Ewigkeiten aus Nichts teilten William und sie eine nahezu identische Zeitspanne des Daseins. Sie kannten einander so lange schon. Sein junges Gesicht stand ihr noch vor Augen. Und ihm, dem Himmel sei Dank, das ihre.

16

Nur die Hälfte der Geschichte

Sie eilte beinahe im Laufschritt vom Haus in den Garten. William saß mit einem großen Buch auf dem Schoß im Schatten des Apfelbaums. Als sie schon fast bei ihm war, landete eine Elster auf dem kleinen schmiedeeisernen Tisch zwischen ihnen. Sarah hatte sie eingeholt und nahm den Hut ab, um den Vogel zu grüßen: *»Hello, Mr. Magpie, how's your wife?«* Der Überschwang darin erstaunte sowohl ihren Gatten als auch ihre Haushälterin. »Was glotzt ihr mich denn an, als wärt ihr beide aus dem Irrenhaus entlaufen? Das muss man sagen, sonst hat man sieben Jahre Pech: *Hello, Mr. Magpie …*«

Mit müder Miene klappte William sein Buch zu: »Aber nein, Liebes. Man sagt: *One for sorrow, two for joy, three for a …*«

»An der King Street vielleicht! Bei uns sagt man: *Hello, Mr. Magpie …*«

»William, es ist etwas Unglaubliches geschehen.«

Eliza nahm ihrerseits den Hut ab, dann sprudelten die Erlebnisse des Tages aus ihr hervor: der Augenblick des Erkennens, die hinreißende literarische Koinzidenz.

»Kenealy! Ich erinnere mich gut an ihn. Brillanter Kopf. Unausgeglichenes Gemüt. Sehr irisch. Eine Zeit lang haben wir ihn oft für die Zeitschrift beauftragt. Dann hat er, glaube ich, ein paar recht spitze Verse über *Chuzzlewit* verfasst, und ich musste ihn beiseitenehmen und ihm klarmachen, dass es so nicht geht … Wenn man eine seriöse literarische Zeitschrift leiten will, Eliza, muss man stets dafür sorgen, dass nur Freundliches gesagt wird und sämtliche Verfasser glücklich sind – vor allem die berühmten.« Eliza war sich einigermaßen sicher, dass es so nicht ablief. Doch sie blieb still. Unterdessen war Sarah bereits halb über den Rasen, sie hatte schon beim Wort »literarisch« die Flucht ergriffen.

»Aber William – es gab doch irgendeinen skandalösen Vorfall um ihn … Jahre später. Erinnerst du dich noch?«

»Durchaus. Er hatte in Irland einen Sohn – einen Bastard, unglücklicherweise – und hat den Jungen der Mutter weggenommen und hierhergebracht, um ihn alleine großzuziehen … Ausgefallene Idee, aber nun, so war es eben, und eines Abends …«

»… hat er das Kind geschlagen. Jetzt weiß ich es wieder!«

»Es war schon etwas mehr als bloße Schläge. Grün und blau war der arme Junge, mit Abdrücken eines Stricks am Hals. Er wurde aufgegriffen, als er allein durch die Straßen irrte.«

»Abdrücke eines Stricks?«

»Halb erwürgt hat er ihn. Kenealy saß danach ein paar Monate in Newgate ein.«

»Aber wie konnte er da noch Anwalt werden?«

William lachte verächtlich. »Wenn jeder, der einmal ein Kind geschlagen hat, sein Auskommen verlöre, was für ein Land von Bettlern wir dann wären!« Eliza verzog angewidert das Gesicht. Das kränkte William: »Ich habe nie auch nur die Hand gegen die Mädchen erhoben, Eliza – wie du sehr wohl weißt. Und ich würde das auch niemals tun. Doch Dichter sind nicht immer die edlen Herren, für die wir sie halten. Wobei man Ähnliches auch von Romanverfassern behaupten kann …« Er tippte auf den Buchrücken und schüttelte sich.

»Oh! Wie ist es denn?«

»Nun, ich muss feststellen, Forster erzählt nur die Hälfte der Geschichte.«

Sein Ton zeugte von großer Bitterkeit, und obgleich Mrs. Touchet den Mann nie recht gemocht hatte, wusste sie doch, dass Mr. Forster es nicht anders hätte bewerkstelligen können. Was hätte er denn sagen sollen? Auch die großen Geister der Epoche verlassen manchmal ihre Gattin für halb so alte Schauspielerinnen?

Auch die großen Geister der Epoche drangsalieren mitunter ihre Kinder und lassen ihre Freunde fallen? Die Leute wollten den Dickens, den sie kannten.

»Biografien über Literaten sind wohl immer mehr oder weniger einseitig …«

»Richtig, Eliza, ich selbst habe allerdings keinen Forster. Ich habe nur Cruikshank.« Auf seine Miene malte sich Verzagtheit. »Manchmal frage ich mich, was ich überhaupt noch habe.«

Zu Mrs. Touchets Haushaltspolitik gehörte seit jeher, trübsinnige Gedanken nicht zu begünstigen. »Nun, zunächst einmal hast du hundert Pfund im Jahr.«

»›*Für Verdienste um die Literatur*‹. So viel und kein Wort mehr von Mr. Gladstone. Für mich war es ein schlechter Tag, als Disraeli aufgestellt wurde.«

Er versuchte, es auf seine altbekannte Weise wegzulachen, doch die Bitterkeit hielt ihn bereits fest im Griff, und es kam nur ein halb erstickter Seufzer dabei heraus. Mrs. Touchet versuchte sich auszumalen, was für ein Gefühl es sein mochte, vom höchsten Amtsträger des Landes in den Ruhestand entlassen zu werden, unter Anerkennung der eigenen Berufung. Sie versuchte sich auszumalen, eine derartige Anerkennung als unzureichend zu empfinden. Bis zu diesem Moment war ihr nie der Gedanke gekommen, ihr Cousin könne womöglich auf den Ritterschlag gehofft haben, und sie konnte aus jetziger Warte auch nicht beurteilen, wie denkbar es war, dass sein alter Freund Disraeli ihm je dazu verholfen hätte. Das eigentlich Interessante war jedoch, wie sehr er das alles voraussetzte. Anerkennung, Achtung – bis hin zur Aufmerksamkeit. Wie kam er dazu, vorauszusetzen, dass ihm dies zustand? Setzten alle Männer das voraus?

17

Festlichkeiten im Sussex Hotel an der Bouverie Street, 12. Dezember 1840

»Was meinst du, altes Mädchen? Gehen wir zu Fuß? Bist du dazu bereit?«

»Sag nicht ›altes Mädchen‹ zu mir, William. Ich bin nicht einmal vierzig. Ich hole rasch meinen Muff.«

Schnee lag noch keiner, trotzdem war es kalt: Jede Hecke zwischen Kensal Rise und Maida Hill war von Raureif eingefasst. Und danach Laternenpfähle und Laternenlicht, Läden mit beschlagenen Fenstern, Kinder ohne Handschuhe, die Hände in den Achselhöhlen. Der Duft von verbranntem Kaffee. Großstadt!

»Was für ein Jahr das war und was für eine herkulische Leistung, ohne mich selbst rühmen zu wollen ... Es kommt mir wahrhaftig vor, als hätte ich dich die ganze Zeit kaum gesehen – und auch die Mädchen nicht. Ich freue mich sehr darauf, dir die Stätte meiner Mühen zu zeigen!«

Eliza war selbst neugierig darauf. Sie hatte den Haushalt in Kensal Rise geführt. Und wenn sie einmal nicht damit beschäftigt gewesen war, hatte sie während der gar zu häufigen Schulferien drei trauernde Mädchen getröstet. Unterdessen hatte William sich ins Sussex zurückgezogen. Es war ein recht heruntergekommenes Hotel, doch er war ihm zugetan, vor allem weil es sich in unmittelbarer Nähe seines Verlags befand. Diese Annehmlichkeit bewirkte, dass in einem Jahr zwei parallel verfasste Romane vollendet worden waren: *Guy Fawkes* und *The Tower of London*. Beide wurden als Fortsetzungen in *Bentley's Miscellany* abgedruckt, Williams eigener

Zeitschrift, seit Dickens sie veräußert hatte. Seit Januar hatte William allwöchentlich vier Kapitel verfasst und sie eigenhändig in die Druckerei gebracht, ohne jede Anmerkung von Eliza und ohne Gelegenheit, sie noch einmal zu überarbeiten. Es ärgerte sie schon seit vielen Jahren, dass im Grunde sie Williams Verlegerin war, doch nicht einmal zurate gezogen zu werden war eine Kränkung ganz anderer Art. Sie wurde nicht mehr gebraucht. Brauchte sie es, gebraucht zu werden?

»Und wenn du einmal zurückdenkst«, sagte William, der seit Marble Arch nicht eine Atempause eingelegt hatte, »an unser jüngstes Unglück, meine ich, dann ist es doch bemerkenswert, wie sich nun alles wieder aufgehellt hat.«

»Nun, ja, vermutlich schon. Anne-Blanche weint sich allerdings immer noch in den Schlaf …«

William unterbrach sein forsches Ausschreiten und blickte verblüfft an Mrs. Touchet vorbei, hin zum Kensington Palace.

»Ich bezog mich auf die Aufregungen um *Sheppard* …«

»Oh.«

»Entsetzlich seinerzeit, und doch! Alles geht vorüber. Aus dem Trinity Club verbannt! Im Athenaeum geschnitten. Praktisch des Mordes angeklagt …«

»Wir wollen nicht übertreiben, William.«

»… und doch ist es nun, da die *Sheppard*-Stürme offenbar vorbeigezogen sind, umso erfreulicher, wie die Sonne erneut auf uns herniederlacht. Ich störe mich nicht einmal mehr an jenen, die von Zeit zu Zeit versucht haben, mich in den Schatten zu stellen – Forster und Thackeray etwa. Ich grolle ihnen nicht, und im Grunde kann ich all diese Literaten auch nicht begreifen, die an ihrem Groll festhalten, als wäre ein Verriss eine tödliche Wunde! Ich sage mir: Was vorbei ist, ist vorbei. Und ich freue mich sehr, die beiden heute Abend zu sehen. Habe ich dir schon erzählt, dass sich vor allem der *Tower* in rasantestem Tempo verkauft? Wir kommen kaum hinterher damit, das verflixte Ding nachzudrucken.«

Wie leicht es doch fällt, gut zu anderen zu sein, wenn man selbst guter Dinge ist!, dachte Mrs. Touchet. Laut sagte sie: »Was für schöne Neuigkeiten.«

»Sehr schön. Ich wünschte nur, wir hätten Crossley überreden können, herzukommen. Ich hätte gern mit ihm gefeiert.«

»William, Crossley ist noch nie nach London gekommen. Er wird auch nie nach London kommen. Es ist töricht von dir, ihn immer wieder zu fragen.«

»Ha! Was Sie töricht nennen, Mrs. Touchet, das nenne ich ewige Zuversicht. Ich erhoffe mir stets das Beste, und das Schöne ist, ich werde fast immer dafür belohnt!«

»Hmm.«

Sie bogen auf The Strand ab, wo Weihnachten offenbar bereits begonnen hatte. Es kam einer Sünde gleich, das Fest zu fürchten, und doch sah sie die Girlanden in den Schaufenstern mit Bekümmerung. Zur Weihnachtszeit nahm ihr häuslicher Groll stets überhand. Wer würde all die Bänder zurechtschneiden und die zerdrückten Ilexbeeren aus den Ritzen der Bodendielen klauben? Wer all die Würstchen in ihre Schlafröcke befördern? Wer beim Einkauf an Nelken und Orangen denken? Mrs. Touchet, die die Antwort kannte, spürte, wie ihre allgemeine Gereiztheit sich zu tartschenhaftem Unmut verdichtete, wie er sich nur schlecht für eine Festlichkeit mit lauter jungen Literaten schickte. Doch da waren sie bereits, im Speisezimmer, und bejubelten ihren verspäteten Gastgeber, dem ein Zweig in den viel gerühmten Locken steckte und der sehr viel besser eine Droschke genommen hätte wie jeder andere Schriftsteller, der etwas auf sich hielt. In aller Bedächtigkeit hängte Mrs. Touchet ihren Überzieher an einen Haken und verschaffte sich dabei in dem geschliffenen Spiegel klammheimlich einen ersten seitenverkehrten Überblick über die Gesellschaft. Maclise, Dickens, Kenealy, Maginn, Thackeray, Forster sowie etliche neue Gesichter, nicht alle jung, doch allesamt rotwangig und im Zustand fortgeschrittener Trunkenheit. Zwei blitzblanke junge Frauen brachten soeben große Platten mit Koteletts und Kartoffeln herein, doch dafür war es längst zu spät. Die Trinksprüche waren nicht mehr aufzuhalten. Und William warf seinen Hut umgehend in den Ring:

»Ich erhebe mein Glas auf Major Elrington! Falls ihr nicht wissen solltet, wer das ist, er verwaltet den Tower of London, und ohne seinen Beistand wären Cruikshank und ich – wo ist überhaupt Cruikshank …?«

»Auf dem Weg! Aus dem tiefsten Londoner Osten!«

»Der Mann ist zu bedauern, der weder Norden noch Westen kennt!«

»In der Tat! Jedoch: Ohne Major Elrington wären die architektonischen Wunder des Towers Cruikshank und mir gänzlich verborgen geblieben, und dieses Buch – zu dessen Feier wir heute hier zusammengekommen sind – wäre nie entstanden. Nur zu gut habe ich noch jenen Abend im Gedächtnis, als George und ich das kleine Uferstück am Fuß der Hungerford-Treppe entlanggingen, wo ein Boot uns erwartete, der ehrwürdige Tower war im Mondlicht kaum zu sehen, und doch rief er uns zu sich, vom anderen Ufer des brodelnden Flusses …«

Mrs. Touchet, auf eine langwierigere Ausführung gefasst, ergriff die Gelegenheit beim Schopfe und durchquerte rasch den Raum, um einen Platz einzunehmen, der möglichst weit vom Dunstkreis der Selbstbeweihräucherung entfernt lag. So fand sie sich neben Kenealy wieder.

»Durften Sie auch schon einen Trinkspruch ausbringen, Mr. Kenealy?«

»Nein. Nach meiner Überzeugung sollte man auch nur sprechen, wenn es einem Zweck dient.«

Mrs. Touchet lachte: »Ach, dann denken Sie sich wohl, Sie sind nicht ganz am rechten Ort, stimmt's?«

Mr. Kenealy lachte nicht: »Ich denke mir, dass ich auf der Suche nach Gehaltvollem nach London gekommen bin, mich jedoch ständig bloß heißer Luft ausgesetzt sehe.«

»Verstehe. Aber sind die Menschen in Irland denn so ernsthaft, Mr. Kenealy?«

»Sie kennen Gott«, erwiderte der merkwürdige Mann, dann ging er durch den Raum davon, als führten sie nicht gerade ein Gespräch miteinander. Mrs. Touchet war noch dabei, sich vom Schlag solcher irischen Schroffheit zu erholen, da hörte sie ihren eigenen Namen:

»Auf Mrs. Touchet!«

»Hört, hört!«

»Eine Ode auf Mrs. Touchet! Eine Ballade nur für sie! Die Verfechterin der Frauen! Die Fürsprecherin der Sklaven!«

»Die Herrscherin von Exeter Hall!«

»Was war denn auf der Versammlung dort zu hören, Mrs. Touchet? Werden die Sklaven Amerikas endlich befreit?«

Mrs. Touchet erhob sich und kehrte in den Kreis zurück, um diesem Unsinn ein Ende zu setzen und sich selbst in ihrer Sache zu äußern:

»Die Anti-Slavery Convention fand im Juni statt. Doch Frauen, Mr. Dickens, waren davon ausgeschlossen. Ich konnte also, sehr zu meinem Missfallen und Zorn, nicht daran teilnehmen.«

Ein allgemeines, komisch übertriebenes Seufzen war zu hören, wurde dann jedoch von Cruikshank unterbrochen, der eben hereingekommen war. Mrs. Touchet sah mit geübtem Blick, dass er bereits gebechert hatte:

»Ausgeschlossen? Nein, nein, Mrs. Touchet, das glaube ich nicht – nein, da müssen Sie sich irren. Erst letzte Woche war ich in der Academy, um Haydons Gemälde der Angelegenheit in Augenschein zu nehmen – ja, auch wir nichtswürdigen Karikaturisten gehen hin und wieder ins Museum – sehr schlecht ausgeführt übrigens, wenn Sie mich fragen, da hat jedes Kind noch ein besseres Gespür für Perspektive – für mich sah das eher nach einer Scheune aus als nach Exeter Hall. Jedenfalls sind eindeutig Damen darauf zu sehen! Ich erinnere mich genau an ihre Gesichter.«

»Soll niemand behaupten, Cruikshank vergäße je das Gesicht einer Dame!«

Mrs. Touchets eigenes Gesicht brannte.

»Wetten, das waren amerikanische Damen!«

»Beharrliche amerikanische Damen!«

»Sehr beharrliche amerikanische Damen in türkischen Pluderhosen!«

»Wenn Mrs. Touchet bloß auch so beharrlich wäre wie diese amerikanischen Damen in ihren türkischen Pluderhosen!«

Ermuntert, vielleicht durch die Erwähnung der Türkei, stimmte Cruikshank aus vollem Halse seine eigene Version des alten Liedes »Lord Bateman« an, mit sehr viel mehr Strophen, als Mrs. Touchet bisher gekannt hatte. Sie selbst war froh darüber: Ihr Gesicht brannte nach wie vor. Erst als Bateman aus dem berüchtigten türkischen Kerker entlassen wurde – nicht ohne zuvor seine ertragreichen Ländereien in Northumberland gegen die Freiheit einzutauschen –, spürte sie, wie die Röte wieder aus ihren Wangen wich.

In ihrer Scham hatte sie gar nicht bemerkt, dass Thackeray zu ihrer Linken saß. Nun erhob er sich und kündigte einen weiteren Trinkspruch auf den in Ungnade gefallenen Zeitungsverleger und politischen Aufrührer Richard Carlile an, jenen »Helden der Armen«, dem Mrs. Touchet im Großen und Ganzen zustimmte, was seine Ansichten über die Presse, die Polizei, die Frauen und das Geschlechtsleben anging, kein bisschen jedoch in seinen Ansichten über Gott:

»Ich möchte dem fröhlichen Anlass keinen Dämpfer versetzen«, sagte Thackeray und tat damit genau das, »doch ich empfinde es als meine Pflicht, das Glas auf unseren Carlile zu erheben, der so tapfer war und dem doch so beschämend übel mitgespielt wurde, dessen Arbeitsräume sich gleich neben diesem gastlichen Etablissement befinden und der vor all den Jahren Leib und Leben riskiert hat, um für die Menschen in Peterloo einzustehen. Carlile war es, der das von uns allen so sehr geliebte *Rechte der Menschen* veröffentlichte und die schmerzlich vermisste Zeitschrift *The Republican* und für all seine Mühen nur den Kerker erntete – ist es doch, so hoffe, so *bete* ich, Carliles Beispiel, das uns alle, die wir mit unserem Geschreibsel unser Leben fristen und doch keine solchen

Opfer zu bringen haben wie er, der große Mann, ebenso adelt wie demütig macht. Auf Carlile!«

»Gepriesen sei Carlile!«

»Hört! Hört!«

Thackeray setzte sich wieder auf seinen Platz zwischen William und Mrs. Touchet, die Schweinsnase geweitet vor Stolz. William wandte sich ihm fröhlich zu:

»Gut gesprochen, Sir! Sehr gut gesprochen! Was ist denn eigentlich aus dem *Republican* geworden? Als junge Burschen, in unseren hitzköpfigen Tagen, haben wir ihn alle so sehr geliebt, und doch hat er sich einfach in Wohlgefallen aufgelöst ... So geht es offenbar mancher Zeitschrift, vor allem den politischen Organen – wer weiß, warum? Meine *Bentley's* allerdings erfreut sich bester Gesundheit, ohne mich selbst rühmen zu wollen! Und wo wir gerade darüber sprechen, fällt mir ein, ich muss mich kurz in einer Angelegenheit an Charles wenden ...«

Mrs. Touchet und Thackeray verfolgten gemeinsam, wie William am anderen Ende des Zimmers Charles stellte. Fast glaubte sie, Qualm der Erbitterung von Thackeray aufsteigen zu sehen.

»In Wohlgefallen aufgelöst! Großer Gott, die Regierung hat die Zeitschrift mit ihren Steuern um die Existenz gebracht. Das war ganz gezielte Unterdrückung.«

Mrs. Touchet entschloss sich zum Treuebruch:

»Mein Cousin ist ein reizender, großherziger Mensch, Mr. Thackeray, doch Politik zählt nicht zu seinen Stärken.«

»Und was genau wären seine Stärken?«

Sie schwieg. Nun war es an jemand anderem, zu erröten.

»Bitte verzeihen Sie mir, Mrs. Touchet. Ich habe zu viel getrunken. Er ist immerhin Ihr Cousin. Und dieser Cousin schlägt sich in jeder Hinsicht mehr als wacker, viel wackerer als ich selbst. Kritik von mir könnte ihm niemals etwas anhaben.«

»Mag sein – aber Sie sind ja auch sein Freund.«

Sie sah ihn tief Luft holen. Er war ein Mann, der sich jederzeit der Wahrheit verpflichtet glaubte, ganz gleich, wie unangenehm sich das auch für andere erwies. Sie konnte solche Menschen nicht ausstehen.

»Aus meiner Sicht, Mrs. Touchet, wenn ich ganz aufrichtig mit Ihnen sein darf, haben Sie soeben den Finger auf den Kern des Problems gelegt. Was wir so töricht ›literarische Kreise‹ nennen – ohnehin eine höchst abgeschmackte, lächerliche Bezeichnung –, ist im Grunde nichts weiter als ›eine Hand wäscht die andere‹, wie es im Namen der Freundschaft dann ja auch Tag und Nacht geschieht. Ich bedauere wahrhaft, das sagen zu müssen, doch unser lieber Ainsworth … Nun, zum einen verwechselt er Titel allzu leicht mit Talent. Jede zweite Seite der *Bentley's* wird derzeit von einer Lady So-und-so oder einem Sir Wie-auch-immer verfasst. Und was kommt dabei heraus? Unlesbarer Stuss. Wobei ich beileibe nicht weiß, wie überhaupt jemand ein kritisches Urteil von dieser Herausgeberschaft erwarten konnte, da der Herausgeber selbst …«

Mrs. Touchet hielt ihr Glas sehr fest umklammert – sie hatte bereits zwei große Gläser geleert –, doch Thackeray brachte den gefürchteten Satz nicht zu Ende.

»Verzeihen Sie. Ich habe wirklich zu viel getrunken.«

»Sie haben gesagt, was Sie zu sagen wünschten, und dies ist ein freies Land. Bitte fahren Sie fort.«

»Nun, so entsetzlich kritisch ist es ja auch gar nicht – ich wollte nur sagen, dass … nun, womöglich verwechselt Ihr Cousin allzu oft Informatives mit Interessantem. Vor allem in seinem jüngsten Werk.«

Mrs. Touchet seufzte und blieb still. Nicht selten hatte sie die Lektüre von Williams Romanen schon kurz vor dem Ende, auf der Hälfte und in einem Fall sogar bereits nach dem zweiten Kapitel abgebrochen. Doch sie hatte noch nie nach der ersten Seite aufgegeben – bis jetzt.

»ZWEI MAL bin ich vergangene Woche nach Kensal hinausgeritten. Und JEDES MAL bekam ich zu HÖREN, du seist ›NICHT IM HAUSE‹.«

Mrs. Touchet drehte den Kopf, um dem Ursprung der erhobenen Stimmen nachzuforschen, erblickte jedoch nicht, wie eigentlich erwartet, Mr. Forster, sondern Cruikshank und William; der Autor saß zusammengesackt auf der Fensterbank, der Künstler stand dräuend vor ihm.

»Das war ich auch nicht! Ich war hier, Cruikshank, und habe geschrieben. Ich bedauere zutiefst, dass du so aufgebracht bist, George – aber wir hatten noch keinen Vertrag für *St. Paul's* unterzeichnet, und wenn die *Sunday Times* an einen herantritt, wird man doch selbstredend …«

»Wir haben es mit einem Handschlag besiegelt, Sir! Das ist üblicherweise Vertrag genug für jeden Ehrenmann! Es sei denn, er ist so etwas wie ein BETRÜGER!«

Mrs. Touchet, die eine Katastrophe herannahen fühlte, erhob sich unvermittelt und schlug vor, einen Trinkspruch auf die junge Königin auszubringen.

»Hervorragender Einfall, Mrs. Touchet! Auf die Königin!«

»Und die neugeborene Prinzessin!«

»Gut gesprochen! Auf die junge Königin und ihre neugeborene Prinzessin und auf Gesundheit und Glorie des ganzen Königreichs!«

»Besser noch – lasst uns singen!«

Und die jungen Literaten standen alle auf und wandten sich dem Bildnis Victorias zu. Erhitzt vom Wein hakten sie sich beieinander unter und sangen aus vollem Herzen von dem, was Briten nie und nimmer sein dürfen: *Britons never, never, never shall be …*

18

Die erste Seite von *The Tower of London*

Am zehnten Tage im Juli des Jahres 1553, rund zwei Stunden nach Mittag, drang ein lauter Salutschuss von den Türmen von Durham House herab, das zu jener Zeit dem Duke of Northumberland, dem Oberhaupt des ganzen Reiches, Heimstatt war und an jenem Orte stand, an dem sich heute jene Reihe moderner Bauten erstreckt, die wir unter dem Namen Adelphi kennen; und auf das Signal hin, dem sogleich Antworten folgten, wo immer entlang des Flusses eine Kanone oder Feldschlange platziert werden konnte – aus dem benachbarten Savoy-Hospital ebenso wie aus dem einstigen Bridewell Palace, soeben von Edward VI. auf Anraten Ridleys, des Bischofs von London, in eine Besserungsanstalt umgewidmet, aus Baynard's Castle, dem Wohnsitz des Earl of Pembroke, von den Toren der London Bridge und schließlich auch von den Zinnen des Towers –, trat eine prachtvolle Prozession aus dem südlichen Tore des oben erwähnten herrschaftlichen Anwesens und stieg die Stufen hinab, die bis an den Rand des Wassers führten, wo ein Geschwader von fünfzig aufs Prächtigste vergoldeten Prunkschiffen vor Anker lag, um sie zu empfangen – manche mit Fahnen und Wimpeln geschmückt, andere mit Goldstoffen und gewirkten Teppichen behängt, Letztere bestickt mit den Insignien der örtlichen Handelsgilden, und wieder andere mit zahllosen seidenen Standarten, an denen kleine silberne Glöckchen hingen und, im Winde wehend, gar herrlich klangen und herrlich seufzten, während andere, den höhergestellten Persönlichkeiten des Festzugs vorbehalten, zu beiden Seiten von Schilden flankiert waren, prunkvoll blasoniert mit den Wappen der verschiedensten Adelsmänner und ehrwürdigen Figuren, aus denen sich der Geheime Rat zusammensetzte, darunter auch das Emblem des Duke of Northumberland, auf dem ein hoch aufgerichteter Löwe, auch Double Quevée vert genannt, sich voller Stolz

19

Eine Theorie der Wahrheit

Für Mrs. Touchet war es an der Zeit, sich darüber klar zu werden, was sie wirklich glaubte. Die Fakten ein für alle Mal vom Erdachten zu trennen. Sie hatte sich den Kopf darüber zerbrochen, dass »das Recht« eine Theorie des Rechts erforderte. Fünfundachtzig Prozesstage später stand sie vor einer ähnlichen Frage hinsichtlich »der Wahrheit«. Erforderte die Wahrheit eine Theorie der Wahrheit?

Falsus in uno, falsus in omnibus – so lautete Kenealys Theorie. Er verfuhr höchst freigiebig damit, hielt sie Zeugen, Anwälten, den Richtern, dem Vorsitzenden Cockburn, der katholischen Kirche, der Presse, Westminster und dem gesamten Justizsystem entgegen. Sämtlichen Einwohnern Wappings, die jemals nachweislich dem Mieteintreiber, dem Krämer oder dem Pedell etwas vorgelogen hatten, konnte in Sachen Arthur Orton kein Vertrauen mehr geschenkt werden. Jeder Soldat, der sich auch nur ein Mal vom Exerzierplatz auf ein Pint Cider ins Dorf verdrückt hatte – ein solcher Mann besaß keinerlei Skrupel und war imstande, alles zu behaupten, wenn es um das Vorhandensein oder Fehlen einer Tätowierung ging. Wie sich herausstellte, hatte Gosford, der Verwalter, über seine persönlichen Vermögensverhältnisse die Unwahrheit gesagt. Folglich war auch ihm nicht mehr zu trauen, wenn es um den möglichen Inhalt des versiegelten Päckchens oder auch etwas völlig anderes ging:

»*Falsch in einem, falsch in allem* – ein grundlegendes Prinzip der Rechtsprechung. Und *dieser Mann hier*« – Kenealy besaß die Angewohnheit, so anklagend mit dem Finger zu deuten, als hätte er einen an den Schandpfahl gefesselten Märtyrer vor sich oder eine Hexe auf dem Tauchstuhl – »hat dagegen verstoßen!«

Daran nahm Cockburn Anstoß und rief den Geschworenen in Erinnerung, dass in der allgemeinen Rechtsprechung kein solches Prinzip existiere. Kenealy erwiderte im Flüsterton, es sei ein Gesetz des Himmels und eine gewaltige Schande, dass just die Richter der Queen's Bench im neunten Kreis der Hölle ihr Dasein fristeten. Wie bei Mr. Forster war auch sein *sotto voce* für alle Anwesenden deutlich zu vernehmen. Er erhielt eine Rüge von der Richterbank. Die erhielt er häufig. Weil er nörgelte, weil er zeterte, weil er fluchte, predigte, dozierte und sich in unglaublichen rhetorischen Abschweifungen verlor, die mitunter vierzehn Tage und noch länger dauern konnten. Die Leute lagen ihm zu Füßen. Das Spektakel eines Mannes aus Cork, der sich mit der herrschenden Klasse anlegte, belebte den drückend heißen Sommer und erwies sich als erfreuliche Ablenkung vom monetären Notstand. Nahm Mrs. Touchet nicht gleich den ersten Zug in die Stadt, konnte sie nicht sicher sein, noch einen Platz zu ergattern, und die Massen, die sich am Ende eines jeden Prozesstags draußen drängten, hätten fünf Gerichtssäle füllen können.

Auf der Zugfahrt nach Hause erfreuten Sarah und sie sich an den Karikaturen. Tichborne als Jabberwocky, Kenealy als verrückter Hutmacher, Hawkins als weißes Kaninchen und Bogle als Haselmaus. Tichborne und Bogle ertrinkend in der Themse, Kenealy, der verzweifelt versuchte, sie in Westminster an Land zu schieben, und Cockburn, der sie mit einem Tritt zurück ins Wasser beförderte – auf seiner Schuhsohle stand das Wort JUSTIZ. Kenealy als heiliger Georg, der mit dem Schwert Tichborne, den Drachen der Justizgewalt, erlegte. Kenealy als Löwendompteur, der Anwärter als Clown, Bogle als Seiltänzer und Cockburn als Zirkusdirektor, allesamt unter einem hohen Zeltdach. Letzteres brachte Mrs. Touchet auf eine weitere mögliche Theorie der Wahrheit: *Von allen Orten, an denen sich die Wahrheit zeigen kann, ist der unwahrscheinlichste wohl ein Zirkus.*

20

Das Mysterium um Bogle – und Luie

Andrew Bogle betrat den Gerichtssaal, um erneut den Platz im Zeugenstand einzunehmen. Unmöglich, ihn auch nur in einem für falsch zu halten, ganz gleich, was es war. Ruhig und mit großer Klarheit wiederholte er alles, was er bereits im Zivilprozess ausgesagt hatte. Eine Theorie der Wahrheit besagt, dass jene, die die Wahrheit sprechen, keinerlei Unruhe zeigen: Ein solcher Mensch war Mr. Bogle. Doch kann man nicht auch aufrichtig falschliegen? Mit anderen Worten: falschliegen, ohne es zu wissen? Mrs. Touchet fand es nahezu unvorstellbar, dass er dem Anwärter Informationen zugespielt haben könnte, außer vielleicht unabsichtlich. Und doch kannte sie ihn als durchtriebenen und klugen Mann …

Was für ein Mysterium er doch war, dieser Mr. Bogle! Seit dem Tag mit den Schweinskoteletts hatte sie zahllose ungeschickte und erfolglose Versuche unternommen, die Vertrautheit jenes Nachmittags wieder aufleben zu lassen, doch wann immer sie es darauf anlegte, ihm zufällig auf den Fluren zu begegnen – oder seinen Blick von ihrem Platz im Olymp aus aufzufangen –, wirkte er erschrocken und befangen. Begegneten sie sich, war es immer nur Henry, der mit ihr sprach, während Bogle der Ältere allerlei Ausflüchte bemühte – seine schmerzenden Gelenke –, ihr einen schönen Tag wünschte und verschwand. Hielt er sie für eine Vampirin? Dabei wollte sie doch bloß wissen, was es über andere Menschen zu wissen gab! Bei ihren Versuchen, andere zu begreifen, folgte Mrs. Touchet im Allgemeinen dem Prinzip des Terenz. Nicht nur war ihr nichts Menschliches fremd, sie hielt es zudem für höchst unwahrscheinlich, dass ein Gefühl, das sie selbst bereits empfunden hatte, nicht auch von anderen längst empfunden worden war. Und wenn ein Sklave wie Terenz sich zum Vertreter des Normalfalls erklären konnte, warum dann nicht auch Mrs. Touchet? Im Geiste dessen sann sie nun über ihre eigene Neigung nach, an die Wahrheit zu glauben, die sie am meisten nötig hatte. Ja, vielleicht hatte auch Bogle seinen Glauben nötig, konnte es sich nicht leisten, nicht zu glauben. Und wenn das für ihn galt, dann galt es sicherlich auch für Henry, für Mr. Onslow und Mr. Baigent, ganz zu schweigen von all den vielen zuversichtlichen Menschen, die ihre »Tichborne-Schuldscheine« fest in Händen hielten ... Viel gutes Geld war dafür verschleudert, jährliche Gnadengelder waren gestrichen worden, manch guter Ruf stand auf dem Spiel, und alles wurde auf die Tichborne-Karte gesetzt. Aus diesen trostlosen Überlegungen leitete Mrs. Touchet eine weitere Theorie der Wahrheit ab: Menschen belügen sich selbst. Die ganze Zeit über belügen Menschen sich selbst.

Die andere Möglichkeit – dass Bogle der eigentliche Kopf hinter der ganzen Sache sein könnte – wies sie rundheraus von sich. Ein so kühl durchdachtes Komplott war einem gleichmütigen, stillen, schlichten und aufrichtigen ältlichen Schwarzen wie Black Bogle nicht zuzutrauen, und so hielt Hawkins, der im Saal eine allgemeine Unlust wahrnahm, diesen sanften alten Mann im Verhör zu hart angefasst zu sehen, sich auch nicht lange mit ihm auf. Stattdessen kam erneut die Frage nach der *Osprey* auf. Dem Schiff, das den Anwärter aus den Fluten gerettet und ihn nach Melbourne gebracht hatte – laut Aussage des Anwärters. Ein Zeuge hatte Erinnerungen an eine *Osprey* in Australien, etwa zur fraglichen Zeit; ein anderer erinnerte sich an ein Schiff dieses Namens in Rio sowie an einen Kellner, der mit an Bord gewesen sei: einen Dänen namens Jean Luie. *Wohin soll das alles führen?*, fragte sich Mrs. Touchet. Sie hätte sich gewünscht, im Leben vorausblättern zu können wie in einem Roman, um zu sehen, ob das Kommende eine gesteigerte Aufmerksamkeit für das Gegenwärtige rechtfertigte. Doch auf das, was dann folgte, war sie kein bisschen gefasst. Kenealy trat an die Richterbank, die Akte so hoch erhoben wie Moses seine Gebotstafeln: »Ich berufe hiermit in den Zeugenstand: JEAN LUIE.«

Ein Mann mit üppigem Bart, billiger Mütze und Kapitänsjacke trat in den Zeugenstand. Sarah ordnete seinen Akzent umgehend als »ausländisch« ein. Ja, er habe Sir Roger gerettet. Ja, das da drüben sei in der Tat Sir Roger. Nein, Sir Roger habe keine Tätowierung gehabt. Mr. Luie habe ihn höchstpersönlich gesund gepflegt, das hätte er also gemerkt. Mrs. Touchet, selbst ganz verblüfft, hätte mit Triumphschreien seitens ihrer Gerichtsgefährtin gerechnet, doch Sarah hielt die Arme fest vor der Brust verschränkt, als wollte sie verhindern, dass die Zeugenaussage dieses Mr. Luie den Weg in ihr Herz fand:

»Ich sag Ihnen, das gefällt mir nicht. Das kommt doch viel zu gelegen. Außerdem stehen dem seine Augen zu dicht beieinander. Und seine Miene gefällt mir auch nicht. Das ist eine Schwindlermiene, glauben Sie's mir, ich hab das alles schon gesehen. Ich sag Ihnen, ich hab da ein ganz ungutes Gefühl in meiner unteren Abteilung. Über den alten Black Bogle kann man ja vieles sagen, aber er hat ein ehrliches Gesicht, auch wenn's so schwarz ist wie dem Teufel seins! Wo hat dieser Luie gesteckt, als wir den ersten Prozess hatten? Das ist eine Falle, das sag ich Ihnen! Der arme Kenealy wird's noch bereuen, dass er auf diesen Luie spekuliert. Der ist ein faules Ei, Mrs. Touchet, lassen Sie sich das von mir gesagt sein!«

Viele von Mrs. Touchets liberalen Leidenschaften hatten ihren Ursprung in dem Sprichwort *Man findet schnell einen Stock, wenn man einen Hund schlagen will,* dessen Wahrheitsgehalt ihr bereits in der Kindheit aufs Brutalste bewusst geworden war. Das einzige Ziel im Leben musste sein, offen zu bleiben, niemals nach dem Erscheinungsbild oder einem schlechten Ruf zu urteilen und seine Entscheidungen niemals nach bloßem Anschein zu treffen. Dieses Prinzip hatte sie bis ins reife Alter sehr ernsthaft verfolgt, als die allermeisten vernünftigen Menschen längst von ihm abgelassen hatten. Jetzt schalt sie Sarah für ihre Vorurteile und manövrierte sich damit selbst in die Ecke. Fast einen Monat lang schlug sie sich auf die Seite der Jean-Luie-Parteigänger. Es wurden eifrig Sichtungen verschiedenster *Ospreys* angeführt, Besatzungsverzeichnisse studiert, es gab Zeugen, die noch nie von diesem Jean Luie gehört hatten, und andere, denen der Name bekannt vorkam, die Logbücher von Schiffbrüchen wurden als Beweismittel eingereicht und Zollbeamte eingehend befragt – bis zu jenem Morgen, als zwei Gefängniswärter in den Saal traten und Mr. Luie als kürzlich entlassenen Sträfling identifizierten, einen Schweden, der in Wirklichkeit Lundgren hieß und gegenwärtig mit einem aktiven Mitglied des Tichborne Defence Fund zusammenlebte.

21

Offenes Land

Obwohl äthiopische Sänger – ob nun echt oder angemalt, schwermütig oder komisch – Mrs. Touchet seit Langem fesselten, wäre es ihr im Traum nicht eingefallen, ein feierliches Konzert mit solcher Musik zu besuchen, erst recht nicht in Begleitung eines Menschen wie Henry Bogle.

Und doch hatte sie ebendies nun am kommenden Dienstag vor.

Sie konnte sich des Eindrucks nicht erwehren, dass die Grenzen, die sie rund um sich gezogen hatte, mit steigendem Alter verwischten und sich verschoben. Zugleich beobachtete sie bei vielen anderen Menschen ihrer Bekanntschaft – vor allem bei den Männern –, wie deren Grenzen sich nur umso mehr verfestigten. Neue Zäune wurden hochgezogen, manchmal auch Mauern, mitunter sogar Festungen. Sie war keineswegs darüber erhaben, sich zu diesem Unterschied zu beglückwünschen.

William sagte sie, sie fahre in die Wigmore Hall, um einem Franzosen zu lauschen, der Bach spielte.

22

Gnade

Mrs. Touchet überquerte nur selten den Fluss. Als Henry und sie sich nun dem südlichen Ufer näherten – und das Metropolitan Tabernacle in Sichtweite kam –, wurde sie von Unruhe befallen. Sie hatte natürlich schon von diesem Monument des protestantischen Glaubens gehört, doch sein Ausmaß entsetzte sie. Vom Wasser aus wirkte es eindrucksvoll, beinahe so groß wie der Vatikan. Kaum hatten sie ihn jedoch betreten, erwies sich der Bau als tröstlich rational und ohne jede Schönheit, so wie der Protestantismus selbst. Henry, penibel wie stets, zog ein Taschentuch hervor und breitete es auf seinem Sitzplatz aus. Gemeinsam schätzten sie die Anzahl der Plätze auf mehr als sechstausend. Es war ein heißer, schwüler Abend, doch zur vereinbarten Stunde war jeder einzelne Platz besetzt.

»Ihr Ruf eilt ihnen voraus. Erst haben sie nur vor der Königin gesungen. Und heute vor sechstausend Briten. Was für ein fortschrittlicher Tag für die Ihren, Henry!«

»Wie auch für die Ihren, Mrs. Touchet.«

Ehe sie noch etwas erwidern konnte, füllte gewaltiger, hallender Applaus die Weite. Gleich hinter ihr rief eine Frau *So schwarz sind die ja gar nicht!,* als wäre sie bereits drauf und dran, vor Gericht darüber Klage zu führen. Mrs. Touchet spähte neugierig durch ihr Opernglas hinab auf die kleine, kreisrunde Bühne. Dort waren vier Männer und sieben Frauen aufgetreten. Manche von ihnen glichen Andrew, andere Henry, doch es waren auch noch etliche weitere Schattierungen zu sehen. Besonders verblüfften sie drei junge Frauen, die man aus dieser Entfernung auch für Williams Töchter hätte halten können. Das waren keine kindlich ausstaffierten Topsys, auch keine Minstrel-Sänger mit verbeulten Zylindern. Nur nüchterne Anzüge und bescheidene Kleider. Mrs. Touchet, die stets ein gutes Gespür für öffentliche Stimmungen hatte, spürte Verwirrung und Uneinigkeit im Publikum und schließlich – nach minutenlangem eindringlichen Flüstern – ein ganz neues Entgegenkommen. Wenn diese Fisk Jubilee Singers, lauter Schwarze aus Amerika, nicht ganz so aussahen wie jene Schwarzen, die man in St. Giles antreffen konnte, war das ja im Grunde nur zu erwarten. Schließlich machte man da drüben vieles anders. Und wenn sie gekleidet waren wie zum Kirchgang – nun, war das hier etwa keine Kirche und eine ganz gewaltige obendrein? Doch für Mrs. Touchet bedeuteten Kirchen etwas ganz anderes: Sie waren nur eine weitere Ausprägungsform menschlichen Versagens, die sich zu all den vielen anderen gesellte. Nicht wenige sprachen sie ästhetisch an und einige auch spirituell, doch ganz überzeugt war sie nie gewesen. Von keinem Tempel, der von Menschenhand erbaut war. Dieses »Tabernakel« war auf der Stätte eines weithin bekannten Martyriums errichtet worden und umso mehr dazu angetan, sie nicht zu erfreuen. Nur ungern ließ sie sich die Ausschweifungen der katholischen Königin ins Gedächtnis rufen – und erst recht nicht ihre eigene Scheinheiligkeit in dieser Hinsicht –, und wenn sie sich erst einmal in solche anklagenden Gedankengänge verstrickt hatte, fand sie nur sehr schwer wieder hinaus. Menschliches Versagen und Käuflichkeit finden sich allerorts, Kirchen sind fehlbar, Grausamkeit ist weit verbreitet, alle Macht korrupt, und den Letzten beißen die Hunde! Worauf konnte man in dieser Welt also noch vertrauen?

When Israel was in Egypt's land
Let my people go
Oppressed so hard they could not stand
Let my people go

Entzücken. Schönheit. Gnade, verwandelt – sichtbar gemacht! Hatte sie vor diesem Moment jemals wahrhaft Musik gehört?

23

Was können wir je über andere wissen?

Hinterher, bemüht, sich vor dem Elephant and Castle wieder zu sammeln, zerfloss Mrs. Touchet erneut in Tränen. Welche Herrlichkeit! Dass jene, die kürzlich noch in Banden lagen, nun ihre Stimmen zu freudigem Gesang erhoben! Als sie versuchte, Bogle dem Jüngeren einen Teil ihrer aufgewühlten Gefühle zu vermitteln, nickte er nur und fächelte sich mit dem Programmzettel Luft zu, wirkte selbst auf andere Weise abgelenkt, zerstreut; erst da wurde ihr klar, dass er ihr gar nicht zuhörte. Nicht zum ersten Mal an diesem Abend wünschte sie sich, anstatt mit ihm mit dem älteren Bogle hier zu stehen. Verzagt sah sie zu, wie Henrys Blick über die nach draußen strömende Menge wanderte, als suchte er unter diesen sechstausend ein ganz bestimmtes Gesicht, dabei hatte er nichts von weiteren Plänen …

»Mrs. Touchet, darf ich Ihnen Miss Jackson vorstellen?«

Mrs. Touchet errötete heftig. Sie zauderte, wusste nicht recht, was sie mit ihren Händen anfangen sollte. Stattdessen vollführte sie eine seltsame Bewegung mit dem Kopf, etwas wie ein Aufbäumen, und die junge Schwarze, die vor ihr stand, antwortete mit einem kaum wahrnehmbaren Nicken. Sonst nichts.

»Aber Sie sind doch … Sie … sind Sie nicht … eine der Sängerinnen? Was für ein wunderschöner Gesang! Welche Symbolik, wenn ich das so sagen darf – und wie zeitgemäß!«

Ein weiteres winziges Nicken: »Das ist sehr freundlich von Ihnen, Madam.«

»Vergangene Woche habe ich meine Karte hinterlassen«, erläuterte Henry verlegen, »und meine Dienste als Fremdenführer angetragen. Die Eskorte hat die Erlaubnis dazu erteilt, und wie Sie sehen, hat Miss Jackson mein Angebot angenommen und erweist mir nun die Ehre, ihr die Stadt zeigen zu dürfen.«

Er war nur ein Junge, der Dinge sagte, wie sie in seiner Wahrnehmung einem Mann anstanden. Sie bemerkte, wie trostlos ähnlich die beiden jungen Leute gekleidet waren: altmodische, übertrieben förmliche Kleidung, dazu angetan, den Eindruck untadeligen Anstands zu vermitteln. Das salonhaft Konventionelle daran enttäuschte sie zutiefst. Sollte so Freiheit aussehen?

»Anstatt Miss Jackson zur Touristin zu machen, Henry, sollten Sie sich womöglich lieber ihre Geschichte erzählen lassen. Sie ist mit Sicherheit bemerkenswert.«

Das entfuhr ihr im mahnenden Ton ihrer lang verstorbenen Mutter. Miss Jackson ließ als Antwort nur ein verkniffenes Lächeln sehen und schwieg. Ganz offenbar begegnete sie Mrs. Touchets Eindruck, einem weltbewegenden Ereignis beizuwohnen, mit merkwürdiger Ablehnung. Warum war diese junge Dame bloß so wild entschlossen, sich zu verhalten, als hätte sie an diesem Abend nichts Bedeutsameres zuwege gebracht, als die Küche zu putzen oder das Essen aufzutragen?

»Miss Jackson ist sehr gespannt auf unseren ›Big Ben‹.«

Mrs. Touchet legte die Stirn in Falten; sie war für einen Moment verdutzt über Henrys Einsatz des Possessivpronomens.

Laut sagte sie: »Oh. Nun, das ist ja gar nicht weit.«

»Wir wollten am Fluss entlanggehen. Möchten Sie uns nicht begleiten, Mrs. Touchet? Ich weiß ja, wie gern Sie zu Fuß gehen.«

Mrs. Touchet lehnte eilig ab. Über Miss Jacksons Gesicht glitt ein Ausdruck unverstellter Erleichterung. Das verwirrte Mrs. Touchet. Wie dunkel sie war, diese Miss Jackson, und zugleich so stolz, so eigenständig. War sie schön? Darüber konnte Mrs. Touchet sich kein Urteil erlauben, weil ihr die Maßstäbe fehlten. Als Kennerin der Sehnsucht fühlte sie sich jedoch auf sicherem Boden, was Henry betraf. Er trug die unverkennbare Miene eines gänzlich betörten jungen Mannes. Er glich aufs Haar van Dycks kleinem Pagen, der zu seiner mondgesichtigen Prinzessin Henrietta aufblickt. Doch dieser Vergleich stürzte Mrs. Touchet nur noch mehr in Verwirrung, nicht zuletzt, weil Henry größer war und herabblickte. Und das einzige weiße Mondgesicht weit und breit war ihr eigenes.

Alle drei verharrten in einem seltsamen, gedämpften Schweigen, wie man es womöglich nur in England kennt und das jedes weitere Gespräch als etwas erscheinen lässt, was keinem Menschen jemals gelungen ist, nein, nicht seit Anbeginn der Schöpfung. Mrs. Touchet hatte ihr halbes Leben als fünftes Rad verbracht. Doch dies war etwas anderes. Ein hoffnungsloses, fast schwindelerregendes Gefühl des Ausgeschlossenseins. Sie war sich jedes kleinsten Teils ihres Gesichts und Körpers nur allzu deutlich bewusst, als hätte sie sich plötzlich von sich selbst entfremdet, als wäre *sie selbst* das exotische Etwas, das plötzlich mitten auf der Bildfläche erschienen war … Aber ach, was für ein Unfug! Es war schlichtweg zu heiß, sie war nicht mehr so jung wie einst und ein wenig durcheinander. Als junge Frau hatte sie nie begriffen, warum alte Damen derart zauderten. Warum sie ein Gespräch in die Sackgasse lenkten und eigentlich immer länger blieben als nötig. Damals wusste sie noch nicht, wie es war, auf dieser Welt keine Bestimmung zu haben, keine Rolle und keinen Daseinsgrund. Nicht einmal mehr dekoratives Beiwerk zu sein. Nur allzu leicht verlor man da den Halt, fasste alles falsch auf, lief beständig in die Irre. Sie war eine Belastung für diese beiden jungen Leute, die bloß allein sein, bloß miteinander reden wollten, über Dinge, die sie nicht mehr verstand.

Sonderbar beschämt blieb sie beinahe stumm, als sie sich steif und befangen von ihr verabschiedeten. Sie sah ihnen nach, wie sie in Richtung der Houses of Parliament davongingen und allseits Aufsehen erregten. Auf Mrs. Touchet wirkten sie nun nicht mehr wie edle Kinder Afrikas – erfüllt von der Anmut langen Leidens, von Freiheit durchglüht –, sondern schlicht wie alle anderen törichten jungen Männer und Frauen. Es gelang ihr nicht, das Gefühl einer Komplizenschaft zwischen den beiden abzuschütteln, die sich gegen sie persönlich richtete. Eine Komplizenschaft aus Gelächter? Aus Mitleid? Den ganzen Weg nach Hause zurück verfolgte sie der Gedanke wie eine Schmach.

24

Ein früheres Mysterium um Bogle, 1840

»Eines ist doch höchst mysteriös an unserem Mr. Bogle«, bemerkte die frischgebackene Mrs. Doughty. »Er wird nie ärgerlich.«

»Ach, jeder wird doch mal ärgerlich.«

»Richtig, Edward, genau das meine ich ja. Und doch, Bogle wird es nicht. Die Weihnachtszeit ist eine Herausforderung: Ich höre oft, wie Lily in der Küche mit dem Fuß aufstampft und wie Guilfoyle den Stalljungen anschreit. Mr. Bogle dagegen fordert nichts heraus. Das ist doch mysteriös. Falls er sich trotzdem ärgert, zeigt er es nicht – aber wo lässt er seinen Ärger dann? Irgendwo muss er ihn doch lassen. Manchmal fürchte ich fast, er heckt etwas gegen uns aus.«

»Ha! Du liest zu viele Romane, Kathryn. Die Damenwelt sollte das Romanlesen wirklich einstellen – es kommt einfach nichts Gutes dabei heraus. Wenn ich dafür zuständig wäre, ich hätte längst eine entsprechende Petition im Parlament eingereicht.«

Bogle selbst, der diese Unterredung mit anhörte, vergaß sie und dachte erst wieder an einem Abend Mitte August daran. Er brachte gerade nach dem Abendessen den Käse herein, und Sir Edward las laut aus einem Stapel Unterlagen vor, die er in der Hand hielt:

»›Am 15. Juli 1840 brannten einhundertzehn Schwarzenbehausungen und Nebengebäude mitsamt Mobiliar, Kleidung und anderen darin enthaltenen Besitztümern nieder, zahlreiche Bewohner konnten sich nur mit knapper Not und dem, was sie am Leibe trugen, aus den wütenden Flammen retten.‹ So weit der Komitee-Bericht. Zu diesem Komitee habe ich selbst einmal gehört. Ich danke Gott, dass ich rechtzeitig aus diesem verfluchten Geschäft herausgekommen bin!«

Mrs. Doughty ließ sich von Bogle eine Käseplatte reichen und pflichtete ihrem Mann bei, es sei wirklich ein höchst eigentümliches Geschäft, wenn man bedenke, wie oft dort alles Mögliche in Brand gerate.

»Wie oft, Bogle? Wie oft haben wir ihnen eingebläut, die Weiden im Juli nicht brandzuroden? Ein Funke, ein Windhauch und – *wusch!* Kein Mensch hat auf uns gehört. Kein Mensch auf Hope verstand auch nur das Geringste davon, wie so ein Anwesen zu verwalten ist. Bogle und ich standen allein auf weiter Flur!«

Die frischgebackene Mrs. Doughty bekräftigte, das klinge in der Tat sehr mühsam.

»Ich habe große Zweifel, dass Buckingham das überstehen wird. Alter Halunke, der er ist! Mir graust, wenn ich mir überlege, wie hoch seine Schulden inzwischen sein müssen. Die Gläser hier kannst du abtragen, Bogle, und neue für den Port bringen. Und jetzt sieh sich das einer an: ›*Darüber hinaus ist dem Komitee zu Ohren gekommen, dass beträchtliche Geldsummen in Banknoten und Münzen, die sich im Besitz der Schwarzen befanden, beim Brand verloren gegangen sind. Es wurde auch etliches an Silber aufgefunden, das geschmolzen oder mit den irdenen Gefäßen kalziniert war, in denen es aufbewahrt wurde.*‹ Mrs. Doughty, Sie können sich nicht vorstellen, wie oft ich bei diesem Dickschädel von Buckingham um Erlaubnis ersucht habe, mir einen Spaten zu nehmen und den Boden rund um die gottverdammten Hütten umzugraben. Wer kann schon sagen, wie viele Buttermesser und Kerzenleuchter aus dem Haupthaus verschwunden und in den Tiefen des Erdreichs gelandet sind! Doch kein Mensch wollte hören. Und jetzt das. Du liebe Zeit, Bogle, was ist denn mit deiner Hand passiert?«

Bogle öffnete die bebende Faust und sah sich an, wie lauter hübsche kleine grüne Glasscherben daraus zu Boden fielen, glitzernd und rot vor Blut.

25

»Das große Problem endlich gelöst«, 1844

Trotz der Querelen um *Old St. Paul's* hatte Cruikshank William offenbar so weit vergeben, dass er einwilligte, die Illustrationen zu *Saint James's or The Court of Queen Anne, An Historical Romance* zu übernehmen – ein Buch, das es an Geistlosigkeit durchaus mit der Regentschaft Königin Annes aufnehmen konnte. Zumindest kam er wieder zum Dinner. Wie auch Thackeray – sehr viel häufiger, als allen lieb war –, und selbst Dickens ließ sich neuerlich blicken. Dickens, der doch so viel anderes zu tun hatte. War es wirklich möglich, dass William den Grund dafür nicht durchschaute?

»Richard! Mit Ihnen haben wir ja gar nicht gerechnet! Bleiben Sie zum Dinner?«

»Wenn ich darf?«

»Oh, für unseren Mr. Horne halten wir doch immer ein Füllhorn bereit. Sie sind selbstverständlich sehr willkommen.«

»William, Sie halten in diesem Haus eine flachsblonde Schönheit, eine schwarzhaarige Schönheit und eine rothaarige Schönheit bereit. Wenn das keine Fülle ist! Sie sollten jederzeit mit mir rechnen.«

Fanny war siebzehn, Emily fünfzehn und Anne-Blanche ein Jahr jünger. Und schön waren sie in der Tat. Das überraschte Mrs. Touchet, die sie stets für recht reizlose Kinder gehalten hatte. Niemand wetteiferte mehr darum, neben der Cousine und Haushälterin mit der scharfen Zunge sitzen zu dürfen. Diese Ehre wurde nun Emily zuteil, deren schwarzes Haar und Haut wie Porzellan so viele Vergleiche mit der Göttin Diana aushalten mussten, dass man hätte meinen können, sie trage selbst einen Köcher Pfeile auf dem Rücken. Anne-Blanche kam nach einer Tante Williams, die irischer Herkunft war, und hatte eigenhändig das Kunststück fertiggebracht, Dickens zur »Anbetung Rothaariger« zu bekehren. Und Fanny war das Ebenbild ihrer Mutter. Die Ähnlichkeit schmerzte Mrs. Touchet. Fanny jedoch begriff davon nur, dass die wunderliche Cousine ihres Vaters sie nicht sonderlich mochte.

Mrs. Touchet sah sich an, wie die Literaten scharenweise im Haus eines Mannes ein und aus gingen, vor dem sie keine Achtung hatten, dessen Küche allenfalls annehmbar war und dem häufig der Portwein ausging. Wie niederträchtig und berechnend das alles war! Waren Töchter wahrhaftig nur dazu da? Selbst die Mädchen schienen sich der Bedingungen, unter denen sie mit bei Tisch saßen, nur allzu bewusst zu sein, als ahnten sie seit jeher, dass sie ihre Schönheit den Männern schuldeten und nun die Zeit gekommen war, diese Schuld vollumfänglich zu begleichen. Die Gegenseitigkeit, die Mrs. Touchet stets als Möglichkeit im Sinn gehabt hatte, die vorbildliche Tischgesellschaft, bei der Männer und Frauen einander gleichwertig begegneten und nichts einbrachten als ihren Geist – sie erwies sich nun als hoffnungslos einfältiges Traumbild. Schönheit schlug jede andere Erwägung.

Sie spürte eine gewisse Bitternis. Doch sie wusste, wenn sie dieser Bitternis die Oberhand ließ, würde das »Vergnügen ihrer Gesellschaft« künftig nicht nur kein Gegenstand des Wettstreits mehr sein, sondern vorsätzlich vermieden werden. Da war es doch besser, eine brüchige, gezwungene Zuversicht in Stellung zu bringen, sich selbst und allen anderen gegenüber. Als William den Eintrag über sich in *A Spirit of the Age* las, riet sie nachdrücklich von Verzweiflung und Vergeltung ab, und es hatte sich ausgezahlt: Hier saß, nur einen Monat später, Mr. Horne und war von Neuem bei Tisch willkommen. Als Thackeray aus moralischen Gründen zum Angriff auf *Jack Sheppard* blies, führte sie überzeugende Argumente dafür ins Feld, dass es sich um einen Fall schlichten Neids handele, und Thackeray erlangte schon bald Mitgefühl und Vergebung. Mitunter stieß sie mit ihren Versuchen der Milderung aber auch an Grenzen. Manchmal wollen wir nun einmal nicht aus unserer Trauer, unserer Verbitterung, unserem Zorn hinausbugsiert werden. Manchmal wollen wir einfach nur Trost. Doch wer würde Mrs. Touchet trösten?

»Sieh dir das an!«

Eliza nahm am Frühstückstisch Platz und betrachtete die Zeitung, die ihr hingeworfen worden war. Das gestrige Gelage hatte ihr Kopfschmerzen hinterlassen. Von diesem Morgen erhoffte sie sich nichts weiter, als das verbergen zu können.

»Die *New York Sun*. Aus Amerika?«

»Ja, Eliza, aus Amerika. Nun sieh es dir schon an!«

SUN OFFICE
13. April 1844
10 Uhr vormittags
VERBLÜFFENDE NACHRICHTEN!
PER EXPRESS VIA NORFOLK:

ATLANTIKÜBERQUERUNG
IN
DREI TAGEN!

BAHNBRECHENDER TRIUMPH
DES
FLUGAPPARATS
DES MR. MONCK MASON!!!

Auf Sullivan's Island,
unweit Charlestown, S. C., trafen ein
Mr. Mason, Mr. Robert Holland,

Mr. Henson,
Mr. Harrison Ainsworth
sowie vier weitere

Das große Problem ist endlich gelöst. Nach der Erde und den Weltmeeren muss sich nun auch die Luft der Wissenschaft beugen und wird zum gängigen und zweckmäßigen Reiseweg der Menschheit werden. Erstmals wurde der Atlantik mit einem Heißluftballon überquert …

Verblüffend war vor allem der pochende Schmerz in Mrs. Touchets Kopf.

»Verzeih, William, ich verstehe nicht ganz. Soll das eine Zeitung sein?«

»Das siehst du doch!«

»Aber … du bist mit keinem Heißluftballon geflogen. Außerdem könnte kein Ballon je eine solche Reise bewältigen.«

»Das ist nur eine Fälschung, Eliza. Eine Art Aprilscherz.«

»Ach. Wie eigenartig!«

»Mr. Edgar Allan Poe ist der Verfasser dieser Zeilen. Geschrieben wurden sie zur Belustigung der Leserschaft – die es allerdings offenbar größtenteils geglaubt hat!«

»Aber – warum? Ich verstehe immer noch nicht. *Du* sitzt mit im Korb? Zu welchem Zweck?«

»›Ich‹ schreibe ein Tagebuch dieses frei erfundenen Vorfalls. Auszüge daraus finden sich weiter unten, in Nachahmung meiner Prosa. Ich werde zur Witzfigur gemacht, Eliza. Wobei *Ich* in diesem Fall eine Figur bezeichnet, die unser amerikanischer Kollege so frei war zu erfinden!«

William erhob sich, blätterte ein paar Seiten vor und stach mit dem Finger heftig auf einen Absatz ein:

Die Wasser erheben ihre Stimme nicht gen Himmel. Der gewaltige, flammende Ozean bäumt sich auf und lässt sich klaglos

> martern. Die gebirgshohen Wogen gemahnen an zahllose, riesenhafte Unholde, die in machtlosem Kampfe mit dem Tode ringen.

Mrs. Touchet war bemüht, durch das Pochen hindurch ein paar tröstende Worte zu finden. Sie glaubte, das Gesicht ihres Cousins nie so entsetzt gesehen zu haben, so verzweifelt, so kindlich in seiner Bedürftigkeit.

»Macht der sich über mich lustig, Lizzie? Bin ich wirklich nur ein Betrüger?«

26

Friss oder stirb

Kurz vor Weihnachten wurde ihr bei Tisch ein kleines braunes Buch mit Goldschnitt überreicht, versehen mit der Widmung: *Für Mrs. Touchet von Charles Dickens, 17. Dezember 1843.* Es klang nach einer Gruselgeschichte für schlichte Gemüter. Doch sie bedankte sich und stellte das Buch in ihr Regal. Drei Jahre später hatte sie es immer noch nicht gelesen, war jedoch, wie auch sonst alle Welt, mit Scrooge, Marley, den Geistern und Tiny Tim – diesem ganzen anglikanischen Gelichter – ebenso vertraut wie mit der Geburt Christi selbst. In Amerika war der Erfolg offenbar noch größer, falls das überhaupt möglich war. Charles war über bloße Verkaufszahlen hinaus zum Wundertäter geworden.

William kam das alles hart an. Zwar ließ er nie ein Wort darüber verlauten, doch sie merkte es ihm an, merkte es auch an seinen Büchern, die in kürzeren Abständen erschienen und sich tristeren Gegenständen widmeten. Das Thema des jüngsten Romans erriet sie bereits zu Beginn des Frühjahrs, als plötzlich Bücher darüber aus Manchester eintrafen: Hexerei. Im Herbst dann unternahm sie den Versuch, *The Lancashire Witches* zu lesen:

> Nance Redfern, man darf es nicht verhehlen, war eine höchst ansehnliche junge Frau; doch weder ihre Schönheit noch ihre Jugend, noch ihr Geschlecht hatten eine Wirkung auf die rasende Menge, die längst allzu sehr an solch brutale und erniedrigende Darbietungen gewöhnt war, um angesichts des Spektakels eines auf so unerhörte Weise behandelten und

> gepeinigten Mitmenschen noch etwas anderes zu empfinden als barbarische Freude, und die einzige Rechtfertigung ihrer Grausamkeit, die sich vorbringen ließe, ist der feste Glaube daran, dass sie es mit einer Hexe zu tun haben.

Die Szene schilderte eine Hexenprobe. Ein Vorgang, der Williams Interessen und Talenten, wie sie nun einmal lagen, recht gut entsprach. Fesseln an den Handgelenken. Ein feuchter Knebel in einem Mund. Der Sturz in die Tiefe. Doch dreißig Seiten später war es nur noch William, der ertrank. Er hatte es stets genossen, Szenen zu schreiben, in denen gefoltert oder gefesselt wurde, doch diese entbehrten der gewohnten Romantik, des nachempfundenen Kitzels. Sie waren nur noch sadistisch. Bloßes Blutvergießen, reines Elend. Vor allem aber hatte Mrs. Touchet nicht damit gerechnet, dass es ans Moralisieren gehen würde:

> Und wenn selbst noch in unseren Tagen solch abstoßende Szenen in großer Zahl zu sehen sind, um den mörderischen Leidenschaften der Massen Genüge zu tun, wenn Boxkämpfe gebilligt und wehrlose Tiere angestachelt werden, einander zu zerfleischen, wie sollte es da wundern, dass es in weniger aufgeklärten und kultivierten früheren Zeiten zur Ausübung noch größerer Grausamkeiten gekommen ist.

Warum war von allen Dingen, die es von Charles zu stehlen gab, seine Wahl ausgerechnet auf die Moralpredigten gefallen?

27

Hinter den Kulissen

Ich verwalte bloß noch den Verfall. Das dachte sich Mrs. Touchet, während sie ihre Kleider ausbesserte. Fadenscheiniger Crêpestoff musste neu gefüttert, Baumwollseide mit Flicken versehen, endlos viele Strümpfe mussten gestopft werden. Warum konnte sie bloß nicht jeden Tag ein und dasselbe schwarze Kleid tragen? Warum konnte sie nicht nackt herumlaufen oder angetan mit einem der vielen Anzüge, die William längst nicht mehr passten? Stattdessen musste sie auch noch die letzten Reste Schönheit verwalten und sich erhalten. Bis dann das Greisenalter kam und dem elenden Spiel endgültig ein Ende setzte.

In den Zeitungen las sie vom Gegenteil des Verfalls: Revolutionen! In Italien, Frankreich, Deutschland, Dänemark, Polen! Allmorgendlich streckte sie erwartungsfroh den Kopf aus ihrem Zimmerfenster. Doch nie sah sie etwas anderes als die verschlafene Harrow Road und die Heerscharen von Schafen. War England etwa immun?

Im September traf ein interessanter Brief von Crossley in Kensal Manor ein, der an sie beide gerichtet war:

14. September 1848

Lieber William, liebe Eliza,
vielleicht ist Ihnen ja bereits zu Ohren gekommen, dass der als »weltgrößter Schuldenmacher« bekannte Gentleman nun

doch noch als solcher entlarvt wurde und sämtliches Inventar von Stowe House versteigert werden soll. Der Mann besaß von Geburt siebzigtausend Pfund, gewann durch Heirat noch einiges mehr dazu und hat halb Jamaika geerbt – und doch steckt er bis zum Halse in Schulden, die sich auf eine Million belaufen. Ein Großteil davon ist augenscheinlich in die Anschaffung von Tapeten geflossen. Nun, das Ganze ist ein schändlicher Vorgang und eine höchst verrufene Angelegenheit, doch ich muss gestehen, dass mich einzig und allein DIE BÜCHER beschäftigen, die im Januar bei Sotheby's zum Verkauf kommen. Meine Gesundheit erlaubt es mir gegenwärtig nicht, Manchester zu verlassen. Ich hege auch nicht die Hoffnung, dass sich diese Lage in den kommenden Monaten bessern wird. Und so ersuche ich Sie demütig, kraft der Zuneigung, die Sie für mich hegen: Könnte sich womöglich jemand von Ihnen, bewaffnet mit einer Bieterkarte mit der Aufschrift CROSSLEY, zu Sotheby's begeben und freundlicherweise bis zu einer Gesamtsumme von vierzig Pfund auf die beigefügte Liste von Büchern bieten? Ich stünde tief in der »Schuld« desjenigen, der sich dazu bereitfände, wenngleich nicht ganz im selben Ausmaß wie der bedauernswerte Duke of Buckingham …

Im Januar brach William zu einem längeren Aufenthalt nach Frankreich auf. Es sah ihm ganz ähnlich, einen Ort umgehend aufzusuchen, nachdem dort etwas von beträchtlichem Interesse vorgefallen war. Derweil begab sich Mrs. Touchet zu Sotheby's. Sie ersteigerte Bücher über den Aufstand von 1745, den Südsee-Schwindel, volkstümliche Bräuche aus dem Mittelalter und Guy Fawkes, Defoes Abhandlung über die Pest sowie zahllose Geschichten Londons, im vollen und schuldbewussten Wissen, dass sie im Grunde als Zwischenhändlerin agierte. So wie das Opium von den Mohnfeldern zu den Abhängigen in den Hafengegenden gelangte, so würden diese Geschichtsbücher schließlich und endlich ihren Weg zurück zu William finden und Romane hervorbringen, ach so viele Romane …

1. Juli 1849

Liebe Eliza,
traurige Nachrichten aus Frankreich: Ich war soeben auf dem Weg zurück über die Pyrenäen, in der Hoffnung, in Paris auf unsere alten Freunde Lady B. und d'Orsay zu treffen, doch bevor ich zu ihnen stoßen konnte, starb die Lady – und überließ ihre Schuldenberge ganz sich selbst. Und d'Orsay wird immer noch von der englischen Polizei gesucht! In den Zeitungen hier wird behauptet, sie sei an gebrochenem Herzen gestorben, eine sehr französische Art, uns mitzuteilen, dass ihr Herz vergrößert war und dreimal so groß, als es gemeinhin sein sollte. Uns, die wir sie liebten, war das natürlich längst bekannt …

Erst wollte er Weihnachten zurück sein. Dann Ostern. Sie schickte eine Ausgabe von *Jane Eyre* an eine Postfachadresse in Wien. Im November antwortete er ihr mit der Nachricht, er habe einen autobiografischen Roman begonnen und werde Weihnachten ein zweites Mal versäumen. Sie brauchte lange, um das Offensichtliche zu begreifen: Es musste eine Frau – vielleicht sogar mehrere Frauen – auf dem Kontinent geben, und wer immer diese eine oder diese vielen sein mochten, sie konnten nicht mit Anstand nach England geholt, aber auch nicht vollständig fallen gelassen werden.

28

Eine Theorie

Mrs. Touchet hatte eine Theorie. In Wirklichkeit gab es England gar nicht. Es war nichts als ein ausgeklügelter Vorwand. Nichts, was in England geschah, war Wirklichkeit. Hier gab es bloß Dinnereinladungen, Internate und Konkurse. Alles andere, alles, was Engländer wirklich taten und wirklich wollten, alles, was sie sich ersehnten, was sie sich nahmen, was sie benutzten und wieder verwarfen – all das taten sie anderswo.

29

Unendlichkeit, 1851

Im März darauf musste Mrs. Touchet erleben, wie ihre Lieblingstheorie unter einer gläsernen Kuppel mitten im Hyde Park auf den Kopf gestellt wurde. Alles, was Briten jemals irgendwo getan hatten, war nun hier, in London, versammelt und zu besichtigen. Sie ging mit den Mädchen hin. Sie waren entzückt von dieser Mischung aus einzelnen Herren, die für das Entgelt eines Pennys zwischen den abstrusesten mechanischen Gerätschaften umherstreiften, und den vielen exotischen »Ständen«, deren jeder einen Aspekt der weltweiten industriellen Tätigkeit des Landes repräsentierte. Die beliebtesten Entdeckungen des Vormittags:

Der Koh-i-Noor.

Ein paar nie gesehene Menschen mit dunkler Haut und seidenweichem Haar, die aus Neuseeland stammten.

Ein Barometer, das mithilfe von Blutegeln Stürme vorhersagen konnte.

Dann war es Zeit für die Mittagspause. Nachdem sie sich an die Fersen einiger vornehmerer Bestandteile der Menschenmenge geheftet hatten, gelangten sie in den zweiten Stock von Lady Blessingtons einstigem Besitz, Gore House, das erst kürzlich von Alexis Soyer in ein Restaurant verwandelt worden war. Es war sinnlos, den Mädchen erklären zu wollen, wie bewegend das alles für sie war. Während Mrs. Touchet ihre Seezunge verzehrte, drängten von allen Seiten die Toten an sie heran. Dann ging es zurück ins Getümmel. Während sie den Ainsworths von Sehenswürdigkeit zu Sehenswürdigkeit folgte, beobachtete Mrs. Touchet die Menschen ringsum und sinnierte über das Heilige. Den Menschen hier waren ganz offensichtlich die Industrie heilig und der Erwerb von Grundbesitz. Menschliche Gemeinschaft und die Kaufkraft des britischen Pfunds waren aus ihrer Sicht ein und dasselbe und Frieden auf Erden gleichbedeutend mit dem reibungslosen Warenfluss von Liverpool nach Bombay, von Melbourne nach Manchester …

»Im wahrsten Sinne des Wortes eine *Great Exhibition.*« Emily hatte die Neigung ihres Vaters zur Binsenweisheit geerbt. »Die ganze zivilisierte Welt ist hier zugegen!«

»Ebenso wie die unzivilisierte …« Fanny zog Anne-Blanche am Ärmel, bis der jüngste Ainsworth-Spross sich gezwungen sah, im Schutz von Mrs. Touchets Rücken zu verharren, obwohl sie inzwischen selbst einundzwanzig war und oft den Eindruck erweckte, als Einzige der drei wirklich erwachsen zu sein. Abgeschirmt wurde sie vor dem Anblick eines Grüppchens halb nackter Afrikaner in der Dahomey-Anlage. Sie hockten auf dem Boden vor einer Strohhütte. Und wirkten äußerst gelangweilt. Die Ainsworths hasteten an ihnen vorbei, und Mrs. Touchet hätte schwören können, dass sie einen der jungen Stammesbrüder zu einem anderen sagen hörte: *Wo bleibt er bloß? Ich muss dringend pissen …*

Trotzdem fing sie erst an, sich an der Great Exhibition des Jahres 1851 tatsächlich zu stören, als sie den gemeinsamen Rückblick auf das Ereignis las, den Mr. Dickens und Mr. Horne für die Zeitschrift *Household Words* verfasst hatten:

> Wir sind unterwegs in die richtige Richtung, hin zu einer überlegenen Gesellschaftsform – politisch, moralisch, intellektuell und religiös.

Glaubten sie das wirklich? Den beiden Herren zufolge war der Himmel bald schon auf Erden zu finden. Angesichts des Fortschritts allerorten konnte es gar nicht anders kommen. Nur einige wenige »eigentümliche, barbarische und exzentrische« Nationen würden von diesem Garten Eden ausgeschlossen bleiben, dies jedoch nur, weil sie allzu sehr an ihren Gewohnheiten festhielten und sich kurioserweise weigerten, auf die in Schottland erbauten Lokomotiven aufzuspringen, die gegenwärtig Richtung Utopia brausten. China und die Chinesen wurden als bestes Beispiel angeführt.

> Es mutet höchst eigentümlich an, die Präsentationen eines Landes, das vor weiß Gott wie vielen Hundert Jahren schon an einen Endpunkt gelangt ist, Seite an Seite mit den Präsentationen der mobilen Welt zu sehen. So entsteht ein höchst überraschendes Bild von der Moral des Ganzen.

Und die Moral des Ganzen war, laut Mr. Dickens und Mr. Horne, der Fortschritt. Vorwärts. Immer weiter vorwärts. Immer mehr, immer größer. Die Menschheit müsse »vorangebracht«, die Landwirtschaft perfektioniert, die Effizienz nur noch effizienter gemacht werden.

> Man vergleiche nur die Großartigkeit der englischen Ergebnisse und die unwahrscheinliche Belanglosigkeit der Chinesen. Man begebe sich von den Seidenwebern und Baumwollspinnern unserer entlegenen Nation von Barbaren zu den mühsam handgeschnitzten Elfenbeinkugeln des Reichs der Mitte, Kugel um Kugel und Kreis um Kreis, die seit vielen Tausend Jahren keinen Fortschritt verzeichnen und keinem weltlichen Zweck dienen.

Und doch waren ebendiese Elfenbeinkugeln, die ihr ermöglichten, die Unendlichkeit mit Händen zu greifen, für Mrs. Touchet der einzig erhabene Moment – die einzige Berührung mit dem Heiligen – gewesen, der sich in dieser ganzen gläsernen Lagerhalle finden ließ.

30

Abverkauf, 1852

Es wurde wieder Winter. Das Leben schnurrte zusammen. Obwohl sie die ganze Sommersaison damit zugebracht hatten, jedem Londoner Junggesellen schöne Augen zu machen, war es keinem der Mädchen gelungen, jemanden davon zu überzeugen, dass die mitgiftlose Tochter eines ertrinkenden Schriftstellers eine gute Investition darstellte. Da William weiterhin in Frankreich weilte, bestürmte Fanny nun Mrs. Touchet, Dinnereinladungen auszusprechen, doch sofern Mrs. Touchet überhaupt je geneigt gewesen war, sich auf solch ein tollkühnes Unterfangen einzulassen, hatte sich ihr Herz nach der Lektüre der Dickens'schen Ausführungen zum Thema »Bloomerism« nun unwiderruflich gegen Charles verhärtet. Wie sich herausstellte, war er nämlich wenig angetan von der Vorstellung, seine Gattin – oder auch jede andere Frau – könne sich jemals in der Öffentlichkeit äußern:

> Persönlich müssen wir doch eingestehen, dass wir es als höchst verstörend empfänden, würde unser eigener Quell häuslichen Glücks es für nötig erachten, sich hinter einem kleinen Tisch nebst Wasserkaraffe und Glas zu verschanzen und aus dieser Festung heraus öffentliche Reden zu schwingen.

»Ach, was lesen Sie das Blatt denn auch, wenn es Sie doch nur ärgert?«, verlangte Fanny zu wissen. »Sie verderben uns all unsere Aussichten!«

Um ein Haar wäre Mrs. Touchet ein schrecklicher Satz entschlüpft: *Ihr habt keine Aussichten!* Stattdessen erhob sich der Schutzschild der Tartsche. Sie legte die jüngste Ausgabe der *Household Words* beiseite und zog sich schweigend in ihr Zimmer zurück. Wann immer William lange abwesend war, tat sich dieses Schweigen in ihr auf. Manchmal überlegte sie, wo seine Grenzen liegen mochten. Wie weit konnte sich so ein Schweigen ausdehnen? Fast fand sie sich bereit dazu, ins Kloster zu gehen. Ein Leben der stillen Einkehr schreckte sie nicht, nein, längst nicht mehr. Ihr graute nur vor dem endlosen schwatzhaften Gezwitscher, das man auf Schritt und Tritt zu hören bekam.

3. Januar 1852

Meine liebste Eliza,
in Madrid bin ich einem wichtigtuerischen, geschwätzigen Amerikaner begegnet – ob es wohl auch andere gibt? –, der mich über Folgendes in Kenntnis setzte: »Paris ist besser gekleidet, Rom bei Weitem schöner, Berlin übertrifft uns alle an Intelligenz, aber Sie müssen mir glauben, wenn ich Ihnen sage, dass New York der aufregendste Ort auf Erden ist. Womit also empfiehlt sich London?« Da fielst Du mir ein, und ich antwortete ihm mit großer Gewissheit: »Die Menschen. Die Menschen in London, Sir, sind ganz außergewöhnlich interessant!«

Manchmal besitzen Binsenweisheiten auch eine eigene Schönheit. *Die Menschen in London sind ganz außergewöhnlich interessant!* Aber waren sie denn noch so interessant wie einst? Zu den schwierigeren Aufgaben bei der Verwaltung des Verfalls zählte die Nostalgie. Die Dinner der Dreißiger erschienen ihr heute goldverbrämt, und all die strapaziösen jungen Literaten verwandelten sich in Menschen, die gekannt zu haben sie beinahe glücklich machte – Dickens zum Trotz. Selbst auf jene, die sie seinerzeit ausdrücklich verabscheut hatte, blickte sie nun mit sentimentaler Zärtlichkeit zurück …

In diesem Zustand der Selbsttäuschung nahm sie eines schönen Morgens im Mai den Bus nach Kensington und stieg direkt vor Gore House aus. Allein war sie nicht: Hunderte andere waren auf den gleichen Gedanken gekommen, obgleich ihr verborgen bleiben musste, ob deren Beweggründe nun in Nostalgie, Neugier, Schadenfreude oder schlichtweg der Hoffnung auf einen Gelegenheitskauf bestanden. Sie schlenderte von Zimmer zu Zimmer, befühlte die kleinen gelben Preisschilder, die an jedem Gegenstand angebracht waren, von den Vorhängen bis zur Harfe, von der Büste Bonapartes bis hin zu den Bücherregalen. Es war der letzte Tag des Blessington-Abverkaufs: Mrs. Touchet hörte, wie ein Cockney sprechender Trödler einem alten Juden erklärte, seit letzten Donnerstag seien hier zwanzigtausend Leute durchgetrabt. Viel Wertvolles war nicht mehr übrig, nur Dinge, die zu groß oder zu teuer, zu hässlich oder zu unhandlich waren. Mrs. Touchet erstand eine kleine Porzellanfigur deutscher Provenienz: zwei schwarze Kinder, das eine flüsterte dem anderen etwas ins Ohr, und der Titel lautete: *EIN DUNKLES GEHEIMNIS*.

31

Die Jahre in Brighton, 1853–1867

William kehrte mit einer Ausgabe von *Onkel Toms Hütte* aus Europa zurück sowie mit der Neuigkeit, dass ein Umzug bevorstehe. Emily beging den Fehler zu erwähnen, dass Charles unlängst von der Doughty Street an den noch hochherrschaftlicheren Tavistock Square gezogen sei, und zwang William damit, deutlicher zu werden: »Ich fürchte, unser Umzug erfolgt in die entgegengesetzte Richtung. Kensal Manor übersteigt unsere Mittel.« Die entgegengesetzte Richtung führte abwärts, gen Süden. Nicht einmal Mrs. Touchet hätte erahnen können, wie weit abwärts es noch gehen würde. Doch bei der Bekanntgabe von Brighton spürte sie bei den Mädchen auch eine gewisse Erleichterung. Schließlich war London der Schauplatz ihres Scheiterns.

Vierzehn Jahre verbrachten sie in dem schmalen, hohen, stuckverzierten weißen Haus mit Blick aufs Meer. Im Rückblick fiel es ihr schwer, aus dieser Zeit eine rechte Bilanz zu ziehen. Im Winter fegte kalter Wind vom Meer heran und rüttelte an den Fenstern, doch die Aufwallungen innerer Hitze, die sie einst zu überwältigen pflegten, ihr die Wangen scharlachrot färbten und das Mieder durchnässten, waren längst Vergangenheit: Nun spürte sie jeden noch so kleinen Zug. Im Sommer drangen das Gelächter und Kreischen der Kinder durch die Scheiben und ihr direkt bis ins Mark. Kurzum, ihr eigener Stand als alternde Junggesellin verfestigte sich dort, und drei einstmals junge Frauen gesellten sich mit unterschiedlich starker Gegenwehr zu ihr. Derweil schrieb William über eine Speckseite, über Charles II., über den Lord Mayor von London, über Kardinal Pole, erneut über den Tower und über sich selbst. Außer einander sahen sie fast niemanden. Und sosehr es Mrs. Touchet auch widerstreben mochte, es einzugestehen, so lag darin doch eine gewisse Süße. Als sie jung war, wollte sie alle kennenlernen, alle berühren, alle sein und überall hinkommen! Nun dachte sie bei sich, man könne sich mit Fug und Recht für König Midas halten, wenn man im Leben tatsächlich zwei Menschen wahrhaft geliebt hatte – und wahrhaft von ihnen geliebt worden war! Und wenn die Mädchen in der Stadt unterwegs waren und William und sie auf ihrem kleinen Balkon Platz nahmen und die Sonne auf dem Meer glitzern sahen – dann fühlte sie sich reich.

32

Grand Unions

An ihrem einunddreißigsten Geburtstag erstaunte Anne-Blanche die versammelten Bewohner des Hauses Arundel Terrace 5 mit der Mitteilung, dass sie einen gewissen Francis Swanson, Captain bei der Royal Artillery, zu ehelichen gedenke. Der Captain hatte im Frühjahr zuvor seinen Urlaub in Brighton verbracht. Fanny und Emily verschlug es die Sprache. William lachte und versprach ihr eine Speckseite. Das Paar wurde im August getraut, in einem kleinen, mittelalterlichen Dorf namens Hardmead in Buckinghamshire, wo der Captain zu Hause war und William nur unter Einsatz sanfter Gewalt von dem alten Friedhof wegzubewegen war, um der Trauung beizuwohnen, denn dort lag unter jedem Grabstein ein potenzieller Roman verborgen. Der Gottesdienst war nur spärlich besucht; Fanny und Emily schluchzten die ganze Zeit. Mrs. Touchet hatte vorgesorgt und klammheimlich die Nachrichten aus Amerika von der Titelseite der *Times* entfernt. In dem Augenblick, als Anne-Blanche über sämtliche anderen Frauen in der Familie triumphierte, saß Mrs. Touchet zufrieden in ihrer Kirchenbank, die Nachrichten im Gesangbuch verborgen, und betete im Stillen um eine rasche Niederlage der Konföderation.

Womöglich war es gar nicht so eigenartig, dass ihr, wenn sie an »die Jahre in Brighton« zurückdachte, nicht diese Hochzeit vor Augen stand, sondern eine andere, sehr viel öffentlichere Verbindung, die ein Jahr später in der schönen St.-Nicholas-Kirche geschlossen wurde und damit, wie es der Zufall wollte, just an dem Ort, der

Mrs. Touchet in ganz Brighton der liebste war. Sie war nicht eingeladen, hatte aber in der Zeitung gelesen, dass der Hochzeitszug die Promenade entlang- und gleich unter ihrem Fenster vorbeiziehen würde. Und so nahmen William und sie um zehn Uhr morgens ihren Platz auf dem oberen Balkon ein und ließen Fanny und Emily auf dem unteren Stellung beziehen.

»Ich sehe sie schon!« Fanny hatte den besten Blick um die Kurve. »Das ist ja wieder wie damals im Hyde Park!«

Emily keuchte auf: »Ich will doch hoffen, sie sind bekleidet!«

Mrs. Touchet gab sich redlich Mühe, an ihren eigenen Schutzbefohlenen vorbei den Blick auf die der Königin zu richten, die »afrikanische Prinzessin«, die die Königin in ihrer unendlichen Weisheit nun einem Captain angetraut hatte, ganz ähnlich Anne-Blanches Captain, nur um einiges reicher und zudem …

»… so schwarz! Da könnte ich fast Angst bekommen.«

William beugte sich über die Balkonbrüstung: »Sei nicht albern, Emily.«

Es waren zehn bildschöne Einspänner, gezogen von zehn grauen Pferden. Miss Sara Ann Forbes Bonetta verblüffte Mrs. Touchet: Wie aufrecht sie in ihrer Kutsche saß, den Kopf zum Meer gewandt. Fast sah sie selbst aus wie eine Königin, die über ihr Reich hinwegblickt. Noch viel verblüffender war die Hochzeitsgesellschaft, die offenkundig mit einem Sinn für Symmetrie gestaltet worden war, fast wie eine Tapete. Acht englische Brautjungfern an der Seite von acht afrikanischen Galanen. Und dann, gleich hinter ihnen, folgten als Kontrapunkt acht afrikanische Brautjungfern mit acht Engländern. Fanny und Emily waren entrüstet. William blieb gelassener:

»Unsere gebenedeite Victoria hat das arme Kind in all ihrer Weisheit von der Sklaverei und dem sicheren Tod errettet. Und dieser wohlhabende Afrikaner wird nun dafür sorgen, dass sie weiter ihre schönen Kleider tragen kann. Ich würde sagen, hier wurde ein einträgliches Geschäft geschlossen. Und damit hat die Geschichte ihr Ende.«

Mrs. Touchet seufzte, verließ den Balkon und setzte sich wieder zu ihrer Zeitung. Nur Kinder glauben, dass ein Mensch einen anderen jemals wirklich erretten kann. Nur Kinder glauben, dass Hochzeiten der Geschichte ihr Ende bescheren. Und unterdessen, dachte Mrs. Touchet, gewinnt die Konföderation in Kentucky an Boden.

33

Eine Reise nach Manchester, Fastnachtsdienstag 1863

Flehentlich blickte William, der sich an der Ecke seiner ureigenen King Street gezwungen sah, über einen Bettler hinwegzusteigen, zu seiner Cousine hin: »Vielleicht hätten wir doch nicht herkommen sollen, Lizzie …«

Sie hatte ganz vergessen, in welchem Maß Armut ihn verstörte. Sie selbst war auf den Anblick besser vorbereitet: Weil sie keine Romane zu schreiben hatte, verfolgte sie mit großem Eifer die Nachrichten. Bereits auf der Zugfahrt hatte sie es sich ausgerechnet: Wenn achtzig Prozent der Baumwolle für Manchester aus den amerikanischen Südstaaten kamen und Baumwollwaren vierzig Prozent aller britischen Exportgüter ausmachten – und am Reichtum der Stadt Manchester noch einen sehr viel höheren Anteil hatten –, nun, dann war sehr damit zu rechnen, dass sie dort Szenen äußerster …

»Eliza, der Mann da hat ein halb zerfressenes Gesicht. Mit einem solchen Gesicht dürfte er gar nicht auf der Straße sein. Und vom Bahnhof bis hierher ging jedes zweite Kind in Lumpen. Dieser Besuch war ein großer Fehler. Ich bereue zutiefst, dass ich mich von dir überreden ließ, den Pfannkuchenlauf in Olney zu versäumen!«

Sie wusste, dass ihm ein Roman über das Jahr 1745 durch den Kopf spukte, und hatte keine Skrupel gehabt, dieses Wissen strategisch einzusetzen und nach einem der alten Bücher zu schicken, die sie einst für Crossley ersteigert hatte. Es war ein Augenzeugenbericht – verfasst von einem Schullehrer aus Edinburgh – über

Bonny Prince Charlies Reise von den Höhen Holyroods hinab zu hochfliegenden Hoffnungen in Manchester, Dämpfern in Derby und schließlich Rückzug und Katastrophe in Culloden. William war vor allem von einer Schilderung des ersten Blicks »der Massen« auf den jugendlichen Thronanwärter entzückt gewesen:

> Er war ein hochgewachsener, schlanker junger Mann, der rund fünf Fuß und zehn Zoll messen mochte, rotwangig und mit spitziger Nase und großen, beweglichen braunen Augen, das Antlitz länglich, die Haare rot, zu jenem Zeitpunkt jedoch unter einer hellen Perücke verborgen. Er trug die Kluft der Highlands, dazu eine blaue Schärpe, mit Gold versetzt, die ihm quer über der Schulter lag.

Sehr viel weniger entzückend waren jedoch die verzweifelten Massen in Williams Heimatstadt. Die geschlossenen Spinnereien, die spindeldürren Frauen, die vor jeder Kirche, vor jedem Armenhaus warteten. Und überall barfüßige, halb verhungerte Kinder! Nach Mrs. Touchets Dafürhalten jedoch war dies ein Anblick, der Manchester auch mit verhaltenem Stolz erfüllen konnte. In Liverpool wurden die Konföderiertenfahnen gehisst. Sie war bemüht, das auszuführen:

»Das sind die Folgen des Embargos. Die Südstaaten wollen wieder Baumwolle exportieren, und angesichts ihrer derzeitigen Landgewinne könnten sie das sogar – doch Manchester hält stand. Gleich nach Weihnachten gab es eine öffentliche Abstimmung in der Free Trade Hall. Die Arbeiter haben abgelehnt. Sie wollen keine Baumwolle aus Sklavenarbeit. Sie werden Lincolns Blockade aus Solidarität mit ihm fortführen – koste es, was es wolle.«

»Aber es kostet doch offensichtlich zu viel. Was in aller Welt wäre der Sinn davon, bestehendes Unglück noch zu vergrößern?«

»William, das wäre doch, als sagte man: ›Was ist der Sinn davon, Schulden zu begleichen?‹ Es macht niemandem Freude, Geld zurückzuzahlen. Und dennoch schuldet man es.«

»Eliza, wir in diesem Land haben den Handel, die Praxis, die ganze Sklaverei längst abgeschafft. Unsere Schulden bei Afrika dürften vollständig beglichen sein.«

Eliza spürte, wie ihr heftige Röte ins Gesicht stieg.

»Und wer genau zieht eine solche Bilanz?«

William war auf die Knie gesunken und studierte die untersten Querbalken eines der wenigen elisabethanischen Gebäude, die in der Stadt noch verblieben waren. Ungelenk drehte er den Kopf und sah mit einer Miene reinster Verwirrtheit zu ihr auf:

»Wer zieht *was?*«

»Wie genau lassen sich solch teuflische Konten überhaupt ausgleichen? Was, wenn wir mit unserer Rechnung jämmerlich falschliegen? Es wäre sogar denkbar, dass dreihundert Jahre der Folter, des Mordens und der Zwangsarbeit auf Erden gar nicht …«

»Falls du mir nun wieder mit *Wer dir den Mantel nimmt* zu kommen gedenkst, so bitte ich dich von Herzen: Lass ab. Im Übrigen trägst auch du selbst deinen Rock noch am Leibe, soweit ich sehe – im Gegensatz zu dem armen Teufel da.«

Mrs. Touchet sagte kein Wort mehr, bis der schlotternde junge Mann an ihnen vorbei war.

»Ich bin mit meinen eigenen Schwächen nur allzu gut vertraut, William. Meine einzige Absicht war, die Arbeiterschaft von Manchester zu loben. Und vielleicht auch anzuregen, dass solche Opfer aus einem Blickwinkel, der so viel weiter und tiefer reicht als deiner, meiner oder sonst einer hier auf dieser Welt, womöglich das Mindeste sind, was wir tun können.«

William seufzte, richtete sich auf und notierte sich eine ganz andere Berechnung in seinem Büchlein. »Eliza, du hattest stets die Neigung, entweder *das ganze Schwein* zu wollen, wie Charles es so schön formuliert hat, oder gar nichts. Aus meiner Sicht besteht jedoch keine Notwendigkeit zu einem solchen *ganz oder gar nicht.* Derartige Angelegenheiten regeln sich doch meist ganz von selbst, durch die Gnade jenes Gottes, den du so gern ins Feld führst.

Als junger Mann habe ich selbst einmal eine Streitschrift zu dem Thema verfasst.«

Auf der Heimfahrt dachte Mrs. Touchet an ebendiese Streitschrift zurück. *An Enquiry on How Best to Bring Immediate Relief to the Operative Classes in the Manufacturing Districts,* so etwa lautete ihr Titel. William war damals einundzwanzig gewesen. Er hatte die Schrift für Mr. Ebers verfasst, Frances' Vater, der damals eine kleine Zeitschrift mit Namen *Literary Souvenir* betrieb. William hatte den Traktat an Eliza geschickt, auf dass sie ihn absegne, doch sie war selbst erst sechsundzwanzig und politisch fast ebenso einfältig wie ihr Cousin. So erschien es ihr etwa wie sentimentale Schwelgerei, um jene weit entfernten Heiden zu weinen, die ihre Arbeit bei warmer Witterung verrichteten und nach allem, was man hörte, bestens untergebracht und wohlgenährt waren. Erst recht vor dem Hintergrund, dass so viele britische Bauern von ihrem altgewohnten Land vertrieben wurden und hungrig und ohne Dach über dem Kopf in der Kälte ihr Dasein fristen mussten oder in die städtischen Armenhäuser gezwungen wurden. Es kam ihr damals nicht einmal in den Sinn, dass zwischen diesen beiden elenden Zuständen ein Zusammenhang bestehen könnte. Doch selbst in dieser noch recht unschuldigen geistigen Verfassung ließ seine Streitschrift sie mit einem seltsam schalen Gefühl zurück. Wohlfahrt: Das war im Grunde der Schluss, zu dem William kam. Gute Christenmenschen, die Geld hatten, sollten für gute Christenmenschen sammeln, die keines hatten, und auf diese Weise könne den Armen unter den guten Christenmenschen geholfen werden. Doch sie hegte damals schon den Verdacht, dass das Interesse ihres jugendlichen Cousins an den Armen vordringlich ihren Körpern galt, die oft so frei von allen verdrießlichen Korsetten und Schnürungen, Turnüren und Strümpfen waren. Mit einundzwanzig war er unermüdlich darin, den Dienstmägden ins Hinterteil zu kneifen, und schwärmte bereits für die stämmigen, nicht mehr ganz jungen Köchinnen. Und obwohl er in ihren vertrauten

Spielen zwischen Cousin und Cousine nicht selten die Rolle des Herrn einnahm – und sie recht häufig die der »Magd« –, musste sie in seinem Kopf wohl doch eine Magd mit revolutionären Vorhaben sein, denn stets war es der Herr, der auf die Knie zu fallen hatte.

34

Kenealy resümiert, Dezember 1873

Kenealys Schlussplädoyer nahm den ganzen Monat Dezember in Anspruch sowie die Hälfte des Januars. Dreh- und Angelpunkt seiner Verteidigungsrede war die endlose Wiederholung des Wapping-Besuchs. Würde ein Betrüger überhaupt je etwas so Dummes, so ungeheuer Belastendes unternehmen und es tatsächlich wagen, in Wapping die Ortons aufzusuchen? Sarah befand dieses Argument als unwiderlegbar. Kenealy verteidigte sich selbst vehement gegen jeglichen Spott in dieser Frage und wetterte aufs Schärfste gegen jeden im Gerichtssaal, der auch nur versuchte, sie in Zweifel zu ziehen. Inzwischen legte er sich täglich mit Cockburn an. Und während Mrs. Touchet mitschrieb, wurde ihr klar, dass das Blatt sich gewendet hatte. Kenealy betrachtete sich selbst inzwischen mindestens so sehr als Opfer wie als Verteidiger:

KENEALY: Ich wurde hier behandelt, wie nie zuvor ein Anwalt in Westminster Hall behandelt wurde.

COCKBURN: Den Grund, Sir, haben Sie allein sich selbst zuzuschreiben. Ein Rechtsbeistand kann nicht gegen sämtliche gängigen Regeln der Justiz verstoßen und zudem noch alle Regeln des Anstands brechen, ohne sich die Missbilligung des Gerichts zuzuziehen, das ist nicht zu dulden.

KENEALY: Ich würde mich ja nicht beklagen, wenn die Missbilligung auf andere Weise vorgebracht würde, doch Sie, Euer Ehren, haben mir gegenüber die erbittertste, verletzendste Wortwahl verwendet, die man nur treffen kann.

Unterdessen fuhr der Anwärter mit seinen Kritzeleien fort und wirkte von dem Drama, das sich da vor ihm und seinetwegen abspielte, offenbar ungerührt. Von Henry hatte sie gehört, er lebe inzwischen in einem Reihenhäuschen am Rochester Square, das seine zahllosen Anhänger für ihn gemietet hätten, und habe nur seinen heiß geliebten Mops zur Gesellschaft. Seine Frau und seine Kinder waren längst im Süden Londons in Obhut genommen worden. Mit weiteren hundert Pfund im Jahr, dachte Mrs. Touchet, könnte auch ich mir so ein Leben leisten!

Mitte Februar ließ sich beobachten, dass der Anwärter in Tränen war und von seinem ständigen Begleiter, dem jungen Mulatten, getröstet wurde. Man nahm an, er habe schließlich doch noch begriffen, in welch grauenhafter Lage er sich befand. Doch am nächsten Tag las Mrs. Touchet in der *Times,* dass Mabel, sein Mops, gestorben war.

35

Keine Fragen

Verglichen mit Kenealys Marathon konnte Hawkins' zwei Wochen währendes Schlussplädoyer als kurz und pointiert betrachtet werden. Er wählte die moralische Warte. Eine Stimme zugunsten des Anwärters sei ein Schlag gegen die Ehre Kathryn »Kattie« Doughtys und der gesamten Damenwelt. Man dürfe einfachen Metzgern die Behauptung, Frauen aristokratischer Herkunft »im biblischen Sinne« erkannt zu haben, nicht einfach durchgehen lassen. Wer immer die Anwartschaft des Anwärters unterstütze, verbünde sich *de facto* mit einem Schurken, und es sei *keine Frage,* dass dadurch auch er selbst zum Schurken werde. Mrs. Touchet ließ den Blick durch den Saal schweifen. Niemand hegte den Wunsch, sich mit einem Schurken zu verbünden oder selbst für einen solchen gehalten zu werden. Die Anklage beschloss ihre Ausführungen.

Als sie abends nach Hause kam, klebte ihr der Schmutz der Großstadt an den Fingern, und William war unauffindbar. Es war fast völlig dunkel im Haus: Nur in der Diele brannten noch die Lichter. Auf der Ottomane hatte er ihr ein paar Briefe und das fertige Manuskript seiner *Manchester Rebels of the Fatal '45* zurechtgelegt. Das Buch umfasste nur drei Bände, was sie glücklich stimmte, doch es war *mit aller tief empfundenen Hochachtung und Bewunderung* Disraeli gewidmet, und das stimmte sie traurig. Wann hatten sie Disraeli überhaupt das letzte Mal gesehen? Unter dem Manuskript lag ein Brief, an sie adressiert, in einer zittrigen Handschrift, die sie nicht erkannte. Sie ließ sich auf der Treppe nieder und las.

Misses Touchit Madam wir haben diese Atresse von Atkinson bekommen und hoffen ser das alles ankommt. Wir sind zwei Medchen Madam denen das Leben böhse mitgespielt hat. Jetzt schreiben wir um Ihnen zu erzelen dass unsre Mama eine Tochter von Misster James war Ihrem Mann der jetzt tot ist. Er hat Mama mit Gelt versorgt aber sie hatte lauter Toifel im Kopf weil ihr Leben so schwer wahr und an einem Tag vor langer Zeit ist sie weckegangen. Uns hat man in das Haim gestekt das Barnardos heißt aber da wollen wir nicht bleiben. Wir müssen weg. Sie haben uns alle Unterlaken gegeben und den Namen Madam den Sie haben und der auch der Name von unserem Grosvahter ist. Nur Sie können uns noch helfen wir sind auf der Strase und wir schreiben das so gut wir können Madam!
Aufrichtickst,
Lizzie + Grace

Mrs. Touchets Hände zitterten. Aus dem Umschlag fiel noch ein weiterer, einzelner Briefbogen:

Verehrte Mrs. Touchet,
zu meinem großen Erstaunen und Entsetzen sind die im Testament Ihres Mannes Begünstigten wohl von unbekannter Seite schlecht beraten worden und machen nun ihren Anspruch geltend. Es ist dringend geboten, diese Angelegenheit im Stillen und so rasch wie möglich zu klären. Die Bank setzt mich darüber in Kenntnis, dass Sie bisher nicht vorstellig geworden sind, um Ihr Geld abzuholen. Ich hoffe sehr, Sie begreifen, wie notwendig es ist, Ihren eigenen Anspruch umgehend durchzusetzen, ehe es zu spät ist. Diesbezüglich steht es nach meinem Dafürhalten immer noch in Ihrer Macht, die

beiden Anwärter zurückzuweisen und ihnen jeden Anspruch zu verweigern. Beide sind noch nicht volljährig. Damit das Erbe jedoch wieder gänzlich Ihnen, der rechtmäßigen Witwe, zufallen kann, müssen sie mit jeglicher Unterschrift, zu der sie fähig sind, in unser beider Beisein einen neuen Vertrag unterzeichnen. Ich bedauere zutiefst, dies von Ihnen verlangen zu müssen, doch ich muss es tun, wenn Schlimmeres verhindert werden soll. Bitte kommen Sie morgen um die Mittagsstunde in meine Kanzlei.
Ihr ergebener Diener,
R. L. Atkinson

Mrs. Touchet glaubte seit Langem schon daran, dass Zufälle etwas an sich hatten. Was genau, konnte sie nicht sagen. Doch etwas war da. Die Spiegelung eines Gefühls oder einer Geste, das Echo des einen im anderen. Unvermutete Überschneidungen von Zeit und Ort. Doppelte Triumphe, sich ballende Niederlagen. Sie blickte von Atkinsons Brief auf und fand sich William gegenüber, in dessen Miene die gleiche vollständige Bestürzung lag wie in ihrem eigenen langen Gesicht. »Den ganzen Weg bis zur Hampstead Road bin ich gegangen, Lizzie. Wild entschlossen. Ich habe das Tor geöffnet, bin die Stufen hinauf bis zur Haustür … Da saß der alte Satansbraten in seinem Salon. Ich konnte ihn durchs Erkerfenster sehen. Aber … das war nicht mehr *unser* Cruikshank, Lizzie. Er hatte nichts mehr mit unserem George gemein. Was da saß, war ein trauriger, gebrechlicher alter Mann!«

Sie schwieg einen Augenblick, verwirrt darüber, wie die Geschichte ihres Cousins mit ihrer kollidierte, als glaubte er, die seine sei die einzige. Dann brach sich der Ärger Bahn.

»Ach, Herrgott, William! Was hast du denn erwartet? Dass die Zeit stillsteht?«

Ihr Ton war zu schroff. William fuhr zurück wie ein getretener Hund, sackte in sich zusammen und setzte sich neben sie auf die Treppenstufe, direkt auf ihre Briefe.

»Ich weiß wahrhaftig nicht, ob er mich gesehen hat. Ich war wie erstarrt. Dann ging er aus dem Salon – und war verschwunden.«

»Und was hast du getan?«

William vergrub das Gesicht in den Händen.

Was stellte sie auch so viele Fragen?

Was stellte er so wenige?

36

Ein dunkles Geheimnis

Am nächsten Morgen gab sie vor, eine mittägliche Konsultation in der Harley Street zu haben. »Frauenleiden« hatten im Hause Ainsworth nach wie vor beinahe gottgleichen Status und wurden weder mit Gegenwehr noch mit wie auch immer gearteten Fragen quittiert. Auf dem Weg zur Cordwainer Hall sann sie darüber, ob sie wohl, einer Schriftstellerin gleich, log, um die Wahrheit zu sagen. So oder so ließ sich ohne Übertreibung festhalten, dass sie kaum mehr Furcht und Ängste empfunden hätte, wenn das, was vor ihr lag, tatsächlich schwere Blutungen oder eine Amputation gewesen wären.

»Mrs. Touchet. Ich bedauere sehr, dass es so weit kommen musste. Ich wusste natürlich von ihrer Existenz, wäre aber nie auf den Gedanken gekommen, dass sie derart dreist sein könnten.«

Sie spürte Atkinsons Atem am Hals, während er ihr die Tür aufhielt. Die drei Jahre, seit sie den Mann zuletzt gesehen hatte, hatten nichts dazu beigetragen, ihre Abscheu vor ihm und allen Männern seines Schlags zu dämpfen. Manche Anwälte vereinen in sich die Qualitäten von Blutegel, Kleingeist und Heuchler. Unverbrüchlich wachen sie darüber und profitieren davon, dass die Grenzen zwischen den Dingen – zwischen den Menschen – gewahrt bleiben.

»Sie brauchen sich nicht zu beunruhigen, Mrs. Touchet. Die beiden sind nicht hier. Ich habe sie im Büro eines Kollegen auf der anderen Seite des Ganges untergebracht. Das schien mir ratsam. Einer Frau von so empfindsamem Gemüt wie dem Ihren muss die Erschütterung ja … wie soll ich es formulieren? Bis ins *Mark* gehen.«

Und wie lachhaft es doch ist, dachte Mrs. Touchet, dass alte Frauen als Klatschmäuler verschrien sind! Die schlimmsten Klatschmäuler, von denen sie auf Erden wusste, waren allesamt Männer. Sie entschloss sich, Atkinson sofort in die Schranken zu weisen:

»Von der Vergangenheit möchte ich nicht weiter sprechen, Mr. Atkinson. Ich möchte nur tun, was gegenwärtig das Richtige ist.«

Atkinson hob die Brauen und öffnete noch einmal die Tür.

»Wenn Sie Ihren Blick nach links wenden wollen, Mrs. Touchet – ganz diskret, hier, durch die Scheibe, dann können Sie die beiden Unglückseligen sehen. Ihre Mutter, das wissen wir, war Mulattin und recht hell, so wurde es mir zumindest vermittelt. Über ihren Vater ist allerdings nichts bekannt, und wie Sie sehen, müssen wir diesbezüglich vom Schlimmsten ausgehen.«

Sie saßen dicht beieinander auf einer Bank. Vor Mrs. Touchets innerem Auge ließ der Name des Waisenhauses Barnardo's Bilder von Straßenjungen und spindeldürren kleinen Mädchen erstehen. Doch diese beiden wirkten robust, grobknochig, und ihre Haare standen so weit vom Kopf ab, dass sie über die Grenzen der kleinen Scheibe hinausragten, wie weit auch immer. Und doch hatten sie James' Augen und James' Augenbrauen. Sowie die breiten Schultern, die Gliedmaßen, die Nase und die Haut von jemand anderem. Trugen sie Sackleinen? Mrs. Touchet sah zu Boden. Anwalt Atkinson seufzte und schloss die Tür.

»Sie müssen das Geld bekommen«, sagte sie rasch. »Alles, was bereits aufgelaufen ist, und alles, was noch kommen wird. Ich unterschreibe, was immer dafür notwendig und erforderlich ist.«

Atkinson war entgeistert: »Mrs. Touchet, bitte bedenken Sie doch …«

»Ich habe alles bedacht. Das ist mein Entschluss.«

»Wenn ich zunächst noch … Es gibt da einige Verwicklungen, die womöglich …«

»Das ist mein Entschluss. Diese ›Unglückseligen‹, wie Sie sie zu nennen belieben, sind zwei junge Frauen, die sich nun allein in der Welt zurechtfinden müssen.«

Anwalt Atkinson seufzte erneut und nahm an seinem Schreibtisch Platz.

»Das ist ja eine der Verwicklungen, Madam. Allem Anschein zum Trotz sind sie keineswegs erwachsene Frauen. Die Ältere ist dreizehn. Die Jüngere elf. Aus meiner Sicht wäre es sehr viel besser, sich gar nicht erst mit ihnen einzulassen, anstatt Verpflichtungen einzugehen, die dann nur weiter verpflichten …«

Mrs. Touchet setzte sich auf den erstbesten Stuhl.

»Dies sind die Enkelkinder Ihres Mannes. Sie sind selbstverständlich nicht mit Ihnen verwandt – nicht *bluts*verwandt. Sie haben jedes Recht, sie wie Petrus zu verleugnen. Dennoch sind sie gegenwärtig ohne Obdach und verfügen weder über Familie noch über andere Verbindungen. Und seit sie Kenntnis von ihrer Abstammung haben, sind bei ihnen, ich muss es leider sagen, gewisse verstiegene … Erwartungen entstanden. Aber da es natürlich unmöglich ist, sie sich in Ihrem Hause zu denken, als Ihre Mündel …«

Mrs. Touchet fuhr merklich auf. Anwalt Atkinson hielt inne, spürbar verwirrt.

»Es sei denn, Mrs. Touchet, Sie haben die Vorstellung …?«

Geschlagen sank Mrs. Touchet wieder in ihren Stuhl zurück. Atkinson konnte nicht behaupten, dass ihn das überraschte. Es war so, wie er vermutet hatte: Jede Vorstellungskraft stieß irgendwann an Grenzen. Selbst die einer Frau von so auffällig empfindsamem Gemüt wie Mrs. Touchet.

»Aber das Geld müssen sie einfach bekommen«, wiederholte sie tonlos.

Atkinson setzte die bestmögliche Annäherung an ein Lächeln auf. »Das ist äußerst großherzig von Ihnen, Mrs. Touchet, das muss ich sagen. Doch hundert Pfund im Jahr sind eine schwindelerregend hohe Summe für zwei Mädchen ohne jegliche Schulbildung und Aufsicht, die nicht …«

»Das Geld hat meinem Mann doch nie gehört! Und mir erst recht nicht! Es ist Samuel Touchets Geld! Ich hege keinen Wunsch, Geld auch nur anzurühren, das so erworben wurde wie das seine! Ich sage ihnen, die beiden müssen es bekommen!«

Nun wandte Anwalt Atkinson den Blick ab und sah aus dem Fenster. Hatte diese sonderbare Frau nicht die ganzen vergangenen vierzig Jahre von Touchets Geld gelebt? Doch es empfahl sich stets, einer aufgebrachten Klientin, die sich in den Fallstricken des eigenen Gewissens verfangen hatte, jegliche Blöße zu ersparen:

»Hier in der City of London erinnert man sich durchaus an Mr. Samuel Touchet als einen Mann von vielen Talenten. Er hat so manchen Rohstoff zu Gold gemacht und war zu seiner Zeit ein äußerst gewitzter Geschäftsmann. Auch wenn er sich zu guter Letzt wohl ein wenig übernommen haben mag …« Frauen, bemerkte Mrs. Touchet, beschönigen, wenn es um ihren Körper geht, während Männer sich solche sprachlichen Verhunzungen für Fragen des Geldes aufsparen. »Ein entsetzliches Ende. Im Grunde ein Wunder, dass überhaupt noch ein Erbe von ihm geblieben ist!«

»Werden die Mädchen jetzt zum Unterzeichnen hereinkommen, Mr. Atkinson?«

Anwalt Atkinson, der spürte, welch unerschütterliche Hürde da vor ihm saß, nickte, erhob sich, verließ das Zimmer und kehrte wenig später mit Lizzie und Grace zurück. Mrs. Touchet gab sich alle Mühe zu begreifen. Konnten das tatsächlich Kinder sein?

»Welche ist Lizzie?«

Sie hatte die Frage an Atkinson gerichtet, der dabei war, die Unterlagen vorzubereiten, doch das größere Mädchen antwortete. Sie war fast so groß wie Mrs. Touchet.

»Ich bin Lizzie Betts, Ma'am. Und das ist meine Schwester Grace.«

»Es freut mich, euch beide kennenzulernen. Auch ich heiße Eliza. Und Grace war, wie der Zufall es will, der Name meiner Mutter. Womöglich hat eure Mutter das ja gewusst …«

Die Schwestern wirkten verwundert.

»Unsere Mutter ist fort«, sagte Grace schließlich und fing an zu weinen. »Wohin, das weiß ich nicht!«

Angesichts dieser Aufwallung von Gefühlen fiel niemandem mehr etwas ein, was noch zu sagen gewesen wäre.

Anwalt Atkinson trat mit einem Federhalter in der Hand dazwischen:

»Glücklicherweise sind beide leidlich in der Lage, ihren Namen zu schreiben. Das immerhin haben sie im Barnardo's gelernt – und das ein oder andere über Jesus Christus, wie wir doch hoffen wollen. Wobei ich weiterhin der Überzeugung bin, dass sie bei dem Brief Hilfe hatten. Kinder, schreibt jetzt eure Namen hierhin und hierhin und dankt der Dame für ihre gewaltige Großzügigkeit. Und bitte begreift, dass alle Beziehungen zwischen euch und der besagten Mrs. Touchet mit diesem Augenblick beendet sind. Habt ihr das verstanden? Was sie euch schuldet, ist nun beglichen.«

Mrs. Touchet hätte weiterhin gern gewusst, warum sie tatsächlich Säcke – Mehlsäcke – als Kleider trugen, doch Atkinson musterte sie streng über seine halbmondförmigen Brillengläser hinweg, und als er ihr den Federhalter reichte, nahm sie ihn schweigend entgegen.

»Einhundert Pfund im Jahr«, verkündete Anwalt Atkinson im Ton eines Pfarrers, der eine Trauung vollzieht, »das ist eine Summe, von der zahllose Männer und Frauen auf unserer gesegneten Insel nicht einmal träumen können. Es verdankt sich einem außergewöhnlichen Glück, dass sie nun zwei so eigentümlichen Exemplaren wie euch Mädchen zufällt. Möget ihr sie gut verwenden und Gott stets dafür dankbar sein – und Mrs. Touchet in eure Gebete einschließen, denn sie ist eure Wohltäterin.«

Sie dankten ihr mit leiser Stimme. Nur wenige Minuten später stand eine beschämte Mrs. Touchet wieder draußen auf den Straßen Londons. Sie ließ den Kopf hängen. Wie hatte sie nur so weit hinter dem zurückbleiben können, was im Urteil der einzigen Macht, die ihr etwas bedeutete, von ihr erwartet wurde! Auf ihrem einsamen Weg rief sie sich Atkinsons Beschwichtigungen ins Gedächtnis zurück. Sie hatte »so viel getan wie überhaupt nur möglich«. Sie hatte »jede Verpflichtung bei Weitem und haushoch übertroffen«. Und sie hatte die entsetzliche Kanzlei dieses entsetzlichen Mannes sicherlich nicht reicher verlassen, jedoch – zumindest nach der Bilanz eines Mannes wie Atkinson – auch nicht ärmer.

37

Ende

Jedes Ende ist schwer. Zwei Tage nach Mrs. Touchets Besuch bei Anwalt Atkinson begann der Lord Chief Justice Cockburn mit seinem Resümee. Mrs. Touchet war schnell klar, dass es wohl eine achtbändige Angelegenheit werden würde, denn nach einer Woche war der wackere Mann erst in Wagga Wagga angekommen. Sarah hegte seit jeher eine Abneigung gegen Cockburn, doch der Stahl drang endgültig in ihre Seele, als er sich über »Sir Rogers« Ehe ausließ: »Aus seiner eigenen Aussage wissen wir, dass seine Gattin Bedienstete war, dass sie keinerlei Schulbildung besaß, weder des Lesens noch des Schreibens mächtig war und die Heiratsurkunde nur mit einem Daumenabdruck unterzeichnete … Ich halte es für angebracht, dass Sie abwägen, inwiefern es wahrscheinlich ist, dass Roger Tichborne eine solche Verbindung eingegangen wäre …«

Sarahs Lippen verschwanden gänzlich in ihrem Mund: »Der weiß ja gar nicht, wovon er da redet.«

Wer weiß das schon?, dachte Mrs. Touchet. Wie lautete der Name der Geliebten meines Mannes? Wo ist er ihr begegnet? In wessen Spülküche? Wo haben sie es getrieben? Wie lange ging es?

»Und nun bin ich fertig«, sagte Richter Cockburn achtundzwanzig Tage später. »Ich habe mich bemüht, meine Pflicht zu erfüllen. Was nun Sie betrifft, so wird der Spruch, den Sie fällen, sicherlich von jedermann – *sofern er weder Narr noch Eiferer ist* – als das Urteil von zwölf Männern anerkannt werden, die diesen Fall mit wachsamer Aufmerksamkeit sowie merklicher und bemerkenswerter Klugheit erwogen haben.«

Die Hervorhebung stammte von Mrs. Touchet, der Triumph jedoch gebührte allein Cockburn. Er wusste, wie man gute Geschichten erzählte. Mrs. Touchet war durchaus beeindruckt. Es fällt schwer genug, die Geschichte des eigenen kleinen Lebens zu erzählen. Wie dann erst von der Saga anderer Menschen künden? Zumal Sir Rogers Erzählung so lang und verschlungen war, so schwer zusammenzufassen – selbst noch in einem einmonatigen Bericht. Und doch war es Cockburn mit großem Geschick gelungen, er hatte alle Fäden verwoben, sie fest verflochten und sie dem armen Arthur Orton zu guter Letzt um den Hals gelegt. Eine Tragikomödie von regelrecht unanständiger Länge, der ganze Prozess hatte beinahe ein Jahr gedauert, länger als jeder andere in der britischen Rechtsgeschichte. Nun verließen die Geschworenen den Saal. Dreiunddreißig Minuten später kehrten sie zurück. Vor lauter gespannter Erwartung ergriff Sarah die Hand ihrer Haushälterin, mit so viel Leidenschaft, so viel Anteilnahme, dass Mrs. Touchet beinahe ein wenig bedauerte, dass es keine weiteren Ausflüge unter Damen mehr geben würde …

Doch am Ende spielte es gar keine Rolle, was die jetzige Mrs. Ainsworth oder Mrs. Touchet dachten. Nicht einmal die Wahrheit spielte eine Rolle. Dies war Cockburns Roman, er hatte ihn geschrieben. Nachdem der Anwärter das Urteil vernommen hatte, bat er um das Wort, das ihm jedoch verwehrt wurde. Er streckte Kenealy die Hand hin, und der drückte sie ohne jede Scham, vor aller Augen: »Auf Wiedersehen, Sir Roger – es tut mir sehr leid für Sie!«

Als das Ende da war, kam es in Gestalt eines einzigen, eindeutigen Satzes: »Arthur Orton wird zu vierzehn Jahren Haft verurteilt.«

38

Narren & Eiferer

Bemerkenswert, dachte Mrs. Touchet, wie rasch ein Mann aus Fleisch und Blut zum bloßen Symbol werden kann. Der Moment, in dem der Tichborne-Anwärter zum letzten Mal gesichtet wurde, war der, in dem man ihn zu den Zellen führte. Doch seine körperliche Abwesenheit gestattete, dass sein Name nur umso freimütiger kursierte. In neu gegründeten Zeitungen und Bittgesuchen, in Liedern und Theaterstücken, Romanfassungen und Versepen war der Anwärter überall und nirgends. Gesellschaften, Interessensverbände und Bücher zu seiner Verteidigung schossen in schwindelerregendem Umfang aus dem Boden, und diesen wiederum wuchsen die absonderlichsten Gliedmaßen, von denen eine unter dem Namen KENEALY NATIONAL TESTIMONIAL FUND firmierte.

»Aber warum ›Kenealy‹, wenn es doch um Tichborne geht?«, wollte William wissen.

»Weil er, lieber Gatte, für uns sogenannte *Narren und Eiferer* einsteht und wir für ihn! Solche Narren sind wir nämlich nicht und auch nicht so eifrig, dass wir's nicht merken würden, wenn ein armer Mann in diesem gottverlassenen Land kein Bein mehr an die Erde kriegt! Mal ganz zu schweigen davon, dass sie dem armen Tropf seine Lizenzen und alles entzogen haben und er selbst nicht mal mehr den Kitt aus den Fenstern zu fressen hat!«

»Eliza, steh mir bei. Der Fonds ist also dazu da, unserem bedauernswerten Kenealy das Armenhaus zu ersparen?«

Mrs. Touchet blickte von ihrer Stopfarbeit auf.

»Der Fonds finanziert, soweit ich weiß, seine vielfältigen Bemühungen zugunsten von Tichborne, Bogle und der Bevölkerung insgesamt. Er hat eine weitere Zeitung gegründet – den *Englishman* – und auch eine politische Gruppierung: die *Magna Charta Association*.«

»Und deren Ziele?«

Cousin und Cousine wechselten einen verschwörerisch amüsierten Blick.

»Oh, viele, sehr viele. Abschaffung aller Steuern, wenn mich nicht alles täuscht, die Wiedereinsetzung der Bill of Rights, ein ehrliches Pressewesen, eine gerechte Volksvertretung, hm … keine Pockenimpfung für Kinder, die Verteidigung der bereits erwähnten Narren und Eiferer – und, versteht sich, zahllose Gesuche zur Freilassung von Du-weißt-schon-wem! Das jüngste, William, hat es auf zweihunderttausend Unterschriften gebracht, ob du es nun glaubst oder nicht.«

»Das einzige Bittgesuch, das ich unterzeichnen würde«, sagte Emily mit frommer Miene, »wäre eines, das dem armen Black Bogle sein jährliches Gnadengeld zurückbringt. Aber das ist nun einmal mein Elend. Ich bin viel zu weichherzig.«

»An einem weichen Herzen ist nichts auszusetzen, Emily«, sagte Mrs. Touchet pflichtschuldigst, »ich fürchte allerdings, um unserem Mr. Bogle zu helfen, bedarf es mehr als eines Bittgesuchs.«

Ihr Cousin riss die Augen so weit auf, dass sich ringsherum zahllose Fältchen breitmachten. »Heutzutage scheint ja jeder Mensch auf Erden ein Bittgesuch zugunsten irgendwelcher Dinge ans Parlament zu schicken. Und ich sitze derweil am Schreibtisch und kritzele vor mich hin …«

»Das tust du«, sagte Sarah mit einem Seufzer, »das tust du allerdings, wofür's auch immer gut sein mag! Nächste Woche ist eine große Kenealy-Versammlung in Barking geplant, die ›Große Zusammenkunft der Empörten‹. Aber da bin ich beim Schneider, und Barking ist selbstredend viel zu weit, um hinzufahren. Sonst würd ich wohl.«

In der neuen, sich stetig erweiternden Welt des Tichbornismus herrschte ein seltsamer Wettstreit, im Rahmen dessen sich Mrs. Touchets anhaltendes Engagement für die Sache stets an dem von Sarah messen und dahinter zurückbleiben musste, obgleich die Begeisterung in Wahrheit bei beiden nachließ. Sarah war längst anderweitig mit der endlosen Trauer der Königin befasst. Unterdessen hörte man Mrs. Touchet allabendlich an ihrem kleinen Schreibtisch vor sich hin kritzeln, welchem Zweck das auch immer dienen mochte.

»Wirst du denn teilnehmen, Eliza?«

Ehe Mrs. Touchet noch antworten konnte, beugte sich Fanny über ihren Vater und küsste ihn zärtlich auf die Stirn.

»Wir sind froh über dein Gekritzel«, flüsterte sie.

39

Die große Zusammenkunft der Empörten

The lion of freedom has come from his den
We will rally around him again and again!

Mrs. Touchet kannte den Schlachtruf noch aus alten Chartisten-Tagen. Auf dem Podium saßen Kenealy, Andrew Bogle sowie ein Mann, den sie nicht kannte, und Mr. Onslow, der Mrs. Touchet an Körper und Geist stark reduziert erschien, hatte sich an den Rand zurückgezogen, um das Zentrum Kenealy zu überlassen. Auch der Jubel galt Kenealy: Die Sache hatte einen neuen Anführer gefunden. Ringsum schwenkten die Leute neue, seltsame Schilder:

Narren und Eiferer für Kenealy!
GLAUBT AN BLACK BOGLE
Keine Impfung für die Kinder der Armen
ICH HABE EINE BEDIENSTETE GEHEIRATET

Alle Versammelten hatten eine Ausgabe des *Englishman* erhalten, dessen Spalten, soweit sie das überblickte, samt und sonders von Kenealy selbst verfasst worden waren. Während sie darauf wartete, dass die Reden beginnen würden, las sie einen Artikel über »verlogene Zeitungen«. Sei es nicht verdächtig – so fragte der Verfasser –, dass die britischen Zeitungen pausenlos von der Geburt nichtsnutziger Prinzen und Prinzessinnen berichteten, man aber nie auch nur ein Wort über die Kenealy-Tichborne-Kundgebungen lese, die doch im ganzen Land stattfänden? In Leicester, in Manchester, in

Poole? Doch auf diese erfreulichen monarchiefeindlichen Ausführungen folgte, gleich in der nächsten Spalte, eine Schimpftirade gegen den Katholizismus. Mrs. Touchet faltete den *Englishman* zusammen und schob ihn in ihre tiefste Rocktasche.

»Das ist John De Morgan«, sagte Henry, als der Unbekannte sich zu seiner Ansprache erhob. »Der Vorsitzende der Tichborne Propaganda Release Union. Er hat höchstpersönlich ein Bittgesuch für Tichborne ins Parlament gebracht. Sie sollten sich anhören, was er sagt, Mrs. Touchet. Er glaubt daran, dass das Land der Allgemeinheit gehören sollte. Er ist ein großer Verfechter der Allgemeinheit.«

Ein kurioser kleiner Mann. Den Kopf voller Löckchen und ein Gesicht wie ein nervöses kleines Waldtier. Wäre Sarah hier, sie hätte wohl gesagt, er sehe aus wie ein Biber. Doch er sprach mit großer Kühnheit und so folgerichtig, wie Mrs. Touchet es nie von Kenealy gehört hatte. Von der Frage der umstrittenen Tichborne-Ländereien schlug er elegant den Bogen zur Landfrage allgemein und den Dorfangern im Besonderen. Wer besaß ein Recht auf sie? Was sollte mit ihnen geschehen? Welche Rechte fielen den Menschen ihretwegen zu? Oder auch durch ihr Fehlen? Mit einem Zitat von John Ball rührte er Mrs. Touchet zu Tränen: *Als Adam grub und Eva spann, wer war da der Edelmann?*

Die Menge brüllte los, als sie das hörte, und derart ermuntert, erzählte De Morgan ihnen etwas aus seiner eigenen Lebensgeschichte. Er sei Ire und seit frühester Kindheit radikalisiert. Er habe einen Ableger von Karl Marx' Internationaler Arbeiterassoziation in Cork gegründet und Irland aus diesem Grund verlassen müssen. Heute laute sein Name nur noch *Citizen De Morgan,* doch jeder Narr oder Eiferer dürfe ihn sehr gern John nennen!

In der aufwallenden Begeisterung der Menge verlor Mrs. Touchet um ein Haar den Halt; Henry stützte sie. Sie bemerkte, wie Kenealy auf dem Podium auf seinem Stuhl herumrutschte, die Hände auf den Knien zu Fäusten ballte. Der berüchtigte Deutsche gehört wohl nicht zu seinen Propheten, dachte Mrs. Touchet. Laut sagte sie: »Ich fürchte, die Bühne ist nicht Dorfanger genug für zwei Männer aus Cork.«

Doch Henry ließ sich nie zum Lachen bringen, mit absolut gar nichts. Während Kenealys ganzer Ansprache – *Ich bin zum König der Menschheit geboren! Bereits vor Jahrmillionen war mein Geist zugegen! In greifbarer Gestalt eines Menschenwesens hat er viele Rollen gespielt! Dessen bin ich mir so gewiss, wie man es nur sein kann!* – hielt er die Stirn gerunzelt, und als Kenealy schließlich geendet hatte, ließ er den Kopf hängen: »Der Mann ist nicht mehr bei Verstand. Mein armer Vater.«

Mr. Bogle hörte ihn und legte seinem Sohn die arthritische Hand an die Wange:

»Wir sind schon so weit gekommen, Henry. Wir bleiben auf diesem Weg.«

Nachdem sein Vater gesprochen und die Menge sich allmählich zerstreut hatte, war Henry sehr erpicht darauf, zu bleiben und sich noch weiter mit De Morgan zu unterhalten, in der Hoffnung, dass sich ein neuer, vernünftigerer Weg der Unterstützung auftun würde. Mr. Bogle lächelte tapfer und lehnte sich an eine Mauer. Manches übersteigt nun einmal den Horizont junger Menschen.

»Ich begleite Ihren Vater nach Hause, Henry. Er hat Schmerzen.«

Mrs. Touchet hielt eine Droschke an und der amüsierten Miene des Kutschers stand. Sie nahmen nebeneinander Platz, in Fahrtrichtung.

»Was halten Sie von alldem, Mr. Bogle? Wird er wohl freikommen, was meinen Sie?«

Immer noch lächelnd wandte Mr. Bogle sich ihr zu. Ihre Knie berührten sich.

»Für mich wäre es gut, wenn er freikäme. Und schlimm, wenn nicht. Es ist auch so bereits recht schlimm. Es ist kein Geld mehr da.«

Es war ihre beste Gelegenheit, ihn zu fragen, was er wirklich glaubte. Doch etwas in seinem Lächeln ließ das nicht zu.

»Und was haben Sie jetzt vor, Mr. Bogle?«

»Oh, ich werde wohl tun, was immer ich tun muss, Mrs. Touchet. Ich werde überleben, auf jede Art, die nötig ist. Das haben die Meinen ja stets getan, wenn Sie verstehen.«

Der Ausdruck »die Meinen« verschlug ihr für einen Moment die Sprache, so wie jedes Mal. Doch sie glaubte tatsächlich, ihn zu verstehen. Seine Methoden blieben notgedrungen undurchsichtig und verstohlen. So wie die ihren.

»Werden wir bald den Fluss überqueren, Mrs. Touchet?«

»O nein, Mr. Bogle, wir sind ja bereits im Norden und daher am rechten Ufer. Jetzt müssen wir nur noch weiter nach Westen …«

Wer war sie wirklich? Wer waren die Ihren? Die Ladys von Llangollen? Doch da war ja noch, seit jeher, William. Und nun diese eigenartigen Gefühle für Bogle. Bei Frances hatte sie die überlegene, freie Frau gegeben, bei William die feminine Muse, und vielleicht war irgendwo, in einem selbst ersonnenen Utopia, ja auch eine gleichwertige, gemeinschaftliche Begegnung mit einer klugen Seele wie Bogle möglich, der lebte, wie sie es sich stets ersehnt hatte, ganz ohne Illusionen. Wie es wohl wäre, einen Namen für all die vielen unterschiedlichen Personen und Bedürfnisse zu haben, die sie in sich trug? Doch ihr Name lautete Mrs. Touchet! Sie beugte sich aus dem Fenster, um den Kutscher anzuweisen, den Weg über King's Cross zu nehmen, dann lehnte sie sich wieder an das Samtpolster, ließ den Rosenkranz in ihrer Tasche durch die Finger gleiten und schalt sich für ihr Übermaß an Hochmut. All unsere Namen sind vergänglich, rief sie sich in Erinnerung. Bloße Bezeichnungen für etwas, das jede Vorstellung übersteigt. Sie geben Dingen, die zu groß sind, sie zu erblicken, eine Gestalt, doch das Mysterium selbst können sie niemals zur Gänze fassen.

»Soll ich Ihnen etwas sagen, Mrs. Touchet? Ich werde diese Stadt nie recht begreifen.« Auf der anderen Straßenseite war ein Droschkenkutscher von seinem Kutschbock gestiegen, um einen jungen Straßenhändler anzuherrschen, den er um ein Haar überfahren hätte. »Wenn man jemandem auf den Fuß tritt, dann entschuldigt sich derjenige bei einem. Doch wenn eine Droschke aus dem Nichts auftaucht und einen beinahe ums Leben bringt? Dann ist es stets der Kutscher, der zornig wird!«

Mrs. Touchet lachte ihr lautes, so wenig weibliches Lachen. In einem anderen Leben hätte dieser außergewöhnlich interessante Mann hervorragend zu ihr gepasst. Doch uns allen steht nur ein Leben zu.

40

Nach den Hackney Downs, 11. Dezember 1875

Obgleich sie inzwischen so weit draußen lebte, blieb Mrs. Touchets London ein eng umgrenzter Ort. Sie kannte den Norden und den Westen, doch dort, wo beide sich kreuzten, dort fühlte sie sich am meisten zu Hause. Der ganze Osten war ihr ein völliges Mysterium. Und nun war sie hier, auf den Hackney Downs, inmitten einer Menge von dreißigtausend, rings umstanden von der Polizei! Doch sie hatte sich nun einmal entschieden, all das zu tun – in der Zeit, die ihr noch auf Erden blieb –, was sie in ihrer Jugend nicht gewagt hätte. Und so begab sie sich allein zu den Hackney Downs. Sie begab sich in der Überzeugung dorthin, dass die Downs weder Lord William Tyssen-Amherst gehörten noch sonst einem einzelnen Menschen, ganz gleich, wie viele Zäune und Pfähle darauf errichtet wurden. Sie waren *Lammas*-Land, Gemeinschaftsland, das Land der Menschen! Und wenn die Menschen damit nicht mehr ihren Lebensunterhalt bestreiten durften, dann sollte zumindest ein reizender Park daraus werden, wo reizende alte Damen sich ergehen konnten, so wie es bereits mit Camberwell Green geschehen war. Sie selbst war an diesem Nachmittag jedoch fest entschlossen, keine reizende alte Dame zu sein. Doch was, wenn die Polizei sich dem Widerstand nicht beugte? Würde sie dann doch wieder zum Reizendsein zurückkehren? Die Polizei zog ab. Mrs. Touchet schloss sich dem Protest ihrer Londoner Mitmenschen an. Sie riss Pfähle heraus – verbrannte Pfähle! Was für eine Geschichte sie zu erzählen haben würde!

»Henry, ich muss wirklich sagen, ich habe mein Leben lang

nicht so empfunden wie in dem Moment, als De Morgan da vor uns stand und sagte – Sekunde, ich habe es mir irgendwo notiert – ja, hier – *die Zäune, die ihr vor euch seht, wurden gegen das Gefühl der Allgemeinheit errichtet, und Wegerechte, die seit Zeit und Ewigkeit existieren, werden plötzlich untersagt. Unter solchen Umständen bleibt den Menschen nur noch ein Mittel – das einzige Mittel, um ihr Recht zurückzugewinnen –, und zwar, die Zäune umgehend zu entfernen.* Und dann fingen alle an, die Pfähle herauszuziehen! Unsere Hände wurden schwarz davon, Henry, denn Lord Tyssen hatte in all seiner Weisheit die Pfähle geteert, um eben zu verhindern, dass sie herausgerissen werden. Wie die Minstrel-Sänger sahen wir aus! Wenn Sie es bloß gesehen hätten! Ich bin überall herumgegangen und habe mit den Menschen gesprochen, und ich erkannte … ach, so vieles. Aber ich bin patschnass. Wollen wir einen Tee trinken?«

Doch es gab keinen Tee. Die Schränke waren schon seit Langem leer. Aus dem anderen Zimmer konnte man seinen Vater vor Schmerzen stöhnen hören. Und dennoch ließ Henry die alte Frau in dem Zimmerchen auf und ab gehen, damit sie sich wieder aufwärmte, und hörte höflich zu, wie sie immer weiter lebhaft von ihren vielfältigen Erkenntnissen berichtete, ihren Reisen durch die Menge, ihren Eindrücken von den verschiedenen Rednern. Sie schien nicht zu begreifen, dass das Recht, Tiere grasen zu lassen, einem Armen sehr viel mehr bedeutete als der Raum für einen Spaziergang. Und auch nicht, dass ein städtischer Park, wenn er erst einmal abgezäunt war, zum Ort wurde, an dem der Stadtrat jegliche Versammlung armer oder agitierender Menschen untersagen konnte. Doch ihre politischen Vorstellungen oder deren Fehlen interessierten Henry kein bisschen. Ihn interessierte nur ihre Freiheit. Ihre Bewegungsfreiheit. Und während sie weiter von der langsamen, aber stetigen Ausweitung des Wahlrechts schwatzte, verlor er auf einmal all seine Engelsgeduld mit ihr.

»Warum glauben Sie, dass es in Ihrer Macht steht?«

»Wie bitte?«

»Wo kommt sie her? Diese Macht? Freiheit zu gewähren. Alle Engländer, denen ich je begegnet bin, glauben offenbar, sie zu haben.«

Mrs. Touchet war verblüfft.

»Ich habe in dieser Hinsicht absolut nichts vorzuweisen, Henry. Ich habe keine Macht. Außerdem dürfen Sie bitte nicht außer Acht lassen, dass ich Schottin bin – und eine Frau! Aber wie dem auch sei: Ich bin Britin, so wie Sie es sind. Die Macht, die das Parlament walten lässt, betrifft uns doch gewiss beide …«

»Ja, das Parlament erlässt die Gesetze, die uns regieren. Aber die Freiheit selbst kann es nicht gewähren.«

Mrs. Touchet war verwirrt: »Ich wollte doch nur meine Zuversicht äußern, dass die Argumente, die ich heute in den Downs gehört habe, selbst wenn sie gegenwärtig nur das Wahlrecht der Arbeiter betreffen, gewiss im Laufe der Zeit …«

»Zeit!« Allein das Wort schien ihn bereits anzuekeln. »Warum sollte ich auf das warten müssen, was nach unantastbarem Recht längst mein ist? Wer kann mir gewähren, was er nie selbst besessen hat?«

»Ich weiß beim besten Willen nicht, was Sie meinen.«

»Mrs. Touchet, meine Freiheit ist genauso sehr mein Erbe wie die jedes anderen Menschen. Sie ist keiner Zeit unterworfen, ich muss nicht darauf warten, sie gehört mir schon, seit ich geboren bin. Überrascht es Sie, mich das sagen zu hören?«

»Nun, vor allem hört es sich so an, als hielten Sie meine Freiheit für vollkommen.«

»Ich weiß, dass dem nicht so ist. Aber wenn es um Freiheit geht, Mrs. Touchet, so würde ich Ihnen raten, nicht darauf zu warten, bis andere sie Ihnen als trügerisches Geschenk überreichen. Denn darauf werden Sie lange warten. Da ist es besser, ›das Schwert zu ziehen gegen ein Meer der Plagen und im Anrennen enden‹. Ich höre oft, ich hätte mehr von meiner Großmutter als von meinem Vater in mir, und darüber bin ich froh. Ich kenne meinen Spence und meinen Wedderburn. Ich weiß, dass mir das Land so gut gehört wie jedem anderen. So steht es bei Mr. Spence, und so steht es auch schon im Buch Levitikus, falls wir so weit gehen wollen. Und ich selbst gehöre auf ewig nur mir allein. Für dieses Recht muss ich nicht kämpfen, ich muss auch nicht darum betteln. Und doch ist genau das die Lage, in der mein armer Vater und ich uns gegenwärtig befinden – aufs Grausamste eingepfercht von allen Seiten. Ich weiß, Sie sind eine viel beschäftigte Frau, und ich merke Ihnen an, dass Sie zurzeit viel anderes bewegt – aber haben Sie gewusst, dass die Tichbornes uns weiterhin zusetzen? Sie verlangen von meinem Vater, dass er seine Geschichte abändert. Sie bringen ihn noch ins Grab!«

Mrs. Touchet hob die Brauen, wie eine von einem besonders aufgeweckten Schüler überraschte Lehrerin.

»Henry, wissen Sie, was das Erste war, was Ihr Vater mir über Sie erzählt hat? Sie seien ein sehr aufrechter, jedoch auch sehr ungestümer junger Mann. Wie recht er hatte! Sie sind äußerst wortgewandt. Sie machen Ihrer Schulbildung alle Ehre.«

Henry trat ein paar von den Sägespänen weg, die den Fußboden bedeckten und unter denen sich, wie Mrs. Touchet fürchtete, wohl noch weit Schlimmeres als Sägespäne verbarg.

»Meine Schulbildung! Was hat denn die damit zu tun? Soll man sich Freiheit etwa verdienen – wie eine Auszeichnung in der *Schule?*«

»Selbstverständlich nicht. Ich wollte nur …«

»Mein Vater ist ein duldsamer Mensch, Mrs. Touchet. Ich bin es nicht. Und kein Trick, kein Handel, kein Tausch, kein Betrug und auch keine demütig christliche Hoffnung werden mir je erringen, was vor Gottes Angesicht und dem meinen mir gehört. Denn es war SCHON IMMER MEIN.«

Erschrocken über den schrillen Ton, den die Unterhaltung angenommen hatte, ließ Mrs. Touchet sich auf den einzigen Stuhl sinken, um am Tisch eine gelassene Haltung einzunehmen, obgleich sie immer noch ihren Schirm umklammert hielt. Und dann wild drauflosschwafelte:

»Mir scheint, ich verstehe weiterhin nicht ganz … Oder vielmehr, im Reich des reinen Denkens oder auch in den himmlischen

Sphären mag es ja stimmen, was Sie sagen, doch in der Praxis sind wir alle, wie Sie es ganz richtig nennen, ›eingepfercht‹ … Und genau das sind die irdischen Fesseln, die vernünftige Menschen zu lösen gedenken. Durch Argumente, durch öffentliche Meinungsäußerung, durch Offenbarungen, die sich direkt an das menschliche Herz richten – sofern es sich ihnen zu öffnen vermag –, und schließlich auch durch das Gesetz, ohne das …«

»Aber hat der Sträfling nicht das Recht, seine eigene Zelle zu öffnen, das ist doch die Frage, Mrs. Touchet! *Der Betrug liegt doch beim Gefängniswärter, der vorgibt, einen Menschen gefangen zu halten.* Ersteres versteht sich von selbst. Zweiteres ist ein gewaltiges Verbrechen. Großer Gott, begreifen Sie denn nicht, dass junge Männer heutzutage nicht nach ›Besserung‹ oder ›Wohltätigkeit‹ hungern oder welche Parolen in den Ladies' Societies sonst noch kursieren. Sie hungern nach Wahrheit! Nach der Wahrheit selbst! Nach Gerechtigkeit!«

Mrs. Touchet war tief gekränkt und für den Moment um Worte verlegen. Dann stieg, gleich unter dem Stachel, ein beunruhigender Schatten auf.

»Wie theatralisch Sie doch reden, Henry! Das bringt mir in Erinnerung, wie jung Sie noch sind, wie ungeheuer jung. Ich habe ganz ähnliche Töne von mir gegeben, als ich in Ihrem Alter war. Aber ich hoffe doch, dass ich nun, mit dem klareren Blick der Reife, etwas mehr Erfahrung in diesen Fragen ins Feld führen kann. Ich kenne dieses Land sehr gut. Gut genug, um zu begreifen, dass Gerechtigkeit Zeit braucht und dass die Freiheiten einer Minderheit für die Mehrheit nur selten offensichtlich sind. Was für Gott klar ersichtlich ist, das bleibt – bedauerlicherweise! – seiner fehlerhaften Schöpfung nur allzu oft verborgen oder unsichtbar. Der menschliche Geist bewegt sich erstaunlich schwerfällig. Und der englische erst recht. Sogar das Parlament bewegt sich schwerfällig! Und hätten wir nicht die Geduld und Beharrlichkeit der …«

»Gerechtigkeit kennt keine Zeit, Mrs. Touchet! Sie ist ewig, sie ist heute, sie ist gestern, sie ist morgen. Jeder Mensch, der wie ein

Stück Vieh gebrandmarkt wurde, fühlt diesen Schmerz auf ewig: Sein Echo hallt durch allen Raum und alle Zeit. Johanna von Orleans brennt noch immer. Die arme Seele, die an Händen und Füßen gefesselt von der *Zong* geworfen wurde, sinkt noch immer auf den Meeresgrund, mit all den fünfhundert anderen, sie alle ertrinken auf ewig. Ich sage Ihnen, jene, die leiden, *können nicht warten*. Ich kann es auch nicht mehr. Und ich gestehe, ich gehöre nicht zu denen, die glauben, dass es viel ändert, ob der Kerkermeister nun sanft mit seinem Sträfling spricht oder Steine nach ihm wirft. Was wirklich *zählt* …«

»Dann möge Gott sich Ihrer erbarmen! Es ändert alles! Unsere Sünden haben verschiedene Grade, wie alles, was wir tun. Warum sollten wir sonst überhaupt etwas verbessern, überhaupt etwas unternehmen? Das hieße, dem Rat der Verzweiflung folgen. Wir wollen doch nicht das Vollkommene zum Feind des Guten machen. Denn unsere Seelen liegen weiter in der Waagschale. Und in der Zeit zwischen diesem gegenwärtigen Moment und einer künftigen moralischen Vollkommenheit müssen wir schließlich alle …«

Doch ehe sie enden konnte, lachte der Junge! *Bitter,* das war das Wort, das ihr durch den Sinn ging, *der Junge lachte bitter,* er warf den Kopf in den Nacken, in seinen Augen *flackerten Blitze,* sein Haarschopf ragte grausig und groß im Kerzenlicht empor, und er erinnerte ganz und gar an eine von Williams groteskeren Schöpfungen: vielleicht an einen hartherzigen Fürsten, einen jakobitischen Soldaten oder einen gewissenlosen Straßenräuber.

»Als ginge mich *das Seelenheil meines Kerkermeisters* auch nur das Geringste an! Nein, Mrs. Touchet, darum kann es mir nicht gehen. Mir geht es einzig um die Zelle. Um die unrechtmäßige Zelle. Und ich sage, dass jeglicher Mann und jegliche Frau« – also sprach Henry Bogle, eher einem erfahrenen Redner gleich, der vom Balkon herab predigt, als einem verarmten jungen Mann mit dreckigem Boden unter den Füßen –, »ich sage, dass ein jeder, der die Wahrheit dieser Unrechtmäßigkeit erkennt und begreift, sie auch aufdecken MUSS, es ist unabdingbar, dass er es tut, dass er es zu seiner Lebensaufgabe macht, mit jedem Atemzug und in jedem Augenblick seines Lebens, von heute an bis zum Jüngsten Tag. Darin besteht der Kampf des Lebens! Darin besteht der tägliche Krieg aller Menschen, die die Gerechtigkeit lieben und die Wahrheit kennen!«

Und während er so drohend über ihr aufragte, war Mrs. Touchet doch noch in der Lage, dreierlei zu bemerken. Erstens, dass in dem reißenden Strom seiner Rede auf einmal keine »sie« mehr enthalten war, kein »jeglicher Mann und jegliche Frau« – jetzt gab es nur noch »ihn«. Zweitens: dass ihr Gesicht nass war und sie zitterte. Und drittens: dass sie sich so wenig vorstellen konnte, diesen unabdingbaren, tagtäglichen Kampf des Lebens, den er da beschrieb, tatsächlich selbst zu leben, wie sie sich ausmalen konnte, in einem Heißluftballon den Atlantik zu überqueren.

41

Ein Armenbegräbnis, 1877

Zuerst hörte sie es von Clara, doch die Botschaft war etwas wirr.

»Mrs. Touchet, Mutter sagt, ein Freund von Ihnen ist gestorben. Das tut mir wirklich sehr leid für Sie. Sie sagt, sie hat in der Zeitung davon gelesen.«

Sarah war beim Einkaufen in Horsham. Clara konnte nicht sagen, welche Zeitung es gewesen war, wann sie eingetroffen wäre und um welchen Freund es sich wohl handelte. Mrs. Touchet machte sich an ein Ausschlussverfahren:

»War er jemals hier?«

»Hier kommt doch keiner her.«

»War es ein Schriftsteller?«

»Ich kenne keine Schriftsteller außer Papa.«

Und so sah Mrs. Touchet sich gezwungen, sich aus ihrem Dachfenster zu lehnen und die Hauptstraße hinauf und hinab zu spähen, bis sie schließlich einen Wust aus allzu blonden Ringellöckchen um die Ecke des abfahrenden Omnibusses biegen sah. Sie eilte auf die Straße hinaus und brachte den Turm aus Päckchen zu Fall, den Sarah mit sich trug.

»Was wollen Sie auch immer gleich das ganze Schwein, Mrs. Touchet! Können Sie nicht warten, bis man sein eigenes Haus betreten hat? Es ist Mr. Bogle. Der arme Bogle, drüben in King's Cross. Und nach allem hat niemand auch nur einen Penny für den armen Kerl lockergemacht. Namenlos liegt er in der kalten Erde. Gott sei seiner Seele gnädig.«

Mrs. Touchet sank auf die Knie und weinte.

42

Eine Zufallsbegegnung im Zug

Jungen Menschen begegnete er stets mit großer Zuneigung und Güte. Ein Beispiel, das sich etwa zur selben Zeit zutrug, wurde mir von Miss Arabella Kenealy, der angesehenen Schriftstellerin, berichtet. Eines Tages, Miss Kenealy war noch ein junges Mädchen, war sie in der Nähe von Brighton mit dem Zug unterwegs. Ein betagtes Paar setzte sich zu ihr ins Abteil, eine Dame und ein Herr, und ihr Gespräch drehte sich um Bücher, es war von etlichen Werken Ainsworths die Rede. Eingedenk einiger Kritiken, die sie über *Jack Sheppard* gehört hatte, fühlte Miss Kenealy sich bemüßigt, an der Unterredung teilzuhaben, und bemerkte, sie halte Ainsworths Romane für wenig zuträglich und dazu angetan, einen schädlichen Einfluss auf die Jugend auszuüben. Worauf »der alte Herr« – nunmehr in Miss Kenealys eigenen Worten – »voller Güte und Belustigung auf diese eifrige junge Person herablächelte, die genug Flausen im Kopf hatte, um zu solch einer großen Frage ihre Meinung zu äußern. Er sagte, es freue ihn, einen so jungen Menschen zu treffen, der auch über die bloße Handlung eines Buches hinaus noch kluge Ansichten vertrete, wenngleich das Urteil hinsichtlich der generellen Ausrichtung gewisser Werke wenig günstig ausfalle. Er sagte mir nicht, wer er war. Doch seine Begleiterin verriet es mir schließlich – sehr zu meinem Entsetzen.« Denn tatsächlich war es der Verfasser des *Jack Sheppard* selbst, mit dem Miss Kenealy sich da unterhielt; doch er trug seiner jugendlichen Kritikerin nichts nach, plauderte weiter mit ihr und geleitete sie im späteren Verlauf der Reise auch noch zu ihrem Anschlusszug. Miss Kenealy ergänzt: »Zu Hause angekommen, suchte ich umgehend Mr. Ainsworths Bildnis hervor und erkannte ihn sogleich. Ich glaube, er war einfach zu freundlich und taktvoll, um sich zu erkennen zu geben, nachdem ich bereits solche Ansichten über seine Bücher geäußert hatte.« Und Ainsworth seinerseits hat nie erfahren, dass es sich bei der Heldin dieser amüsanten Anekdote um die Tochter eines Mannes handelte, der dreißig Jahre zuvor sein guter Freund und Adjuvant bei der Herausgabe seiner Zeitschriften war: Dr. E. V. Kenealy.

AUS: *William Harrison Ainsworth und seine Freunde*

VON S. M. ELLIS, BAND II

43

Auf und davon

Von unten ertönte ein dumpfer Knall. Später, im Rückblick, behauptete Eliza, sie habe, schon als sie ihn hörte, gewusst, was es gewesen sein musste. *Aber wusstest du es? Ist das wirklich wahr?* Als stolze Empirikerin stellte sie sich solche Fragen gern. Und zwanzig Jahre zuvor hätte sie sie auch beantworten können. Damals begriff sie besser, wie der Körper vom Geist, die Fakten von den Wünschen, die Wahrheit von trügerischen Erinnerungen zu trennen waren. Sie glaubte noch daran, dass so etwas möglich war.

Nun erhob sie sich, eilte den Flur entlang und die Treppe hinunter zu seinem Schreibzimmer und fand dort ihren Cousin, auf dem Boden zusammengebrochen. Der Wahrheit mochte sie sich nicht mehr sicher sein, doch den Tod erkannte sie. Er war ein wenig ungelenk hereingetreten, hatte William die Knie an die Brust gezogen wie bei einem Kind und ihm den linken Arm über die Augen geworfen. Sie wusste, dass ihr Cousin nie viel davon gehalten hatte, zum Teil der Geschichte eines anderen Mannes – geschweige denn einer Frau – zu werden, doch in diesem Augenblick ließ sich das nicht vermeiden: Sie war die einzige Zeugin und Trauernde. Sie kniete nieder und nahm seine Hand. Mehr als dreißig Jahre waren vergangen, seit sie diese Hand zuletzt gehalten oder vielmehr niedergehalten hatte, um mit ihrer anderen in ihn einzudringen, sein befriedigendes, jungenhaftes Keuchen zu hören. Jetzt war es die Hand eines alten Mannes. Die beiden Schwielen – an Mittel- und Ringfinger, wo stets der Federhalter gelegen hatte – traten hässlich klar hervor. Alles ist Veränderung. Alles Verlust. *Macht der sich über mich lustig, Lizzie?*

So viel im Leben ist Wahn. Jeder Versuch, eine Grenze zu überqueren, jeder hochfliegende Ehrgeiz, auf den ein Mensch auf Erden nur kommen mag – letztendlich und unweigerlich liegt doch alles zu Seinen Füßen und ist nicht mehr. Doch sie konnte nichts dagegen tun: Sie hatte leben wollen! Obgleich sie stets gewusst hatte – schon seit sie ein kleines Mädchen war –, dass es sich bei diesem Wunsch nicht um ein für Frauen schickliches Verlangen handelte, womöglich nicht einmal um ein gottgefälliges. Sie wollte leben. Ihren eigenen Versuch im Leben wagen, zu ihren Bedingungen, und die Versuche anderer verteidigen, so armselig, vergessen, erniedrigt und verachtet sie auch sein mochten! Manche Menschen leben für die Liebe, für die Arbeit oder für ihre Kinder. Eliza Touchet hatte nur für eine Vorstellung gelebt: die von der Freiheit. Und wenn ihr selbst einmal die Stunde schlug, wenn sie selbst tot dalag, wahrscheinlich auch hier, in diesem Zimmer, dann würde sie diese Welt zumindest in dem sicheren Wissen verlassen können, dass sie …

Mitten in dieser inneren Ansprache fiel Eliza ein, dass ihr Manuskript, *Betrug,* frei und offen oben auf ihrer Kommode lag, nicht wie sonst unter einem Stapel Löschpapier verborgen. Auf der Titelseite stand ihr Name. Eitel, ja, doch es verschaffte ihr eine kleine Freude, es sich allabendlich, vor dem Zubettgehen, anzusehen. Die Liste möglicher Pseudonyme lag unter einem Lavendelsträußchen in der rechten Schublade.

Edward Trewes.

Edmund Turner.

Eliot Tavistock.

Von momentaner Panik erfasst, zauderte sie auf eine Weise, die ihr sonst kein bisschen entsprach: stand auf, kniete sich wieder hin, stand wieder auf. Aber weswegen denn? William war tot. Ihr lieber William. Der einzige Mensch, der sie je wahrhaft gekannt hatte, und somit der einzige, vor dem es sich lohnte, Geheimnisse zu haben. Sie kniete sich wieder hin. Erlaubte sich einen letzten Blick auf diesen süßen Mund, nach wie vor rosig, engelsgleich, so voll von Freuden, wenngleich jetzt umgeben von einem grauen Ziegenbart. Ein animalischer Laut füllte das Zimmer, gleich dem Schrei eines Fuchses. Sie drückte sich die Faust tief in den Mund, um ihn zu bändigen. *Der Einzige, der sie je wahrhaft gekannt hatte?* Auf der Treppe vernahm sie Schritte. Sie versuchte, die Tränen mit einem Taschentuch zu stillen, ließ sich zurück auf die Fersen sinken, wand die Finger ineinander. Die alten Tricks. Sie zeigten keine Wirkung mehr. Wie hatte sie so lange leben, so angestrengt nachdenken und doch so wenig begreifen können! Was war es, dieses unerträgliche Gefühl? Liebe? So lange hatte sie es gemieden, dass ihr entfallen war, wie schmerzlich es in Wahrheit ist.

Als sie an sich herabblickte, sah sie, dass sie den Kragen ihres Kleides ganz durchnässt hatte. Bald würde die Tür aufgehen. Ihr blieben nur noch ein paar Augenblicke, um eine Haltung einzunehmen, wie sie der Tartsche entsprach: gewiss betrübt vom Tod ihres lieben Cousins, doch auch bereits mit praktischen Fragen befasst, wie etwa dem Testament. Wem gehörte nun das Haus? Wer erbte all diese Bücher, diesen Schreibtisch, diese Schreibwerkzeuge? Wer würde nun in diesem Zimmer schreiben? Sie hob den Arm an, der seine Augen bedeckte, und war entsetzt, sie weit offen zu sehen. *Mein William!* Es war, als blickte er die weinende Frau, die sich da über ihn beugte, direkt an, einen Ausdruck zärtlichen, verwirrten Interesses auf der Stirn, als zöge er sie als literarische Figur in Erwägung:

Die Mysterien der Mrs. Touchet blieben ihm letzten Endes unergründlich.

Nachwort

William Harrison Ainsworth starb 1882 im Alter von sechsundsiebzig Jahren und wurde auf dem All Souls Cemetery in Kensal Green beigesetzt, unweit etlicher alter Freunde, Bekannter und Feinde – darunter auch George Cruikshank. Zu Lebzeiten veröffentlichte er einundvierzig Romane, von denen etliche rasend erfolgreich waren. (*Jack Sheppard* hat sich tatsächlich besser verkauft als *Oliver Twist*.) Hundert Jahre später waren sie allesamt vergriffen.

Der Anwärter kam 1884 frei, nach zehn Jahren Gefängnis. In dieser Zeit hatte er einiges an Körpergewicht sowie fast allen Rückhalt in der britischen Bevölkerung verloren. Elf Jahre später ließ er sich von einer Zeitung für das Bekenntnis bezahlen, dass er tatsächlich Arthur Orton sei – nahm diese Beichte jedoch bald schon wieder zurück. 1898 verstarb er mittellos und wurde in einem Armengrab auf dem Paddington Cemetery beigesetzt, gleich neben der Willesden Lane. Etwas am Tod dieses seltsamen Mannes fachte eine sentimentale Nostalgie in der Öffentlichkeit an: Fünftausend Menschen fanden sich zum Begräbnis ein. Die Familie Tichborne gestattete sogar, dass auf den Sargdeckel eine Karte mit dem Namen *Sir Roger Charles Doughty Tichborne* gelegt wurde. Das Grab selbst ist namenlos.

Henry Bogle bekam elf Kinder mit einer Engländerin, die allesamt das Erwachsenenalter erreichten. Ganz England muss also von Bogles übersät sein, von denen sich aber wohl nur die wenigsten der Verbindung bewusst sind. Wir haben das Glück, dass uns durch die Zeitungsprotokolle beider Tichborne-Prozesse zumindest ein kleiner Teil von Andrew Bogles erzählerischem Genie erhalten geblieben ist. Bei den kurzen Ausschnitten daraus, die ich hier wiedergebe, handelt es sich um wörtliche Zitate.

Arabella Kenealy, Edward Kenealys Tochter, wurde Medizinerin, Eugenikerin, erlangte einige Prominenz als Antifeministin und Schriftstellerin und schrieb mehr als zwanzig Romane, von denen etliche die Bedeutung der Unterschiede zwischen den Geschlechtern behandeln. John De Morgan verschlug es nach einer langen, radikalen Laufbahn schließlich nach Amerika, wo er afrikanische Abenteuerromane in Heftchenform für ein jugendliches Publikum verfasste.

Mrs. Touchet – stets in Teilen das Fantasiebild einer Frau – dehnt sich weit über ihre tatsächliche Lebensspanne hinaus: In Wirklichkeit starb sie vor ihrem Cousin, am 3. Februar 1869, kurz bevor William nach Hurstpierpoint zog. Auch sie ist auf dem All Souls Cemetery in Kensal Green beigesetzt, obwohl ihr Grab zur Gänze unter einem gewaltigen, undurchdringlichen, stachligen Brombeergestrüpp verborgen liegt. 2009 wurde ihre Ausgabe der *Weihnachtsgeschichte* von 1842, mit der Widmung an »Mrs. Touchet«, für den höchsten Preis verkauft, der je bei der Auktion eines der Werke Dickens' erzielt wurde.

Die zweite Mrs. Ainsworth, die im Leben verborgen blieb, hielt daran auch im Tode fest. Ihre Tochter Clara Rose wurde dreiundachtzig Jahre alt, und es verschlug sie – wie es bei melancholischen Menschen häufig der Fall ist – schließlich ans Meer, nach Torquay, wo sie 1952 starb, ohne ein Testament zu hinterlassen. Obwohl sie Ainsworths einziges noch lebendes Kind war, wurde sie erst 1926, im Alter von achtundfünfzig Jahren, mit der Verabschiedung des Legitimacy Act offiziell als seine Tochter anerkannt. Am 12. April 1954 taucht sie als Gespenst am Lancaster Chancery Court wieder auf, wo Nachforschungen über eventuelle Blutsverwandte angestellt wurden. Claras Besitz war zu diesem Zeitpunkt knapp über tausend Pfund wert. Wer ihn erbte, falls es überhaupt jemand tat, ist nicht bekannt.

Danksagung

Der vorliegende Roman orientiert sich lose am Leben des Schriftstellers William Harrison Ainsworth (1805–1882). Nur wenige Historiker fanden sein Leben einer genaueren Betrachtung würdig, doch ich bin drei Literaturwissenschaftlern zu Dank verpflichtet, die es taten: S. M. Ellis, George J. Worth und Stephen Carver. Andrew Bogle kam auf dem Hope Estate in Saint Andrew, Jamaika, zur Welt. *Hope Transformed: A Historical Sketch of the Hope Landscape 1660–1960* von Veront M. Satchell hat sich beim Ersinnen seines Lebens als unerlässlich erwiesen. Das Gleiche gilt für *The Tichborne Claimant: A Victorian Sensation* von Rohan McWilliam und für *The Man Who Lost Himself* von Robyn Kinnear. Besonders dankbar bin ich Dr. Phyllis Weliver, einer brillanten wissenschaftlichen Kennerin der viktorianischen Zeit und großartigen, genauen Leserin von *Betrug*.

Zitatnachweis

Daniel Defoe, *Robinson Crusoe*. München, dtv, 2022. S. 26f. Übersetzt von Franz Riederer.

George Gordon, Lord Byron, *Don Juan*. 16. Gesang, Strophe 96/97. Übersetzt von Adolf Seibert. https://www.projekt-gutenberg.org/byron/donjuan/chap018.html

William Shakespeare, *Hamlet*, 3. Akt, 1. Szene. Cadolzburg, ars vivendi, 1999. Übersetzt von Frank Günther.

Chidiock Tichborne, »Am Vorabend seiner Hinrichtung«. *Englische und amerikanische Dichtung*, Bd. 1: *Von Chaucer bis Milton*. München, C. H. Beck, 2000. S. 161. Übersetzt von Eva Hesse.

Bibel-Zitate stammen aus der übersetzten Fassung von Martin Luther von 1912, alle anderen Fremdtexte wurden von der Übersetzerin selbst übertragen.

»Zadie Smith eröffnet literarische Räume, in denen wir uns selbst und unsere Welt besser begreifen können.« *Die Welt*

KiWi

Leseproben und mehr unter www.kiwi-verlag.de